JN177230

中近世の生業と里湖の環境史

佐野静代 著

吉川弘文館

目次

Ⅲ　漁撈技術と資源管理……一六九

図表目次

序章　日本の環境史研究の課題と本書の視座

一　日本における「二次的自然」研究の意義

一九七〇年代のアメリカに発した「環境史」は、八〇年代に日本に紹介されると社会学・民俗学に大きな影響を与えたが、その後二〇〇〇年代以降はとくに中世史を中心とする日本史研究者がこれを牽引したことについては、二〇〇六年に研究展望としてまとめた通りである[1]。それから一〇年が過ぎ、その間二〇一三年には古代から近現代までを射程に入れた『環境の日本史』全五巻（吉川弘文館）が刊行されるなど、いまや「環境史」という研究潮流は、中世史を超えて広く日本の歴史学界に定着した感がある。

このような現状にあって、日本では環境史を歴史学の一分野として理解する動きがますます強いが、しかし海外の環境史研究では、二〇〇〇年代以降、さらなる学際化と多様化が進んでいる。とくに英語圏ではこのように多様な背景を持つ環境史研究の体系化の試みも行われ、その学問的基盤が固まりつつある[2]。日本の環境史研究も視線を国外にまで向けて、世界的な研究動向の中で日本が果たすべき役割について考える段階が来ているように思われる。

近年の日本史学における環境史の動向については、高橋美貴[3]、橋本道範[4]らがまとめているのでそれにゆだねたいが、その大きな特徴は、民俗学の強い影響のもとで生業論・資源論が重要な分析視角となりつつあることであろう。とくに生業論は、農業を通じての自然改変、すなわち里山や水田など「人の手の加わった自然」に関する従来の研究を深化させたのと同時に、漁撈など農業以外の生業による自然との多様な関わり方の研究へと展開しつつある。後者の動向については後述することとして、まずは里山・水田などの「人の手の加わった自然」、すなわち「二次的自然」研究の近年の進展について考えてみたい。

人間の生業活動によって形作られてきた「二次的自然」は、景観として地表面に現れ、その姿には過去の自然と人間の交渉史が凝縮されている。この意味では、近年注目されている「文化的景観」の概念とも通底するものといえよう。もともと景観研究は日本でも環境史研究の原動力となった来歴があり、中世史における環境史研究が荘園の景観研究をルーツとしていたように、近世史においてもすでに九〇年代から小椋純一や水本邦彦らによる優れた景観研究がみられた。山林や草原の植生、その景観史から近世における自然改造について分析しようとする彼らのアプローチは、人と自然の関係性を解明する環境史的な視角を強く有していたといえる。この成果の上に今日では里山・草原・水田などの「二次的自然」を対象とする研究が活発化しており、そこでは「自然と調和・共生していた前近代社会」への賛美ではなく、そもそも里山とは何か、それが生業活動との関わりでどのように変貌を遂げて来たのか、地域での実態を問う視点が重視されている。[9]

[5] [6] [7] [8]

一方、政府の環境政策においては、里山は生物多様性保全や自然の持続的利用を世界へ示す好例とされ、二〇一〇年の「生物多様性条約第一〇回締結国会議」で、環境省が「ＳＡＴＯＹＡＭＡイニシアティブ」を提案するまでになっている。ＳＡＴＯＹＡＭＡイニシアティブとは、「わが国で確立した手法に加えて、世界各地に存在する持続可能な自然資源の利用形態や社会システムを収集・分析し、地域の環境が持つポテンシャルに応じた自然資源の持続可能な管理・利用のための共通理念を構築し、世界各地の自然共生社会の実現に活かしていく取組」であるとされる。[10]

この提言の根底には、里山に代表される日本の「二次的自然」を、世界でも数少ない「自然共生社会」モデルとみなす視線が存在している。

しかし、伝統社会のなかに自然の持続的利用の側面が見出され、人為的活動が里山同様に地域の植生を維持していた場合のあったことについては、すでに一九九〇年代から西アフリカのサバンナやブラジル・アマゾンを調査対象とする歴史生態学者たちの研究がある(11)。さらに、このような伝統社会が無条件に「自然と共生可能な社会」だったわけではないことも、日本での検証に先んじて人類学者の間で議論が積み重ねられてきたところである(12)。このように「二次的自然」の研究は決して日本独自のものではなく、むしろ「二次的自然」の景観分析によって自然と人間の関係史を解明しようとするアプローチは、九〇年代以降の環境史研究の世界的な趨勢であったといえる。

ではこのような研究動向にあって、日本の「二次的自然」を研究することには、どのような意義があるのであろうか。筆者はその独自性は、文献史料の伝存により、数百年オーダーでの検証が可能なことにあると考える。人類学をベースとする歴史生態学では狩猟採集社会を主な研究対象としており、これら文字資料の少ないフィールドでは史料的な制約が必ずつきまとう(13)。しかし、日本には「自然」の利用に関する中近世の史料が残っており、なかでも村落を主体とする在地での資源利用の様相がたどれる利点は大きい。このようなメリットは、タットマンによる古代から近世までの日本の森林資源利用に関する研究でもすでに一部示されているが(14)、最近の「二次的自然」研究においても、中世の里山の実態とその成立過程を検証した水野章二の成果によく表れていよう(15)。文献や絵画資料により、長期的な時間軸において「二次的自然」の形成と変化のプロセスを見通せることは、日本の「二次的自然」研究の意義として世界に貢献できる点ではないだろうか。

二　水辺の「二次的自然」としての「里海」

里山と並んで、現在日本政府が循環型社会のモデルとして提唱しているのが、「里海」である。これは里山をもとに作り出された造語であるが、「自然生態系と調和しつつ人手を加えることにより、高い生産性と生物多様性の保全が図られている海」とされ、二〇〇七年から「生物多様性国家戦略」にも取り入れられている。[16]「里海」は日本独自の自然共生型モデルであるとして、里山以上に「ＳＡＴＯ―ＵＭＩ」を海外にアピールしようとする動きも顕著となっている。[17]この「里海」について、「人里に近い」という距離感だけではなく、里山と同様の「二次的自然」としての実態解明、環境史的な視角での研究は進んでいるのであろうか。

答えは否であろう。「里海」については、歴史的実態の解明のみならず、その定義もいまだ十分明確ではない感がある。[18]里山の場合、燃料や肥料採取といった生業活動が適度な攪乱となって二次林から原生林への遷移に一時的な停止がかけられ、この遷移の途中相やギャップのモザイク構造が、多様な生物の生息地を維持していたことが明らかになっている。[19]これに対し「里海」では、人の手が加わることによってどのように生物多様性が維持されるのか、その効果が十分検証されていないとの批判が強い。[20]たとえば、自然状態のままでも海岸域の生物多様性は保たれるのであり、むしろ人の手が入ることは、養殖など特定種の生産性を上げることと結びついて生物多様性を下げることになるとの批判も存在する。[21]「里海」の根幹を成すはずの過去の人為的攪乱の実態と、その生態系における意義、さらに環境変化の歴史的過程については、まだ十分に解明されていないのが現状である。海外においても「ＳＡＴＯ―ＵＭＩ」を日本独自の循環型システムと評価する声がみられるように、[22]このような水辺の「二次的自然」研究は、管見の限りでは他国でもまだ十分には進んでいないようにみえる。

環境史研究が活発化している里山研究に比べて、このように「里海」の研究が進んでいないのはなぜであろうか。その大きな要因は、森林・草原の植生変化として表れる山辺の「二次的自然」の環境変化と比べて、「里海」では水面下で起こっている環境変化がみえにくいためではないかと考える。もちろん、干拓・埋立に伴う海岸線の変化はたどれるものの、その水底で進行している植生や生物相の変化は、景観の変化としては把握することは困難である。

しかし歴史時代において、「里海」の水面下で大きな環境変化が起こっていたことは間違いない。たとえば近世初頭には背後山地の荒廃を受けて、山地から流出した土砂が多くの海域に流れ込んでおり、三角州を発達させるとともにその底質を大きく変化させている。砂質化の進んだ沿岸域では、それに適した水生植物や生物相、たとえばアマモなどの海草やアサリをはじめとする二枚貝が生息地を拡げたと推測される。これらの動植物は、三角州上の新畑の肥料として採取されることで、「里海」としての循環的資源利用を実現させていくのである（本書Ⅳ第一章・第二章参照）。

このように、景観変化としては把握できない水面下の環境変化についても、そこを生息地とする動物相・植物相の変化を歴史的に分析することで、ある程度の復原が可能となる。一部特定種の動物や植物の存在は、その地の自然条件を示す指標となりうるからである。この作業において不可欠な手がかりとなるのは、地域で捕獲・採取された魚種や植物名を記録した各時代の史料であろう。日本では領主など支配層から発せられた文書に加えて、惣村文書に代表されるような住人側が作成主体となった在地の文書が多く伝存している。これらには貢進された動植物資源の種類だけでなく、その季節、数量、採捕の方法など様々な情報が記されている。したがって漁撈や採草・採藻に関する断片的な史料をつなぎ合わせ、その関連性の全体像を明らかにすることが、「里海」の生態系の実態とその変化を解明する唯一の方法となる。そこでは、魚介や水生植物に対する生態学的知見を導入することも不可欠であり、このような視点と照合すれば、既知の文書についてもその読み解きを一層深化させることが可能である。

また、上の例で示したように、「里海」の環境変化は、背後山地を含む集水域の環境の変化を反映している場合が多い。これまでの日本の環境史研究では、山地の問題は山地だけで、水域の問題は水域だけで論じられることが多かったが、山地から水面までを河川でつながる流域ととらえ、その全体の環境変化に目配りする視点が必要であろう。したがって漁撈など水域で行われる生業はもちろんのこと、山村あるいは平野部の村が従事していた生業がいかなる環境の変化を引き起こしたのかについても分析することが必要である。集水域の村々がそれぞれ主体となっていた資源利用や自然改変を示す文書は、すべてが「里海」の環境史研究に関わってくることになる。

三　本書の視座と「里湖」研究の意義

以上のように、集水域での生業と環境の変化を数百年というオーダーで分析するためには、集水域がコンパクトにまとまり、かつ各時代の史料が比較的豊富に残存している地域を研究対象とすることが求められる。この条件を満たすフィールドとして本書が選定したのは、琵琶湖・淀川流域である。つまり水辺の「二次的自然」として本書で取り上げるのは「里湖」であり、その人為的活動を含んだ生態系の成立過程を解明することが本書の目的となる。

「里湖」とは、潟湖などの浅い水域において成り立っていた水辺の「二次的自然」を指す語であり、「里海」と並んで二〇〇〇年代より普及しつつある概念である。[23]「里海」に比べると、「二次的自然」としての人間を含めた生態系の研究は進行しており、肥料用の水草取りに伴う水質浄化のシステムなどが具体的に検証されている。[24]筆者も前著において、漁撈に限らず水草・底泥やヨシの刈り取りなどの多様な生業活動が、相互に結びつくことで湿性遷移（湿地への埋積）に停止をかけ、水辺の利用と保全のシステムとして機能していたことを提起した[25]。しかし前著では、水辺の「二次的自然」の構造とその近代における崩壊プロセスは明らかになったものの、背後山地を含む集水域の環境変化や、「里湖」の生態系の形成過程そのものについては未解明なままであった。日本各地の他の「里湖」に関する研究事例でも、その生態系の成立・変化に関する歴史的検証はほとんどなされていないのが現状である。そこで本書では、古代・中世まで遡り、近世・近代を見通した上で、琵琶湖・淀川水系における「里湖」の生態系の成立と、その長期的な変化のプロセスについて解明したい。

前著でも指摘した通り、人間の自然との交渉史は、捕獲・採集として身近な生物資源に向かうことから始まる。したがって本書の分析対象となる「自然環境」には、地質・地形などの基盤構造に加えて、その上に展開する動物相・植物相が含まれる。よって本書での研究方法としては、当時の地形や底質、気象などの復原作業に加えて、動植物に関する生態学的知見を導入し、両者を照合することで文書の読み解きを深化させることが中心となる。この作業の適用例として本書Ⅱの諸編では、中世の惣村文書として有名な「菅浦文書」を取り上げ、当時の自然環境とその上に展開する生物相の考察から、中世村落の生活実態を解明することを試みた。そこではもちろん、歴史地理学的な景観分析に基づく旧河道や湖底地形の復原が不可欠な基礎作業となっているが、このような景観分析手法はまた、背後山地を含む「里湖」の集水域の環境変化の考察にも有効であることは、本書Ⅳにおいて示される通りである。

なお、琵琶湖をフィールドとする上で看過できないのは、この湖がおおよそ四〇〇万年前に成立の起源を持つ、陸水学的用語でいうところの「古代湖」である点である。一般的に、湖沼は年々土砂堆積によって陸化が進み、数万年内には消失する運命にある。しかしなかには例外的に、埋積されずに一〇万年以上も存続する湖が存在する。それが古代湖であり、その長い歴史とともに独自の進化を遂げた固有種が存在し、きわめて生物多様性の高い水域となっている。[26]古代湖の例として著名なのはアフリカのヴィクトリア湖やマラウィ湖であるが、これらは近代化まではほとんど人間の影響を受けなかった原生的な自然であった。それに対して、琵琶湖は千年以上もの間、首都京都に隣接して人間活動の影響を受け続けてきた点に大きな特色がある。すなわち、このように人間と近い距離にあった古代湖は、世界では他に例をみないのである。[27]そして最も重要な点は、このように都市と隣接しているにもかかわらず、琵琶湖では他の古代湖と同様に、高い生物多様性と清浄な水質が少なくとも一九四〇年代までは保たれていたことである。

琵琶湖の集水域には数百年間にわたって多くの人口が住み続けており、十九世紀には集水域の人口はすでに六〇万人に達していた。しかしこのような状況にもかかわらず、琵琶湖の水は一九四〇年代までそのますますくって飲めるほど清澄だったのである。また、琵琶湖水系の固有種とされる魚介類の多くは古代からの漁獲対象であり、首都の人口を支えるべく京都へも運ばれていた。これら一〇〇〇年以上にわたる漁撈活動にもかかわらず、その間少なくとも一九五〇年代までは、これらの種は絶滅することもなく存続していたのである。

何世紀もの間、琵琶湖がこれほど人間と近い距離にありながら、古代湖ならではの生物多様性の高さと清澄な水質を維持できたのは、いかなる要因によるものであろうか。人間の生業と深く関わり、かつ古代からの利用の歴史が史料からたどれる古代湖は、世界には他に存在しない。したがって琵琶湖を対象とした「里湖」の成立と変化に関する検証作業は、世界的にも貴重な環境史研究の事例になると思われる。

四　都市と淡水魚の消費——ヨーロッパ中世都市との比較から

里山の「二次的自然」たる生態系が、薪炭生産など都市での消費と結びついていた事例が多かったように、「里湖」

についても、都市での消費生活との関わりから分析されるべき段階にあると考える。とくに京都と近接する琵琶湖・淀川流域では、首都における淡水魚消費や水辺の資源の需要が欠かせない論点となるはずである。

水辺の環境史における消費論の重要性については、春田直紀が「食生活の様式変化が食品の流通条件と関わり、新たな需要動向が漁撈の変質、延いては環境利用のあり方にも影響を及ぼす」[28]として早期に指摘しているところであるが、最近橋本道範がより明確に、漁撈史研究を基盤とする環境史に消費論を導入することを提唱している[29]。橋本の研究では、飢饉という状況下での漁撈の重要性と市場との関係が説かれているが[30]、しかし都市と淡水魚消費との関わりは、飢饉時よりもむしろ平時の生活において、より本質が現れるのではないかと考える。その参考となるのは、ヨーロッパの中世都市と淡水漁撈について示す近年の研究成果である。欧米圏では、淡水魚撈の研究は、都市近郊の湿地環境と生態系、あるいは消費と流通支配の観点を取り入れ、環境史研究の一環として展開している[31]。

近年の中世ヨーロッパ都市研究においては、食料供給の視点から淡水魚消費の再評価が進んでおり、たとえばベルギーのブリュッセルなど、海岸から離れた内陸都市における周辺河川・湿地での漁撈活動と、都市への魚類流通の問題が関心を集めている。そこで注目されているのは、都市の背後に位置する湿地の存在である。

湿地は未耕地として開墾の対象となるが、そこでは低湿な環境を最大限に活用して水利施設の設置や漁撈・放牧が行われていた。なかでも点在する湖沼が、養魚池としても用いられていたことが重要となる。中世初期から、ヨーロッパの都市近郊の湿地には一五〇～二五〇ヘクタールもの広さの養魚池が多数あったことが知られるが、そこで主に養殖されていたのは、止水域の魚であるコイであったことに注意したい[32]。アジア原産のコイは十一～十三世紀にはヨーロッパまで伝播しており、繁殖力の高さと味覚の良さから、聖俗領主に好まれていたのである[33]。

注目すべきは、これらの養魚池の多くが修道院の所領であり、その主導によって経営されていたことである[34]。修道院は未耕地開墾の主体として、農地とともに養魚池を維持管理していたが、当初の目的は、肉の断食を伴う修道生活に不可欠な魚の自給のためであった。とくに肉食が禁じられた金曜日と四旬節の間、魚は肉の代替として欠かせない食材となっていたためである[35]。このようなキリスト教の倫理観に則った生活がやがて都市民にも浸透すると、四旬節の期間の魚の需要が急増し、淡水魚の重要性が高まっていったのである[36]。

十二世紀のブリュッセル周辺でも、未耕地と養魚池の管理を行っていた修道院が、都市有力者層としての魚・肉商業者らと結びついて、ブリュッセルへの魚の供給に関わっていたことが推定されている[37]。このように、内陸都市では淡水魚が宗教的要因、とくに肉食の禁止と結びついて、需要を増やしていったこと、またこの需要の高さが価格の上昇をもたらし、宗教領主のもとで魚の商売を活発化させたことが指摘されている[38]。

以上に述べた中世ヨーロッパ都市での状況は、日本中世における京都と湿地・淡水魚の関係を考える上で大きな示唆を与えるものであろう。首都京都の近郊に位置する湿地としては、いうまでもなく琵琶湖・淀川水系があげられる。従来の歴史研究では、淀川水系は大阪湾と京を結ぶ水運ルートとして重視されてきたが、そこに連なる湖沼群を生産性の低い荒地とみるのではなく、都市背後の食料供給空間として評価する視点は、これまで十分ではなかったと思われる。これらの地が当初は御厨や牧に編成され、朝廷や宗教領主の支配下にあったことの意味も重要となろう。古代末期の京都では肉食の忌避が顕著となっており、それに伴う魚食の重要性は高まる一方であった。さらに中世には殺生禁断の本格化によって、漁撈と神祇供祭という、まさしく宗教と魚食との問題がクローズアップされていくからである。

淀川水系に連なる琵琶湖・巨椋池・河内湖などの水域には、古代から近江国筑摩御厨や山城国江御厨、また摂津国・河内国大江御厨が置かれ、止水性のコイ科を中心とする魚類が漁獲されていた。その貢進に当たった贄人は、中世には供御人・供祭人として朝廷あるいは神祇への貢進に従事したが、とくに神祇への供祭を名目とする漁撈は、殺生禁断のもとではそれを免れる術として機能していたことが重要となる。

また、これらの供祭人が神人として「座」に編成された場合がみられたように、神祇への供祭は魚類販売の権利とも表裏をなすものであったと考えられる。彼らが市中への魚類供給に携わっていた様相は、日吉社神人でもあった粟津供御人の例からも確かめることができる。今日の民俗学的見地からは淡水漁撈には自給的なイメージが強いが、しかし古代以来の首都京都近郊での淡水漁撈は、当初から都市の消費需要と結びついていたことに注意せねばならない。このようにたん白質の供給を主に魚類に頼っていた中世都市では、簗・網などの権利を有していた神社の手中におさまる経済的権益が、想像以上に大きいものだったことにも留意しておきたい。淡水魚撈はともすれば零細的とみられ、農業ほどには支配者に重視されなかったのではないかと思われがちであるが、しかし都市での商業と直結して富を生み出す経済活動として、その評価は改められねばならないのである（本書Ⅱ第一章参照）。

もちろん、中世の京都における淡水魚の消費と流通を分析することには、史料上の制約から大きな困難を伴う。しかし十三世紀の殺生禁断下の京の周辺で、「漁人号供祭」して「生魚交易」すなわち鮮魚の売買をさかんに行っていたことを示す史料がみられる[39]。また中世、コイの産地であった淀には所々に生け簀が設けられ、京への出荷に備えて蓄養されていたらしいことも、多くの和歌からうかがわれるところである[40]。このような京での莫大な魚類の消費が、近郊の湿地環境に与えた影響について語る中世史料はほとんど見当たらないが、しかし近世の淡水漁撈については、京の旺盛な消費動向と結びつき、商業的・投機的ともいえるようなあり方を見せていたことが、各種の史料から裏付けられる。そこで本書では、この近世を中心として、都市での魚類の嗜好や消費需要が都市背後の湿地の環境と生態系をどのように変えていったのか、その実態を可能な限り明らかにしてみたい。

五　複合生業論・コモンズ論と「里湖」の環境史

今日の日本の環境史研究では、民俗学の影響の下に生業論と資源論が重要な分析視角となりつつあることについては前述した。このうち、生業を通じての自然との多様な関わり方という点で、二〇〇〇年代に入ってから急速に進展しているのが漁業史・漁撈史研究の分野である。二〇〇二年の春田直紀の論文を嚆矢とする海底地形や魚類生態など自然環境に踏み込んだ漁業史・漁撈史研究(41)は、生業を通じての自然との交渉を考える環境史のもう一つの潮流とされている(42)。漁業史は水産資源を取り扱うことから、資源論の視点とも結びついて展開することは自然な流れであり、高橋美貴や盛本昌広らによって、近世・近代の日本における水産資源の管理や保全に関する研究成果が蓄積されつつある(43)。とくに高橋の最近の業績は水産資源の利用管理に関わる政策史を焦点としており、世界的な動向にもなっている政治生態学のアプローチをも視野に入れたものといえよう(44)。

本書に収録した論考のうちにも、これら漁業史からの環境史研究へのアプローチ上に位置づけられるものがある。しかし筆者が意図している環境史研究は、漁業史研究だけにとどまるものではないことを強調しておきたい。それは、水辺の生業活動をいかにとらえるのかという筆者の問題意識の核となる点だからである。近年の環境史研究でも「複合生業」がキーワードとなっているが、水辺の生業論においては、漁撈以外の生業との「複合」の実態こそが焦点となることは、すでに木村茂光によって指摘されている通りである(45)。そこでは漁法などの技術段階とともに、水辺の自然環境・自然条件そのものが生業のあり方を制約していた可能性についても検討される必要がある。たとえば、ヨシ群落は梅雨期には冠水するために漁場となるが、低水位の時期には生活用材としてのヨシ・スゲ・マコモの刈り取りが行われ、さらに早春には、牛馬の秣の生え出す牧草地となっていたのである（本書Ⅰ第一章参照）。このように、まずは水辺の自然環境やその条件に関する基礎的検討が行われねばならないだろう。その上で本書では、漁撈から農耕・牧畜まで含む幅広い生業を考察対象とすることになるが、そこではもちろん、これらの生業が相互に及ぼし合っていた影響についても分析することが求められる。

以上のような視点は、資源論においても同様にあてはまる。漁業史研究で分析対象となるのは魚介等の水産資源であるが、本書が取り扱うべき水辺の資源は、魚介・水鳥といった動物資源のみならず、水生植物、そして底泥に至るまで多岐にわたっている。これら多様な資源のそれぞれについて、利用と管理の歴史的実態を取り出す必要がある。これらの資源論はコモンズ論とも必然的に接点を持つことは指摘されている通りであるが(46)、コモンズの形成を古代・中世まで遡って解明しようとする視点は、未だ十分とはいえない。また、コモンズにおける資源利用の持続可能性を議論するためには、できる限り数値に基づいた分析を行い、時代ごとの政策の影響も考慮する必要がある。コモンズとしての水辺の資源管理の実態を長期的な時間軸において検討しようとするⅠ・Ⅲの諸論文は、このような問題意識に基づくものである。

さらに、本書がもう一つの目的としているのは、「個別から普遍」への展開、すなわち個別の事例研究の積み重ねから、「里湖」および「里海」の普遍的な構造を取り出すことである。結論を先取りすると、「里湖」の生態系には近世後期に大きな確立の画期があり、その完成には明らかに強い人為の介在が認められる。それはいわば「外来種」としての商品作物の導入であり、地域外からの栽培植物の移入を契機として完成された生態系であったという側面である。琵琶湖岸では裏作としての菜種の導入がこれに該当するが、別の「里湖」、たとえば山陰の中海では砂堆上の畑への木綿の移入がこれに相当し、また「里海」の代表例とされる瀬戸内海では、三角州上の新畑における海草・海藻肥料による木綿およびサツマイモの栽培開始がこれに当てはまることになろう。その前提として、上流の花崗岩質山地の荒廃と土砂流出、それに伴う下流域での三角州の発達と砂底質化というプロセスが共通してみられることも重要である（本書Ⅳ第一章・第二章）。

また本書で重視したいのは、「里湖」「里海」と都市との関係である。「里湖」としての琵琶湖は、近世京都の旺盛な消費活動と結びついて確立された人為的な生態系であったことを示したい。「里湖」を分析対象とした本書では、詳細な「里海」の検証まで立ち入ることはできなかったが、しかし本書で示した近世後期の「里湖」の生態系モデルは、同時代の「里海」にも適用できる可能性があることを提起しておきたい。

六　世界の環境史研究における日本の位置

今後、筆者が「普遍化」とともにめざしていきたいのは、世界の環境史研究における日本の研究事例の「相対化」である。池谷和信は、二〇〇〇年代に入りますます活発化している海外の環境史研究の動向を、以下のようにまとめている。(47)一つは大陸や島などの生態地域を対象とする地域別の研究成果であり、アメリカ、地中海、アフリカ、南アフリカ、中部アフリカ、ラテンアメリカ、東南アジア、ボルネオ、中国といった区切りで続々と環境史研究の成果が公刊されている。(48)もう一つの動向は、地球全体を対象としたグローバル環境史が生まれていることであり、世界の森林破壊の歴史について、空間軸・時間軸ともに壮大なスケールでの展望を示した成果が示されつつあることである。(49)

さらに池谷は、この研究動向のいずれにおいても、「意外にも日本の環境史というような本が刊行されていない」現状、すなわち「これまでは日本からの国際的な研究貢献があまりなかった」ことを指摘している。日本でも国内では精緻な環境史研究が積み重ねられてきたにもかかわらず、その成果が海外へと十分に発信されていない現状を指摘したものであろう。たとえば、一九五〇年代の千葉徳爾による『はげ山の研究』[50]は、アメリカ環境史の大家であるクロノンによって今日でも高く評価される水準にある。[51]このような問題意識の確かさと緻密な分析手法は、環境史研究の先魁として世界に通用するものであり、日本の環境史研究の可能性を示していよう。

なおその後、二〇一五年には、日本の環境史をテーマとした専著 *Environment and Society in the Japanese Islands: from Prehistory to the Present* がアメリカで刊行され、日本での環境史研究の一端が海外にも知られるようになった。[52]環境史に関わる歴史学系の国際学会についても、従来の欧米を主体とする学会に加えて、アジアに中心軸を据えた東アジア環境史学会（The Association for East Asian Environmental History）が二〇〇九年に設立され、活動を本格化させている。[53]このような国内外の動向も視野に入れつつ、日本においてこれまで蓄積された環境史研究の業績を、国際的に発信することが一層求められよう。

様々な空間スケールと時間スケールで行われる世界の環境史研究のなかにあって、日本での研究事例の意義をより明確に提示するためには、やはり一定の普遍化を経ることも必要と考える。里山がそれぞれの地域性を持ちながらも、その生態系の構造の普遍性によって「ＳＡＴＯＹＡＭＡ」としてのアピールを持ちえたように、「里湖」や「里海」も個別的な究明を積み重ねた上で、普遍的な構造を取り出すことが可能と考える。その取り組みはまだ緒に就いたばかりであるが、作業途上の一部については、上記 *Environment and Society in the Japanese Islands* でも報告している。[54]今後も日本における「里湖」「里海」の構造の解明とともに、世界の研究潮流における日本の環境史の果たすべき役割について考えていきたい。

註

(1) 佐野静代「日本における環境史研究の展開とその課題――生業研究と景観研究を中心として」(『史林』八九―五、二〇〇六年)九九～一二六頁(同著『中近世の村落と水辺の環境史――景観・生業・資源管理』〈吉川弘文館、二〇〇八年〉に所収)。

(2) Hughes, J. D. *What is Environmental History?*, Policy Press, 2006. また、J. R. McNeill らによって、*Encyclopedia of World Environmental History Vol. 1-3*, Routledge, 2003 が編集されたことも特筆されよう。

(3) 高橋美貴『近世・近代の水産資源と生業』(吉川弘文館、二〇一三年)三～二四頁。

(4) 橋本道範『日本中世の環境と村落』(思文閣出版、二〇一五年)三～四六頁。

(5) 金田章裕『文化的景観――生活となりわいの物語』(日本経済新聞出版社、二〇一二年)。

(6) 詳細については前掲註(1)を参照されたい。

(7) 小椋純一『人と景観の歴史　絵図から読み解く』(雄山閣出版、一九九二年)、小椋純一『植生からよむ日本人のくらし　明治期を中心に』(雄山閣出版、一九九六年)。

(8) 水本邦彦『絵図と景観の近世』(校倉書房、二〇〇二年)に所収の各論文、および水本邦彦『草山の語る近世』(山川出版社、二〇〇三年)。

(9) 近年の代表的なものとして、佐竹昭『近世瀬戸内の環境史』(吉川弘文館、二〇一二年)、武井弘一『江戸日本の転換点　水田の激増は何をもたらしたか』(NHK出版、二〇一五年)など。

(10) 環境省のHPによる。http://www.env.go.jp/nature/satoyama/initiative.html(二〇一六年九月三十日閲覧)

(11) 代表的なものとして、Fairhead, J. and Leach, M. *Misreading the African landscape*, Cambridge University Press, 1996. Balée, W. ed., *Advances in historical ecology*, Columbia University Press, 1998 など。

(12) この「リヴィジョニズム(修正主義)」と呼ばれる人類学内部での議論については、以下の文献を参照。Headland, T. N. 'Revisionism in ecological anthropology', *Current Anthropology*, 38-4, 1997, pp. 605-630.

(13) 池谷和信「近年における歴史生態学の展開――世界最大の熱帯林アマゾンと人」(水島司編『アジア遊学一三六　環境と歴史学――歴史研究の新地平』勉誠出版、二〇一〇年)五五～六三頁。

(14) コンラッド・タットマン(熊崎実訳)『日本人はどのように森をつくってきたのか』(築地書館、一九九八年。原著出版は一九八九年)。
(15) 水野章二『里山の成立――中世の環境と資源』(吉川弘文館、二〇一五年)。
(16) 「第三次・生物多様性国家戦略」第一部第四章第二節六三頁。
(17) 二〇〇八年に上海で開催された「世界閉鎖性海域環境保全会議」において、「里海国際ワークショップ」が初めて開催され、会議での「上海宣言」にも「里海」の概念が盛り込まれた。
(18) 柳哲雄「「里海」の概念・「里海」創生運動の問題点」(山本民次編・日本水産学会監修『「里海」としての沿岸域の新たな利用』恒星社厚生閣、二〇一〇年)二二~三二頁によれば、「「里海」の定義はこの言葉を使う人によりまちまちで、統一的なものがない」とされている。
(19) 鷲谷いづみ・矢原徹一『保全生態学入門』(文一総合出版、一九九六年)など。
(20) たとえば、二〇一二年の「生物多様性国家戦略の改訂(案)」に対して、日本自然保護協会から提出されたパブリックコメントでも、「本戦略で、「里海」を取り入れるならば、まずは定義を明確にして、人手を加えることによる効果の科学的根拠を明示し、事例を「現状」に示すべきである。「里海」と称して保全の効果をともなわない対症療法的な取組が推進されないようにしなければならない」とある。http://www.nacsj.or.jp/katsudo/biodic/2012/08/post-9.html(二〇一六年九月三十日閲覧)
(21) 向井宏「解説 海の生き物の視点から第三次「国家戦略」を読み解く」(『うみひるも』一三〈メールマガジン http://www7b.biglobe.ne.jp/~hiromuk/index.html〉、二〇〇八年)二~三頁。
(22) 松田治「"Sato-Umi"(里海)の国際発信」(山本民次編・日本水産学会監修『「里海」としての沿岸域の新たな利用』恒星社厚生閣、二〇一〇年)一〇二~一一八頁。
(23) 平塚純一「一九六〇年以前の中海における肥料藻採集業の実態――里湖としての潟湖の役割」(『エコソフィア』一三、二〇〇四年)九七~一一二頁、佐野静代「エコトーンとしての潟湖における伝統的生業活動と「コモンズ」―近世~近代の八郎潟の生態系と生物資源の利用をめぐって―」(『国立歴史民俗博物館研究報告』一二三、二〇〇五年)一一~三四頁(のちに同著『中近世の村落と水辺の環境史』〈吉川弘文館、二〇〇八年〉に所収)、平塚純一・山室真澄・石飛裕『里湖モク採り物語――五〇年前の水面下の世界』(生物研究社、二〇〇六年)、佐野静代「「里湖」研究の意義――水辺の「二次的自然」をめぐって」(『滋賀大学環境総合研究センター研究年報』五―一、二〇〇八年)三〇~三七頁。

（24）前掲註（23）。

（25）佐野静代『中近世の村落と水辺の環境史』（吉川弘文館、二〇〇八年）。

（26）Kawanabe, H., 'Biological and Cultural Diversities in Lake Biwa,' in *Ancient Lakes: Their Culture and Biological Diversity*, Kawanabe, H., G. W. Coulter, and A. C. Roosevelt, ed., Kenobi Productions, 1999.

（27）Rossiter, A. 'Lake Biwa as a Topical Ancient Lake,' in Ancient Lakes: Biodiversity, Ecology and Evolution, Rossiter, A. and H. Kawanabe, ed., *Advances in Ecological Research*, vol. 31, 2000, pp. 571-598.

（28）春田直紀「文献史学からの環境史」（『新しい歴史学のために』二五九、二〇〇四年）九〜三一頁。

（29）前掲註（4）。

（30）橋本道範「日本中世における水辺の環境と生業」（『史林』九二―一、二〇〇九年）四〜三五頁（のちに同著前掲註（4）に所収）。

（31）Hoffmann, R. 'Economic development and aquatic ecosystems in Medieval Europe,' *American Historical Review*, 101-3, 1996, pp. 631-669.

（32）前掲註（31）、池上俊一『森と川——歴史を潤す自然の恵み』（刀水書房、二〇一〇年）。

（33）前掲註（31）。

（34）前掲註（31）。

（35）ブリジット・アン・ヘニッシュ（藤原保明訳）『中世の食生活——断食と宴』（法政大学出版局、一九九二年。原著出版は一九七六年）。

（36）舟橋倫子がデリーニュらの研究を引用しながら、この動向について解説している。舟橋倫子「一二世紀ベルギーにおける修道院と周辺社会——アッフリゲム修道院とブリュッセル地域」（『エクフラシス：ヨーロッパ文化研究』三、二〇一三年）四八〜六五頁。

（37）舟橋倫子「中世都市ブリュッセルの魚・肉業者と修道院」（『比較都市史研究』三四―二、二〇一五年）四〜五頁。

（38）前掲註（35）。

（39）『兼仲卿記』弘安七年（一二八四）四月二十六日条。この史料はすでに橋本道範（前掲註（4））によって注目されている。

（40）たとえば、一条家良「よど河に　いけてつなげる　こひに見よ　たれもこのよは　あはれいつまで」（『新撰和歌六帖』第三、九六一）、藤原知家「世中は　よどのいけすの　つなぎこひ　身をこころにも　まかせやはする」（『新撰和歌六帖』第三、九六三）

など。

（41）春田直紀「自然と人の関係史――漁撈がとり結ぶ関係に注目して」（『国立歴史民俗博物館研究報告』九七、二〇〇三年）二二三〜二三五頁、佐野静代「近江国筑摩御厨における自然環境と漁撈活動――湖岸の御厨の環境史」（『国立歴史民俗博物館研究報告』一三三、二〇〇六年）八五〜一〇八頁（のちに同著『中近世の村落と水辺の環境史』〈吉川弘文館、二〇〇八年〉に所収）。

（42）前掲註（4）。

（43）前掲註（3）、盛本昌広『中近世の山野河海と資源管理』（岩田書院、二〇〇九年）。

（44）前掲註（3）において、その意図するところが説明されている。

（45）木村茂光「書評　橋本道範著『日本中世の環境と村落』から環境史・生業論を考える」（『日本史研究』六四九、二〇一六年）六六〜七三頁。

（46）前掲註（43）。

（47）池谷和信「地球環境史研究の現状と課題」（同編『地球環境史からの問い――ヒトと自然の共生とは何か』岩波書店、二〇〇九年）一〜一二頁。

（48）これらのうち、代表的なものとして、以下の研究がある。Beinart, W. 'African history and environmental history,' *African Affairs*, 99, 2000, pp. 269-302; Miller, S. W. *An Environmental History of Latin America*, Cambridge University Press, 2007.

（49）具体例として、以下の文献が上げられている。Williams, M. *Deforesting the Earth: From Prehistory to Global Crisis. An Abridgment*, The University of Chicago Press, 2006.

（50）千葉徳爾『はげ山の研究』（農林協会、一九五六年）。

（51）クロノン（佐野敏行・藤田真理子訳）『変貌する大地――インディアンと植民者の環境史』（勁草書房、一九九五年）の「日本語版のための序」による。

（52）Batten, B. L. and P. C. Brown, ed. *Environment and Society in the Japanese Islands: from Prehistory to the Present*, Oregon State University Press, 2015.

（53）二〇〇九年にコペンハーゲン（デンマーク）およびマルモ（スウェーデン）で開催された第一回国際環境史学会を契機として、そこに参加していた台湾・日本・中国の研究者を中心に設立され、二〇一一年に台北にて第一回の国際大会が開催された。

(54) Sano, S. 'Traditional Use of Resources and Management of Littoral Environment at Lake Biwa,' in *Environment and Society in the Japanese Islands: from Prehistory to the Present*, Batten, B. L. and P. C. Brown, ed., Oregon State University Press, 2015, pp. 75–95.

Ⅰ　水辺の資源とコモンズ

第一章　古代の淀川流域におけるヨシ群落の利用と管理

はじめに

本章の目的は、古代以来の水辺の植物利用について分析することで、人間と水辺空間との関係史を明らかにすることである。ここで取り上げる水辺の植物とは、水陸移行帯の代表的な植生とされる「ヨシ群落」であり、その具体的な考察対象となるのは、古来ヨシの群生地として多くの記録が伝わる淀川流域および琵琶湖沿岸の一部地域である。淀川中流域の「鵜殿のヨシ原」や琵琶湖岸の「西の湖のヨシ地」では、現在なおヨシの刈り取りや火入れが行われている。

今日、ヨシ群落は生物生息地としての役割や水質浄化機能が重視され、その保全が求められているが、このような高い評価が文系の研究者にも共有されるようになったのは比較的新しいことである。ヨシ群落の利用に関する研究についても、環境社会学・民俗学では近現代を対象とする多くの成果がみられるが(1)、一方、歴史学の分野において古代以来のヨシ地について考察した専論は、これまでほとんど見当たらないように思われる。その要因としては、たとえば古代・中世の荘園関係文書には「葦原」が往々にして開発予定地たる「荒野」として現れることから、歴史学の研究者にとってヨシ地とは荒蕪地・空閑地のイメージが強かったためではないかと考えられる。

しかし古代以来のヨシ群落の利用については多くの史料があり、またひとたび現地で聞き取りすればその資源価値の高さは明白である。簾や屋根葺材など生活に不可欠な資材として、ヨシ群落は古代から刈り取りという人間の関与を受け続けてきたのである。したがってヨシ群落の歴史的価値を問い直し、一〇〇〇年以上にもわたる人間からの関与のあり方を具体的に分析することは、水辺の生態系における人間活動の位置づけを解明するために不可欠な作業となるはずである。

現在、ヨシ群落が広がる空間は「ヨシ地」「ヨシ帯」などと呼ばれているが、古代・中世の文献においては、「豊葦原中国」「茨田葦原」のように「葦原」の語が多く用いられている。「葦原」は「河畔之地」として陸地扱いされる場合もあれば、「魚入葦原」のように水域扱いのこともあり、水陸双方の性質を帯びた空間であったことに特徴がある。本章ではこのような水陸の両義的空間としての「葦原」を取り上げ、そこで行われた古代からの様々な生業の実態を解明する。さらに、「葦原」をめぐる生業活動とともに、そこに向けられた当時の人々の意識や信仰についても考えてみたい。

そもそも「葦原」の存在した「河畔之地」とは、「河原」にも重なる空間であり、河川敷に形成されたヨシ群落の所有・利用は、網野善彦の説いた河海の「無縁」の問題にも関わる主題となる。したがって本章では、ヨシ群落の所有と用益の実態を、「水辺は誰のものであったのか」という観点も含めて検討してみたい。

一　抽水植物の用途と有用性

1　「ヨシ群落」の構成種

現在、ヨシ群落の重要性というと、単一種としてのヨシの有用性に目がいきがちである。しかし、ヨシ群落とはヨシだけでなく、マコモ・スゲ・ガマなど複数の植物種から構成される抽水植物群落であったことに注意したい。本章で重視したいのは、これらの植物の有用性もまたヨシ以上に高かったという事実である。

図1にヨシ群落のイメージを示す。群落にはヨシと同じイネ科のマコモに加えて、ガマ科のガマ・コガマ、さらにカヤツリグサ科のスゲなどの植物が混生している。このスゲとはカヤツリグサ科スゲ属の総称であって、日本には二〇〇以上の種がみられるが、水辺に自生するものとしてはカサスゲ・オニナルコスゲなどがある。

これらヨシ群落の種構成に関する植物学的知識は、

図１　琵琶湖岸のヨシ群落　ヨシを中心に，マコモ・スゲ・ガマなどから構成される抽水植物群落。春，芽生えのころの風景。

以下にみるようにすでに平安時代の貴族たちにも広く知られていたようである。

難波江のあしもまこももしらすげも　つのぐむほどはえこそみわかぬ（ママ）（江師集）

貴族層がこのように水辺の植生について熟知していたのは、これらの植物がわれわれの想像以上に生活に親しいものであったためと考えられる。抽水植物のうち菖蒲（ショウブ：サトイモ科）が端午の節句に不可欠であったことはよく知られているが、同じ五月の「飾粽」や食用の粽は、マコモやスゲ・ヨシで包まれたものであった(2)。また「根合」「草合」によって、これら水辺の植物を実見する機会も多かったと推測される。

このように抽水植物は生活の場で種々に用いられていたが、ヨシ群落を構成するどの種にも共通する用途として注目すべきは、葉や茎が繊維材として、編み製品に利用されたことである。葭簀編み・葦簾編みだけでなく、たとえば『古事記』に「畳薦」「菅畳」が散見されるように、古くからマコモやスゲも敷物の素材として知られていた。とくにマコモは「真菰」の名の通り、「薦」の語源となった植物である。また、数あるスゲ属のなかでも水辺に生えるカサスゲは、その名のごとく笠・蓑の編み材として最も普遍的なものであった。ガマも古名を御簾草というように、簀や席・籠に編まれた(3)。

以上のように、ヨシ群落を代表する抽水植物はみな繊維材として古代より有用であったが、本章ではこの編み製品としての利用形態から考察を始めたい。

2　古代の淀川の流路

奈良時代の淀川沿岸において、人々がヨシだけでなく様々な抽水植物の刈り取りと加工にいそしんでいたことは、次の『万葉集』の歌からも明らかである。

葦刈りに堀江漕ぐなる梶の音は　大宮人の皆聞くまでに（巻二十・四四五九）
おしてる難波菅笠置き古し　後は誰が着む　笠ならなくに（巻十一・二八一九）
三島江の入江の薦を　かりにこそ　我をば君は思ひたりけれ（巻十一・二七六六）
三島菅いまだ苗なり　時待たば着ずやなりなむ　三島菅笠（巻十一・二八三六）

ここで詠まれている地名を理解するために、古代の淀川流路と大阪平野の地形について確認しておきたい。図2にみるように、琵琶湖を発した瀬田川は宇治川と呼称を変えて山城盆地の巨椋池に至り、その後河内・摂津へ出て両国の境を流れていく。左岸側の河内国では、茨田郡（現在の寝屋川市あたり）で一部が南に分流し、大阪平野中央部にあった河内湖へと注いでいた。この茨田郡の左岸一帯は、『日本書紀』に「茨田堤」を築くことがみえるように、氾濫を受けやすい湿地帯であったと推定される。

一方、淀川本流は摂津国に入って三国川・長柄川・堀江川の三つに分流し、一部に河内湖からの排水をも受けて大阪湾へと注いでいた。このうち堀江川とは『日本書紀』にみえる「難波堀江」のことで、河内湖の出口をふさぐ上町台地を切り、大阪湾への排水を意図した人工的な水路であった。上記『万葉集』の一首目は、この堀江での情景を詠んだものである。

また上町台地から北の長柄、東生郡を含む淀川最下流の一帯が「難波」であり、「難波潟」「難波江」とも呼ばれたこの地に広大な葦原が存在したことは、『万葉集』以来の多くの詩歌や、『大和物語』等の葭刈り説話によって知られる。ヨシには耐塩性があり、汽水域においても生育が可能であることを勘案すれば、これらは淀川の土砂運搬・堆積作用によって河口付近に形成された浅瀬や中州のヨシ地であったと考えられる。

前頁二首目の「難波菅笠」からは、難波ではヨシの刈り取りに加えて、スゲの加工も盛んであったことがうかがえ

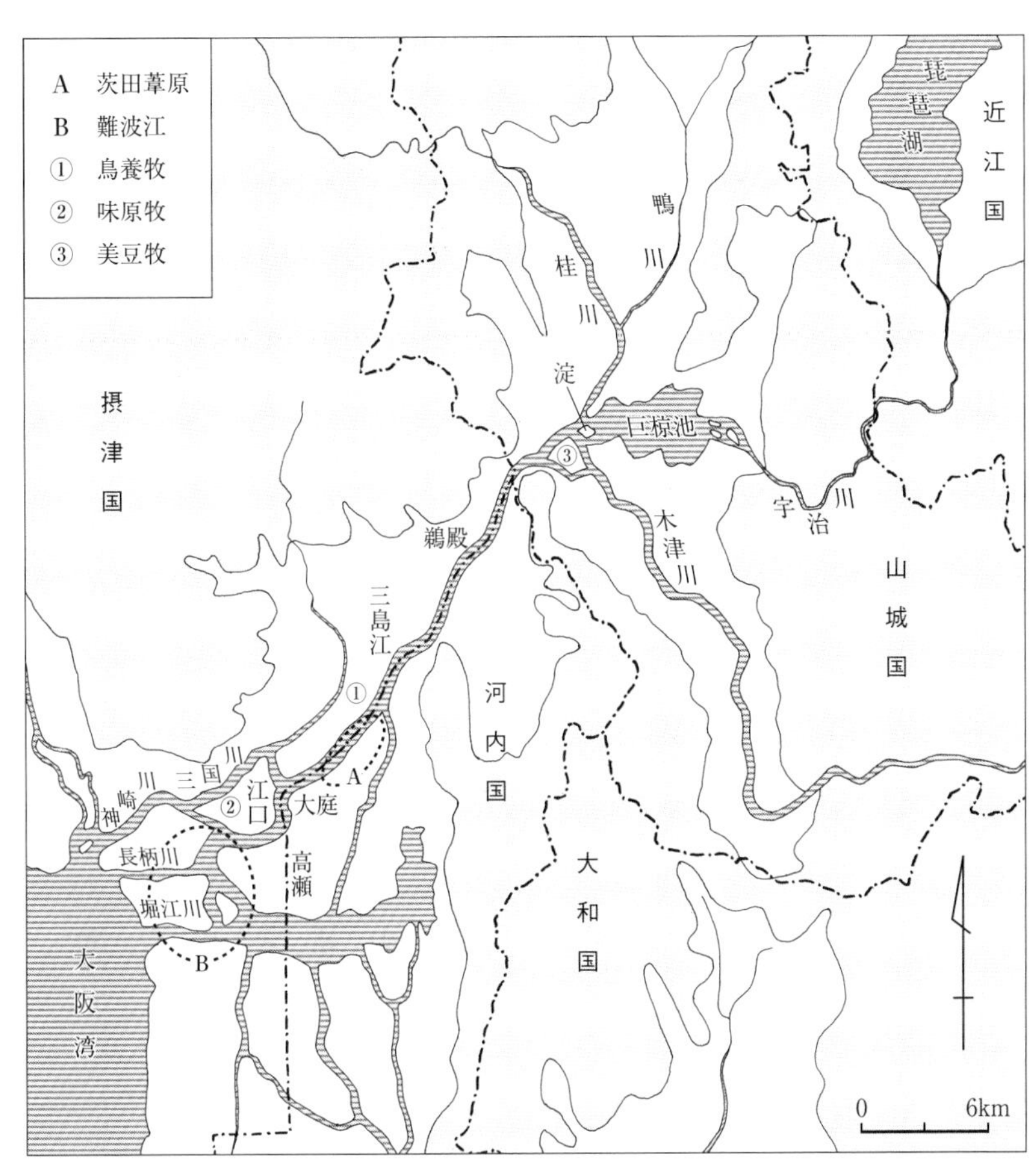

図２　古代の淀川流域（地形復原については，竹内理三ほか編『日本歴史地図　原始・古代編（下）』〈柏書房，1983年〉，梶山彦太郎・市原実『續大阪平野発達史』〈1985年〉，および南出眞助「水運と津の発達――琵琶湖・淀川を中心として」〈倉田実・久保田孝夫編『王朝文学と交通』竹林舎，2009年〉58頁に基づく）

る。『延喜式』内匠寮に、伊勢斎宮の菅蓋の材を「摂津国笠縫氏」が供したことがみえるが、この笠縫の居地は、中世以後も近代に至るまで大嘗祭の菅蓋・円座を貢上し続けてきた摂津国深江村付近と考証されている[4]。

一方、万葉集に頻出する「三島江」とは、淀川右岸の摂津国嶋上郡にあった入江を指し、近世の三島江村からその下流の鳥飼村に至る一帯に比定されている[5]（図2）。この淀川中流域においても、ヨシのみならずマコモとスゲの刈り取り・加工が行われていたことが上記の歌より明らかである。なお、『万葉集』以降、平安期の歌集では、三島江以外にも山城国の淀・美豆、あるいは摂津国鵜殿といった流域各地でのヨシやマコモ刈りの風景が詠まれている。抽水植物の刈り取りと編み加工は、淀川の下流域だけでなく、上・中流域も含めた沿岸各地に広く見られた生業だったといえよう。

3　掃部寮の敷物原料と抽水植物

平安期においても淀川流域のヨシ群落は高い資源価値を有しており、とくに一部地域については朝廷の管理下に置かれていたことが明らかである。その状況は十世紀の『延喜式』掃部寮に詳しい。掃部寮とは朝廷の敷物の設営や清掃を掌る官司であり、掃部寮式には宮中の諸行事・祭事に用いられた敷物類の種類や数量が記録されている。そのなかで注目されるのは、敷物の原料となる植物名とその供給地の記載があることである。

殖藺田一町。（在山城國。）耕殖冊一人。（以當國正税雇充。）刈得藺三百八十圍。（寮家仕丁刈運。）蒋沼一百九十町。（在河内國茨田郡。）刈得蒋一千圍。
菅二百圍（竝刈運夫以當國正税雇役。）莞五百圍。（摂津國傜夫刈運。）

これによれば、掃部寮に納入されていたのは藺（イグサ）・蒋（マコモ）・菅（スゲ）・莞（ガマ）であり、イグサが山城国の「藺田」から供給されていたのに対して[6]、マコモ・スゲ・ガマはいずれも河内国茨田郡の「蒋沼」にて刈り

表1　『延喜式』掃部寮の編み製品のうち繊維原料を明記するもの（布製を除く）

呼称から原料植物が判明するもの	葦簾，蘆蔽，楊筥，蔣円座，藺円座，菅円座，蔣食薦
原料植物名の記載があるもの	織席一枚。長九尺。廣五尺。料。擇藺一圍。苧十五兩。(後略) 織食薦一枚。長六尺。廣三尺。料。擇藺一尺五寸。生絲五銖。 稗蔣食薦一枚。長六尺。廣三尺。料。稗蔣二尺。麻十三兩。 草墪一枚。高一尺三寸。径一尺六寸。料。蔣二圍。苧八兩。(後略)

取られ、京に運送されていた。

この一九〇町もの広さを持つ「蔣沼」については、『令集解』職員令掃部司の条にも記載があり、そこでは「茨田葦原」と表記されていることに注意したい。繰り返すまでもなくマコモ・スゲ・ガマとはヨシ群落を構成する主要種であり、これらが群生する茨田の「葦原」とは、前項で触れた河内国の淀川左岸、茨田郡一帯の湿地帯であったと考えられる。ガマの刈り取り・運送に摂津国の傜夫が徴用されているように、河内・摂津の国境となっている淀川本流に沿う湿地帯が、掃部寮の用途に充てられていたものとみられる。掃部寮式全体をみても、原料の産地に関する記述はこの一文だけであることから、繊維材の供給地としての「茨田葦原」の重要性を知ることができる。

ではこれらの抽水植物原料も含めて、掃部寮全体ではどのような編み製品が作られていたのだろうか。『延喜式』に編み製品として記載があるのは、敷物類では、葉薦・折薦・食薦など多種類の「薦（こも）」、長席・狭席などの「席（むしろ）」、これら編薦や織席を芯にして作られる狭帖・短帖などの「帖（たたみ）」、さらに各種の「円座」などである。なお、敷物以外のものとして、「簾」「簀」「苫」や「坂枕」、衝立様とみられる「草墪」があげられる。

これらについて、布を除き繊維原料の表記のあるものを表1に示した。判明する編み材のうち、ほとんどが抽水植物の繊維であることに注目したい。唯一の例外であるヤナギも、ヨシ帯の背後に形成される木本類として、水辺の植生である点では共通している。

なかでも注目されるのは、マコモの有用性の高さである。掃部寮式には原料を明記しない

「薦」が多くあげられ、多種の「帖」や「坂枕」の芯材として使われているが、これらが字義通りマコモ製であった場合には、その消費量は莫大なものとなる。茨田の葦原が「蔣沼」と呼ばれ、マコモの刈り取り量が最多であったのも、このような事情によるものであろう(7)。

二「依り代」としての抽水植物

1　抽水植物と神の「依り代」

以上のように、古代の朝廷や祭祀に関わる編み製品、とくに敷物類がことごとく抽水植物の繊維から製造されていたことは、日本文化の古層を考える上でも重要な意味を持つ。現在のわれわれにとって薦・莚などは稲藁で作られるイメージが強いが、それは稲藁の大量供給が可能になった時代以降のことだからである。稲作伝来当初の収穫方法は穂摘みであり、藁の使用を可能とする根刈りの技術が確認されるのは弥生後期以降のことという(8)。しかも稲藁利用が本格化するのは、穂刈り・根刈りの併存期を終えた七・八世紀以降とされる(9)。

一方、植物繊維を敷物や籠に編む技術自体は、縄文土器の底面に網代の圧痕があることや、三内丸山遺跡の「縄文ポシェット」にみるように、縄文期にはすでに存在したことが明らかである。弥生時代から古墳時代にかけても、樹皮やヨシ、イグサ科の植物などで編まれた敷物や壁代が出土している(10)。このように編み製品は、本来は山野と水辺に自生する樹皮・草本などを素材としていたのが、のちに入手が容易になった稲藁に置き換えられていったことが推定される。したがって水辺の抽水植物の利用文化とは、稲作渡来以前に遡りうる文化系譜に属するものといえる(11)。

『延喜式』の敷物類と同様に、各地の神社で用いられる祭祀用の敷物には、今日なお藁ではなく抽水植物の繊維材が多く用いられていることに注目したい。たとえば伊勢神宮や出雲大社の神前に用いられる葉薦・食薦は、すべてマコモによって作られている。[12] これら抽水植物製の敷物は清浄な神の座であったが、それと同時に、これらの編み製品自体が時として神の依り代と見なされてきたことにも注意したい。よく知られているのは、薦枕を御神体とする豊後国宇佐郡の宇佐神宮の例であろう。ここでは八幡神が示現したという「三角池」に生えるマコモを刈り取り、編み上げて枕としたものが御神体になっており、マコモが神の形代とされている。なお、薦枕は神楽歌「薦枕」の題にもなっており、歌中では淀川につながる「高瀬の淀」と、そこに依拠した贄人の姿が詠われている（前掲図2）。

マコモがとくに神の宿る神聖な植物と観想されてきたことについては、ほかにも香取神宮の神饌の器である「巻行器（まこもほかい）」の例など、枚挙にいとまがない。マコモは薦包みの酒にみるごとく、清浄さを保つ苞用の材として有用であるが、この包むという機能が、神霊を斎い籠める意味を生じさせた可能性もある。[13]『延喜式』にみえる古代の粽が、マコモの葉で包まれていたことも示唆的であろう。

2 蓑笠のシンボリズム

マコモと同様に、抽水植物のなかで神霊の依り代として重視されてきたのは、水辺のスゲ属の代表種たるカサスゲであった。カサスゲは笠や蓑の繊維原料として最も一般的なものであったが、このスゲ製の笠や蓑には、神霊の形代としての側面が濃厚に見出される。

菅笠は、雨具以外に田植え時の装具としても欠かせないものであり、とくに田植え神事においては早乙女の菅笠に田の神が宿るという信仰が各地に残っている。[14] また『日本書紀』斉明天皇条に二ヵ所出てくる神霊あるいは鬼が、いずれも「笠」を着た姿として記されていることも目を引く。

笠に依り代としての機能のあることは、蓑をあわせた「蓑笠」姿においてさらに顕著となる。民俗学では、蓑笠姿には風雨を防ぐ実用面にとどまらず、様々な象徴的意味があるとされている。折口信夫によれば、蓑笠とは他界との間を行き来するマレビトの装束であり、神が身をやつす依り代であるという(15)。蓑や笠を着た来訪神の姿は、東北の「ナマハゲ」から沖縄の「マユンガナシ」に至るまで広く認められるが、これら他界から訪れる神霊のうちには、海や水辺に関わる存在が多くみられることにも注意したい(16)。

ただし留意すべきは、依り代のもう一つの側面として、海彼から寄り来る神霊の「招代」だけでなく、他界へと流し去るべき穢れの「形代」ともなる性質を持っていることである。これはスゲ・ヨシなどの抽水植物にもそのまま当てはまる。

早くには『万葉集』に、「天なる　ささらの小野の　七節菅　手に取り持ちて　ひさかたの　天の川原に　出で立ちて　みそぎてましを」（巻三・四二〇）、「千鳥鳴く　その佐保川に　石に生ふる　菅の根取りて　しのふ草　祓へてましを　行く水に　みそぎてましを」（巻六・九四八）とあり、「禊」のさいにスゲが用いられたことがみえる。平安期における六月祓においても、穢れを祓うためにくぐる「茅の輪」は、別名「菅抜（菅貫）」と呼ばれていたように、チガヤやスゲで作られるものであった(17)。

六月祓や十二月の大祓のさいに、「撫で物」として穢れを移して川へ流し去る「草人形（くさひとかた）」もまた、これら水辺の植物から作られることが多かった。折口は人形の信仰に関わって、「迎へた神を送る為の、神の形代流しと、祓除の穢禍を背負うた形代流しとが、結びついて出来たのが、雛祭りである」としている(18)。鴨川・桂川・宇治川を合わせて流れる淀川は、七瀬の祓にみるごとく平安京の穢れをすべて運び去る一大水流でもあった。

このような招代・形代としての抽水植物の両義性は、ヨシをめぐる信仰のなかにも表れている。『延喜式』陰陽寮では、十二月晦日の追儺のさいに、桃の弓とヨシの矢によって疫鬼を駆逐するとして、「凡追儺料。桃弓杖。葦矢令守辰丁造備。其矢料蒲葦各二荷。摂津國毎年十二月上旬採送」とある。追儺で用いられる矢の材は、摂津国に産するヨシとガマの茎であり、「茨田葦原」でのガマ貢進と同じく、淀川沿岸のものであった可能性が高い。今日でも正月の破魔矢にはヨシが多く用いられ、邪を打ち破る霊力があるとされている。しかしヨシは同時に、津島系の神社における「御葦神事」においては疫神そのものであり、畏怖されて水上に流し去られる存在でもあった。

先述の蓑笠姿で現れる神霊に対しても、祝福をもたらす神としてだけではなく、追放すべき存在と見なす場合のあったことは、すでに小松和彦が指摘している。[19]『日本書紀』にみえるスサノオ尊の「青草」を束ねての笠蓑姿を、穢れを背負って高天原から追放される草人形とみる折口の説[20]も、このような「青草」の両義性を意味するものであろう。

3　スゲと「くぐつこ」

以上のような神霊の依り代としての抽水植物を考える上で、もう一つ淀川流域に関わる話題として、スゲなどの繊維で編まれる「籠」の意義についてあげておきたい。竹製の髭籠（ひげこ）が神の招代となることは多くの研究から知られているが、[21]一方、民俗学で水辺の植物製の籠として従来注目されてきたのが、「くぐつこ」である。

潮干の御津の海女のくぐつ持ち　玉藻刈るらむ　いざ行きて見む（『万葉集』巻三・二九三）

この歌は淀川河口に近い「難波の御津」を詠んだものとされるが、ここにみえる「くぐつ」が、人形芸を持ち伝えた中世の「傀儡（くぐつ）」のルーツと考えられることは、折口信夫と柳田國男の論考に詳しい。[22]それによれば、「くぐつ」とは「くぐつこ」あるいは「くぐつと」、すなわち「莎草（くぐ）」なる水草によって編まれた籠（こ）や袋のことを示す。

海人が採取した海藻や貝を入れる籠が、彼らの信仰の対象であった木偶人形を納める容器になり、その集団の名の由来になったものという。

この「莎草（くぐ）」なる植物については、これまでの研究では「水草」という以上に追究されることはなかったが、本章ではその種名に注目したい。「くぐ」という名称は、本章であげてきたカヤツリグサ科スゲ属の一種の古名であり[23]、植物分類学上、狭義にはスゲ属のなかのシオクグを指すとされる[24]。シオクグは湿地性のスゲ属であり、耐塩性があるためヨシ同様に難波江に多く自生していたものであった。カサスゲなど水辺のスゲ属が多く有用であったように、このシオクグもまたその葉は綯われて縄（＝くぐ縄）となり、この縄を編んで製されるのが「くぐつ籠」であった[25]。

平安・鎌倉期の「傀儡女」は、江口・神崎と並び称された遊女的存在であった。その集団は、青墓・赤坂などの宿駅とともに水辺にも分布したことが知られ、淀川水系でも桂川や難波付近での活動の様子が指摘されている[26]。「傀儡」はのちに淀川・神崎川河口から西に広がり、摂津西宮神社を一大拠点とする人形芝居（＝人形浄瑠璃）のルーツとなっていく。これら「傀儡」が用いた人形が、シオクグで編まれた籠に納められていたことは、大江匡房の『傀儡子記』にみえる彼らの生活実態、すなわち「水草ヲ遂ヒテモテ移徙」した姿をよく伝えるものであろう。

三　ヨシ群落と秣・牧

1　ヨシ群落と放牧

ここでヨシ群落利用の生態的側面に話を戻したい。淀川沿岸のヨシ群落について、古代・中世のさらなる利用の形態を伝えるのは、以下の和歌である。

つのぐめる　あしのわかばをはむ駒の　あるるをみるや　なにはえの人（堀川百首）

難波江や　まばらにみえし葦のはも　めぐめばやがて駒ぞすさむる（土御門院百首）

ここで詠われているのは、ヨシの若芽が馬の飼料となりえたこと、すなわちヨシが放牧時の秣となっていた可能性である。

古代の牧が、東国では台地や高原に立地したのとは異なり、近畿では多く河川沿いに分布したことについては、すでに森浩一や網野善彦による指摘がある。[27]『延喜式』左右馬寮には、諸国から貢上された牛馬を放つ「近都牧」がみえるが、その第一の「摂津国鳥養牧」は淀川右岸の低湿地に位置し、前述の三島江のヨシ原にも近接している（前掲図2）。さらに昌泰元年（八九八）の太政官符には、「公私牧野多在河内国交野・茨田・讃良・渋江・若江、摂津国島上・島下・西成等郡河畔之地」とみえ、皇室だけでなく多くの私牧が淀川沿いの「河畔之地」にあり、船を牽引する河道の水際までを占拠していたことが記されている。

淀川沿岸に多くの牧がみえる理由について、網野は、船運から車馬運搬への転換点に牧が成立したためと推測している。[28]また戸田芳実は、牧馬の逸失防止のための堀の機能や、馬の飲み水の供給という観点から論じている。[29]しかし本章では、これらの利点以外にも、牧の選地には何より「十分な牧草供給」という必要条件があり、それが水辺の植物と深く関わっていた可能性を提起したい。

ヨシの若葉を秣としたことについては、同じくヨシ群落の発達する琵琶湖岸の戦前までの民俗事例でも聞かれ、また十四世紀の近江国奥島荘では、「一庄の御百姓等、馬飼所の料に、岩蔵の沢おいてあしをはやしおく」との文言があり、[30]このヨシも飼料用とみてよいと思われる。「春駒は　友もあしねをあさるとや　なにはのみつのかげをみるらん」（教長集）、「なにはえの　芦のはなげのまじれるは　つのくにがひの駒にやあるらん」（拾遺集）のように、「難波江」のヨシと馬との取り合わせを詠んだ歌は枚挙にいとまがない。水際をあさるのが「春駒」であり、馬を放つことが春の水辺の景とイメージされた背景には、淀川沿岸に生え出すヨシの新芽・若葉という生態的条件があったと考えられる。

2　放牧と植生の維持

牧草となりえた水辺の植物は、ヨシだけではなかった。同じヨシ群落の構成種であるマコモもまた、牛馬の秣となっていた事例が見出される。

みづのえの　まこももいまはおひぬれば　たなれの駒をはなちてぞみる（堀川百首）

春駒のあるるにしるぞ　まこも草　みづのみまきにおひそめにけり（六条斎院歌合）

「みづのえ」「みづのみまき」とは、京都盆地南部の巨椋池西部付近にあった「美豆牧」のことである。『延喜式』には、前掲の摂津国等の「近都牧」に加えて、左右馬寮の夏季の放牧地として「山城国美豆厩畠十一町。野地五十町餘」との注記がある。「美豆御牧」は平安期の歌枕ともなっているが、これもまた淀川沿いに立地する牧の一つであった（前掲図2参照）。

戸田芳実は上掲の和歌から、マコモの若葉が放牧馬の飼料となったことを指摘しているが、マコモが牛馬の秣に適していたことは、植物学的研究によっても裏付けられている[31]。近世の琵琶湖岸の村落でも、「真菰等ハ牛馬之飼料に仕」との文言がみえる[32]。古代・中世の淀川沿岸の多くの牧では、前項のヨシに加えてマコモも秣に用いられたと推定され、これらヨシ群落構成種の牧草としての有用性をうかがうことができる。古代・中世の「牧」の選地には、やはりヨシ群落との強い関わりがあったことになる。ヨシ群落の発達地であった淀川沿岸は、空閑地という以上に放牧地たる適性を有していたことになろう。[33]

牧を水辺に置き、馬を水際に放つ民俗事例の多いことについては、柳田國男・石田英一郎らもすでに指摘しており、水神への牛馬の供儀の残像、あるいは水神たる竜馬による種付けの期待といった信仰的側面からその要因が説明されている。[34] しかしこのような信仰が成立する前提として、水辺の地に牧草供給という生態的機能のあったことは看過できない。冬期の枯れヨシを繊維材・屋根葺材として刈るだけではなく、春季の若い葉体を牧草利用していた様相は、山辺の「草原」で夏までは牛馬を放ち、秋にはカヤ刈りを行っていたこととも共通する。古代・中世の淀川河畔のヨシ地は、これら「草原」に匹敵する牧の適地として、「草原」同様に人間との頻繁な交渉を持ってきた空間だったのである。

3　牧と御厨

淀川沿岸の牧には、馬だけでなく牛も飼育されていたことは重要である。古くは『日本書紀』安閑天皇二年条に、牛を難波の大隅島と姫島の松原に放ったことがみえる。のちに十世紀の『延喜式』に典薬寮の乳牛牧として現れる「味原牧」は、淀川下流の大隅島一帯に相当することから（前掲図2）、この牧の伝統を受け継ぐものと考えられる。そもそも牛の飼料にマコモが好まれたことは以前から指摘されており、[35] その放牧地にマコモの群生する水辺が選ばれていたことを重視すべきであろう。

牛が古代からこういった水辺や島嶼で放牧されたことについては、平安末期の肥前国松浦郡の川辺・海辺に産する宇野御厨の「御厨牛」を扱った戸田芳実の論考に詳しい。[36] 宇野御厨を支配した武士団・松浦党は、淀川下流・難波江付近を押さえた渡辺党と同族であるが、両者がいずれも左右馬寮の官人として牛馬の扱いに関わっていたことが指摘なろう。

されている[37]。これら海の武士団が牛馬の飼養にも関係していた事実は、水辺と牧とのつながりを示す何よりの証左と

摂津の渡辺党はまた贄人としても名を残しており、牧だけでなく御厨にも深く関わっていた事実に注目したい。渡辺党が本拠とした渡辺の地は、摂津・河内両国にまたがって設けられていた大江御厨の西端に位置するが、渡辺党は摂津大江御厨の供御貢進の統率者でもあった[38]。このように御厨と牧とが密接な関係を示すことについては網野善彦も注意を喚起しており、河内大江御厨の後身たる中世の内膳司領甲可保において、住人が院の御牧の御厩寄人と称して供御米を懈怠したこと、また山城国美豆牧にも内膳司供御人が存在したことをあげている[39]。なお、前述のように神楽歌「薦枕」に登場する贄人の居地「高瀬の淀」も、「味原牧」と近接した位置にあることが注目される。

これらの牧と御厨の重層性、すなわち牧草地と漁場との関係についても、ヨシ群落の生態的側面からの説明が可能である。ヨシ群落は、河川流量の増加する梅雨期にはしばしば冠水し、水域に近い空間となる。淀川水系の重要な漁獲対象種であるコイ科魚類は、この時期に産卵期を迎えて岸辺に寄ってくる。つまりヨシ・マコモなどの抽水植物帯はコイ科魚類の重要な産卵床となっており、ヨシ群落はまさしく「魚入葦原」と呼ばれたように産卵魚が大量に押し寄せる好漁場だったのである。水辺の「葦原」は春期の放牧に加え、冠水期には漁場に転換する空間であり[40]、このような水辺環境の年間変動が、住民の牛馬放牧＋漁撈という複合的な生業暦に組み込まれていたことになる。

以上のように御厨と牧はヨシ群落を通じて結びついていたが、この冠水した「葦原」が漁場として水域同様の扱いを受けていたことに注目したい。この事実は、御厨・牧による水面領有の成立に関わって重要な意味を持っている。牧・御厨は中世には所領として荘園化を遂げており、武士団もその在地領主として理解されることになるが、このような水域に等しい「葦原」の所有権の成立とは、荘園による地先水面領有の問題につながってくるからである。中世

前期の水面が、土地と同様に荘園制的所有に包括されていたかどうかについては、網野善彦と保立道久との著名な論争がある（後述）。両者の議論は、水面という空間の性質そのもの、すなわち「水面は領有できるのか」という論点を本質としている。この点で、一〇〇〇年以上にわたる水辺と人間との関係史を解明しようとする本章の主旨にも深く関わってくるので、節を改めて考えてみたい。

四　ヨシ群落と中世的水面領有

1　ヨシ群落の用益権

古代の掃部寮「茨田葦原」が十一世紀ごろの『遊女記』には「掃部寮ノ大庭ノ庄」とみえるように[41]（前掲図2）、淀川流域の牧や御厨は、古代末期には権門や各官司の荘園として現れてくる。こういった荘園による地先水面領有の成立に関し、保立は、水面は土地の延長上であり大地に付属するものとして、中世前期には地先水面はすでに荘園制的土地所有に組み込まれていたとする[42]。これに対して網野は、水面には田畠とは異なる「無縁」「無所有」の場として独自の原理があり、土地支配の延長ととらえることはできないと主張している[43]。

淀川流域における地先水面領有の実態をうかがわせる手がかりとして、本章では『今昔物語集』巻二十六の第十三話におさめられた地先ヨシ地の用益をめぐるエピソードに注目したい[44]。才知で財をなした男の物語として、京域内の湿地を安値で買い取り、大量のヨシと土砂を投入して土地改良し、その後宅地造成して転売する話がみえる。男はまず空船数隻を率いて摂津国の「難波ノ辺」に行き、通りすがりの人々に酒・粥を振る舞うかわりにヨシを刈らせる。やがて船がヨシでいっぱいになると、また往来の人々に酒を飲ませつつ「賀茂河尻」まで牽引させ、人件費を節約してそのまま京まで戻るという筋書きである。

ここで、男がヨシを刈る場所が、摂津国の難波とされていることに注目したい。この当時、「賀茂河尻」（鴨川と桂川の合流点）から難波に至るまでの間には、前述の美豆・鵜殿・三島江・茨田など多くの葦原が存在しており、話の趣旨からすれば、京に近い場所での刈り取りの方がより安上がりになるはずである。しかし、男はこれらの地点を通り過ぎ、淀川最下流の難波に至って初めてヨシ刈りを行っている。つまりこのことは、淀川の河口域に形成されたヨシ地が誰もが刈ってよいオープン・アクセスであったのに対して、本流に沿う河川敷のヨシ地はオープンではなく、すでに地元によって囲い込まれていたことを意味するのではないかと考えられる。

淀川最下流の難波に大規模な葦原が広がっていたことは、『大和物語』一四八段でよく知られているが、この芦刈説話においても離別した夫の落魄ぶりを示すものとして、ヨシ刈りで生計を立てる姿が描かれている。つまり河口域の「葦原」とは、淀川の堆積作用によって次々と形成されていく新しいヨシ地であり、土地を持たない弱者にも開放されていたオープンな資源であったとみられる。これに対して、上・中流域に古代から存在していた河道沿いの「葦原」は、前述のように牧や御厨の地先に位置しており、すでに荘の用益のために囲い込まれていた可能性が高いと推測される。

2　中世的水面領有とヨシ群落

「葦原」は水域と同様の扱いを受ける空間でもあった。したがって淀川の水面領有に関しては、『今昔物語集』の示す十二世紀段階では、すでにその縁辺の荘園に囲い込まれて四至内と意識される状態にあったことが推定される。つまり保立の主張するように、中世前期の地先水面はすでに荘園制的土地所有に包括されていた可能性が高い。

しかしながら、この地先の水面が、用益の実態としても土地と全く同質の空間であったかについては、別の検討が必要になる。保立もすでに指摘しているように、水面や水辺の領有が、領主の私領下といえども在地の「共同体的所有・用益」、すなわち住人集団の入会的共有・共益を包摂した形でこそ成り立っていた事実に注目したい。琵琶湖岸の近江国愛智庄では、上庄と下庄との分割に際して、「浜際荒廃」が「於草刈菅菰漁捕之条者、互不可制止」(45)とされており、菅菰の草刈りと漁撈が行われる「浜際」の空間が、住人の共同体的利用にゆだねられていたことを保立は述べている。地先水面の領有が、共同体的慣行を排除することなく、むしろそれを積極的に取り込むことによって支えられていた事実は重要である。

さらに保立は、このような住人の共同体的利用を象徴し、宗教的側面からその慣行を支えていたのが、用益権と結びついた神事であったと指摘する。海辺の事例ではあるが、志摩国坂崎東地における伊勢神宮「三度御祭諸節会」の塩焼神事を取り上げ、本所・在地領主がこの海辺の共同体的慣行を取り込むことによって、この地への荘園制支配を実現させていたことを明らかにしている(46)。以上のように水面・水辺はたとえ「所有」の形態としては領主の「私有」であっても、在地の「用益」レベルにおいては、神事を通しての住人の「共有」であったことになる。

このように、神による支配を通じて「私」の占有を免れ、成員間での共同体的用益が成り立つ空間とは、網野の説く「無縁」の場そのものではないだろうか(47)。この「無縁」論と共同体的利用との関係については、本書I第二章にて詳しく検討するが(48)、水面という空間は、荘園制的領有下に置かれた場合であっても、荘郷鎮守社など「神」の支配を介さねばならなかった点で、やはり田畠とは異質な空間だったことになる(49)。したがって、保立の主張する「水面＝荘園制的領有下にある空間」との定式は、「領主の支配レベル」からみた姿であり、一方、網野の「水面＝無縁の場」という主張は、「在地の用益レベル」での実体と理解できるかもしれない。

まとめにかえて——ヨシ群落の維持と管理

最後に、以上に述べてきた淀川流域のヨシ群落と人間との関わり方についてまとめ、人間の関与がヨシ群落の生態系に与えてきた影響を明らかにしておきたい。

ヨシ地に対しては、古代以来人間による積極的な働きかけがあり、そこでは自然からの「享受」だけにとどまらない、いわば「人間活動を含み込んだ生態系」が成り立っていたことを重視したい。人間のヨシ地への働きかけは、春期の放牧や飼料用の刈り取り、秋期には繊維用材や屋根葺き材の刈り取りなどと多岐に及んでいるが、その頻繁な交渉は「山辺」の草原での様相に酷似している。草原ではこれらの人間活動が適度な攪乱となって灌木や樹木林への遷移に一時的停止がかけられていたが、「水辺」でも同様にヨシ地は人間の働きかけによって、植物遺体による埋積やヤナギ林への遷移を免れ、ヨシ群落としての植生が維持されていたことが推定される。

また淀川流域においては、人間の影響はこのような攪乱だけにとどまらず、ヨシ群落へのさらなる積極的関与がなされていた可能性を提起しておきたい。淀川沿岸ではすでに古代から、ヨシの刈り取りのみならず、その生育のスタート段階における植え付け・増殖が行われていた可能性が高いのである。

『令集解』職員令の掃部司の条に、淀川沿岸のヨシ群落に関わる記述があり、そこには「別記云。茨田葦原等地、即以馳使丁令作殖」との語がみられる。すなわち掃部司では、馳使丁をもって葦原等を「作り殖やすこと」が行われており、抽水植物の刈り取りだけでなく、その増殖もまた重要任務と認識されていたことがわかる。

『延喜式』段階でイグサが「藺田一町」に植え付けられ、「耕殖」されていたのと同様に、スゲやヨシ・マコモについても、すでに人為的な植え付けが行われていた可能性が推測されよう。スゲは、近世にはイグサと同様に根分けと挿植による栽培が行われていたが、ヨシもまた琵琶湖岸においては、根の移植によって人工的な増殖がはかられていた事実をみることができる[50]。このようなヨシの植え付けは中世にも遡り、十五世紀の近江安治区有文書には「よしおうへ候て（葦を植え）」と明記されている[51]。マコモも中国においては一〇〇〇年以上も昔から栽培が確認されており、その方法は株分けによる栽植であった[52]。なお、天和年間（一六八一〜八四）の成立とされる近世農書『百姓伝記』には、巻十三に「水草集」としてマコモ・ガマ・ヨシ・スゲ・フトイなどの植え付け方法についての記載がある[53]。

古代の淀川沿岸で「葦原」を「作り殖やす」ことが行われていた事実は、ヨシ群落がきわめて人為的に管理された植生であったことを示している。刈り取り等による遷移の一時的停止のみならず、ヨシ群落という植生そのものを拡大させようとした点においては、「野生植物の採集」段階をすでに越えて、栽植―収穫という「半栽培[54]」段階に入っていたことを意味しているのではないだろうか。荘園によるヨシ地の囲い込み・領有も、住人によるこのような積極的な関わり・働きかけの強さを背景として成立したものと理解される。ヨシの茂る「河畔之地」とは、放置された「空閑地」のイメージとは異なり、はるかに深く生活世界に結びついた空間であったのである。

註

（1）代表的なものとして、藤村美穂「自然をめぐる「公」と「私」の境界」（鳥越皓之編『試みとしての環境民俗学』雄山閣出版、一九九四年）、牧野厚史「ヨシ帯保全における自然と人間との適度な関係」（『滋賀大学環境総合研究センター研究年報』五―一、二〇〇八年、一〜一二頁）、黒田暁「生業と半栽培――河口域のヨシ原は何によって維持されてきたか」（宮内泰介編『半栽培の環境社会学』昭和堂、二〇〇九年）などがある。また民俗学的な成果として、西川嘉廣『ヨシの文化史』（サンライズ出版、二〇〇二年）も重要である。

(2) 現在の粽は笹の葉で包むものが多いが、『延喜式』大膳には五月五日節料として「青蒋」があげられており、マコモの葉で包んでいたことが知られる。なお、近世の『和漢三才図会』には難波では粽を葭の葉で包むことがあげられているが、今日でも淀川中流域の京都府八幡市、あるいは琵琶湖沿岸の村落では、ヨシで包みスゲやイグサで巻きとめる形態の粽が残っている。
(3) 柴田桂太編『資源植物事典』(北隆館、一九五七年)。
(4) 『日本歴史地名大系28　大阪府の地名I』(平凡社、一九八六年)。
(5) 前掲註(4)。
(6) 山城国の「薗田一町」の場所は不明であるが、東寺百合古文書に、元暦元年(一一八四)に塩小路南朱雀東・八条坊門北坊城西に「前待賢門院御莚料薗田」と「一院御座御作手」がみえることを網野善彦が指摘している(新日本古典文学大系六十一『七十一番職人歌合・新撰狂歌集・古今夷曲集』岩波書店、一九九三年)。さらに時代は下るが、室町期には西八条・御所内・梅小路村に掃部寮領とその供御人がみえることから(宮内庁書陵部蔵「掃部頭領租税納入幷石高一件文書」)、京都盆地南部の湿地帯に「薗田」が置かれていた可能性を考えたい。
(7) なお、同じく「蒋沼」から搬出されていたガマが表中には出てこないが、これも原料を明記しない「簀」や「苫」に加工されていた可能性が高いと推測される。
(8) 都出比呂志『日本農耕社会の成立過程』(岩波書店、一九八九年)。
(9) 松山利夫「稲わらと植物繊維——稲作以前の植物利用を復元する」(佐々木高明・松山利夫編『畑作文化の誕生　縄文農耕論へのアプローチ』日本放送出版協会、一九八八年)。
(10) 小林行雄『続古代の技術』(塙書房、一九六四年)。
(11) マコモの実そのものが、イネ渡来以前のワイルドライスとして利用されていた可能性も指摘されており、千葉県の縄文中期の二遺跡の小竪穴からからマコモの種子が検出したことが傍証とされる(中村重正『菌食の民俗誌——マコモと黒穂菌の利用』八坂書房、二〇〇〇年)。
(12) 矢野憲一『伊勢神宮の衣食住』(東京書籍、一九九二年)。
(13) 柳田國男は、宇佐神宮の御正体が黄金で、それを薦で包んだとする古伝があることを述べ、タタラ製鉄や炭焼きの集団に鋳物製品を包む薦への信仰があったことを推測している(「海南小記」『定本柳田國男集　新装版第一巻』筑摩書房、一九六八年)。

(14) 志田諄一『古代日本精神文化のルーツ』(日本書籍、一九八四年)。なお各地の古社(伊勢神宮・三島大社など)に、スゲが貢進される「菅祭」などと呼ばれる祭礼のあったことも、神とスゲとの関わりを連想させて興味深い。

(15) 折口信夫「春立つ鬼」(『折口信夫全集　第十五巻』中央公論社、一九五五年)。

(16) この蓑笠と水辺の神霊に関連して、黒田日出男が提起している「腰蓑」の象徴性について付言しておきたい。黒田は中世の絵画資料や能にみえる「腰蓑」が、漁師・塩焼き、水田の用水管理に携わる農民をも含め、「水の生業」に関わる男性の「記号」であったとしている(「腰蓑のシンボリズム」同著『歴史としての御伽草子』ぺりかん社、一九九六年)。「腰蓑」が防水・汚れよけといった実用的機能を超えて、水辺の民のシンボルとなった要因は、それがスゲなど水辺の神霊の依りつく植物で編まれていたことと関係するのではないだろうか。水の神の霊威の籠もる「腰蓑」を男性が他ならぬ腰につけることで、水難など水の邪を払うと観想された可能性を提起したい。高崎正秀が、蘇民将来説話で疫病を避ける「茅の輪」について、「青草の腰蓑を着けることの簡略化が、茅輪を腰につけること」だと指摘している点も(「阿具利と和久里」『高崎正秀著作集　第七巻』桜楓社、一九七一年)、本章にとって示唆的といえよう。

(17) 中村義雄『魔よけとまじない——古典文学の周辺』(塙書房、一九七八年)。

(18) 折口信夫「偶人信仰の民俗化竝びに伝説化せる道」(『折口信夫全集　第三巻』中央公論社、一九五五年)。

(19) 小松和彦「蓑笠をめぐるフォークロア」(同著『異人論——民俗社会の心性』青土社、一九八五年)。

(20) 前掲註(18)。

(21) 折口信夫「髯籠の話」(『折口信夫全集　第二巻』中央公論社、一九五五年)。

(22) 前掲註(18)、柳田國男「巫女考」(『定本柳田國男集　新装版第九巻』筑摩書房、一九六九年)。

(23) 牧野富太郎『原色牧野植物大図鑑』(北隆館、一九八二年)。

(24) 前掲註(3)。

(25) 前掲註(22)柳田論文。現在の手芸本にも、同様の草縄による籠の作製技法が紹介されている。谷川栄子『草を編む』(農山漁村文化協会、二〇〇〇年)。

(26) 深沢徹「『傀儡子記』を〈読む〉」(同著『中世神話の煉丹術』人文書院、一九九四年)。

(27) 網野善彦・森浩一『馬・船・常民』(講談社、一九九九年)。

(28) 網野善彦「瀬戸内海交通の担い手」(同著『日本社会再考――海民と列島文化』小学館、一九九四年)。
(29) 戸田芳実「垂水御牧について」(同著『初期中世社会史の研究』東京大学出版会、一九九一年)。
(30) 大嶋神社・奥津嶋神社文書「奥島荘名主百姓愁状」観応元年(一三五〇)十月九日。
(31) 前掲註(11)。
(32) 里内文庫「乍恐奉願上候口上書」天保六年(一八三五)、滋賀大学経済学部附属史料館蔵。本章では、本村希代「近世後期における琵琶湖の新田開発――大久保新田を事例に」(『経済學論叢』五三―四、二〇〇二年)の翻刻によった。
(33) 『三代実録』貞観十三年閏八月二十八日条において、桂川・鴨川合流点に近い佐比の「河原」が、「葬送及放牧の地」と表現されていることも、このような実態を反映するものではないだろうか。
(34) 柳田國男「河童駒引」「馬蹄石」(関敬吾・大藤時彦編『増補 山島民譚集』平凡社、一九六九年)、石田英一郎『新版 河童駒引考』(岩波書店、一九九四年)。
(35) 本間雅彦『牛のきた道』(未来社、一九九四年)。
(36) 戸田芳実「御厨と在地領主」(木村武夫編『日本史の研究』ミネルヴァ書房、一九七〇年。のちに前掲註(29)同著に収録)。
(37) 三浦圭一「中世における畿内の位置――渡辺惣官職を素材として」(『ヒストリア』三九・四〇、一九六五年)四二〜六一頁(のちに同著『中世民衆生活史の研究』〈思文閣出版、一九八一年〉に収録)。
(38) 前掲註(36)。
(39) 網野善彦「馬借と車借」(同著『日本中世の百姓と職能民』平凡社、一九九八年)。
(40) 進士文書「永昌請文」応永十九年(一四一二)八月二十九日。この文書の存在については滋賀県立大学の水野章二氏のご教示を得た。
(41) この大庭庄と茨田葦原との関係については、網野善彦『日本中世の非農業民と天皇』(岩波書店、一九八四年)で考証されている。
(42) 保立道久「中世前期の漁業と庄園制」(『歴史評論』三七六、一九八一年)一五〜四三頁。
(43) 前掲註(41)。
(44) この話の所在については、滋賀県立大学大学院の杉浦周子氏のご教示を得た。

(45) 大安神社文書「明法勘文」貞永二年(一二三三)四月。
(46) 前掲註(42)。
(47) 網野善彦「中世における「無縁」の意義」(同著『日本中世都市の世界』筑摩書房、一九九六年)。
(48) この点については、すでに前稿にても一部触れている。佐野静代「中近世における水辺の「コモンズ」と村落・荘郷・宮座――琵琶湖の「供祭エリ」と河海の「無縁性」をめぐって」(『史林』八八―六、二〇〇五年)八四五～八七八頁(同著『中近世の村落と水辺の環境史――景観・生業・資源管理』〈吉川弘文館、二〇〇八年〉に収録)。
(49) ただし、網野が山野河海に天皇の本源的な支配権を想定する点については、筆者は立場を異にしている。私領下の山野河海であって天皇や国衙との結びつきを持たない場合であっても、荘の鎮守や地主神という在地の「神」の支配を介する限りにおいて、「利用レベル」での「無縁」の原理が発現すると考える。
(50) 前掲註(1)牧野論文。
(51) 安治区有文書「いろいろ帳」明応年間(一四九二～一五〇一)。
(52) 前掲註(11)。
(53) 岡光夫『日本農書全集一七　百姓伝記巻八～十五』(農山漁村文化協会、一九七九年)。
(54) 「半栽培」の概念については、宮内泰介「住民の生活戦略とコモンズ」(井上真・宮内泰介編『コモンズの社会学』新曜社、二〇〇一年)に詳しい。

〔付記〕 本章の初出掲載とほぼ同時期に、山本隆志「湿地における荘園・村落と「生業」―平安～江戸前期の葦と菱」(『国立歴史民俗博物館研究報告』一五七、二〇一〇年)が刊行された。『今昔物語集』にみる葭刈りや、「半栽培」の可能性など、本章と問題意識を同じくする分析もみられる。あわせて参照されたい。

第二章　「水辺」のコモンズとしてのヨシ帯

はじめに

「水辺」と「水際」——よく似たこの二語の違いは何だろうか。

現在の感覚ではほとんど同じにみえる両者も、川那部浩哉によれば本来の語義は異なり、むしろ対照的でさえあったという。(1)「水際立つ」との派生語にもみられるように、「水際」では陸と水がくっきりと分かれている観が強いのに対し、「水辺」は水陸が画然とは区切られていない移行帯、すなわち「水の辺り」であると川那部は述べている。生態学ではこのようなゆるやかな移行帯のことをエコトーンと呼ぶ。

もっとも川那部は「水辺」の語は「海辺」「川辺」を総括したものとして、近代の新しい造語ではないかとも推察しているが、しかし「海辺」「川辺（河辺）」「湖辺」の語そのものは平安の昔から頻出しており、(2)「水の辺り」という思想自体は日本において古代から存在することは間違いない。コンクリートで護岸され、水域と陸域がはっきりと分断された現代とは異なり、自然状態では水陸の境界は線ではなく、ある程度の広がりを持ったゾーンだったとの指摘は重要である。つまり、前近代まで日本の多くの地域では、陸域と水域の間に境目のはっきりしない「水辺」というもう一つの空間が存在していたことになる。

日本の伝統的な入会は、私有の色合いの濃い耕地を除いた山野河海に成立したとされるが、その山野と河海の間に介在する「水辺」という空間にも、入会制度が広く存在していたことを忘れてはならない。秋道智彌がすでに指摘しているように、タイのマングローブ帯など世界各地の「水辺」では、水面そのものとは異なる移行帯独自のコモンズが成り立っていた[3]。同様に日本の「水辺」にも山林や海域に匹敵しうるほどの資源が存在していた事実と、その利用と管理をめぐるコモンズの実態を長期的な視野から解明しようとするのが本章の目的である。

山林や海洋に比べて、これまで「水辺」のコモンズが顧みられることが少なかった理由は、そこが現代のまなざしからは生産性の低い湿地であり、価値のない場所と見なされたことによるのだろう。しかしこの「湿地＝価値の低い空間」というまなざし自体が近代以降の所産であり、近世までの「水辺」は決して無用の空間ではなかった。この点についてまず考えてみたい。

「水辺」は、本来の自然条件下においては、様々な植生をまとった姿として存在する。たとえば荒涼たる河原のイメージが強い「川辺」でさえ、コンクリート護岸で河川改修される以前には河川草地や河畔林のように一定の植生を伴っていたのであり、これらの植生が水辺を様々な資源価値のある空間にしていくことに注意したい。水辺林や抽水植物は、それ自体が燃料や繊維材として有用資源となるのと同時に、生物に採餌場所や営巣地などの生活空間を提供する。陸域と水域の生物群集が接するこの水辺エコトーンが、生物多様性のきわめて高い空間であることは生物学では周知の事実であるが、これを人間の立場からみれば、そこは水鳥・魚類などの生物資源の豊富な猟場・漁場だったことになる[4]。この有用な動植物資源をめぐって、水辺エコトーンでは様々な利用と管理の仕組みが成り立っていたわけであり、つまり「水辺」とは日本のコモンズを研究する上で、もう一つの欠かせないフィールドとなるのである。

本章では「水辺」の具体例として、抽水植物群落からなるヨシ帯を取り上げたい。ヨシ帯は南西日本のマングローブ帯と並び、高水位時には水に浸かり、また低水位時には陸域となる日本の水辺エコトーンの典型である。今日ではヨシ帯の多くは埋め立てで姿を消してしまったが、本来は「葦原瑞穂国」のフレーズにみるごとく、「葦原」は畿内でも至るところにみられた「水辺」の原風景であった。本章では、とくに古代以来の史料が多く残る琵琶湖・淀川流域を対象に、一〇〇〇年以上にわたるヨシ帯の利用と、そのコモンズとしての実態を解明することにしたい。

一　ヨシ帯の資源価値と入会

1　ヨシ群落構成種とその用途

日本において、ヨシ帯の多くはヨシ・マコモ・スゲ・ガマなど多種類の抽水植物から構成されており、総称としてヨシ群落と呼ばれている。これら群落構成種のいずれもが資源として高い価値を有することから、「水辺」のコモンズの歴史が始まっていく。ヨシ群落利用の歴史は古く、すでに『万葉集』にも淀川沿岸におけるヨシ刈りや、スゲ・マコモの刈り取りの様子が詠まれている。古代における抽水植物の利用については前稿でも論じたが[5]、その後管見に入った史料を加えて、淀川流域でのヨシ・マコモ・スゲの用途を再検討しておきたい。

ヨシは現在と同様に屋根葺き材や簾に用いられたとみられる。とくに十二世紀半ばに「勅時院事」（一国平均課役）として、摂津国の諸荘に一〇万把もの萱葦が賦課されていることに注目したい[6]。戸田芳実によれば、これらは京・鳥羽・白河における舎屋・御願寺等の屋根葺き材として徴集されたものという[7]。このうち三万把は鳥羽で用いられており、荘々から集められた萱葦は院政の威容を示す建築群を支えていたのである。また、淀川中流域にあたる摂津国鵜殿には、謡曲「鵜」「江口」にも謡われた葦原が存在したが、この地のヨシは篳篥の舌（リード）用に献上されたことで有名である。[8] 近世、当地のヨシは烏丸家に献上されており、その起源がいつまで遡るかは不明であるが、すでに元和初年の摂津一国高御改帳には烏丸領として「葭島五〇石」がみえる。

マコモはその名のごとく、「薦」に加工される繊維用材として、古代から欠かせない植物であった。一方、日本に多く存在するスゲ属のうち、水辺に生える代表種たるカサスゲは、その名の通り笠や蓑の編み材として普遍的なものであったが、このスゲのもう一つの用途として、平安貴族の牛車の飾り材となったことをあげておきたい。当時の牛車は「檳榔毛車」、すなわち車箱部分を檳榔の葉で覆ったものが最上とされたが、[9] 手に入りにくい南国産の檳榔の葉にかわって、スゲが用いられる例が多かったのである。[10]

ヨシ群落の植物は、さらに意外な用途も担っていた。それは、春期の牧草・秣としての利用である。古代の畿内の牧が淀川沿いに置かれたことについて、筆者はその背景にヨシやマコモの若芽の牧草利用があった可能性を前章で示したが、[11] 琵琶湖岸での近世史料やあるいは戦前までの民俗事例においても、これらの抽水植物が牛馬の飼い葉となっていた事例は数多く確かめることができる。[12] さらに、マコモやガマ・ヨシの春期の柔らかい葉体は、秣以外に肥料とされる場合も多かったことを指摘しておきたい。琵琶湖岸の村々では、刈り取ったマコモ・ヨシの若葉を、そのまま水田に鋤き込んでいた事例がみられる。[13]

一方、ヨシ帯は梅雨や台風などの増水期には水に浸かり、水域に転換する場でもあった。そのような時期には、「魚入葦原」[14] と呼ばれる状況が出現し、そこはすなわち漁場となった。もともとコイ・フナなどのコイ科魚類は、春から初夏にかけて産卵期を迎え、沿岸域に遡上して沈水植物や抽水植物に卵を産み付ける。この寄り魚化したコイ・フナの捕獲は容易であり、この時期こそがコイ科魚類の年間最大の漁獲期であった。ヨシ帯には待ち受け型の迷入陥穽装置であるエリが設けられ、このエリについて琵琶湖岸では古墳時代に遡る遺構が確認されている。[15] エリもまた、近代に至るまで村落共有で用いられたものが多く、「水辺」を代表するコモンズの一つであった。[16]

このようにヨシ帯とは、春には放牧あるいは秣の刈り場となり、梅雨などの高水位期には漁場に転換し、夏になると繊維用材、秋・冬には屋根葺き材の刈り取りが行われる、きわめて多様な価値の重層する空間であった。この草刈り・放牧地としての利用は、「山辺」の草原とも近いものといえる。多種類の資源を内包する「水辺」の空間とは、決して生産性の低い湿地ではなく、むしろ古代以来、高い価値を有する空間だったことがわかる。

2　「水辺」の入会地と共同利用

このような「水辺」に対しては、その利用のための占有あるいは所有の意識が早くから向けられていた可能性がある。すでに『万葉集』には、「三島江の玉江の薦を標めしより　己がとそ思ふいまだ刈らねど」（巻第七・一三四八）として、淀川沿岸の三島江に群生するマコモに、占有のしるし「標」をつけたことが詠まれている。さらに『万葉集』には、「人こそばおほにも言はめ　我がここだしのふ川原を標結ふなゆめ」（巻第七・一二五二）ともあり、「川原」も同様の空間として観念されている。もちろんこのような歌の「水辺」の植物は女性の暗喩ではあるが、そこでは標を結うまでは自己のものではなく競合が起こりうること、すなわちこの空間は私有ではなく、競争者が現れうる条件下にあったことを示している。

ここで『万葉集』において同じく「標」をする空間として詠まれているのが、「野山の浅茅」（巻第七・一三四七）、「浅茅原」（巻第七・一三四二）、「草野」（巻第七・一三三七）であることに注意したい。これらは「山辺」の草原であり、生活に不可欠な茅葺き材や秣・草肥を確保する入会地であったことは周知の通りである。近代の民俗事例では、その刈り取りの口明け日に、早い者勝ちで入会地内の刈り場所を先取する「シメクサ」などと呼ばれる慣行があった。[17]

このような「山辺」の入会地での慣行を考慮すれば、「水辺」のヨシ帯にも、同様に草刈り地として多数の人々が立ち交じり、「標」によって先取が競われる共有空間という属性が浮かび上がってくる。養老雑令国内条に「山川藪沢之利、公私共之」とあるように、古代の山野が公私共利の地とされて私的独占を禁じられていたのと同様、「水辺」もまた共同利用された空間であったことがわかる。

そもそもヨシ・スゲ・マコモは、多年草ではあるものの一度刈ってしまえばすぐには生えてこないため、その年のうちにもう一度刈り取りを行うことは困難である。つまり誰かが採取すればそれだけ他人の取り分が減る、「控除性」[18]を帯びた資源ということができる。一方、その資源を皆が必要とする限り、そこでは競合者を排除することは困難である。この「排除が困難で、共同で利用する際には控除性を伴う資源」という特徴は、バークスらがあげた共有資源の定義にあてはまる[19]。

ただしフィーニィの指摘するように、共有資源の利用形態には二つのタイプがみられることに注意せねばならない。それはオープン・アクセス制とコミュナル（共同体的所有）制である。オープン・アクセスでは資源に対するアクセスは規制されず、すべての人々がその資源を自由に利用することができる。これに対し、コミュナルとは一共同体が資源を所有しており、その成員のうちで規制を伴う共同利用がなされることを意味している。つまり同じ「共有」であっても、誰との共有なのか、メンバーシップの有無、利用規制の有無など、共同利用の実態こそが明らかにされねばならない。

古代以来の「水辺」のヨシ帯はどのように共同利用されてきたのか、その実態について考えてみたい。

二　荘園・惣村によるヨシ帯の用益

1　中世荘園とヨシ帯

オープン・アクセス制では誰もがその資源を利用でき、何びとも排除されることはない。これは換言すれば、「きちんと定義された所有権のない状態」ともいうことができる。[20] 古代・中世の淀川流域のうちにも、このようにオープンな状況下にあったとみられるヨシ帯が存在する。それは淀川の河口部、難波に広がっていた大規模な「葦原」である。

「難波江の葦のかりねの一夜ゆゑ……」の和歌で知られるごとく、古代・中世の難波一帯はヨシの一大群生地となっていた。『大和物語』の芦刈説話や『今昔物語集』にみえるように、ここでは落魄した弱者（『大和物語』一四八段）や、都の住民・通りすがりの者ら（『今昔物語集』巻二六第一三）が自由にヨシを刈り取っており、利用の排除や規制はみられない。[21] 淀川の堆積作用により次々と形成されていくこの河口デルタの「葦原」では、資源量の多さから用益者を限定しないオープンな利用が成り立っていたと推定される。

しかしながら、このようなオープン・アクセスのヨシ帯は、少なくとも中世段階の琵琶湖・淀川流域では例外的であった可能性が高い。琵琶湖岸と淀川上・中流域のヨシ帯の多くは各荘園の領域に取り込まれており、むしろ荘を単位とするコミュナル（共同体的）な用益が一般的であったと推定されるのである。その実例をいくつかあげてみよう。

鎌倉期、琵琶湖東岸に位置した愛智庄では、上庄と下庄とに分割されるさい、「菅菰」の草刈と漁撈の行われる「浜際荒廃」の空間は、「互不可制止」とされた。[22] これを保立道久は「住人集団の共同体的慣行に任されていた」もの

図３　「近江国比良荘絵図（北小松図）」トレース図（部分，一部加筆）（大津市歴史博物館許可）

としている[23]。中世においてもヨシ帯は荘民にとって不可欠な空間であり、荘園を一つの共同体として荘民間での共同用益が行われていたことになる。これと同様の事例は、室町期に描かれた同じく琵琶湖岸の荘園の「比良荘絵図」でも確かめることができる[24]。図3にみるように、比良荘とその北に接する小松荘との荘境付近に、出穂したヨシの群生地が描き込まれている。ここには現在なお内湖（琵琶湖岸に形成されたラグーン地形）が存在しており、ヨシの群生地となっている。黒田日出男が指摘するように、荘園絵図に描かれた事物には必要不可欠な意味があるとするならば[25]、このヨシ地の描写には単なる湖岸の風景を超えて、荘民にとっての資源という意識が反映されていよう。この比良荘と小松荘は荘境をめぐって相論しており、図3にも両荘がそれぞれ主張する二本の境界線が引かれている。このうち小松荘側の主張する南に張り出した境界線によれば、ヨシ地は小松荘の領内ということになる。一方、比良荘側による荘境線はヨシ地の手前で止まっていることから、その用益は両荘入会という主張であったと推定される。

中世の淀川中流域に分布していた美豆・鵜殿・三島江などのヨシ帯が、淀川に面した牧や御厨・荘園それぞれに囲い込まれていた可能性が高いことについても、前章で考察した通りである[26]。先述の「勅時院事」の一〇万把の萱葦が、荘を単位として課役されているのもこのことによるのであろう。以上のように中世の琵琶湖・淀川沿岸においては、ヨシ帯は荘園内の必需資源であり、荘民の内部で共同利用されていたと推定される。

ただしここで考えねばならないことは、荘域内すなわち一定の面積に区切られたヨシ帯では、淀川河口部の続々と生起するヨシ帯とは異なり、資源量が限られていることである。したがって、このように限られた荘域内での共同資源用益を長期間持続させるためには、住民内部での利用規制が不可欠だったことが想定される。ヨシ帯をめぐる荘園内部での共同体的規制のあり方について、中世前期に遡る実態を示す史料は残念ながら残されていない。しかし中世後期まで下れば、荘園よりもさらに下位の村落を単位とするヨシ帯の共同体的な利用規制について具体的に知ることができる。次項にてこの点を明らかにしてみたい。

2　中世惣村とヨシ帯の共同体的利用規制

近江国の中世惣村の代表として著名な野洲郡安治の区有文書のうちには、十五世紀以降のヨシ帯の管理形態と村による利用規制について触れた箇所がある。この点に関しては、すでに多くの分析があり、本章でもそれに従いつつ考察することとしたい[27]。

明応三年（一四九四）、安治村は隣村の五条村に鎮座する兵主神社（安治ら一八ヵ村が属する兵主郷の惣鎮守社）の社家と、ヨシをめぐって相論している。[28]「兵主安治村よしの事、さおいなき所」を、社家が違乱に及んだとするもので、また同年兵主神社の神官らが、「兵主の神ちゆう」と号して安治村のヨシを引き抜こうとしたことも記されている。ヨシ帯を前代に続いて荘や郷の資源とみる郷鎮守社・社家側の意識とともに、その内部に生起した村が徐々にヨシ帯管理の主体となっていく様相が認められる。[29]同史料によれば安治村は同年、東に接する野田村ともヨシについて相論しており、このような村を主体とするヨシ帯の用益のあり方は、続く十六世紀に一層顕著となる。

天正初年ころには「安治村蘆之儀」はすでに「先規ゟ安治村才判仕候」[30]もので、村の自力によるその用益の事実は「村の当知行」と意識されていた。[31]この村を単位とするヨシ帯の共同用益の実態は、村自身が定めた「安治村よしの掟」に具体的に記されている。[32]そこでは、①十月以前に必ずヨシの刈り取りを終えること、②「此衆中之内」で私用のヨシは「皆々次半分」と定めて取ること、③「公方用」を出すときは皆々自分の配当を進めること、④枯ヨシを少しでも「ぬけかけ」に刈る者には「過怠銭」五〇〇文を課し、その訴人（盗み刈りの密告者）に三〇〇文を与えること、⑤「あをよし」（青ヨシ＝若い葉体）を刈る者についても右と同様に過怠銭を課すこと、などが定められている。続く⑥・⑦の条には、他村とのヨシ地争いについて、「隣郷よりぬすミ取」を阻止した者への褒美、そして「よしくさ口論」に協力しない者への過怠銭賦課と惣中よりの村八分が定められている。

村内部での刈り取りの時期や量の協定、そして「次」すなわち均等という平等原理など、共同用益を持続していくための利用規制の数々が列挙されている。さらに他村を排除した村落内部での共同用益の厳守が定められていることから、この時代すでに村の主導によって強固なコミュナル制が形成されていたことがわかる。

ただしここで見逃してはならないことは、②にみえる「此衆中」という語句である。「衆中」とはこの村で一軒前（一人前）と見なされる惣村の標準的な成員だけを指しており、すなわち村内の共有といっても、村の居住者すべてに資源が均等に開放されたわけではなかった点である。[33]この時期の安治村には惣村の成員と認められた「惣衆」と、それ以外の「こつじき」などの「わき衆」とがあったが、[34]村の共同資源とされたヨシの利用権は、原則として「惣衆」だけに限られていたことに注意が必要である。このように村落を単位とするコミュナルなコモンズには、成員権のある者とない者との区別、すなわち用益権の閉鎖性という厳しい一面のあったことに留意しておきたい。

近世後期そして近代の安治村では、もはやこのような村内の資源利用の隔てはなくなっており、ヨシは村の居住者全員で用益されている。このように当初は惣村が管理していたと考えられるヨシ帯の用益権が、無高層も含めた全住人に開放されるようになったのは十八世紀以降のことと推定される。[35]村の共有資源を享受できる者の資格は徐々に拡大しており、ヨシ資源へのアクセス権も時代ごとに変化していることにも注意が必要である。

3　神物としてのヨシ帯と宮座

中世後期の村落共有のヨシ帯についてのもう一つの特徴は、それが荘郷や村の神社有財産として現れる事実である。前節の安治村のヨシ帯も、もとは安治の属する兵主郷の鎮守社・兵主神社の「神領」と意識されていたらしいことは先述した通りであるが、同じ明応期の「いろいろ帳」によれば、[36]兵主郷のヨシ用益が郷内各村落の鎮守社の祭祀に結びついていた様相が認められる。「まわり蘆の事」と題されたこの文書では、「一番はかいろけ宮、二番は矢放宮、三番は矢取宮……十番は三宮取り、戸宮□□□り番は明応五年丙辰六月日」とあり、ヨシの用益権が輪番で郷内各村の鎮守の宮の維持・祭祀経費に充てられたことが推定されている。[37]

中世後期の琵琶湖岸では、他地域でもヨシ帯が神社の財物となっていた事例を確認することができる。琵琶湖の北に浮かぶ竹生島は、式内社都久夫須麻神社の鎮座地であり、弁才天を祀る霊場でもあったが、天正十二年には豊臣秀吉の代官から、「従先規弁才天見たらし葭之儀、無紛候条、秀吉様為御祈念、寄進申候」として、ヨシ帯が先規の通り弁才天の神物と認められている。[38]ここでも湖岸のヨシ帯は神の領するものと観念され、実態としては神社有の財産とされていたのである。

なお、ヨシ帯に設けられるエリについても、十三世紀の大嶋・奥津嶋神社の例など、中世には多くが供祭エリとして神社祭祀の神物とされていることを指摘できる。[39]安治でも中世以来、村鎮守社の財物としての「神事魞」が存在しており、近世まで村有のエリとして共同利用されていたことが明らかである。[40]

このヨシ帯と神社のつながりに関して想起せねばならないのは、前項で述べたように、中世安治村のヨシ帯の用益権が、惣の衆中だけに限られていたことである。この惣衆とはすなわち村鎮宮社の座衆にほかならなかったことに注意したい。[41]宮座とは神社の祭祀権を有する者の集団であり、彼らは祭祀料の負担と対になった用益享受権を持っていた。したがって村の神社有財産であったヨシ帯は、惣衆が宮座衆の資格において用益できたことになる。

ここにおいて、中世後期には成り立っていた琵琶湖岸のコミュナルなコモンズでは、神社の祭祀こそが惣村という共同体成員の間を結びつける紐帯となっていたことがわかる。祭祀権は、神の領する「水辺」の資源用益にあずかる権利に直結していたのであり、その資源は神社有の財産であるのと同時に、惣衆間で共同用益される村有財産でもあった。したがって近世・近代の村のコモンズの起源は、中世惣村の惣有財産にまでたどれ、それは第一義的には神物であったことが浮かび上がってくる。

それではなぜヨシ帯は荘や村鎮守の財産とされ、神物となされたのであろうか。日本中世のコモンズになぜ神が関わるのか、次節ではこの問題について考えてみたい。

三　ヨシ帯の所有と支配

1　中世のコモンズと「無縁論」

すでに秋道智彌は、日本のコモンズについて「共有という領域にカミの存在を見いだす思想[42]」を提起しているが、この秋道の論の成立に影響を与え、かつ日本中世のコモンズと神の関係を考える上でも避けて通れないのが、網野善彦の「無縁論」である[43]。網野は、山野河海は本来だれのものでもない「無縁」「無主」「無所有」の地であり、神仏の「聖域」であったとする。そこには私的な所有は及ばず、「自由民」の共同体による本源的権利が成り立っていたという[44]。この網野の論は、「原始共同体の自由」を前提に中世の共同体成員を考えるなど、共同体の理解に問題のあることがすでに指摘されている[45]。しかしそれでもなお、共同体と所有の問題を扱う点で、コモンズ論と本質的に切り結ぶ視角を持つことについては前稿で提起した通りである[46]。本節では中世の神物としてのコモンズに関わる論点のみ取り上げてみたい。

網野は「無縁」の原理が出現する場を、神仏の支配する地としている。そこはただ神仏のみの支配下にあることによって、世俗の権力や諸縁からの私的な支配を断ち切り、私的な隷属や所有を免れた場である。ここで網野は笠松宏至の説を援用し[47]、財物を神仏へ寄進して「人物」から「仏物」「神物」へと移動させることで、この「無縁」化が全うされるとする[48]。この点は、前節で見た荘郷の資源や惣有の財物が、荘郷や村の鎮守社の神物とされた事情をよく説明しうるものといえよう。

網野はまた、「無縁」の原理は中世の平民百姓とその共同体にも強力に作用したとして、惣こそが「その多少とも自覚化された姿」であるとする。(49)そこでは、神の前での誓約の上に立った一揆と同じく、自治的で平等な秩序原理が出現するという。このように神仏との結縁によって私的な縁を一切断ち切り、成員間での平等原則を貫徹させる「無縁」の原理は、前節で述べた安治村における宮座衆＝惣衆による均等な用益と、共同体成員間の紐帯としての鎮守社祭祀とも通底するものであろう。

このように網野の「無縁論」は、日本中世のコモンズと神の関係を考える上で有効な視角を提起する。しかしながら、そこにはいくつかの問題も残っている。たとえば保立道久は「無縁論」を所有論として読み解くなかで、網野が「私有財産」「共同体所有」「無所有」の三形態を提示したとして評価しているが、(50)しかし筆者には、むしろ「共同体＝自由」ととらえた網野にとっては、二項目の「共同体所有」と三項目の「無所有」の峻別が十分ではなかった可能性があるように感じられる。網野は、「無縁」をイコール「無所有」すなわち「だれのものでもない」とするが、近年のコモンズ論の深化は、「だれのものでもない」自然資源とは、実態としては「だれのものでもある」のと同義であったことを示している。(51)つまり、「無主」でだれもが「自由」にアクセスできる「無所有」状態とは、オープン・アクセスの共有資源にほかならない。その一方で、網野が「無縁」の発現の場とする中世惣村とは、成員資格によって資源の用益者を限定する閉鎖的な共同体であり、その共同用益の形とはコミュナル制に相当するものであろう。

したがって網野の使う「無縁」の語には、異なる二つの所有形態が未整理なままに混在している。共同体による「所有」、すなわち「共有」のあり方に、オープン・アクセスとコミュナルの二類型のあることが峻別されるならば、中世惣村に成り立つ「無縁」とはコミュナルを指すことになり、これを「無所有」「無主」や「自由」と直接結びつけることには慎重にならざるをえないだろう。

もちろん中世の村を取り巻くコモンズには、資源価値の高低によってタイトなものからルースなものまで様々なレベルのものが重層しており、淀川河口域の広大なデルタのごとく、なかにはオープン・アクセスのヨシ帯も存在していた。しかし荘域内のヨシ帯のように資源量が限られ、かつ控除性の高い資源については、中世段階では共同体成員のみから構成されるコミュナル制のもとにあったことが推定される。中世の村々にとって、コモンズとは神観念に裏打ちされた存在であり、その共同体的な規制は、神仏による絶対的規範として彼らの心性を規定し続けたのである。

2　近世のヨシ帯支配と「開発」

網野はまた山野河海の支配について、原始以来成り立っていた「共同体の自然的本源的権利」が、やがてそれを「一身に体現した、いわば全共同体の首長としての天皇」によって倒錯的に吸収・支配されていくことを述べている。(52)この網野の「天皇と国土高権」という主題についてはすでに保立による、領主的階層が共同体諸機能を吸収していく過程を無視して、いきなり天皇や国家の山野河海統治権へと飛躍することに対しての批判がある。(53)前節で触れたように、「無縁」の山野河海を領する神仏がまずは荘郷の鎮守神・地主神であり、その祭祀が住人の共同体的用益を支える根拠となっていたことも、この批判を裏付けるものであろう。

むしろ先行研究によれば、山野河海の国家的領有が確立する時代は中世より下り、豊臣氏および近世の統一政権にその画期が見出せるという。(54)太閤検地では、田畑・屋敷地と並行して山野河海の用益が調査され、小物成が決定された。それは大名の年貢徴収権とは切り離して豊臣氏蔵入分とされ、「公方へ上る」べきものとして江戸幕府に引き継がれたとされる。

このように山野河海の国家的領有を象徴するものとして、小物成の成立過程が重視されてきたが、中世には荘郷や村鎮守の神物とされていた「水辺」のヨシ帯についても、小物成の成立が認められる。安治区有文書のうちには、この点に関して語る史料が含まれており、すでに藤田恒春によって一部考察がなされている[55]。それによりつつ、以下に検討してみたい。

安治村のヨシ地への賦課をめぐっては、まず織田政権下において「浦役」として掌握され、現物か代銭納されるようになったが[56]、豊臣政権下では天正十三年、「葭御年貢」として米で徴収され、以降定量化していく[57]。その請取状発給者が、秀吉代官で船奉行を兼任したとされる早崎氏と観音寺であることは重要である。ヨシ帯の小物成がやはり安治の個別領主の知行権からは切り離され、秀吉の下に納められたことを示しているからである。同様に近江の湖岸各村では、「よし米」として小物成を豊臣氏蔵入分としている例が多く見出される（東浅井郡・犬上郡・愛知郡・神崎郡など）[58]。この方針は江戸幕府にも継承され、近江国では「葭・魞」などの浦役が、所領支配にかかわらず幕府代官により徴収されている事例が安治以外にも認められている[59]。

したがって、統一政権成立時の琵琶湖岸では、耕地化された陸域までは個別領主の知行下に置かれ、一方ヨシ帯と沖の水域については幕府による支配という構造が成り立っていたことになる。この意味では、ヨシ帯は海域や河川などの水域と同様に、公儀の直接支配下との位置づけであったといえる。しかしながら、この「水辺」には水域そのものとは異なり、むしろ陸域と近い属性もみられることに注意せねばならない。それは、近世の河海では地盤（海面）所有の意識が稀薄であったことに反して[60]、琵琶湖岸のヨシ帯には検地によって「反別」が決められ、面積と所有者が確定されていたという事実である。

前代の豊臣政権下では、ヨシ帯としての線引きは明確ではなく、ヨシ帯の小物成についても反別はなく高付けのみで示される段階であった。しかし近世に入るとヨシ帯の面積を確定し、反別を決定する動きが顕著となる。近江国高島郡の針江村では、慶長十六年（一六一一）に葭地検地が実施されたことが判明しているが[61]、安治村でも、遅くとも延宝七年（一六七九）の検地時までには、「葭地七町六反八畝拾弐歩　此分米八石七斗弐升」として、葭地の反別分米が確定していることが知られる[62]。つまりヨシ帯とは、水域と同じく「公儀のもの」とされながらも、反別を付される点では陸域と同様という、相反する属性を帯びた空間だったことになる。検地を受けるということは、その資源の享受者・貢納負担者を明確にすることにほかならない。これら検地後の葭地では、針江村や安治村のように村の共同利用地とされ続けた例もあれば、多くが個人の私有地となった村もみられ[63]、以後、村ごとにその所有形態は変化を遂げることとなった。

しかし、ここで何よりも重視せねばならないことは、このようなヨシ帯の幕府直領化と反別の確定こそが、以後の「水辺」空間を大きく変容させる契機、すなわち近世後期の陸域化への動きにつながったとみられる点である。もともと多くが大名知行の外とされていた琵琶湖岸のヨシ帯は、天保四年（一八三三）に改めて正式に上知され、そのすべてが幕領として収公されることとなった[64]。これは天保二年の幕府による瀬田川浚渫と一連の動きであり、治水を前面に謳ったこの瀬田川浚渫は、実態としては琵琶湖の水位低下によって干陸化の期待できるヨシ帯の新田開発を主眼とするものであったという[65]。この新田開発自体は、ヨシ帯を従来通り「水辺」として利用したい地元村落の意向もあって必ずしも順調には進展しなかったようだが、しかしこの事業は次代以降に続く「水辺」の干拓・埋め立てという発想の端緒を開くものであったといえる。すなわち、草刈り場・放牧地・漁場など多様な価値の重なる空間であった「水辺」に対し、その多様性を捨象して、水田への転換可能地というただ一つの価値をもってみようとする近代的なまなざしの始まりであった[66]。

明治に至り官有水面とされた琵琶湖では、明治三十八年の瀬田川の南郷洗堰完成以降、昭和十七年の河水統制、そして最終的には昭和四十七年から平成九年まで続いた「琵琶湖総合開発」に至るまで、京阪地域の水需要に対して放流量を増加させる国家的な低水位政策がとられ続けた。琵琶湖の水位低下のたびにヨシ帯では干拓・埋め立てが進められ、「水辺」はより収益性の高い水田などへと転換されていった。「水辺」はこのようにしてあいまいな移行帯から完全な陸域へと姿を変え、古代以来のさまざまな資源利用とその共同管理のシステムは消滅していったのである。

おわりに

本章では、古代以来の琵琶湖・淀川流域におけるヨシ帯のコモンズとしての実態について考えてきた。近世までのヨシ帯は決して荒蕪地あるいは不毛な低湿地ではなく、「水辺」でしか得ることのできない様々な資源を内包する有用な空間であった。ヨシ帯は、とくに中世荘園や惣村にとって不可欠の資源であり、厳格な利用規制を伴うコミュナルなコモンズだったのである。

中世後期のヨシ帯は村によって管理されていたが、その用益権を公認されるためには、「上様之御用」すなわち領主の役をつとめることが不可欠であり、安治村でも「御上米」を出す「ゐりよし」であることが、その根拠とされていた[67]。この点に関し、豊臣政権下で「よし米」が成立したプロセスについては前節で述べたところであるが、その時期が十六世紀後半であったことの背景について考えておきたい。

近世の『古今武家盛衰記』『名将言行録』によれば、淀川・宇治川の荻・葭に運上を課すことは、石田三成の発案によるものだったとされる。これは三成の合理性を喧伝する俗説にすぎないが、しかしいずれにしてもこのようにヨシ地への賦課の開始が、十六世紀後半と伝えられることに注意したい。この十六世紀、明代の中国では新たな流通課税政策が進行しており、漁撈・葦類採集を対象とする雑税賦課の動きが始まっていた。そのなかで十六世紀後半には、とくにヨシ地への賦課である「葦課」が本格化していたのである。[68] 豊臣政権下における「よし米」の成立については、もちろん山野河海の小物成成立の全体像の中でとらえられねばならないが、しかしその課税対象にヨシ帯が入れられたことについては、ヨシ帯の有用性の高さが支配者側にも認識されていたことを考慮すべきであろう。このような認識を成り立たせた一因として、明の「葦課」の知識が背景にあった可能性についても憶測しておきたい。

註

（1）川那部浩哉『生態学の「大きな」話』（農山漁村文化協会、二〇〇七年）。
（2）『平安遺文』による。
（3）秋道智彌「コモンズ論の地平と展開――複合モデルの提案」（内堀基光編『資源人類学　第1巻　資源と人間』弘文堂、二〇〇七年）二〇九～二四〇頁。
（4）詳細については、拙稿「「里湖」研究の意義―水辺の「二次的自然」をめぐって―」（『滋賀大学環境総合研究センター研究年報』五―一、二〇〇八年）三一～三七頁を参照されたい。
（5）佐野静代「古代・中世におけるヨシ群落の利用と管理――「無縁」の水辺と生業をめぐって」（秋道智彌ほか編『人と水Ⅰ　水と環境』勉誠出版、二〇一〇年）一四三～一七八頁（本書Ⅰ第一章に所収）。
（6）『愚昧記』裏文書「某荘萱葦進済結解」（『平安遺文』六巻二六八四号）。後述の戸田芳実の研究によれば、この文書は従来考えられてきたような三条家領の荘園からの萱葦上納ではなく、摂津国の諸荘に課せられた萱の納入状況を示す文書であるという。
（7）戸田芳実「王朝都市と荘園体制」（同著『初期中世社会史の研究』東京大学出版会、一九九一年）。
（8）貞享四年（一六八七）刊行の井原西鶴『男色大鑑』には、「笙の舌には鵜殿野の蘆にかぎりてよし」とある。
（9）檳榔毛車の乗用については、『西宮記』巻一七に「太上皇已下四位以上通用」とある。
（10）柳田國男「海南小記」（『定本柳田國男集　新装版第一巻』筑摩書房、一九六八年）。なお、スゲが神霊の依り代となることについては前章でも述べたが、檳榔の葉で葺かれた仮屋にも聖性がみられ、たとえば琉球王国では最高神女たる聞得大君の就任式に際して設けられ（『琉球国由来記』）、また天皇家では践祚大嘗祭のさいに「百子帳」として現れる（『兵範記』）。檳榔やスゲで葺かれた牛車にも、同様に貴人の籠もる空間の意味があったことが推定される。

(11) 前掲註(5)。

(12) 佐野静代「内湖の利用と生活」（大溝地域の水辺景観保存活用委員会・高島市編『「大溝の水辺景観」保存活用事業報告書』高島市、二〇一四年）二二二〜二三九頁。

(13) 佐野静代「琵琶湖岸村落の「文化的景観」の全体構造——滋賀県高島市針江地区の「里湖」と「里川」」（水野章二編『琵琶湖と人の環境史』岩田書院、二〇一一年）二三九〜二五七頁。

(14) 進士文書「永昌請文」応永十九年（一四一二）八月二十九日。

(15) 滋賀県教育委員会・滋賀県文化財保護協会『赤野井湾遺跡　第二分冊』（一九九八年）二一七〜二六五頁。

(16) ①佐野静代「中近世における水辺の「コモンズ」と村落・荘郷・宮座——琵琶湖の「供祭エリ」と河海の「無縁性」をめぐって」（『史林』八八—六、二〇〇五年）六五〜九八頁（同著『中近世の村落と水辺の環境史——景観・生業・資源管理』〈吉川弘文館、二〇〇八年〉に所収）、②佐野静代「近世・近代史料による琵琶湖のエリ発達史の再検討」（『国立歴史民俗博物館研究報告』一六二、二〇一一年）一四一〜一六三頁（本書Ⅲ第一章）。

(17) 宮本常一『吉野西奥民俗探訪録』（日本常民文化研究所、一九四二年）。

(18) Feeny, D. / F. Berkes/ B. J. McCay/ J. M. Acheson 1990, "The Tragedy of the Commons: Twenty-two Years Later", *Human Ecology*, 18 (1): 1-19.

(19) Berkes, F. / D. Feeny/ B. J. McCay/ J. M. Acheson 1989, "The Benefits of the Commons", *Nature*, 340: 91-93.

(20) 前掲註(18)。

(21) 前掲註(5)。

(22) 大安神社文書「明法勘文」貞永二年（一二三三）四月（『鎌倉遺文』四四七五）。

(23) 保立道久「中世前期の漁業と庄園制——河海領有と漁民身分をめぐって」（『歴史評論』三七六、一九八一年）一五〜四三頁。

(24) 「近江国比良荘絵図」（個人蔵）。なお、この絵図の描写内容や作成過程をめぐっては、下坂守「『比良庄絵図』の基礎的考察」（同著『描かれた日本の中世——絵図分析論』法藏館、二〇〇三年）に詳しい。

(25)黒田日出男『増補　姿としぐさの中世史――絵図と絵巻の風景から』(平凡社、二〇〇二年)。
(26)前掲註(5)。
(27)代表的なものとして、藤木久志「村の当知行――ムラのナワバリ」(永原慶二・所理喜夫編『戦国期職人の系譜――杉山博博士追悼論集』〈角川書店、一九八九年〉二五一～二七四頁。のちに同著『村と領主の戦国世界』〈東京大学出版会、一九九七年〉に所収)。なお、近年、山本隆志も同様に安治村によるヨシ帯の用益形態に関して言及している(山本隆志「湿地における荘園・村落と「生業」――平安～江戸前期の葦と菱」〈『国立歴史民俗博物館研究報告』一五七、二〇一〇年〉八三～一〇五頁)。
(28)安治区有文書「いろいろ帳」明応年間(一四九二～一五〇一)(安治区有文書一―中―一、以下、安治区有文書の引用については、中主町教育委員会編『近江国野洲郡安治区有文書目録』〈一九九五年〉の文書番号による)。
(29)前掲註(16)①。
(30)安治区有文書八七―中―九九。
(31)前掲註(27)藤木論文。
(32)安治区有文書六三―中―六九。
(33)前掲註(27)藤木論文。
(34)脇田修『織田政権の基礎構造』(東京大学出版会、一九七五年)。
(35)その詳しい考証については、前掲註(16)①を参照されたい。
(36)前掲註(28)。
(37)宮島敬一「魅惑の「いろいろ帳」―戦国時代村落の様相をさぐる―」(中主町教育委員会編『近江国野洲郡安治区有文書目録――戦国・近世の湖の村の素顔』一九九五年)一四五～一五二頁。
(38)「早崎家久・観音寺賢珍連署書状」(竹生島文書一八五号)、本章では、鍛代敏雄「地域交通論――中・近世移行期の変容」(同著『中世後期の寺社と経済』思文閣出版、一九九九年)の翻刻によった。
(39)近江長命寺文書「某袖判下文」弘長二年七月(『鎌倉遺文』一二―八八三八)。
(40)前掲註(16)①。
(41)高牧實『宮座と村落の史的研究』(吉川弘文館、一九八六年)。

(42) 秋道智彌『なわばりの文化史――海・山・川の資源と民俗社会』(小学館、一九九九年)。
(43) 網野善彦『増補 無縁・公界・楽』(平凡社、一九八七年)。
(44) 網野善彦『日本中世の非農業民と天皇』(岩波書店、一九八四年)。
(45) 保立道久「網野善彦氏の無縁論と社会構成史研究」(『年報 中世史研究』三二、二〇〇七年) 四九~七二頁。
(46) 前掲註(5)、前掲註(16)①。
(47) 笠松宏至「仏陀施入之地不可悔返」(『史学雑誌』八〇―七、一九七一年) 三五~四五頁 (のちに同著『日本中世法史論』〈東京大学出版会、一九七九年〉に所収)。
(48) この「「無縁」化」という語に関して、橋本道範は「網野氏ではなく佐野氏の用語」とするが (橋本道範「「環境史」研究の可能性について――佐野静代氏の業績の検討から」『歴史科学』一九六、二〇〇九年)、この語はかつて植田信廣による評語を引用する形で網野自身が用いていることを付記しておく (網野善彦「植田信廣氏「中世前期の『無縁』について」をめぐって」〈同著『増補 無縁・公界・楽』平凡社、一九八七年〉三六六頁など)。
(49) 前掲註(43)。
(50) 前掲註(45)。
(51) 前掲註(18)。
(52) 前掲註(44)。
(53) 前掲註(45)。
(54) 高木昭作「「惣無事」令について」(『歴史学研究』五四七、一九八五年) 三~一三頁。
(55) 藤田恒春「小物成の成立」(中主町教育委員会編『近江国野洲郡安治区有文書目録――戦国・近世の湖の村の素顔』一九九五年) 一六一~一七二頁。
(56) 安治区有文書七一―中―七八。
(57) 安治区有文書九七―中―一〇九。
(58) 浅野家文書「近江国神埼郡御蔵入目録」(『大日本古文書 家わけ二』一九六八年)、林祝太郎氏所蔵文書「近江犬上郡・坂田郡・美濃国御蔵入所々目録」(『岐阜県史 史料編 古代・中世四』一九七三年) など。

(59) 前掲註(55)。
(60) 丹羽邦男「近世における山野河海の所有・支配と明治の変革」(朝尾直弘ほか編『日本の社会史 第2巻 境界領域と交通』岩波書店、一九八七年)一七四~二一三頁。
(61) 東幸代「近世の琵琶湖岸村落と幕藩領主――高島郡針江村の水辺の土地支配」(水野章二編『琵琶湖と人の環境史』岩田書院、二〇一一年)一七五~一九五頁。
(62) 安治区有文書四一一―〓―一。
(63) たとえば犬上郡石寺村の本隆寺所蔵文書「石寺村葭帳」享保四年に記載されたヨシ地は、個人所有となっている(ただし聞き取りによれば、これ以外に村所有のヨシ地も存在していたとされる)。
(64) 琵琶湖治水会『琵琶湖治水沿革誌』(一九二五年)二〇二頁に所収の「乍恐奉願口上書」による。
(65) 本村希代「近世後期における琵琶湖の新田開発――大久保新田を事例に」(『経済学論叢』五三―四、二〇〇二年)六九~一〇二頁。
(66) 佐野静代『中近世の村落と水辺の環境史』(吉川弘文館、二〇〇八年)。
(67) 前掲註(27)藤木論文。
(68) 田口宏二朗「畿輔での『鉱・税』」(岩井茂樹編『中国近世社会の秩序形成』京都大学人文科学研究所、二〇〇四年)六一~九六頁。

〔付記〕 網野善彦の「無縁論」にコモンズ論と関わる視角を見出せることは、かつて註(16)①拙稿にて指摘したが、その後、中世史研究者からも同様に網野の「無縁論」をコモンズの視点から再検討する試みがなされている。その代表的なものとして、盛本昌広『中近世の山野河海と資源管理』(岩田書院、二〇〇九年)、水野章二『里山の成立――中世の環境と資源』(吉川弘文館、二〇一五年)があげられる。あわせて参照されたい。

Ⅱ　中世村落の生業と景観

第一章　琵琶湖の自然環境からみた中世堅田の漁撈活動

はじめに

1　本章の目的

古代・中世の鴨社御厨であり、また近世には「諸浦の親郷」として琵琶湖の湖上特権を手中にした近江国堅田は、これまで長年にわたって多くの研究者の注目を集めてきた。堅田研究の論点は、漁撈・舟運・惣村・一向一揆・宮座など多岐にわたっているが、[1]その嚆矢となったのは戦前の喜多村俊夫の漁業史研究である。[2]この漁業史研究は、戦後の一九五〇年代半ばに羽原又吉・[3]伊賀敏郎[4]らによってピークを迎えたが、その後堅田研究の一向一揆論へのシフトに伴って、いったんは下火となった。しかしやがて一九七〇年代から八〇年代にかけて、網野善彦の「海民」論として結実したことはよく知られている。[5]網野は鴨社供祭人に由来する特権的な堅田漁撈民の姿を提示し、それを重要な一類型として日本中世の「海民」論を展開したのである。[6]

網野以降、堅田の漁業史研究には際立った進展はみられず、中世堅田の漁撈については議論が尽くされた感があったが、[7]しかし近年、橋本道範により網野の見解に反論が出されたことに注目したい。橋本は網野の史料解釈を批判し、その「海民」論は「「海民」の一方的主張」に依拠した「偏った議論」であるとして、[8]むしろ中世前期の堅田は漁撈特権を貫徹しえない「脆弱な漁撈集団」であったとする。[9]

このように真っ向から対立する両者の見解であるが、しかし筆者は、これらの研究には共通する一つの問題点があると考える。それは、漁撈活動の規定要因となる琵琶湖の自然条件が十分考慮されていないという点である。たとえば橋本は、網野の研究を水辺の自然的特質を理解しようとする視点が乏しいと批判するが、しかし「自然環境要因を組み込んだ生業論の構築」[10]を志す橋本にあっても、琵琶湖独自の湖底地形など、漁撈活動を規定する自然環境への配慮は十分とはいいがたい。

史料的制約のなかにあって中世の漁撈実態を理解するには、自然条件との照合によって史料の読み解きをさらに深めていくことが必要と考える。[11]琵琶湖は日本の他の湖沼とは異なり、四〇〇万年以上の歴史を持つ「古代湖」であり、[12]そこで発達した固有種は重要な漁獲対象となっている。さらに、断層を主成因とする構造湖として一〇〇メートルにも及ぶ水深を持ち、その多様な湖底地形は固有種の重要な生活場所となっている。本章ではこのような琵琶湖の地形条件と生息魚種の生態行動を考慮した上で、各時代の漁撈技術段階を復原し、中世の琵琶湖漁業における堅田の位置づけを解明したい。

そこでは他の御厨の供御人との関係も焦点となる。近世堅田の湖上特権が古代・中世の鴨社御厨に起源を持つことについてはすでに多くの指摘があるが、[13]しかし中世の琵琶湖岸には粟津橋本や菅浦など、ほかにも有力な御厨・供御人らが存在した。そのなかにあって独り堅田のみが近世まで強い湖上権益を保持しえた理由は、これまでの研究では十分明らかにされているとはいいがたい。この点も本章の重要な論点となる。

堅田は琵琶湖の西岸に位置するが、その地は東岸から野洲川デルタがせり出して形成された琵琶湖の最狭部に当たる。この最狭部以北の湖水域は「北湖」、以南の水域は「南湖」と呼ばれている。南湖には大津や坂本が位置し、また北湖には日本海方面や東山道からの物資の積み替え港たる塩津や朝妻などの諸港が控えている。堅田はその立地を生かして、南湖と北湖との間を往来する船から勘過料を徴収し、また上乗権によって巨大な利益を得ていたことが知られている。[14]

2　堅田の地域概要

堅田の文献上の初見もこの湖上交通に関わるものである。永承六年（一〇五一）、愛智庄からの地子米輸送に際して「堅田渡　酒直一斗五升」とあり、[15]すでにこの時期に通行料が徴収されていたものとみられる。一方、漁撈民としての姿が初めて確認されるのも、同じ十一世紀、寛治四年（一〇九〇）のことである。[16]彼らはこれ以前から「堅田御厨網人」として他役を免ぜられ、「堅田網二帖」をもって鴨社に毎日御膳料の鮮魚を進めており、その漁場は高島郡の安曇川まで及んだという。

ここで「網人」の呼称がみられるように堅田は古代から網漁に従事していたのであるが、十六世紀初頭の『閑吟集』にも「人の心と堅田の網とは　夜こそ引きよけれ　夜こそ好けれ」とあり、中世段階でも網漁を行っていたことが知られる。ただし古代・中世の堅田が具体的にどのような網を用いていたのか、その漁法の詳細まで明記する史料はない。堅田の漁撈技術について知ることができるのは、下って近世以降のことであり、よって本節ではまずこの近世初期の堅田の漁法について確認しておきたい。

近世の堅田は「堅田四方」と呼ばれる四つの居住区域（堀で画された「切」と呼ばれる地域単位）に分かれており、

廻船と農業を主業とする「宮ノ切」（北ノ切・本切ともいう）を除いて、残る三つの「切」が漁撈に従事していた。ただし、「切」ごとに漁法を異にしていたことに特徴があり、「西ノ切」では大網（大地引網）・小糸網（刺網）が、「東ノ切」では伊崎立場（琵琶湖東岸の漁場）での葭巻網と小糸網が、そして「今堅田」（小番城・釣猟師とも呼ばれる）では流し釣（延縄漁）が主に行われていたことが明らかになっている[17]（各漁法の詳細については次節以下で詳述する）。

これら堅田四方の成立は中世に遡り、十四世紀にはすでにその原型が形成されていたことが指摘されている[18]。しかしながら、各切の漁法自体も同じく中世まで遡るかについては検討を要する。そこで本章では中世段階での堅田網人の漁法を明らかにするために、従来とは異なる観点からの検討を試みたい。それは中世堅田の捕獲対象魚種からの考察である。魚類の生態は中世以前にも遡及可能であり、魚種ごとの生活史・場所利用と湖底地形を照合すれば、捕獲可能な漁撈技術段階がおのずと見えてくるからである。次項以下にその詳細を示したい。

一　中世堅田の漁撈技術と小糸網

1　中世堅田の貢上魚種

中世の堅田御厨からの貢上魚種を示す史料として、羽原と網野によって紹介された「賀茂社諸国神戸記」建久五年（一一九四）の記事がある[19]。この年十月九日、賀茂社政所は相嘗祭の召物として、「鯉十喉、鮒五十喉、鮨五十喉、鮑二斗、海老三斗」を十一月二日までに備進することを堅田御厨下司に命じている[20]。ここには魚介名としてコイ・フナ・エビと「鮑」があげられており、また鮨は延喜式にも記載のフナズシである可能性が高い[21]。なお「鮑」については、従来の研究では「はや」[22]あるいは「はえ」[23]の読みがなされ、いずれも魚種は明らかにされてはいない。しかし

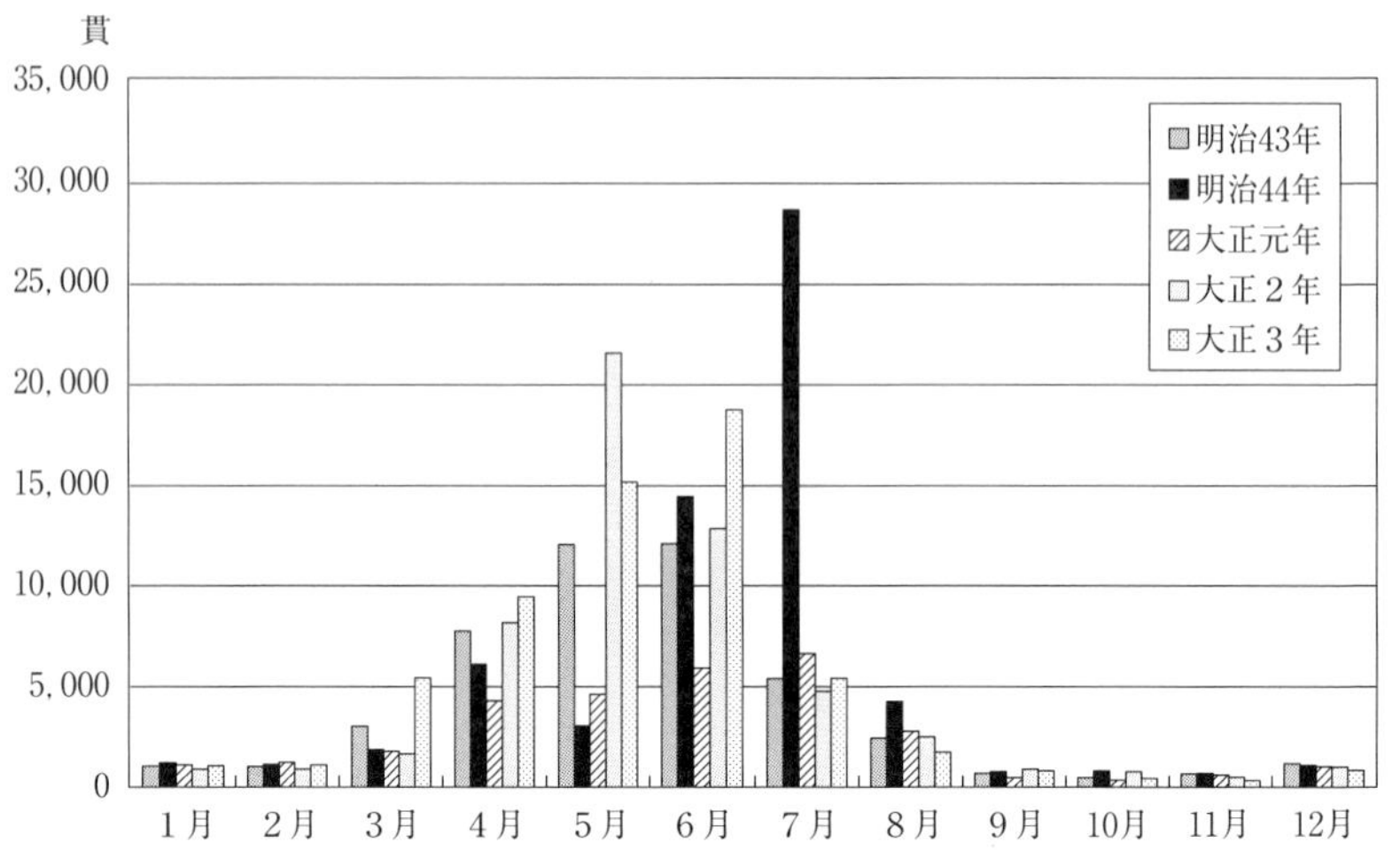

図４　明治末期から大正初期の琵琶湖の月別フナ漁獲量（滋賀県水産試験場〈1921〉のデータに基づき作成）

『類聚雑要抄』に「伊勢鮒川御厨」があって「ハエ」との読みが当てられていることから、(24)「はえ」の別名を持つコイ科のオイカワと考えることができるかもしれない。(25)

いずれにしても、この史料で注目されるのは、堅田の貢進魚種に占めるフナの割合の高さである。上記の記事でも貢進されるフナは五〇匹に達しているが、同じく「賀茂社諸国神戸記」の観応二年三月日、賀茂社政所下文（写）では、四月の二回の祭礼のために備進を命じられたコイ・フナ・焼物のうち、コイが合計八匹であるのに対してフナは合計一二〇匹にも及んでいる。すなわち、十三世紀の『新撰 和歌六帖』にすでに「堅田鮒」の語がみえるように、(26) 古来フナは堅田を代表する漁獲物だったのである。

注目すべきは、これらのフナの捕獲の時期である。すでに橋本も指摘するように、(27) 前掲の建久二年十一月二日はグレゴリオ暦では一一九四年十二月二十三日であり、冬期に当たっている。筆者が注目したいのは、近代化以前の琵琶湖の漁撈技術では、秋期や冬期のフナは漁獲がきわめて困難であったという事実である。この点についてはすでに前稿でも指摘したが、(28) さらに詳細なデータを示しておきたい。図4は、琵琶湖で漁法の近代化が行われる以前のフナの月別漁獲量を示したものである[29]。この図によれば、九月以降、二月までの間はフナの水揚げは非常に少なく、漁獲が相当困難であったことがわかる。

この現象は琵琶湖のフナの生物学的要因に起因するものである。すなわち琵琶湖には西日本に広くみられるギンブナに加えて、ニゴロブナとゲンゴロウブナという二種の固有種が生息している。小型で味覚的にも劣るギンブナが雑魚扱いされるのに対して、ニゴロブナとゲンゴロウブナは肉厚で味もよく、高い資源価値を持っている[30]。しかしギンブナが周年浅い内湾に生息するのに比べて、固有種二種は秋冬期には沖合や深水域の底層に生息しており[31]、近代化以前の琵琶湖の漁法ではそのような深い水域での捕獲には限界があった[32]。そこで明治期までの琵琶湖の一般的な漁撈技術では、これらのフナが浅い沿岸域まで産卵遡上してくる春夏期の待ち受け漁（エリや地引網など）が中心になっていたのである。

観応二年の四月に貢納されたフナ一二〇匹は、おそらくこの産卵期の漁によるものであろう。しかしながら建久二年十一月の場合は、沖合や深水域での生活時期に当たっていることに注意が必要である。このフナは寸法まで規定されていることから[33]、小型のギンブナではなくやはり固有種のフナを指すと考えられる。十二世紀段階の堅田が、このように稀少な冬期のフナを五〇匹という規模で、しかも橋本の指摘するように恒例として安定的に貢上していたという事実[34]はきわめて重要な意味を持つ。中世の堅田はどのような漁法を用いて、稀少な冬期のフナを漁獲しえていたのであろうか。この問題を解くことが本章の鍵となる。

2 冬期フナの漁法

史料の残存する近世段階でも、堅田は中世と同じく稀少な冬期のフナを漁獲していたことが確認できる。本項では、

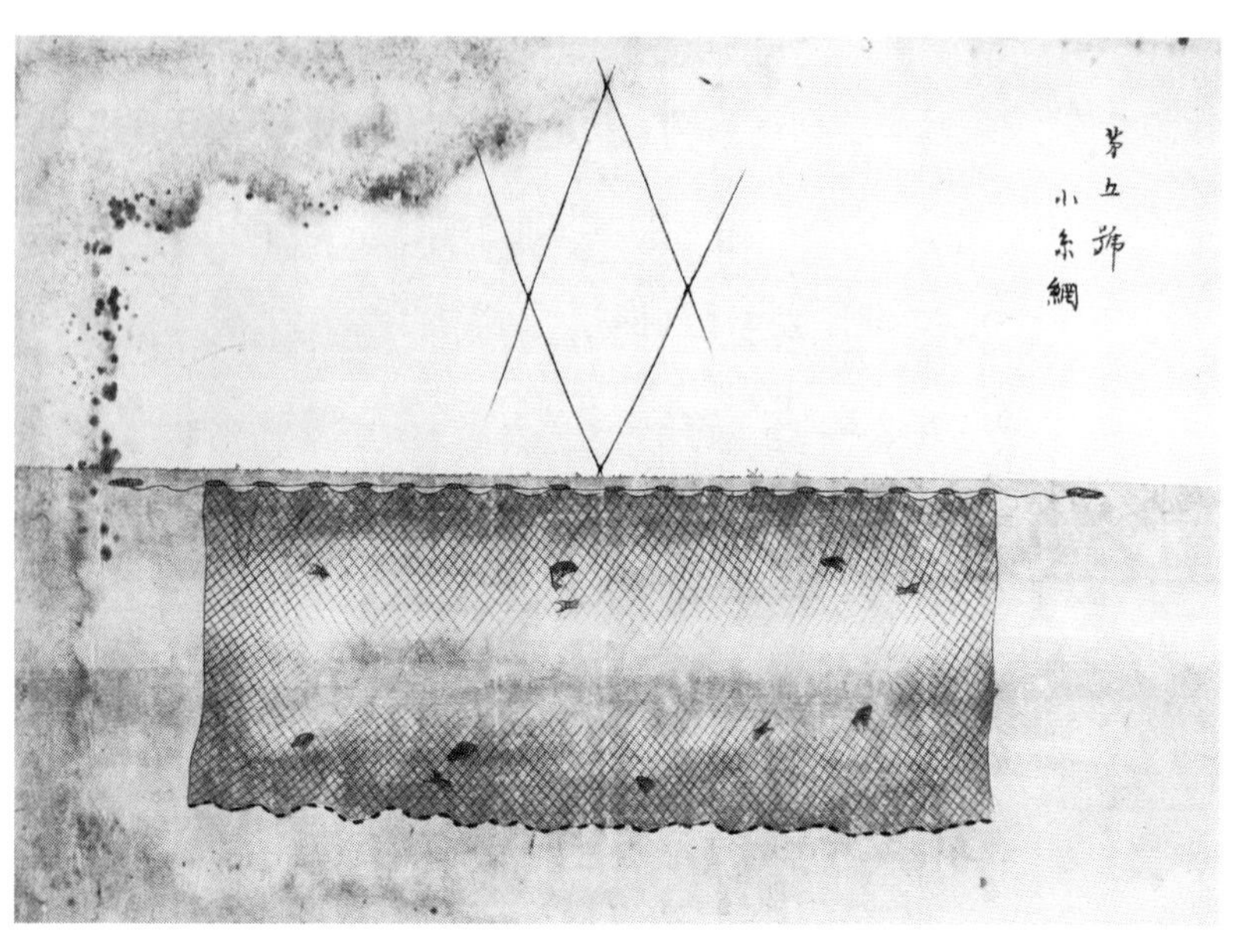

図５　小　糸　網（滋賀県水産試験場所蔵『近江水産図譜　漁具之部』〈明治23年ごろ〉）ただし本図は浮刺網として描かれているが，近世までの琵琶湖の小糸網は底刺網のみであった。

この近世段階の堅田の漁撈技術を分析し、中世の漁撈技術を解明する手がかりとしたい。正保四年（一六四七）の文書によれば、「堅田猟師と申者、上様御肴物御用調申、初鮒・御鮓鮒・紅葉鮒指上け申候」[35]（傍線は筆者）とあり、将軍家へ貢上されたフナのうち、初鮒とはその年初めて取れたフナ、すなわち正月の最初の漁で得られた冬のフナを指し[36]、また御鮓鮒とは産卵期に大量捕獲されてナレズシにされるフナ、また紅葉鮒は第二節で後述するように秋期のフナを意味している。

このうち初鮒の漁獲方法については、十七世紀段階の状況を知ることができる。元禄三年（一六九〇）の文書には、「西ノ切東猟師小糸網者同前之猟儀に候間一様に書上げ可申と奉存、互に申合願書差上申候、此上御運上被為仰付候はば前々より差上来り申候初鮒、員数之通割付上納可仕筈に申合候」[37]（傍線は筆者）とあり、東ノ切と西ノ切の漁師が小糸網によって初鮒を捕獲してきたことがわかる。小糸網とは刺網の一種であり、水中にカーテンのように網を張り、網目に刺さって身動きできなくなった魚を獲るものである（図5）。

この小糸網の最大の特徴は、エリや地引網など沿岸域での漁法に比べ、より深い水域での捕獲が可能なことである。たとえば琵琶湖での地引網の操業は水深一五メートル以浅に限られるが、[38]小糸網なら深さ二五メートル内外の水域まで使用することが可能である。[39]この水深は冬期のゲンゴロウブナの生息域にも一部到達する。[40]明治以前の琵琶湖のフナ漁法のうち、この水深に届く漁法は他に存在しない。[41]したがって小糸網とは、前近代において初鮒を確実に狙いうる点では唯一の漁法だったことになる。[42]

さらに重要なことは、小糸網が近世前期までは堅田のみが持つ技術だったことである。伊賀敏郎が明らかにしたように、小糸網が各地へ伝播したのは近世後期になってからのことであり、元禄ごろまでは堅田東ノ切と西ノ切漁師のみが保持した高度な技術であった。[43]この小糸網を持った堅田の漁撈民のみが、沖合の深い時期のゲンゴロウブナを狙うことができたのであり、つまり堅田は小糸網の技術によって、産卵接岸期以外にもフナを捕獲できたことになる。

この小糸網の起源が中世まで遡る可能性については、すでに伊賀によって指摘されているところである。[44]海域では刺網の技術はすでに中世には確認されており、伊賀は琵琶湖の小糸網についても寿永元年（一一八二）成立の『月詣和歌集』の「かへりこむ　ほどは堅田に置く網の　目にたまらぬは涙なりけり」に注目し、この「置く網」に曳き網とは異なる刺網の原理を読み取ろうとしている。ただ伊賀自身も指摘するように、小糸網という名称の文献上の初見は元禄期であり、文献史料によってそれ以前に遡って存在を確かめることは難しい。[45]しかし筆者は、絵画史料のうちに琵琶湖岸での小糸網の確実な中世への遡及性を示すものが見られることを指摘したい。それは十六世紀半ばごろの作成と推定されている大徳寺瑞峯院「堅田の間」襖絵（静嘉堂文庫美術館蔵「堅田図」、東博所蔵「模本片田景図」）であ

図6　「片田景図（模本）」の網干し風景（部分）（東京国立博物館所蔵）

る（図6）。この図は、実景観察に基づく描写としてこれまでの中世堅田の景観復原研究にしばしば用いられてきたものである[46]。しかし筆者は、先行研究ではほとんど触れられることのなかった漁撈に関わる光景に注目したい。

図中、東ノ切と西ノ切の一角に当たる空閑地に、それぞれ多数の網干しの場面がみられる。この網は、幅が狭く丈は短く描かれており、その形状は一〇〇〇メートル以上の幅を持つ地引網などの曳き網類とは明らかに異なるものである。これは刺網系と推定される。そのサイズも網干しする人物の大きさと比較すれば、近世堅田の小糸網の「高さ凡三尺三四寸斗　長さ凡八間半」[47]によく合致している。さらに、本図の季節も重要となる。図の背景には稲刈り後の晩秋から雪の景色への移り変わりが描かれていることから、この網も秋冬期に用いられたことになる。東ノ切には、同じ刺網系の葭巻網も存在したが、葭巻網はコイ・フナの産卵期である春に用いられるため、本図の表現する季節にはふさわしくない。したがってここに描写された秋冬の刺網とは、やはり小糸網以外には考えられないのである。以上のように分析すると、少なくとも中世後期には小糸網はすでに存在しており、近世と同様に東ノ切と西ノ切がそれに従事していたことが導き出される。

本図と同時代に描かれたとみられる滋賀県立近代美術館蔵『近江名所図』にも、堅田の部分に同様の網が描かれていることに留意したい。当時、小糸網とは堅田のみが持つ漁法だったことから、その網干しの風景もまた堅田を特徴づける景観として、堅田の代名詞となっていたのではないか。近世初頭の『毛吹草』に「堅田小糸鮒」の語のあることは、このような事情を反映したものであろう。

3　小糸網の成立年代

ここで、そもそも冬期の初鮒の貢上行為には重要な意味があることを確認しておきたい。近世の堅田はこれを将軍家に毎年献じていたが、琵琶湖の初鮒を幕府将軍へ献上する儀礼自体は、中世までその起源をたどることができる。室町後期の『年中恒例記』によれば、近江守護の六角氏と京極氏が正月十一日に足利将軍家へ初鮒を献上しており、[48]盛本昌広はこれを守護の琵琶湖領有権を象徴する行為としている。[49]この近江守護から献上された初鮒が堅田の手になるものという確証はないが、しかし堅田は十六世紀初めには六角氏の支配下にあって、「公用」をおさめていたことが確かめられる。[50]近世、将軍家へ上納されたフナが「御公用の鮒」と称されたことも勘案すると、[51]六角氏からの初鮒が堅田の手を経たものであった可能性は高い。

貢上されるフナが、ほかならぬ「初物」であったことには大きな意義が見出せる。古代、初尾・初物とは神や天皇に捧げられる贄であり、よって供御とも深い関係を有したことについては、すでに石母田や網野・盛本らによる指摘がある。[52]　したがって初物としての冬のフナとは、堅田にとって本源的な供御物の一つであったはずである。このように考えた場合、稀少な初鮒の捕獲と貢上は、鴨社御厨たる堅田に期待されていた重要な機能であり、すなわち前項で確認した十二世紀末の堅田が冬期のフナを安定的に供給していた事実につながってくる。冬フナの確実な捕獲技術が琵琶湖では小糸網以外に存在しない以上、この事実は小糸網が鎌倉初期の堅田にすでに存在していたことを示す有力な根拠となりえるのではないだろうか。前掲図4でみたように九月から二月までのフナの漁獲はきわめて少ないことから、冬期のフナには高い価値が認められていたはずである。[53]　これを確実に捕獲しえた堅田の漁撈民たちの重要性が推測される。

なお、小糸網でフナを捕獲することができたのは、冬期だけに限らなかったことにも注意しておきたい。小糸網の沖取りの利点は、春の産卵期においても十分に発揮される。たとえば冬期には水深四〇メートルの底層、すなわち北湖で生活しているニゴロブナも、初春になると多くの個体が浅い南湖へ産卵回遊してくるため、[54]　南湖の入口たる堅田の沖合に小糸網を仕掛ければ、接岸前の大群を他村に先駆けて捕獲することができる。つまり琵琶湖で唯一小糸網の技術を有した堅田は、冬期にも春期にも他村の及ばない沖合水域で漁を行いえたのであり、「堅田鮒」にみるごとく琵琶湖のフナ漁における堅田の圧倒的な地位は、この小糸網の技術に裏打ちされていたことになる。したがって堅田は沖取りすなわち漁撈可能水深という点では、中世以来一貫して他村を凌駕していたことに注意が必要である。

二　中世音羽庄と堅田との相論

1　高島郡での漁場相論

前節までのように、堅田のフナ漁における小糸網の重要性に目を向けるとき、中世堅田の漁撈活動について、ほかにも多くのことがみえてくる。その一つは「賀茂社諸国神戸記」所載の十二世紀の堅田供祭人と高島郡の音羽庄住人との網地相論である。この相論についてはすでに網野と橋本の考察があり、堅田漁撈民の優位性を説く網野に対して、[55]橋本は両者の「対等な相論」とする見解を出している。[56]そこで筆者は、この相論の意味を漁場の地形条件と漁撈技術の照合から読み解いてみたい。そこでは、この相論が秋期の「紅葉鮒」の漁場に関わるものであった可能性が浮かび上がってくるのである。

建久七年（一一九六）二月の堅田供祭人らの陳状によれば、[57]当相論は高島郡の「庭地・片地両網地」をめぐって起こっている。この網地は、「往古鴨社納地也、依之海堺榊計也」であったが、これを音羽庄側では「庄民網地也」と主張して「盗曳」を行った。そこで堅田側が報復に「少船」で押し寄せ、音羽庄民の「五位椿網地」の網を夜中に切るという挙に出た。これを音羽庄側は「殺害を好み、悪事を結構」し、網を盗み取ったとして訴えている。しかし堅田側はそれを虚言であるとして、むしろ音羽庄住人らが堅田側の「片網」を解き去ったせいで、六箇日貢祭の欠如が起こったことを主張している。この音羽庄による「盗曳」の月日については不明であるが、「賀茂社諸国神戸記」中にはもう一通この相論に関わるとみられる年未詳の書状がある。[58]それは「さきにも申うして候かたあち（片網地：筆者注）の事」として、下賀茂社から沙汰がないならば貢祭を供えないとの堅田側の主張を伝えており、その日付は十二月二十日となっている。

ここで注目すべきは、上記建久七年陳状中の「音羽御庄住人等彼片網解去故」という表現である。音羽庄側の漁法については、「盗曳」といわれていることから地引網であった可能性が高いが、[59]「解去」られたという堅田の「片網」は、地引網のように二〇～三〇人がその場にとどまって操業する大規模な網ではなく、二人乗りの小舟で湖中に漕ぎ出し、設置後は湖中に長時間放置される小糸網だったのではないだろうか。[60] その可能性について、以下に検討してみたい。

2 「紅葉鮒」の漁場と湖棚地形

相論の相手となった高島郡の音羽庄については、その四至が伝わっており、「高野山文書」に「東限海、南限志賀境、西限下立嶺、北限高嶋勝野浜勝須阡陌[61]」とある。このおおよその位置を模式的に示すと、後掲図7のように古代の勝野津を中心とした一帯、すなわち近世の大溝城下付近となる。

この近くに中世堅田の「庭地」「片地」の二つの漁場が存在したと推定されるが、じつは勝野付近とは、近世には広く知られた秋のフナの漁場で、しかもきわめて稀少とされた「紅葉鮒」の漁場であった。紅葉鮒とは、近世近江の地誌類（表2）によれば秋期の美味なフナで、その呼称の由来は、秋に体色や肉が紅葉色に色づくため、あるいは高島郡紅葉ヶ浦にて捕獲されるためであったという。

この紅葉鮒とは、琵琶湖に生息するフナ三種のうち、ゲンゴロウブナを指すものと推定される。[62] ただし、この秋期のゲンゴロウブナを捕獲できる場所は限られていたことに注意が必要である。近世の地誌類では、その場所を舟木大溝（表2のA・B）、紅葉が浦（同C）、鴨川崎・称不浜・新川浜・勝野浦（同H）などとしているが、[63] それらはいずれも前掲の勝野付近の地名である。この付近ではH文献にあるように、「秋後の大網」すなわち地引網で捕獲できたという記述のあることも注目される。秋冬には沖合の深い水域で過ごすはずのゲンゴロウブナが、当地では湖岸からの地引網でも捕獲できたのはいかなる理由によるものであろうか。本章では、この勝野一帯の地形について検討してみたい。

表2　近世近江の地誌類にみる紅葉鮒の漁場

文献名	刊行年	記事内容
A毛吹草	1645	巻第四「舟木大溝紅葉鮒　同骨抜鮓」，巻第二誹諧四季之詞「九月　紅葉鮒」，巻第六「江州舟木にまかりし時　此度はぬたに取りあへよ紅葉鮒」
B淡海録	1692	舟木大溝紅葉鮒
C近江輿地志略	1775	紅葉鮒といひ秋に至って捕るものあり，此紅葉鮒は高島郡紅葉が浦にてとる所もとなり。此紅葉浦に古昔大楓樹ありて紅葉湖水に浮かべるを食する鮒故に此名ありといへり。然れども何れの処にても秋月捕ところの鮒を紅葉鮒といふ。蓋秋日其肉色赤し故に称するともいへり。
D重修本草綱目啓蒙	1803	モミジブナハ秋冬ノ時竹生島大浦辺ニテトル，マブナヨリ微小，一尺ニ過ギズ，色紅ヲ帯ル故名ク，又秋トル故名ク，彦根ニテハ春夏ハマブナト云，秋冬ハモミヂブナト云。
E湖魚考	1806	真鮒の秋とるを紅葉といふ。真鮒の秋の名なるべし。大きさまぶなの如し。八月のころより九月末の頃にあり。其頃沖に群遊する事もあり。大網にて是を取。(中略)是を源五郎鮒ともいふ。春夏はなし。この魚湖中のみにして入江にはまれ也。(中略)或云堅田の漁人に源五郎といふもの有。よく秋の紅葉鮒を取事を得て多く市にいだせり。是より源五郎の名高しといひ伝ふ也。
F湖中産物図証	1814	モミヂ鮒上秋ヨリ出ル(中略)漁者ノ手ニ入テ後其血鱗ノ次間ヘ溢レ出見レハ紅色斑雑して美ハシ(中略)寒中ニ至リテ更ニ佳ナリトス
G近江名所図会	1814	紅葉鮒朽木
H鴻溝録	1826	紅葉鮒　年々八・九・十の間に，鴨川崎・称不浜・新川浜・勝野浦にて北風の日之を捕る。(中略)秋後の大網に捕れる目方五百十五匁のものを最とす。
I湖漁譜	1858	紅葉鮒湖北に産する(中略)沖嶋辺に多く出て湖南には産せず

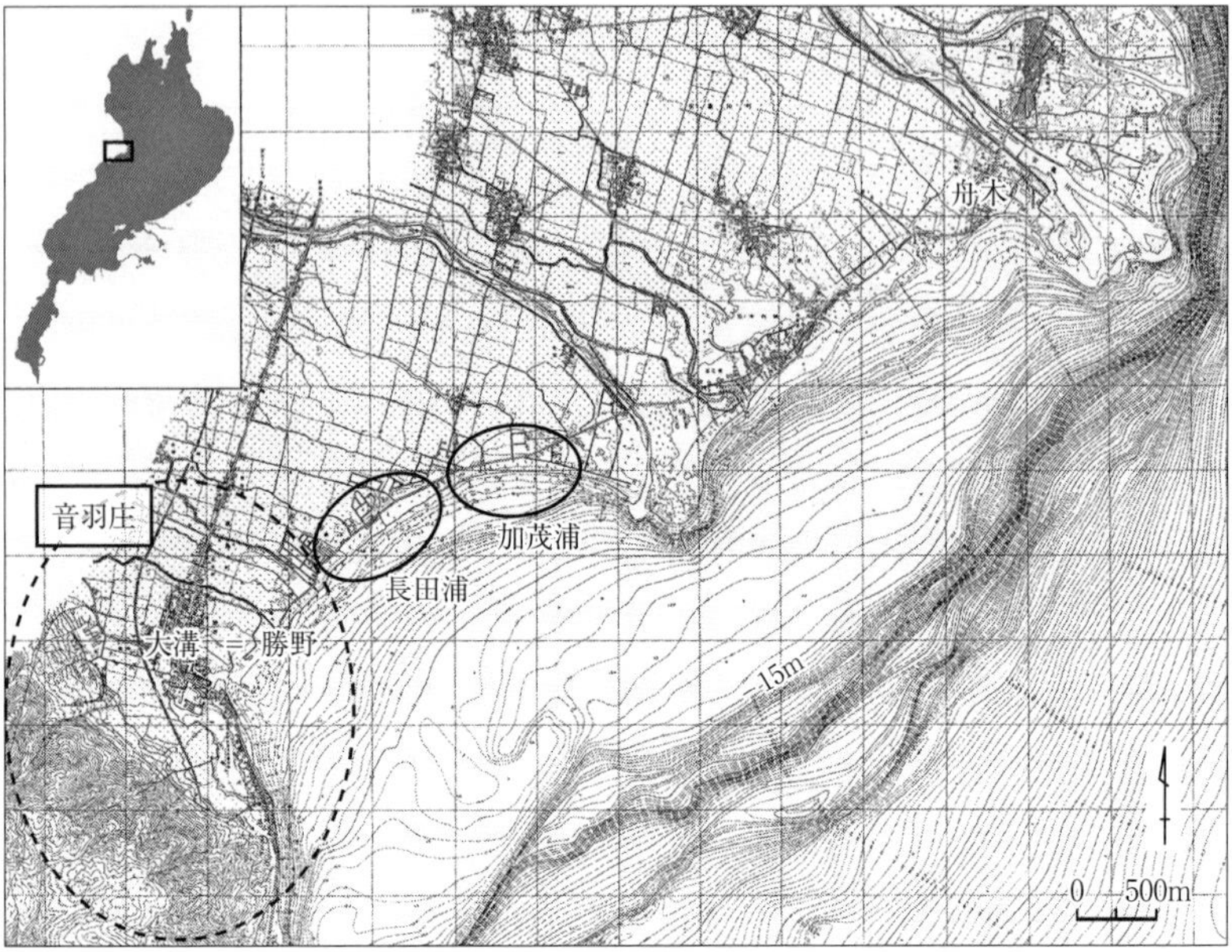

図７　音羽庄周辺の湖底地形と水深（昭和37年国土地理院「湖沼図」に一部加筆）

図７には高島郡の勝野―舟木間の湖底の水深を示している。この図で明らかなように、勝野から北東の舟木との間には水深一五メートル付近まで浅い棚状の平地が広がっており、顕著な湖棚地形が認められる。断層湖である琵琶湖の西岸では断層に沿った急深の湖岸が多いが、ここでは緩傾斜の湖底が二キロ以上の幅をもって広がっている。この一五メートル以浅のなだらかな水域ならば、地引網の操業も可能である。つまりこの湖棚地形が存在することによって、本来ならより深い水域に生息するはずの秋のゲンゴロウブナを、地引網という浅水域の漁法しか持たなかった村々でも、一部捕獲できたと考えられる。

近世の堅田も、秋には紅葉鮒を捕獲し、将軍家へ貢上していたことは前節で述べた通りであるが、その堅田の近世の漁場が同じくこの勝野付近に比定されることに注目したい。「西之切神田神社文書」では延宝四年（一六七六）段階には、「秋網之時節に此浦（堅田地先の漁場：筆者注）にも紅葉鮒少宛とれ申御事に御座候、然共大分引上け申たる例も無御座候に付、御公用之紅葉鮒指上け申候節毎年大溝へ罷下り……」[64]（傍線は筆者）とあり、将軍家への献上用には毎年大溝まで漁に出向いていたことが記されている。さらに延宝六年（一六七八）には、「御公用之網引場と中候は惣て当浦のみならず、高島郡大溝浦分部隼人様御領地に二ヶ所私共往古より支配地御座候……」[65]（傍線は筆者）とあり、その二ヵ所とは「大溝領上様御用之網場　長田浦（禰ぶの木）加茂浦（川口）二ヶ所」であった[66]。つまり近世の堅田（当時は大津代官領）は、他領大溝藩領の中に漁場を持っており、具体的にはそれは「長田浦」と「加茂浦」との二ヵ所であったことになる。「長田浦」とは勝野に接する近世の永田村の湖岸部であり、また「加茂浦」はその隣村鴨村を流れる鴨川の河口付近と推定される。このうち永田村の地先こそは、地元で「紅葉が浦」と呼ばれる場所であり、すなわち紅葉鮒の最良の漁場だったのである。

これら「長田浦」と「加茂浦」のおおよその位置について図7に示す。永田村については中世音羽庄のうちとする説と庄域外とする説が並立しているが[67]、いずれにしても音羽庄と近接する位置といえる。したがってこの近世堅田の二漁場こそは、中世音羽庄との相論対象となった鴨社の網地「庭地・片地」に相当するものではないだろうか（「加茂浦」の名称も注目される）。つまり、かつての鴨社供祭のための漁場が、近世には将軍家への献上紅葉鮒の漁場として継承されていることになる。建久年間と延宝ではおよそ四八〇年の開きがあるが、しかし地形や湖流等の自然条件が大きく変化しない限りは、魚類の生態と生息地は変わらないはずである[68]。勝野から舟木一帯の湖棚地形に基づくフナ漁場としての優良性は、中近世を通じて継続したものと考えられる[69]。

近世だけでなくすでに十二世紀段階において、堅田は遠方の地に最良の網地を確保していた。その背景にはやはり他村を凌駕する漁撈技術、すなわち小糸網の存在が考えられるのではないか。近世の「長田浦」と「加茂浦」は、「御公用之網引場」[70]との表記によれば地引網漁場とみられるが、しかし伊賀の指摘するように、地引網漁場は小糸網にも適した場所であり、両者は同じ獲物をめぐって競合する関係にあった(71)。したがって堅田のこの二漁場でも、地引網以上に小糸網が行使されていた可能性がある。音羽庄住人らによって「解去」られた堅田の網とは、大人数によって曳かれる地引網ではなく、湖中に一晩設置される小糸網の方であったと推定されよう。

勝野―舟木間の湖棚地形の場合、水深と網の規模から考えて(72)、地引網の使用は湖岸から約一・五キロ以内の水域に限られる。しかし小糸網ならば、二キロ以上沖の水深二五メートル付近でも設置が可能である。このような沖合でフナを先取りできる小糸網は、湖岸の村々に漁獲圧を及ぼし、相論を引き起こす存在であったことが近世にも多々記録されている(73)。たしかに橋本が強調するように、中世に音羽庄のような漁撈特権を持たない一般荘民も自身の網地を保持していたことは重要であろう(74)。しかしその沖合では堅田が小糸網によってフナを先取りしていたことになり、むしろこの行為自体が音羽庄側の反発を招いた可能性が高い。

以上の推定に基づくならば、十二世紀の音羽庄と堅田の相論とは、橋本のいうように真に双方の「対等」な相論だったのか疑問が出てくる。すなわち、音羽庄の地引網＝一般荘民による浅水域の漁法と、堅田漁撈民の小糸網というその沖合での漁法では、漁撈可能水深の観点からは決して「対等」とはいえず、沖取りができた堅田の漁獲上の優位性は明白なのである。小糸網が鎌倉初期から存在していたとみられることを勘案すれば、この堅田の優位性も中世前期に遡ることになり、橋本の指摘する「脆弱な中世前期の堅田漁撈」とは異なる姿がみえてくるように思われる。

三　中世菅浦と堅田との漁業相論

1　菅浦「浦前」での網漁

前節までの分析によって、中世堅田の漁撈の特質を理解するには、漁場の水深とそれに対応しうる漁撈技術の存在が鍵となることがわかった。そこで本節では中世堅田の関わった別の相論事例について分析し、中世の琵琶湖漁撈における堅田の位置づけをさらに解明したい。

分析の対象となるのは、中世惣村として著名な菅浦との相論である。「高倉院御宇」の成立と主張する菅浦供御人[75]は、十三世紀以降蔵人所・内蔵寮供御人としての活躍が確認されるが、堅田との間で幾度か漁業相論を起こしている。年代の判明する最も古い事例は建武二年（一三三五）八月のもので、「菅浦庄供御人等供御役誓約状[76]」によれば、菅浦供御人らはもっぱら湖上の漁をして渡世のところ、「堅田浦漁人等ややともすれば違乱をいたすの間、彼の煩を断絶のため」、その身を供御人と号して、鯉三〇喉をはじめ、麦・枇杷・大豆を毎年貢進することを誓約している。したがって堅田は建武二年以前から、菅浦の漁場に出没し、漁を脅かしていることがわかる。堅田の違乱はその後も続き、応永四年（一三九七）にも菅浦との間で「海上相論」の上、「すなどりのししはうし（四至榜示）」が定められている[77]。

これら「堅田浦漁人等」の「違乱」の内容、すなわち堅田側の漁撈の実態について具体的に記すのは、年不明の菅浦書状等五通である（「菅浦文書」三九二〜三九六号）。この相論の内容を要約すると、往古より「此浦十八丁之内」は堅田方の網を打たせぬ所だったにもかかわらず、「去月より夜々ニあミを打候間」、若者等が無念に思っていたところ、今月七日ついに「日中ニ於浦前」網を打ったため、若者らが走り出て「あミ三ハ」を奪った。そのおりの狼藉により「堅田の物どもあまたにんしやうせられ、舟をうちやふられ」たため、堅田の武力報復を恐れた菅浦では、京極被官安養寺氏や日吉祀官樹下氏など各方面に協力を要請した。その依頼文がこれらの書状である。

当事件の起こったのは三・四月ごろと推定されるが[78]、堅田が菅浦の「浦前」で打ったという「あミ」を理解するに

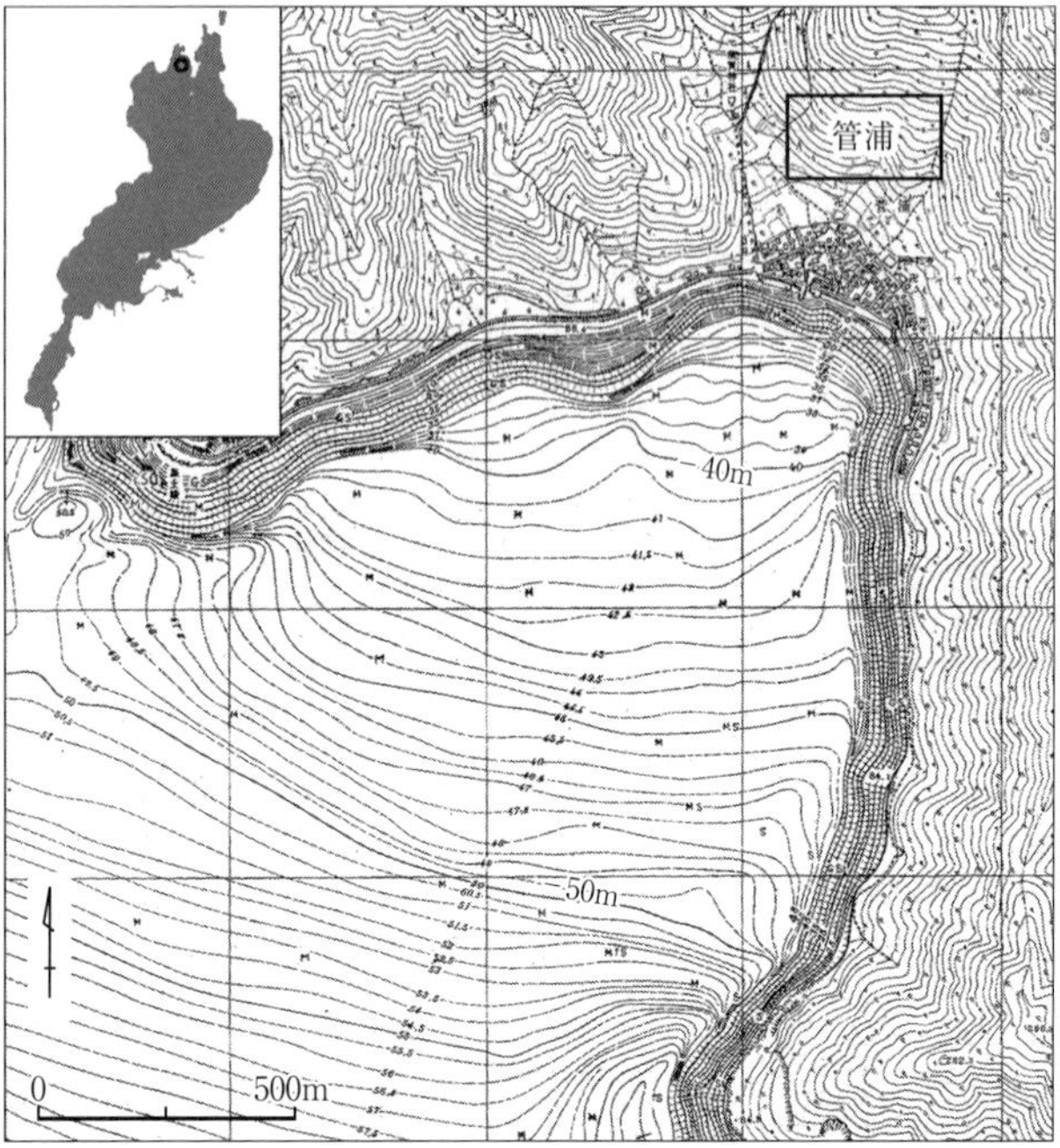

は、まずは菅浦付近の自然条件と湖底地形について分析しておく必要がある。菅浦の周辺は沈降性の湖岸であり、急崖が湖に落ち込む地形となっている。そのため急深の湖岸が続いており、図8にみるように集落前の水深は、岸から一〇〇メートル以内でも三〇メートルという深さに達している。このような水域すなわち「浦前」にて、堅田は夜な夜な「あミを打」っていたわけであるが、それは浅い水域でしか使えない投網や地引網ではありえない。この深さでも使用可能な網とは、前節までの考察にみるごとく小糸網以外には考えにくい。

図8　菅浦集落付近の水深（昭和37年国土地理院「湖沼図」に一部加筆）

菅浦は違乱の証拠として堅田の「あミ三ハ」を奪っているが、地引網とは異なり小型で長時間湖中に放置される小糸網は、相論相手の村落に奪い取られる場合が多々あったことが近世の事例から知られる[79]。事件のあった三・四月ごろの小糸網とは、産卵期に接岸してくるコイ・フナの漁期に合致している。菅浦住民自身は、おそらく筌などの原始的な待ち受け漁具によって、これら接岸魚群を湾奥の水田近くで捕獲していたと考えられるが、一方で堅田漁民たちは、小糸網を使って、これらをより沖側において抱卵状態のままで先取りしようとしたものと推定される。
　上記の文書は年紀を欠くものの、この事件の起こった年代について田中克行は、他の文書群との関係から応永五・六年ごろと推定している[80]。十四世紀末の堅田は、琵琶湖最北の菅浦地先まで手を伸ばしていたことになるが、堅田の「違乱」はこれよりも前の時代、建武二年以前から発生していたことを勘案すれば、堅田による琵琶湖北部への漁場拡大の動きは、鎌倉期にも遡ることが理解されよう。

2　延縄漁と水深

　加えて問題となるのは、堅田が十四世紀の琵琶湖北部で、小糸網よりさらに深い水域でも操業できる漁撈技術を持っていた可能性である。ここで前項でも触れた応永四年（一三九七）の「すなどりのししはうし（四至榜示）」の契約状[81]について詳しく取り上げたい。

［史料］
（端裏書）「かた丶の証文之状」
近江国堅田与菅浦海上相論事、
右契約之趣者、海津之地頭所之御媒介仰申、潮〔湖〕上のすなとり（漁）のししはうし（四至榜示）を定申処如此、然塩津口西東幷大崎同・海津前不可子細者也、就中小野江・片山ほうちやう被直差候条、殊更以喜悦候、然間此上者海上すなとりによて、聊雖為、子々孫々違乱妨成申、更々不可有者也、仍為後年証拠明鏡四時〔至〕はうし状如件、
　今堅田　道賢（花押）
　西　浦　妙願（花押）　　次郎左衛門（花押）

物　領　道寂（花押）　道信（花押）
　　　　道満（花押）　道観（花押）
　　　　　　　　　　　道忍（花押）

応永四年十一月廿四日

この書状の末尾には堅田側の署名があるが、署名の前に付けられた堅田内部の地域名称には「今堅田」「西浦」「惣領」の三つがあり、前述のようにそれぞれ近世の「今堅田」「西ノ切」「宮ノ切」の原型を指すものとされている。このうち「宮ノ切」は漁撈には従事せず、堅田四方の「惣領」として事の処理に当たったと推定されていることから、[82]菅浦の漁場に侵入したのは、「今堅田」と「西浦」の漁撈民だったことになる。「西浦」すなわち「西ノ切」は小糸網を擁した集団であり、前項で述べた小糸網による漁場違乱の可能性を裏付けるものといえるが、注目すべきは、この段階ですでに「今堅田」も「すなどり」を行う漁撈集団として確立していたことである。

今堅田は、近世には「釣猟師」と呼ばれたように、「流し釣」すなわち延縄漁を主力とした集団であった。網野は、建仁元年（一二〇一）の薬師寺領豊浦荘内浦での「漁釣」に関する鴨社と日吉社司の訴え[83]を堅田の釣漁に関わるものとみて、釣猟師がすでに中世前期には成立していたことを推定している。[84]ただし、この十三世紀の「漁釣」が、近世の延縄漁と同一の漁法であったことを確かめるすべはなく、堅田の「流し釣」が確実に中世前期まで遡ることを実証するのは困難である。本章ではこのような限界を認識しつつも、網野の説に従って釣猟師の成立を中世前期と考えておきたい。この推定が正しいならば、「今堅田」の漁撈民たちは、十四世紀段階には菅浦付近でも延縄漁を行っていた可能性が提起される。そこで、以下に中世における堅田の延縄漁の可能性について検討してみたい。

琵琶湖の延縄漁は、近世まで「今堅田」のみが保持していた技術であった。近世および近代の史料によって釣猟師の技術を概観すると、延縄とは一本の親縄に多数の枝糸を付け、その先端に釣り針を取り付けたもので、親糸の長さは約三キロ、釣り針の数は二〇〇～一〇〇〇本に及ぶ[85]。この親糸をさらに四本つなげて、合計一〇キロ以上もの長さの糸を湖中に沈める、広大な水面を必要とした漁であった。この漁法の最大の特徴は、小糸網よりもさらに深い水域での操業が可能なことである。ウナギやナマズ、コイを対象とする延縄は水深三〇メートルまでの水域で行われ、さらに十月から三月のビワマス漁は、水深六〇メートル内外という深い水域で行われる[86]。したがって延縄漁は、広大でかつ水深のある北湖を主な漁場とするものであった[87]。

本章で注目したいのは、琵琶湖の北湖とは固有種たるビワマスとイワトコナマズの主な生息地であり[88]、とくに前近代にこれら二種を味覚のよい晩秋～冬期に捕獲できたのは、竹生島から菅浦沖を漁場とした堅田の延縄漁のみに限られていたという事実である[89]。したがって菅浦の沖合域とは、延縄漁にとっては琵琶湖中で最良ともいえる漁場であったことがわかる。近世・近代の「今堅田」の釣猟師たちは、舟に寝泊まりしながらこの遠い漁場まで往来しており、月に一度しか堅田に帰らない湖上生活を送っていたという[90]。応永四年（一三九七）の［史料］に「西浦」と並んで「今堅田」の署名のあることは、釣猟師たちのこのような生業形態が、すでに十四世紀段階に成立していたことを推測させる。

3　菅浦の四至の意義

「今堅田」の延縄漁についてさらに考慮せねばならないのは、彼らの漁獲対象魚種のうちにコイが含まれていたことである。釣猟師たちは一年を通じて延縄漁を行い、季節ごとの魚種を捕獲していたが、コイは秋期九月・十月の主要漁獲物として欠かせないものであった[91]。この秋期のコイが、内蔵寮供御人としての菅浦の貢納物と重なっていたことに注目したい。前述のように建武二年（一三三五）の菅浦の貢納物には、麦・枇杷・大豆等に加え、鯉三〇喉がみられ[92]、菅浦自身の漁獲物の中心がコイにあったことが知られるのである。

中世菅浦の漁撈活動について詳しい記録は伝存しないが、しかし菅浦文書中にはその手がかりとなる文言が残されている[93]。永仁五年十二月十一日に塩津地頭熊谷氏が菅浦に乱入し「令濫妨漁」した事件について[94]、裁許を下した六波羅探題御教書では、これを「蔵人所近江国菅浦供御人等申鈎事」と記している[95]。よって、すでに蔵持重裕が指摘しているように、菅浦の漁法は冬期の釣りであったことが知られる。ただし、今日菅浦で行われている延縄漁は大正末期に堅田より伝授されたものであり、近世以前に遡るものではない[96]。筆者の聞き取り調査では、菅浦には延縄とは全く異なる素朴なコイの岸釣りが伝わっており、八月中旬以降十一月までの間、湖岸より五〇メートル以内の水域で簡単な仕掛けで獲るものであったという[97]。このように元来菅浦の持つ漁撈技術は沿岸での原初的な漁法にとどまるものではあったが、沈降地形によって湖岸近くでも一定の水深があったために、秋冬期には深みにいるはずのコイを釣ることが可能だったのであろう。

したがって中世菅浦の漁撈活動は、他地域と同様に春の産卵接岸群を狙うコイ・フナの漁と、さらに秋冬期の岸からのコイ釣りが主であったと考えられる。これらはいずれも漁撈対象の点で堅田と競合することに注意したい。春のコイ・フナは「西ノ切」の小糸網漁と、また秋冬のコイ釣りは「今堅田」の延縄漁とバッティングしている。これらはいずれも沖合で堅田に先取りされてしまえば、菅浦がその漁獲圧を受ける可能性が高かったと考えられる。

そこでこれを排除するためにとられた方策が、先掲の建武二年（一三三五）の「菅浦庄供御人等供御役誓約状」であったと推定される。「堅田浦漁人等ややともすれば違乱をいたすの間、彼の煩を断絶のため」、貢進と引き替えに供御人として保障を受けることを望んだのであり、すなわちこの時期すでに、菅浦側としても放置できないほど堅田の湖北での漁撈活動は本格化していたことになる。それと同時に重要なことは、菅浦の住民たちが内蔵寮供御人となることによって、鴨社御厨供祭人たる堅田と「対等」に対峙しようとしたことである。
　その意思は前掲の［史料］、応永四年（一三九七）「すなどりのししはうし」から明確に読み取れるように思われる。文中では、菅浦と堅田の四至榜示を「塩津口東西幷大崎同海津前」と表記している。「大崎」と「海津前」の示す地点は明確であるが、問題となるのは「塩津口東西」であろう。従来の研究ではその詳細な位置について論じられることはなかったが、今回筆者が地元で聞き取り調査したところ、今日なお漁師たちの間で「塩津口」と呼ばれる場所が存在していることがわかった。それは図9の葛籠尾崎の東側で、塩津湾の中ほどのA—Bを結んだラインである。このうちB地点には、舟楫の神として湖上の漁師たちの信仰を集めた有漏神社が位置しており、その鳥居は航行上の目印となっていたという。[98] 有漏神社は堅田の漁民にも信仰されており、[99] 詳細な考証は別稿（本書Ⅱ第二章）に譲るものの、筆者はこのA—Bのラインを中世の「塩津口東西」に当たるものと比定したい。このような仮定のもとで堅田と菅浦との「すなどりのししはうし」を復原すると、図9の点線で示した範囲となる。

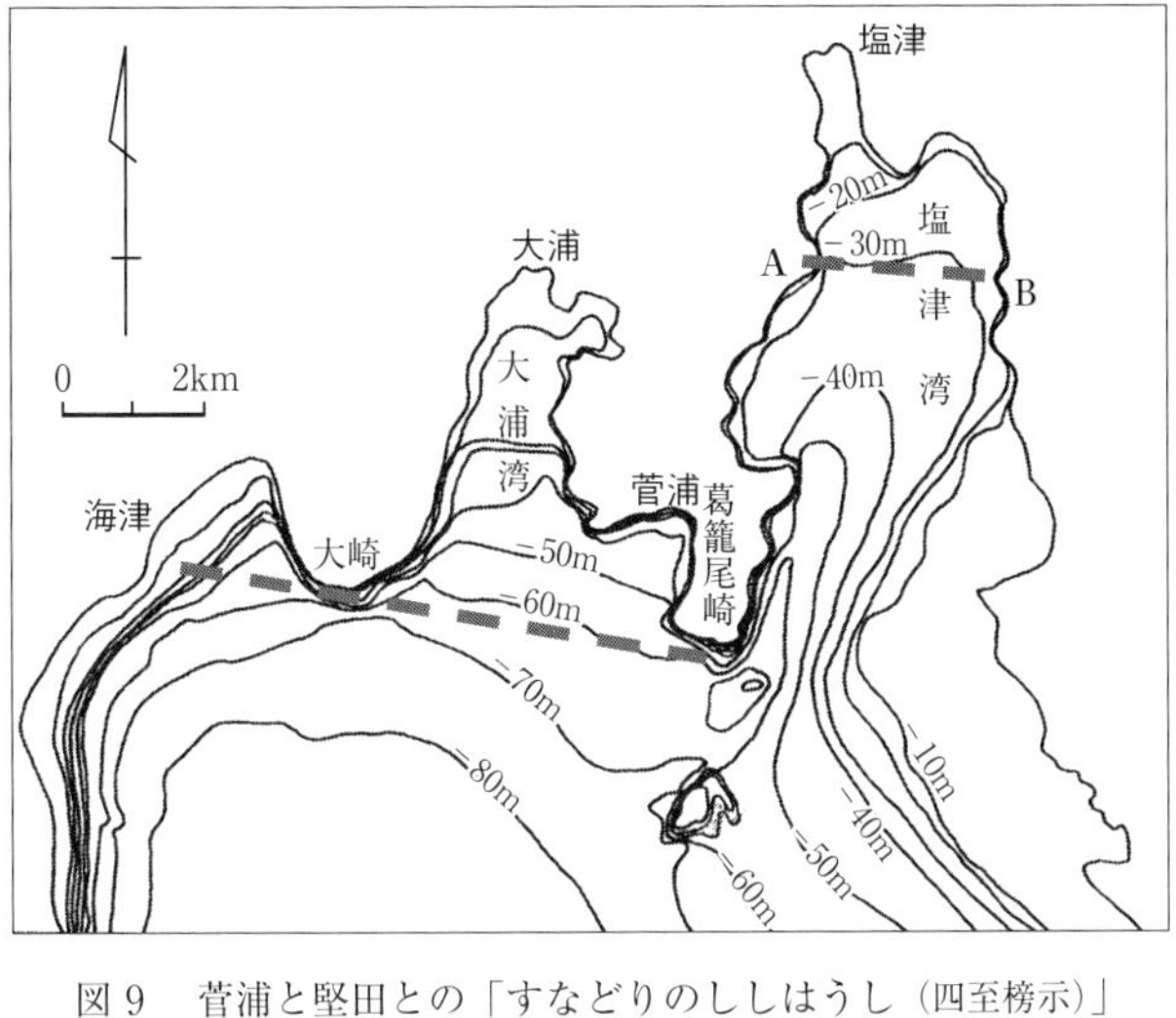

図9　菅浦と堅田との「すなどりのししはうし（四至榜示）」

　この図について指摘できることは、菅浦と堅田との漁場境界は、葛籠尾崎より東側の塩津湾においては水深三〇メートルのラインと一致し、また西側の菅浦前面から大浦湾側にかけては、水深六〇メートルラインとほぼ重なっているという事実である。この水深は漁撈技術上大きな意味を持っている。

まず塩津湾側の水深三〇メートルを境界とする線引きについては、湾奥の沿岸漁への配慮がなされたとみられる。しかしこれ以南の水域では小糸網あるいは延縄漁も可能なため、堅田側にとっても一定の漁場確保の意味があったと推定される。一方、菅浦の前面に当たる大浦湾側に関しては、境界となった六〇メートルとは延縄漁にとっても限界の水深であり、これより深い水域については堅田といえども利用することはできない。したがって、六〇メートル以浅の水域から堅田を閉め出すことは、沖合域も含めた菅浦の漁場全体から、堅田を完全に排除することを意味している。

従来の研究では、上の四至決定の意義について、堅田側が菅浦を地先の漁場に封じこめることに成功した[100]、あるいは逆に堅田の湖上特権が制限されたもの[101]との解釈が対立してきた。水深と漁撈技術の分析からは、筆者の見解は後者に近く、とくに葛籠尾崎以西の菅浦前面の漁場については、堅田を完全に閉め出していることから菅浦による漁場独占の確立という意義が見出せる[102]。つまり中世の菅浦は、自己の直面する水域から沖合も含めて堅田を排除しえた点で、前章の音羽庄民とは大きく異なっていることを指摘できる。それは、一般荘園とは異なる内蔵寮供御人という属性によって実現されたものではなかったか。

四　考　察――琵琶湖の水深構造と漁場

ここで前節までの分析に基づき、中世の堅田漁撈の実態と琵琶湖漁業におけるその位置づけについてまとめたい。

中世前期の堅田の漁撈活動をどのように評価すべきか、これまでの研究では琵琶湖での自由な漁撈特権を持つとする網野の見解と、中世前期にはいまだその特権は確立せず、むしろ脆弱な集団だったとする橋本の見解とが対立している。このうち橋本は、本章第二節で取り上げた音羽庄との相論を、音羽荘民が堅田と「対等に相論していた」とし[103]、よって陸域と水域との推移帯（エコトーン）では堅田の特権は貫徹しておらず、「様々な階層、集団による漁撈が競合しつつ併存していた」と結論づけている[104]。しかしここで筆者が指摘したいのは、たしかにエコトーンにおいては漁撈の競合・併存が起こりうるものの、実際の堅田の漁撈空間は、決してエコトーンだけにとどまるものではなかったという点である。

琵琶湖のように一〇〇メートルもの水深を持つ構造湖においては、エコトーンとしての沿岸域のみならず、沖合の深水域も魚類の生息空間として重要な意味を持つ。堅田はこの広大な沖合域のうち水深六〇メートルまでを、小糸網と延縄漁の技術によって中世前期以来独占的な漁場としていたことに注目したい。

堅田の漁撈可能水深の六〇メートルまでの水域を、地引網などの漁法が行われる水深一五メートルまでと対比させつつ利用可能面積として示せば、図10のようになる。水深もあり、かつ日本一の面積を有する琵琶湖では、堅田だけの専用漁場となる水域は広大な面積に及ぶことになる。この水域では、堅田は他の集団と「競合」や「併存」することなく、独占的に漁撈を行いえたのであり、その優位性は疑いのないところであろう。

そもそも水深一五メートルまでの浅水域の漁法しか持たない湖岸の諸村落と、沖合の深水域での漁獲技術を有する堅田とは決して「対等」ではない。すなわち湖岸での漁は堅田による漁獲圧にさらされ、水揚げ量や漁獲時期の点で不利となるからである。小糸網漁が鎌倉初期から存在していたと考えられることや、延縄漁も中世にすでに操業されていた可能性の高いことを勘案すれば、堅田の優位性は中世前期から存続していたことになろう。

ただしこの堅田も、菅浦の前面漁場では沿岸域および沖合域からも排除されていたことに注意が必要である。菅浦

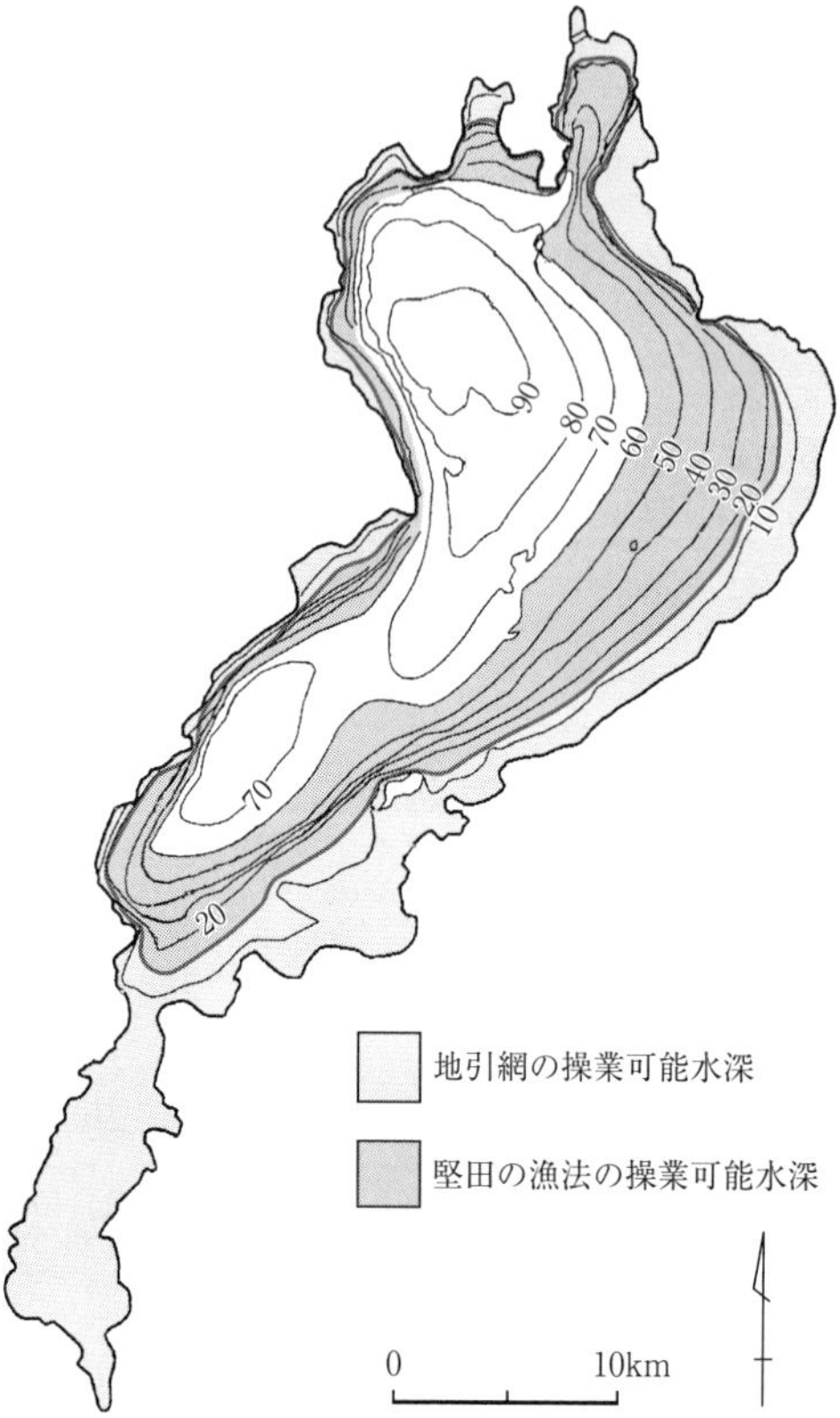

は内蔵寮供御人となることで、堅田供祭人と「対等」な関係を打ち出し、自らの漁場を確保しようとしたのである。本章では触れることができなかった粟津供御人との関係性についても、おそらくこれに近い漁場確保の状況が考えられるのではないだろうか。粟津供御人の漁場となった南湖南部は、平均水深が五メートルに満たない浅い水域であり、ここでは地引網などの原初的な技術のみで漁撈が可能であった。粟津側は内膳司や内蔵寮の供御人となることで、この前面水域を彼らの占有漁場として確保し、堅田を排除することを意図したのではないかと憶測する。(105)

図10　堅田の漁撈可能水深とその面積

　このように音羽庄などの一般荘民とは異なり、供御人らの漁場については堅田も一定の配慮を求められており、そういった状況が、網野の指摘した琵琶湖の「特権的海民」集団同士の併存関係、すなわち「他の供御人、供祭人、神人などに伍して、その特権を行使」(106)していた海民たちの実態だったのではないだろうか。ただし、菅浦・粟津ともに漁撈技術は浅水域での漁法にとどまる段階であったため、堅田のように北湖の沖合域を広く漁場とすることは不可能であり、近世までの琵琶湖漁業において堅田のみが突出した勢力を持ち続けたのは、この点に一つの根拠があるものと考える。

なお、沖合を利用する堅田の漁法は、沿岸域と沖合域という空間的側面にとどまらず、年間生業暦という時間軸の観点においても、他村とは異なる独自な生業形態を生み出すに至った。堅田では春から秋冬までの魚類の回遊を追って、湖上を移動し年中操業する専業性の高い漁撈が行われている[107]。これは一般的な琵琶湖岸の沿岸村落にみられる生業暦、すなわちコイ科魚類の産卵期のみ待受型漁を行い、それ以外の時期は農業と複合した定住生活を営む形態[108]とは根本的に異なるものである。琵琶湖岸には類似の生業形態の村がみられないという点でも、堅田の隔絶した位置づけをうかがうことができよう。

なお、堅田が以上のように専業的な漁撈形態をいつからとっていたかについては、「賀茂社諸国神戸記」の建久年間の記述が参考になる。堅田は年来鴨社から毎年の「下行米」を受けており[109]、網野はこれを供祭貢納に対する給付と位置づけている[110]。この事実は、堅田の漁撈への専従性の高さが、すでに中世前期にたどれることを示しているのではないだろうか。ただし橋本はこの点に関し、飢饉を理由に下行米の増加を求める堅田の文言から「下行米がなければ生存さえもが成り立たないという差し迫ったもの」と解釈して、これをむしろ堅田漁撈の脆弱性を示す根拠としている[111]。中世前期の堅田漁撈が実態として脆弱なものであったかどうか、その判断基準は、橋本も認めるように「ある意味したたかな」堅田側の主張のみに求められるのではなく、琵琶湖独自の自然条件とそれに対応した堅田の漁撈技術のなかで再検討されるべきであろう。

おわりに

本章では鴨社御厨であった近江国堅田について、その中世前期における漁撈活動の実態を琵琶湖の自然環境の視点から解明することを試みた。具体的には琵琶湖の湖底地形および魚類の生態行動と堅田の漁撈技術段階とを照合し、中世前期の堅田の沖合域での漁法とその利用可能水深について明らかにした。

堅田は中世前期から稀少な秋冬期のフナを安定的に漁獲しえていたが、これは琵琶湖岸では堅田のみが保持していた小糸網の技術によるものであった。この小糸網に加え、さらに深水域での操業が可能な延縄漁の技術を持つことによって、堅田は一般荘民たちの及ばない沖合域で産卵期以外にも魚類を沖取りし、琵琶湖漁撈における絶対的な優位性を確立していったことを指摘した。

このように中世前期の堅田の漁撈活動を理解するためには、構造湖として水深一〇〇メートルにも達する琵琶湖の自然条件と、そういった水深のある漁場に適応した堅田の漁撈技術を考慮する必要がある。堅田のみが中世前期以来保持したこれら技術上の優位性に注目すれば、決して「脆弱」だったとはいえない中世堅田の漁撈実態が理解されよう。

以上のような堅田の漁撈技術や生活形態は、琵琶湖の沿岸村落のなかではきわめて異質であり、漁法の系譜上でも孤立した位置づけにある。したがって堅田の漁撈技術は琵琶湖岸で自然発生したものではなく、海域から移入された可能性を考えるべきであろう。小糸網と類似の刺網漁は、瀬戸内海や日本海では中世にはさかんに行われている。また延縄漁についても同様である[112]。とくに宇治川・瀬田川には小規模ではあるものの、河川用の延縄漁法が伝存しており[113]、これらの技術が大阪湾・淀川方面から伝わった可能性を想定させる[114]。瀬戸内海はじめ、各地に設定された鴨社御厨からの技術移入の可能性も今後さらに検討されるべきであろう。

また、このような海域からの漁撈技術の移入とは、すなわち彼らが消費地たる京の冬期の生魚需要に応えるべく投入された「職人」的な漁民集団であったことを示しているのではないだろうか。古代・中世の京で生食された魚類は淡水魚に限られるが、その代表であったアユは通常一年で生を終える「年魚」であり、冬期に成魚は供給できない。したがって冬には、代わって「淀の鯉」や「近江鮒」などのコイ科魚類の価値が上昇する。しかしながら琵琶湖固有種のフナたちは、冬は深い沖合に生活場所を移すため、浅水域用の原初的漁法では捕獲が困難であった。この高い価値を持つ時期のフナを毎年安定的に貢上しえた堅田の漁民が、他の琵琶湖岸の村落より突出した地位を得ていくことは自然な流れであろう。菅浦や粟津の供御人たちの漁場は担保されていたとしても、堅田のみがそれらとは比較にならないほど広域で漁撈活動を行いえた根拠の一つは、彼ら自身の持つ超越した漁撈技術に求められる。

本章で試みた中世の漁撈実態に関する分析手法、すなわち湖底地形や魚類の生態行動との照合というアプローチは、他の湖沼あるいは海域においても有効性を持つものと考える。とくに、水深による漁法と漁場の相違は、瀬戸内海の村々での沿岸漁法と家船漁民による延縄漁との関係性にも通ずるものである。今後、他地域の中世漁業史研究への応用の可能性について、引き続き検討していきたい。

註

(1) 中世の堅田に関する研究史は、網野によって整理されている。網野善彦「近江国堅田」(網野善彦『日本中世都市の世界』筑摩書房、一九九六年)二〇六～二三六頁(初出は一九八一年)。それ以降の研究動向で本章の主題に関わるものとしては、建築史・美術史分野における中世堅田の景観研究が重視される(次節にて後述)。
(2) 喜多村俊夫『江洲堅田漁業史料』(アチックミューゼアム、一九四二年)、喜多村俊夫「堅田猟師の研究」(喜多村俊夫『近江経

済史論攷』大雅堂、一九四六年）二三〇～二七四頁（初出は一九三八年）。

（3）羽原又吉『日本古代漁業経済史』（改造社、一九四九年）、同『日本漁業経済史』中巻1（岩波書店、一九五三年）。

（4）伊賀敏郎『滋賀縣漁業史　上（概説）』（滋賀県漁業協同組合連合会、一九五四年）。

（5）網野善彦「近江の海人」（網野善彦『日本中世の非農業民と天皇』岩波書店、一九八四年）三三三～三五七頁（初出は一九七三年）。

（6）網野善彦「びわ湖をめぐる堅田のうつりかわり」（滋賀県教育委員会編『琵琶湖総合開発地域民俗文化財特別調査報告書二　びわ湖の専業漁撈』滋賀県教育委員会、一九八〇年）四四～七七頁、前掲註（1）網野論文、前掲註（5）。

（7）なお、史料の豊富な近世を扱ったものとしては、鎌谷かおる「近世琵琶湖における堅田の漁業権」（『ヒストリア』一八一、二〇〇二年）二六～四九頁、および同「日本近世における山野河海の生業と所有――琵琶湖の漁業権を事例に」（『ヒストリア』二二九、二〇一一年）一一四～一四二頁がある。

（8）橋本道範「日本中世における水辺の環境と生業――河川と湖沼の漁撈から」（『史林』九二―一、二〇〇九年）四～三五頁（のちに同著『日本中世の環境と村落』〈思文閣出版、二〇一五年〉に所収）。

（9）橋本道範「中世前期の堅田漁撈――『賀茂御祖皇太神宮諸国神戸記』所収堅田関係史料の紹介」（水野章二編『琵琶湖と人の環境史』〈岩田書院、二〇一一年〉一二五～一四九頁。のちに同著『日本中世の環境と村落』〈思文閣出版、二〇一五年〉に所収）。

（10）前掲註（8）。

（11）古代を対象としたこのような試みとして、佐野静代「近江国筑摩御厨における自然環境と漁撈活動――湖岸の御厨の環境史」（『国立歴史民俗博物館研究報告』一三三、二〇〇六年）八五～一〇八頁（のちに同著『中近世の村落と水辺の環境史――景観・生業・資源管理』〈吉川弘文館、二〇〇八年〉に所収）がある。

（12）Kawanabe, H., 1999. Biological and cultural diversities in Lake Biwa. In Kawanabe, H., Coulter, G. W. and Roosevelt, A. C. (eds.), *Ancient Lakes: Their Culture and Biological Diversity*. Kenobi Productions, Ghent: 17-41.

（13）新行紀一「中世堅田の湖上特権」（『歴史学研究』三四九、一九六九年）一八～二九頁、前掲註（1）網野論文。

（14）堅田の水運上の重要性については、『新修　大津市史』にまとめられている（林屋辰三郎・飛鳥井雅道・森谷尅久編『新修　大津市史2　中世』〈大津市役所、一九七九年〉二三〇～二五三頁）。

(15)「東南院文書」永承六年一月二十八日、愛智庄結解（『平安遺文』六八七号）。

(16)「賀茂社諸国神戸記」寛治四年三月二十四日、鴨御祖大神宮申状案（『平安遺文』一二八七号）。

(17)前掲註(2)喜多村『江洲堅田漁業史料』。

(18)前掲註(1)網野論文によれば、応永四年（一三九七）の「堅田浦・菅浦庄契約状」（菅浦文書三九七号）に堅田側の地域名称として「総領・西浦・今堅田」がみえることから、堅田四方の基本的構成は十四世紀にはすでに成立していたものと推定されている。この文面については第三節にて詳述する。

(19)前掲註(3)羽原『日本古代漁業経済史』、前掲註(1)網野論文。

(20)「賀茂社諸国神戸記」建久五年十月九日、賀茂社政所下文写。なお以下の「賀茂社諸国神戸記」（「賀茂御祖皇太神宮諸国神戸記」）の引用については、本章では前掲註(9)の橋本による翻刻・校訂に従った。

(21)時代は下るが、永禄五年（一五六二）の鴨社への貢上においても、「小鮒のすし」が納められている例を見ることができる（「居初家文書」）。

(22)前掲註(6)網野「びわ湖をめぐる堅田のうつりかわり」。

(23)横倉譲治『湖賊の中世都市　近江国堅田』（誠文堂、一九八八年）。

(24)『新校　群書類従』巻第四七四所収。鮠川御厨の遺称地である鮠川村の現在の読みは「はいかわ」である。

(25)京都・滋賀ではオイカワの雌あるいは婚姻色が出る前の雄をハエ・ハイ・ハヨと呼ぶ。琵琶湖岸では冬の寒ハエを塩焼きやなれ鮨にする（滋賀の食事文化研究会編『湖魚と近江のくらし』〈サンライズ出版、二〇〇三年〉五三頁）。全長は一三センチほどと小さいため、「喉」よりも「斗」として計量されても不自然ではない。なお鮠川御厨は宮中にアユを貢進していたが、オイカワは生態学的には河川下流域の指標魚で、アユと生息地を同じくする魚である。アユの取れない冬期、これら小型のコイ科魚類の価値は今日よりも高かったと考えられる。

(26)「いにしへはいともかしこし　かたゝふな　つゝみやきなる中の玉章」藤原家良（十市皇女が大海人皇子への密書をフナの腹に隠して届けたとの伝承にちなむ）。なお中世の「堅田鮒」に関する記述として、御伽草子にも「近江国に堅田浦より鮒といふ魚を都にて売りしに」として上述の和歌を引く『猿源氏草紙』がみえる。また享徳元年・二年（一四五二・一四五三）の「初瀬千句」に「水底に有へん事や　堅田鮒」がある（島津忠夫ほか編『千句連歌集　第一冊』〈古典文庫、一九七八年〉）。

(27) 前掲註(9)。
(28) 佐野静代「近世・近代史料による琵琶湖のエリ発達史の再検討」(『国立歴史民俗博物館研究報告』一六二、二〇一一年)一四一～一六三頁(本書III第一章に所収)。
(29) 滋賀県水産試験場『琵琶湖水産増殖事業成績報告　第一巻』(滋賀県水産試験場、一九二三年)に収録された「通年漁獲状況」データに基づき作成。なお、大正初期に深水域のビワマス用に開発された長小糸網が、その後フナの沖取り用としても普及していくため、ここではそれ以前の漁獲量データを用いることとした。
(30) 滋賀民俗学会『野洲川下流域の民俗』(滋賀民俗学会、一九七四年)。前掲註(25)『湖魚と近江のくらし』。
(31) 三浦泰蔵「琵琶湖の魚類」(琵琶湖国定公園学術調査団『琵琶湖国定公園学術調査報告書』琵琶湖国定公園学術調査団、一九七一年)三一三～三三〇頁。
(32) 前掲註(4)。詳細については、次節以下で後述する。
(33) 前掲註(1)網野論文がすでに指摘するように、「賀茂社諸国神戸記」建久六年五月日、堅田浦供御人等解状写には、貢納用のフナに一定以上の寸法のものが求められたことが記されている。
(34) 前掲註(9)。
(35) 「西之切神田神社文書」正保四年十二月、膳所城主ガ堅田の鳥猟ヲ妨ゲタルコトニ対スル訴状(前掲註(2)『江州堅田漁業史料』二三三号、以下、堅田関係文書の引用は、同書の文書番号による)。
(36) 盛本昌広『贈答と宴会の中世』(吉川弘文館、二〇〇八年)。
(37) 「釣猟師組(小番城)共有文書」元禄三年十一月十六日、運上ハ従来ノ初鮒献上ノ員数ノ通リ割付ケ上納スベシトノ西ノ切、東猟師ノ取替セ一札(前掲註(2)『江州堅田漁業史料』三七号)。
(38) 滋賀県水産試験場所蔵『近江水産図譜　漁具之部』における説明。この史料は第三回内国勧業博覧会への出品物とみられ、明治二十三年の編纂と推定される。
(39) 滋賀県内務部『滋賀県漁具の説明と漁業手続』(滋賀県内務部、一九三四年)。
(40) ゲンゴロウブナの冬期の生息地は、沖合の表・中層である。なお、冬期のニゴロブナについては、さらに深い水深四〇メートル程度の水域に生息するため、小糸網でも捕獲は困難である。前掲註(31)三浦論文による。

(41) 第三節で後述するように、小糸網よりもさらに深い水域で操業可能な漁法として延縄漁があるが、ミミズなどの餌釣りによるこの漁法では、プランクトンを食餌とするフナは漁獲できなかったことに注意が必要である。

(42) 冬期のフナでも一部は、偶発的に地引網などで混獲される場合もあったと考えられるが、その数量はわずかであり、小糸網での捕獲量には到底及ぶものではなかったと推測される。

(43) 前掲註(4)五〇〇～五〇一頁。

(44) 前掲註(4)四七八～四七九頁。

(45) 前掲註(4)四七七頁。

(46) 本図を用いた景観研究として代表的なものに、建築史では伊藤裕久『中世集落の空間構造——惣的結合と住居集合の歴史的展開』(生活史研究所、一九九二年)、同「琵琶湖岸の伝統都市における都市景観の変遷」(伊藤毅・吉田伸之編『水辺と都市 別冊都市史研究』〈山川出版社、二〇〇五年〉一二七～一三九頁)があり、また美術史の分野では、玉蟲敏子「大徳寺瑞峯院『堅田間』襖絵の研究」(『國華』一二〇六、一九九六年)九～二六頁があげられる。

(47) 「西之切中島源四郎家文書」年未詳、漁具ニツキ説明口上書(前掲註(2)『江州堅田漁業史料』四二〇号)。

(48) 『年中恒例記』正月十一日(『続群書類従』第二三巻下所収)。

(49) 前掲註(36)。

(50) 「釣猟師組(小番城)共有文書」永正十七年十一月十日、沖洲蘆ノ代官職ニ関スル一札(前掲註(2)『江州堅田漁業史料』三号)。なお堅田はこれを遡る嘉禄三年(一二二七)年にも、その地頭職が近江守護佐々木信綱に与えられたことがある(『吾妻鏡』嘉禄三年九月二十二日条)。

(51) 「西之切神田神社文書」延宝四年十月十九日、西之切ノ大網引場東かけニ関スル出来島村トノ出入口上書(前掲註(2)『江州堅田漁業史料』一二三八号)。

(52) 石母田正『日本の古代国家』(岩波書店、一九七一年)、網野善彦『日本中世の百姓と職能民』(平凡社、一九九八年。初出は一九八七年)、前掲註(36)。

(53) この堅田の冬期のフナの重要性は近世初頭にも続いており、たとえば正保三年(一六四六)正月、膳所藩主石川忠総から有馬温泉逗留中の小堀遠州に、「堅田鮒十」が贈られている(小堀宗慶『続 小堀遠州の書状』東京堂出版、二〇〇六年)。膳所藩の領内には魞や地引網を持つ村があるにもかかわらず、領外の堅田（当時は幕府領）のフナを用いていることは、贈答品としての「堅田鮒」のブランドが確立していたか、あるいはこの時期のフナ（＝初鮒）を捕獲できるのがやはり堅田漁民しかいなかったことを示していよう。なお、同時期の『醒睡笑』にも、「江州かたたといふ所の地頭へ、毎年大晦日に浦の百姓かならず鮒を二つ宛あぐる例あり」として、堅田漁民が正月用のフナを納めていたことを記している（安楽菴策伝・武笠三校訂『醒睡笑』有朋堂出版、一九二七年）。

(54)　倉田亨・飯高勇之助・庄谷邦夫ほか「漁業班中間報告」（近畿地方建設局『びわ湖生物資源調査団中間報告（一般調査の部）』近畿地方建設局、一九六六年）一〇三〜七一頁。

(55)　前掲註(1)網野論文。

(56)　前掲註(9)。

(57)　「賀茂社諸国神戸記」建久七年二月日、鴨社供祭人堅田浦神人等陳状写。

(58)　「賀茂社諸国神戸記」年未詳十二月二十日、下司光貞書状写。橋本（前掲註(9)）はこれを前掲註(57)陳状の前年、建久六年のものと推定している。

(59)　当地を訪れた紫式部によっても、「三尾の海に網引く民の　いとまなく　たちゐにつけて都恋しも」（『紫式部集』）として付近での地引網操業の様子が詠まれている（次節で詳述するように、この音羽庄付近は勝野と呼ばれ、また『万葉集』に「高嶋の三尾の勝野の……」とあるように三尾とも呼称されていた）。

(60)　この相論における堅田側の網が刺網（＝小糸網）であった可能性については、橋本も前掲註(9)論文において指摘しているが、これは二〇〇七年科研集会での氏の口頭発表時に、筆者が提起した点であることを付記しておく（小糸網が堅田の網漁を特徴づける漁法であったことは、前掲註(11)拙稿でもすでに指摘した）。なお氏は前掲註(9)論文で、音羽庄側の「五位椿網地」も「夜中に設けられていたことから刺網漁であった可能性が高い」としているが、琵琶湖岸では地引網も夜中に操業される例が多くあるため、夜間であることをもって刺網漁と断定することはできない。琵琶湖の刺網は近世初期までは堅田のみが持っていた技術であったことも前述した通りである。

(61)　「高野山文書」長久三年十二月二十日、寂楽寺宝蔵物紛失状案（『平安遺文』補一六六号）。

(62)　文献DとEに、春夏の「マブナ」を秋冬にはモミジブナと呼んだ、との記述があるのが手がかりとなる。同じくこれら近世の地誌類によれば、「マブナ」とはゲンゴロウブナのことを指し（県下では今日でもゲンゴロウブナをマブナと呼ぶ地域が多い）、紅葉鮒を精密に写生した明治初期の『近江水産図譜』によっても、その体高の高さからニゴロブナではなくゲンゴロウブナと判断してよいと思われる。

(63) ほかに竹生島大浦のあたり（D）、または湖北と沖嶋あたり（I）とする文献もみられる。いずれも堅田からは離れた北湖である。なお文献Gの朽木については、山中の河川沿いであるため誤りであろうと考えられる。

(64) 前掲註(51)。

(65) 「西之切神田神社文書」延宝六年二月、西之切御公用網引場ニ就キ訴状（前掲註(2)『江州堅田漁業史料』二四一号）。

(66) 「西之切神田神社文書」延宝五年十一月、江州諸浦東西大網引場上中下覚（前掲註(2)『江州堅田漁業史料』二三九号）。

(67) 膳所藩の命により実地調査に基づいて編纂された、寒川辰清『近江輿地志略』（享保十九年成立）による。

(68) この地域には「三ツ矢千軒」と呼ばれる水没村伝承があり、寛文二年（一六六二）の地震に伴う液状化あるいは地すべりによって、三ツ矢集落地先の砂州の一部が沈下したと推定する説が出されている（林博道・釜井俊孝・原口強『地震で沈んだ湖底の村』サンライズ出版、二〇一二年）。この地震の影響があった場合でも、上記の湖棚地形の基盤自体については大きな変化はないものと考える。

(69) 当地に近い高島郡三尾崎の白鬚明神を舞台とした能「白髭」の間狂言「勧進聖」において、湖の水神の使いとして「大鮒」が現れることに注目したい。鮒は「それ我が朝に美物の数は多けれど　中に異なる近江鮒の　膾の味こそ勝れたれ」と舞い、明神に寄進をした道者たちの舟の綱を口にくわえて、「堅田の浦」に引き着けて京に上らせる筋書きとなっている（詞章は野々村戒三・安藤常次郎編『狂言集成』〈春陽堂、一九三一年〉による）。中世における当地のフナ漁場としての位置づけを示唆するようで興味深い。

(70) 前掲註(65)。

(71) 前掲註(4)四八五頁。

(72) 戦前における琵琶湖のコイ・フナ用大地引網の大きさは、約一八二〇メートルである（前掲註(39)による）。

(73) 前掲註(2)『江州堅田漁業史料』、前掲註(4)。

(74) 橋本道範「中世における琵琶湖漁撈の実態とその歴史的意義——湖辺エコトーンの漁撈を中心に」（『月刊　地球』二三—六、二〇〇一年）四一三〜四一八頁（のちに同著『日本中世の環境と村落』〈思文閣出版、二〇一五年〉に所収）、前掲註(9)。

(75) 建武二正月、菅浦供御人等申状案、「菅浦文書」二八六号（以下、菅浦文書の引用は、滋賀大学経済学部史料館編『菅浦文書上』〈滋賀大学日本経済文化研究所、一九六〇年〉の文書番号による）。

(76) 「菅浦文書」三九八号。

(77) 「菅浦文書」三九七号、応永四年十一月二十四日、堅田浦・菅浦庄契約状。

(78) 仲介の労をとった景元の書状（「菅浦文書」三九二号）には四月十八日の日付があり、景元宛ての書簡である「菅浦文書」三九五号について、その返礼とみるかそれ以前の依頼状と解釈するかによって、三九五号本文中の「今月七日」や、他の書状の「去月より夜々ニあミを打候」の月が変わってくる。

(79) 前掲註(2)『江州堅田漁業史料』、前掲註(4)。

(80) 田中克行『中世の惣村と文書』（山川出版社、一九九八年）五七〜五八頁。

(81) 前掲註(77)。なお本章では、前掲註(80)田中著書による校訂に従った。

(82) 前掲註(1)網野論文。

(83) 『猪熊関白記』建仁元年八月十四日条（『大日本古記録』猪熊関白記三）。

(84) 前掲註(1)網野論文。

(85) 前掲註(39)。

(86) 前掲註(39)。

(87) 滋賀県教育委員会編『琵琶湖総合開発地域民俗文化財特別調査報告書二　びわ湖の専業漁撈』（滋賀県教育委員会、一九八〇年）一四八頁。

(88) イワトコナマズはその名の通り北湖の岩礁地帯の底層に生息し、冬場は深所で過ごすが、初夏の産卵期には接岸してくるためエリでも捕獲される。ただし、味覚的には冬が最上とされる（前掲註(87)）。ビワマスは成熟するまでの四、五年間を北湖の沖合中層で過ごした後、遡河して十月から十一月下旬に産卵する。

(89) 両者の延縄漁の技術と漁場については、前掲註(87)一七〇〜一七一頁を参照のこと。なおビワマスについて漁師は、湖中に生息する体色銀白色のものを「マス」、繁殖期の婚姻色の出た個体を「アメノウオ」と呼んで明確に区別していた（「アメノウオ」は簗などで容易に捕獲されるが産卵期には不味で、湖中の「マス」の方が資源価値が高かった）。この「マス」の捕獲について、大正時代に長小糸網が発明されるまでは、堅田の延縄漁に頼るものであったことを重視したい（近江水産組合『琵琶湖漁具図説』近江水産組合、一九〇九年）。

(90) 前掲註(2)、前掲註(4)。

(91) 前掲註(87)一七三頁。

(92) 前掲註(76)。

(93) 蔵持重裕『中世 村の歴史語り――湖国「共和国」の形成史』（吉川弘文館、二〇〇二年）七〇～七一頁。

(94) 「菅浦文書」七三一号、永仁六年三月日、菅浦供御人等申状案。

(95) 「菅浦文書」五九号・六四号・六五号・七三二号・七三三号・七三四号・七三六号・七三七号。

(96) 前掲註(87)一五五頁。

(97) 菅浦在住の島田均氏のご教示による。なお今日ではコイ漁は長小糸網や網モンドリでの漁に置き換わっているため、この漁法自体をみることはできない。

(98) 島田均氏および漁業者の皆様のご教示による。

(99) 平凡社地方資料センター編『日本歴史地名大系25　滋賀県の地名』（平凡社、一九九一年）一〇二六頁。

(100) 前掲註(1)網野論文、前掲註(5)、前掲註(6)。

(101) 前掲註(13)新行論文、前掲註(14)二三七頁、前掲註(80)六六頁。

(102) すでに田中の指摘するように（前掲註(80)六二～六四頁）、この応永四年の四至契約状は菅浦の漁場を示す「本証文」として、その後慶長年間までの長きにわたって保持され続けており、そのこと自体がこの四至決定の持つ意味を物語っていよう（詳細については本書Ⅲ第二章にて後述）。

(103) 前掲註(8)。

(104) 前掲註(8)・前掲註(9)。

(105) 中世の粟津供御人の漁場範囲について明示する史料は存在しないが、しかし近世段階ではその前面漁場の地引網の権利は地元村落にあり、堅田には認められていなかったことを確認できる（尾花川共有文書）。

(106)　網野善彦「近江国船木北浜」(網野善彦『日本中世都市の世界』筑摩書房、二〇〇一年)三二四頁(初出は一九八二年)。

(107)　この堅田漁撈の専業性の高さについて補足しておきたい。筆者は、近世の堅田四方が居住地区分であるのと同時に生業の区別をも示していたように(廻船を主とする「宮ノ切」と、漁撈に従事するそれ以外の三切)、中世の堅田でも廻船と漁撈の従事者とは分化していたと推定している。それは湖上風や風待ち日数といった琵琶湖独自の自然条件に規定されて生じたものであり、この分業はおそらく古代に遡るものと推測する。その詳細については前掲註(11)の拙稿を参照されたい。

(108)　琵琶湖沿岸村落の農漁複合生業形態については、安室知「水界をめぐる稲作民の生活――稲作民による漁撈活動の意味」(『信濃』三九―一、一九八七年)一〇〜二六頁(のちに同著『水田をめぐる民俗学的研究――日本稲作の展開と構造』〈慶友社、一九九八年〉に所収)などを参照されたい。

(109)「賀茂社諸国神戸記」建久三年五月十六日、堅田供祭人等陳状写、および建久五年、堅田供祭人等陳状写。

(110)　前掲註(1)網野論文。

(111)　前掲註(9)。また橋本は堅田漁撈の「脆弱性」のもう一つの根拠として、「鴨社の沙汰がなければ漁撈も貢納もできない」とする堅田の主張をあげている(前掲註(9))。しかし橋本論文は同じこの文面を、別の頁では「「沙汰」がなければ漁撈をせず、供御をも供えないと強硬に主張するような、ある意味したたかな一面」とも評している(前掲註(9))。

(112)　とくに内田律雄は、考古学的資料および『日本三代実録』元慶元年九月二十七日条の記載をもとに、沖合延縄漁が出雲国など日本海側の御厨では古代から行われていたことを推定している。内田律雄『古代日本海の漁撈民』(同成社、二〇〇九年)四二〜五七頁。

(113)　滋賀県教育委員会編『琵琶湖総合開発地域民俗文化財特別調査報告書五　湖南の漁撈活動』(滋賀県教育委員会、一九八二年)二四六頁。

(114)　近代の状況ではあるが、今堅田の釣猟師らは毎年宇治の県祭に必ず参詣するなど(前掲註(87)八九頁)、宇治方面と深い関わりを持っていた。またウナギの延縄漁に用いる餌として、漁一回あたり一〇〇〇匹以上を要する大量のヒルを、京都盆地南部の鴨川・宇治川沿いで、低湿地の多かった鳥羽あたりへ購入しに行っていたという(前掲註(87)一六七頁)。

〔付記〕　本章初出の投稿後に、橋本道範「年中行事と生業の構造―琵琶湖のフナ属の生態を基軸として―」(井原今朝男編『環境の日本史3　中世の環境と開発・生業』〈吉川弘文館、二〇一三年三月〉一八九～二一六頁。のちに同著『日本中世の環境と村落』〈思文閣出版、二〇一五年〉に所収）に接した。フナの月別漁獲高（ただしデータは異なる）など本章での分析視角と一致する視点も示されており、あわせて参照されたい。

なお、氏はその後「一五世紀における魚類の首都消費と漁撈」（前掲同著）において、応永四年「堅田証状」に疑義を示した上で、菅浦地先での堅田による網漁を、「中世前期からの原初的形態」ではなく「一五世紀の新たな事態」であるとし、その要因を十五世紀の「首都京都における堅田鮒の旬の成立とその背後にある鮒売りによる販路の確保」に求めている。すなわち、「フナ属は、堅田産で、初夏の抱卵した雌の鱠料理こそがよい」という消費需要が十五世紀の京都で起こり、菅浦地先での漁はそれと連動した新たな堅田漁撈の展開であったとしている。これに対する筆者の見解として、ここでは以下の点を指摘しておきたい。氏の論拠となっているのは『猿源氏草紙』の一節（「近江国に、堅田の浦より、鮒といふ魚を都にて売りしに、ある時内裏へ持ちて参りしに」）である。しかし、この挿話から「堅田浦の鮒が振売によって首都京都の市場と直接結びついており、その営業先が内裏にまでおよんでいた」ことを史実として取り出せるかどうかは、検討を要するところであろう。むしろ『猿源氏草紙』では、「内裏への納入」という高貴性・稀少性に主眼が置かれていた可能性もある。

また氏は、料理としての「山吹鱠」の存在が中世まで遡れることをもって、十五世紀に堅田鮒の旬と需要が成立していたことの根拠とする。しかし「山吹鱠」の名辞は「子つき鱠」を示す一般名詞であるため、中世にも「山吹鱠」に堅田鮒が用いられていたこと自体を証明せねば、論証とはならないように思われる。なお氏は、菅浦地先で漁獲されたフナが京都で販売されたことを論の前提としているが、菅浦からの輸送距離と湖上の風待ち日数を勘案すると、刺網で捕獲されたフナ（傷がついて蓄養には向かない）を生魚の状態で初夏に京まで出荷することは、現実的には困難だったと考えられる（菅浦から山科家へのコイ貢上が代銭納であったことも示唆的であろう）。いずれにしても、「近江鮒の鱠」は近世初期にも春～初夏の景物であり（「近江鮒　春の物とてなます哉」（詞林金玉集巻三）」）、その数多の「近江鮒」の中から堅田鮒を際立たせていたのは、秋冬のフナという季節性・稀少性だったことに留意したい（註(53)の小堀遠州への正月の贈答例も参照されたい）。

第二章　琵琶湖の「杓の銭」と中近世の堅田・菅浦

はじめに

享保十九年（一七三四）、近江国膳所藩主の命によって編纂された地誌書『近江輿地志略』浅井郡の項には、以下のように奇妙な一節がある。

尾上村　今西村の北にあり、相伝尾上湊といふは此地にて朝日湊と云ふも是也、子細あって今に湖中猟船より杓の銭と号して運上をとる。土民云ふ廃帝綸旨をなし下されて湖水の猟頭となる故に、堅田の猟師より「うぐひ」百・樽二つを正月二十日に尾上村におくるといふ。一説に廃帝にあらず聖武天皇の綸旨なりともいへり、今焼失してなし。(1)

文中の「堅田の猟師」とは、中世の鴨社御厨以来の伝統を持ち、近世にも湖上特権を保持した滋賀郡堅田の漁撈集団である。(2) 対する尾上は琵琶湖の北東岸に位置する一村落にすぎず、近世に突出した漁業活動を行っていたわけでもない。この尾上が綸旨を楯に、堅田側に毎年「運上」を納めさせていたという本書の記述は、きわめて奇異の感を抱かせるものである。しかもこの所伝は孤立したものではなく、これに先立つ宝永三年（一七〇六）刊の森川許六撰『風俗文選』所収の李由「湖水賦」にも、「湖中の猟頭は、尾上片山に綸旨をいただき」との記述がある。(3) 蕉門十哲に数えられた森川許六は彦根藩士であり、また李由は彦根近くの湖岸の大寺、平田村明照寺の住職であったことから、[4]これは当時の北近江では広く知られた伝承だった可能性がある。

この『近江輿地志略』の記事に最初に目をとめたのは、琵琶湖漁業史研究の先駆者、伊賀敏郎であった。伊賀は「尾上共有文書」の分析から、この慣行が近世末期まで実在したことを明らかにした上で、しかし「その由来並びにこれを「杓の銭」と称した理由は判然せぬ」と述べている。[5]堅田は琵琶湖の舟運にも強大な権利を持ち、中世には「上乗」の利権として浦々から上納金を得ていたことが知られる。[6]このように琵琶湖中で最も優勢であったはずの堅田が、尾上に対してだけは逆に湖水の「運上」を払わねばならなかったという事実は、どのように理解されるべきであろうか。管見の限りでは、伊賀以外にこの問題を取り上げた研究はみられない。

そこで本章では、堅田から尾上へ差し出された「運上」の理由と、それがなぜ「杓の銭」と呼ばれたのか、この呼称の意味について明らかにしたい。結論から言えば、それは堅田と中世惣村として著名な菅浦との、中世以来の関係に起因するものだったことになる。

一　堅田から尾上への「運上」

伊賀はその著『滋賀縣漁業史』において、近世の「尾上共有文書」のうち堅田からの「運上」について記す以下の四点を紹介している。

A．「指上申手形之事」寛文十一年（一六七一）正月二十七日

B．「指上申手形之事」貞享四年（一六八七）七月六日

C.「一札之事」貞享五年（一六八八）正月八日

D.「乍恐人皇四十五代聖武天皇様往古ゟ大切也由緒書之写」慶応四年（一八六八）四月

このうちAでは、堅田より毎年正月の「二番下り」のさいに、「上酒五斗」と「頭うぐい」七〇尾を持参するはずであったのが、今年は都合で「二月下り」まで延引したい旨の願い出がなされている。それから一六年後のBは、堅田が当年の「上酒五斗」と「頭うぐい」七〇尾を怠ったことについて、大津百艘船仲間年寄衆を仲介として詫びたものである。伊賀はあげていないものの、尾上共有文書にはもう一通、堅田からの「運上」に関わる無年紀の書状（二月晦日付け）があり、尾上村より「大津小野半之介様」宛てに、舟奉行が替わってから堅田が運上を持参しなくなったため、尾上村支配の場所への入猟を断る旨を差し出している（これを史料Eとする）。小野半之介とは延宝八年から元禄十二年まで在任した大津代官小野宗清を指し、また船奉行（琵琶湖の船舶および漁撈等の用益を管轄）の交替とは、天正期以来歴代船奉行に任命されてきた芦浦観音寺の住持が、貞享二年、朝舜を最後として罷免されたことを指すとみられる。よって史料EはBと同じく貞享期のものと推定され、このころ尾上と堅田の間で「運上」をめぐる相論が起こったことを示している[7]。この相論では尾上側の訴えが容れられ、その主張に沿った内済が大津百艘船仲間年寄衆を仲人として進められた。この結果がB・Cなのであり、Cでは未納分の酒とうぐい七〇の代銀を四匁三分と定め、尾上に届けることが記されている。なおDは、この「運上」の由来に関する幕末の伝承を記したもので、聖武天皇の竹生島行幸のおりに尾上村と菅浦村が船頭をつとめたため、前者には山林が、後者には湖水の権利が与えられたこと、その後両者はこれを取り替えて、尾上が水面を領したことが記されている。「堅田之猟師共」が「海之年貢」として毎年正月に酒と肴を持参することや、それが「只今ニ迄無変毎年」続いていることも述べられている。

ここで、上記の史料群について、伊賀の指摘以外にも注目すべき点をあげておきたい。まずBによれば、この「運上」とは舟運ではなく「猟仕り候」ためのもので、尾上村の漁場への入漁料と位置づけられる。よってこの当時の堅田は、そもそも尾上村支配の水域に対して漁業権を持っていなかったことがうかがえる点に注意したい。このことはEの尾上村支配の場所への「入猟断り」という文面からも裏付けられる。第二に、この尾上の漁場で漁を行っていた堅田猟師とは、Cに「釣猟師」と書かれていることから、近世の「堅田四方」のうち小番城（今堅田）と呼ばれる地区に居住し、延縄漁を主業としていた集団であったことが判明する。この堅田の延縄漁は水深六〇メートルまでの深い水域で操業が可能であり、水深一五メートルまでの浅水域を対象とする琵琶湖の一般的な沿岸漁とは大きく異なることが特徴である。(8)

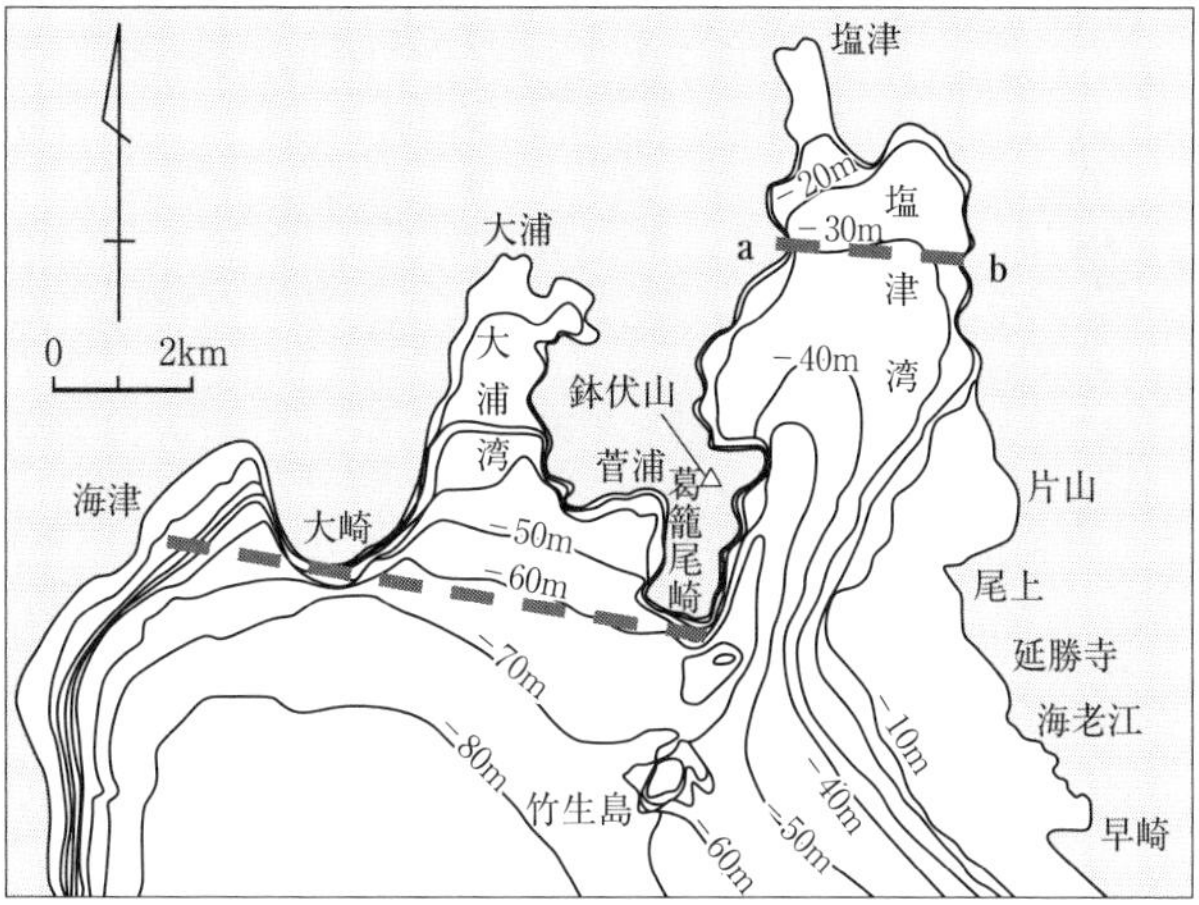

図11　尾上村と菅浦村の漁場位置関係図

　それでは、この堅田釣漁師たちが入漁した尾上村支配の漁場とは、具体的にはどの範囲の水域だったのであろうか。この点については、AとDに関連する記述がみられる。Aには、今後もし運上の酒肴を持参しなかった場合には、「南ハいでの浜光妙一ぐのはり境、西ハ竹生嶋、北ハ塩津之浦迄尾上村之猟場へ参る間敷候」との文言がみられる。このうち漁場の南限を示す「いでの浜光妙一ぐのはり境」について伊賀は不明としているが、筆者は「沖島共有文書」中に、宝永五年（一七〇八）の尾上村の水鳥猟場の四至として、南堺は「光明之塚切」「西沖ハつゝら尾切」「北ハ塩津入江」とあることに注目したい。(9)「光明之塚」とは「いでの浜光妙」に通ずるものと考えられ、尾上の水鳥猟場の南限は早崎村領猟場との境界、おそらく海老江村付近とみられることから、「いでの浜光妙一ぐのはり境」もこの付近を指すと推定される。したがって「尾上共有文書」Aで示される尾上村の漁場とは、海老江—竹生島—塩津を囲む水域と推定される（図11）。

この範囲は、「沖島共有文書」に記された尾上村の水鳥猟場とも多くが重なっており[10]、尾上がこの時期、実際に漁を行っていた水域と考えられる。しかしながら尾上村の支配下にあった水域とは、当時尾上が実態としては出漁していなかった水域も含めると、この範囲をさらに越えるものであった可能性がある。それを示唆するのが前掲Dの史料である。Dでは尾上村の領海として、「北ハ海之涯横波限、西ハ海津前、南ハ漕先霞限」をあげ、この範囲はもともと「菅之浦持分之湖海」であったこと、それを「長浜ニ御城有之節」に「当村持分之山林」と引き替えたものと述べている。ここで伝承される菅浦から尾上に譲られた領海の範囲は、前掲Aで西境とされた竹生島を越えて琵琶湖西岸の海津まで及ぶものであり、大浦湾をも含む広範な水域となっている。この文書は幕末のものにすぎないとはいえ、しかし筆者はこれを単なる伝承として片付けることはできないと考える。なぜなら、慶長期に菅浦村と尾上村が湖水と山林を交換したとする証文が、中世以来の惣村文書である「菅浦文書」のなかに伝存しているからである。以下、この問題について追究したい。

二　菅浦と尾上の「かへ地かへ海」

「菅浦文書」中には、慶長元年の年紀を持つ次のような「手形」が存在する（菅浦文書九四四号[11]）。

［史料］

（端裏書）
「おのへ八ふせとうミとかへ地事」
さし趣〔越〕申かへ地かへ海手形之事
一、菅浦村之りやうはをおのゑ村江渡
一、おのゑ村之山八ふせ平をみち二仕、菅浦江御かへ
右之かへみち・かへうミ両方相対を以、かゑ申所実正明白也、しかれとも、本証文ハ菅浦村ニ残シをく子細者、若
後ゟおのへ村と菅浦村とせんさく仕候時、本証文残シ置不申候てハ、菅浦村之うミのりやうはしれ不申候ニ付而、
本証文菅浦村ニ残シをく、若又此かへうミのりやうはニ付テ、脇ゟ何角さまたけ入申候ハヽ、菅浦村之本証文を出シ、
申わけ仕候而らち明ケ可申候、為後日仍而如件、

慶帳〔長〕元年　　　　　　　　　　　　　　　　　　　浅井郡菅浦村

申ノ二月一日　　　　　　　　　　　　　　　　　　　　惣中判

浅井郡おのゑ村

惣中様まいる

従来、この「手形」は慶長期の真正な文書とされてきたが[12]、しかし最近東幸代によってこの年紀には疑義が出されており[13]、これを正文とすることは困難である。ただし、前節で述べた貞享四年の堅田との相論時には尾上村の漁場関連文書が整えられていた可能性が高いことを勘案すると、本文書の作成は少なくともそれ以前には遡るものと考えられる[14]。

［史料］の文中の「おのゑ村之山八ふせ平」とは、塩津湾を挟んだ尾上の対岸、葛籠尾崎にある現在の鉢伏山であり、菅浦集落の背後に位置している（図11）。尾上村はここに飛地を持っていたことになるが、近世にはたしかに葛籠尾崎の東側一帯は「向山」と呼ばれて、対岸の片山村や延勝寺村、尾上村の持山となっていた。安永七年（一七七

八）作成の「浅井郡延勝寺村と菅浦村山論立会絵図」[15]によれば、向山の東部斜面に「尾上村領山」が描かれており、その場所は鉢伏山から南に続く一帯と推定される。よって［史料］は菅浦がこの山に道をつくり、持地とするのと引き替えに、尾上に菅浦の「うミのりやうは」すなわち漁場を渡すことを約束したものである。じつは「尾上共有文書」のなかにも、これと同文の写しが「替地替うみ証文案」として存在している[16]。慶長の年紀は仮託であるとしても、近世初期の両村にはたしかに「かへ地かへ海」を必要とするような事情があったことが推定される。

この湖と山の交換については、その背景に菅浦の近世における生業の変化があったことを考えねばならない。菅浦は十三世紀以来漁撈に深く携わっており、蔵人所・内蔵寮供御人として漁業権益の保持に努めてきたイメージが強い[17]。しかし戦国期には山畑での油桐（油料原料）栽培を本格化させており、柴・割木出荷とあわせて湖から山稼ぎへと生業の場をシフトさせていった様相が認められている[18]。慶安四年（一六五一）の菅浦村では、年貢の全収納高の約五八％を油実で納めるまでとなっており、菅浦における油桐栽培の重要性が指摘されている[19]。おそらく中世末期から近世初頭にかけて、この山畑の新規開拓のためにさらなる斜面とそこに至る道が必要となり[20]、境を接する尾上村への交渉がなされたのであろう。近世の菅浦では中世の状況とは異なり、湖水の小物成もみられず漁撈活動が低調であったことが指摘されているが[21]、それは上のような漁業から山稼ぎへの生業のシフトによるものと考えられる[22]。

［史料］の文面には、菅浦から尾上に引き渡された漁場の範囲を示す直接的な表現はみられない。しかし文中の「本証文残シ置不申候てハ、菅浦村之うミのりやうはしれ不申候」という表現からは、これとは別に菅浦の手元に残された「本証文」に、漁場の範囲が明記されていたことがわかる。ではこの「本証文」とはいかなるものであったのだろうか。

この点については、すでに田中克行の詳細な考察がある[23]。田中はこの「本証文」を、「菅浦文書」の中世の「堅田浦・菅浦庄契約状」(三九七号)を指すものとしている。その文面は前章[史料]の通りである(九一〜九二頁参照)。

この契約状は応永四年(一三九七)、菅浦と堅田の間で起こった漁業相論の結果として結ばれたもので、菅浦と堅田との「すなとりのししはうし(漁の四至榜示)」を示している。つまりここに記された「塩津口西東针大崎同・海津前」までの水域では、堅田側の操業は排除されており、この範囲が十四世紀における菅浦の支配水面だったことになる。

この応永の契約状が近世初期に「本証文」と呼ばれ、尾上との「かへ地かへ海」の拠りどころとされたのは、尾上に渡したとされる菅浦の領海がこれに相当するからにほかならないと田中は推測している。したがって、この四至内の水域こそが近世に尾上の支配下とされた範囲であったことになる。このような推定の下では、前節の「尾上共有文書」のDが尾上村の領海を「北ハ海之涯横波限、西ハ海津前、南ハ漕先霞限」と表現していたことも、全くの虚構とは言い切れないことになろう。

こうして尾上は菅浦から広大な領海を得たことになるが、しかし彼らはその水域に自ら出漁したわけではなかった。後述するように、尾上はこれを堅田の漁師に下請けさせたのである。尾上自身はなぜこの漁場で操業しなかったのか、そして、堅田からのいわば入漁料がなぜ「杓の銭」と呼ばれたのか、その理由を明らかにするために、次節でこの四至内の水域の実態について考えてみたい。

三　菅浦の領海の範囲

前章の応永四年「堅田浦・菅浦庄契約状」では、「すなとりのししはうし(漁の四至榜示)」は「塩津口西東针大崎同・海津前」と表現されている。ではこの応永契約状の示す菅浦の領海とは、実際にはどのような範囲であったのか。

図12　有漏神社と鳥居

「塩津」とは塩津湾の最奥に位置する集落であり（前掲図11）、また「大崎」が現在の海津大崎を指し、「海津前」が海津集落の前面を意味することについてはこれまで異論はない。しかし筆者は、「塩津口東西」という表現には、先行研究では論じられていない具体的な意味があったと考える。これは漠然と塩津付近を示した語ではなく、地元ではある特定の地点を指示する呼称だからである。菅浦の漁師たちは今日なお、図11の塩津湾中ほどのa点とb点を結んだラインを「シオツグチ」と呼んでいる[24]。この両地点について、aは菅浦と月出村との村界に当たり、「岩屋」と呼ばれる岬である。一方、bは山梨子村と片山村の村界で、有漏（うろ）神社の鎮座地である（図12）。有漏神社は「ウロガミ（浦神）」「ウロノミヤ」と呼ばれて、漁師たちの信仰を集めた舟楫の神で、湖岸に位置するその鳥居は航行上のランドマークとなっていた[25]。参詣も湖上からの舟によるものであったが、社伝によれば、「往昔湖上操舟の神として鎮座し、遠く江南堅田方面の漁民、この地に出漁することも多く、その舟操守護の神として崇敬した」という[26]。「塩津口東西」とは、この湖上のランドマークとなる両地点を東西に結んだラインだったのではないだろうか。

いま「塩津口東西」の位置をここに比定すると、菅浦と堅田との漁の四至「塩津口西東并大崎同・海津前」とは、

図11の点線として復原される。この図によれば、塩津湾でもa―bライン以南までは堅田の入漁が認められていたことになる。ただし応永契約状文中には「就中小野江・片山ほうちやう被直差候条、殊更以喜悦候」とあり、尾上・片山がここで「ほうちやう（方張）」、すなわち浅い沿岸部に適した四つ手網漁を行っていたとみられることにも注意しておきたい(27)。

一方、菅浦側にとって領海となる範囲は、①塩津湾のa―b以北と、②大浦湾から菅浦前面の水域、および③海津前の水面だったことになる。したがってこれらの水域が、近世初期に菅浦村から尾上村へと譲られた「湖水」の具体的な内容であったと推定される。このうち中世の菅浦にとってより本質的な漁場は、②の大浦湾～菅浦前面の水域であったと推定される。十四世紀の菅浦は堅田との相論を繰り返しているが(28)、応永ごろと推定される相論に際して(29)、堅田が侵入して網を打ったのは菅浦の「まゑのうら」(30)であり、菅浦側は「於此浦十八丁之内、堅田人々あミをうたせす候所」として、この水域から堅田を閉め出すことに躍起になっている(31)。このような相論の実態は、換言すれば堅田側にとってもすでに十四世紀から、この水域が魅力的な漁場に映っていたことを示していよう。

近世初期に菅浦が尾上に譲った領海とは、このような空間的実体を持つ水域であった。しかしこれを受け取った尾上村が、そのうち最も重要な②の水域に、自らはほとんど出漁していなかったことに注意したい。その理由は、当漁場の水深にあると考えられる。図11にみるように②の漁場境界線付近の水深は六〇メートルに達しているが、これは前近代の琵琶湖漁業では堅田の延縄漁だけが到達しうる漁撈の限界水深に相当する(32)。すなわち近世までの地引網・魞など琵琶湖の一般的な沿岸漁法では、水深一五メートルまでの水域でしか操業できなかったため、尾上自身はこの水域において行使できる漁撈技術を持っていなかったことになる。そこで尾上は、自ら出漁するのではなく堅田へ下請けさせることを前提にしていたと考えられる。

この菅浦前面水域での漁撈の実態については、すでに前稿でも分析したところであるが[33]、菅浦沖から竹生島にかけては琵琶湖の固有種であるビワマスとイワトコナマズの主要生息地であり、延縄漁のみがこれら二種を味覚のよい晩秋〜冬期に捕獲することが可能であった[34]。菅浦の沖合域は、延縄漁にとっては琵琶湖中で最良ともいえる漁場だったのであり、堅田はその価値を知っていたからこそ、中世からたびたび入漁して相論を引き起こしていたのであろう。中世の菅浦は供御人となることでこの水域から堅田を排除し、堅田側の沖取りによる漁獲圧から沿岸の水産資源を守っていた。しかし、前述のように中世末期から近世初頭にかけて、菅浦の生業は油桐栽培を中心とする山稼ぎにシフトし、漁業からは遠ざかっていく。それを受けて、このころに堅田が漁場請負の形で入漁を認められた可能性があるのではないか。つまり、すでに菅浦との間で、代価支払いを条件に堅田が入漁を実現させていた可能性も考えられる。その場合には、菅浦から尾上へ譲られた「領海」とは、実質的には堅田からの入漁料たる「杓の銭」の上がりだったことになる。こういった実態に沿う形で、その由緒を説明するものとして「かへ地かへ海手形」(〔史料〕)が近世初頭に作成された可能性を提起しておきたい。

堅田から「杓の銭」として酒とともに納められた「頭うぐい」とは、冬期の大型のウグイと考えられる。一般に、琵琶湖のウグイは産卵遡河する三月以降が漁期とされ、それ以前の湖中の深水域にいる時期の漁獲は困難である。しかし堅田の漁師たちは延縄漁によってこれを捕獲することができ、明治期までウグイは彼らにとって重要な漁獲対象となっていた[35]。したがって、「頭うぐい」七〇尾という貢納物は、堅田釣漁師の沖合漁を象徴するものといえよう。

四　竹生島神領と「杓の銭」

この堅田からの入漁料が、「杓の銭」と呼ばれた理由についても、中世の菅浦との関わりから考えるべきである。前節の②大浦湾～菅浦前面の水域は、菅浦にとって最も重要な漁場であったが、この範囲がすべて描き込まれた中世の絵図が存在する。著名な「近江国菅浦与大浦下庄堺絵図」（以下、菅浦絵図と略称する）である（図13）。

この絵図をめぐる先行研究は数多く、そのほとんどは絵図の成立年代を探ることを目的としている。[36] しかし本章では、この絵図の描写する範囲と、そこに含まれる水域の意味について考察したい。

この絵図は菅浦と大浦庄との堺相論に関わって作成されたもので、その主題は係争地の境界を描写することにある。それは著名な日差・諸河の耕地の帰属問題であった。しかし、これら係争地の描写以上に大きなスペースが割かれているのが、画面下半分の竹生島の部分である。絵図の下半分は、「竹生島を描くためだけに存在[37]」しており、その描写に相論現場を上回るほどの力点が置かれていることに対して、これまで多くの研究者から疑問が出されてきた。この問題について瀬田勝哉は、本図の画面下半分の描き方は鎌倉南北朝期に流行した宮曼荼羅あるいは縁起絵と共通するものであり、本絵図の作成には縁起絵を積極的に利用できる者が関与していたとする。[38] そこで瀬田は、菅浦絵図の作成は暦応の相論時に、当時の菅浦の領主・竹生島の下で行われたと結論している。

黒田日出男は瀬田の論点をうけて、菅浦絵図が竹生島を大きく描いているのは、菅浦が竹生島の神領であることを強調するためであり、すなわち菅浦絵図は、神領菅浦を大浦庄との堺相論から守ろうとする意図で描かれたとする。[39] 黒田はこの絵図の構図について、「中心に描かれた竹生島が、その背後に二つの半島状の地を従えている表現」とするが、この「二つの半島」とは葛籠尾崎と海津大崎であり、そこに挟まれているのはすなわち前章で述べた②の大浦湾～菅浦前面にかけての水域である。黒田の指摘するように、本図での竹生島の位置は現実よりもかなり西方に寄っており、竹生島が両半島の真ん中、すなわち②の水域たる「大浦湾を塞いでいるかのように」描かれている。[40] この構

図13　「近江国菅浦与大浦下庄堺絵図（菅浦絵図）」（菅浦自治会蔵，写真提供：滋賀大学経済学部附属史料館）

図は、竹生島が当水域を領していたことを強調し、菅浦の「地」だけでなく、②の水域もまた竹生島神領であったことを示していよう。このように菅浦絵図が日差・諸河だけでなく、湖上用益を含む広域の領有を主張して作成された可能性は、すでに下坂や小山によっても指摘されている。[41]

そもそも菅浦絵図の作成に用いられたという縁起絵とは、「竹生島縁起」を絵解きするためのものであり、「竹生島縁起」自体は南北朝初期にはすでに成立していた。[42]この「竹生島縁起」がさかんに喧伝された時期とは、まさしく竹生島が菅浦の領主として相論に積極的に関与していた建武・暦応のころに重なっている。[43]この時期の菅浦側の相論文書では、竹生島明神の神威がさかんに強調されており、それはさながら「竹生島縁起のダイジェスト版」であったことも指摘されている。[44]菅浦住民が内蔵寮供御人や日吉神人にとどまらず、竹生島の神人・寄人的存在であったことを想像させる内容といえる。

この「竹生島縁起」の本文には、漁場をテーマとする本章の関心と関わって注目すべき点がある。縁起には、竹生島の浅井姫命が「召諸魚令運重石。今云魚崎。魚集之処也。又召諸鳥令落殖木種。今猶衆鳥来集之岑也」[45]とあり、この女神が魚鳥を寄りつかせる神として描かれている。中世には「魚の寄る神」という観念があり、それが伊勢神宮の阿漕浦など神祇供祭の漁場・御厨を設定する根拠となっていることは、苅米一志が指摘しているところである。[46]魚と水鳥はいずれも琵琶湖では重要な捕獲対象であり、すなわち竹生島の神には漁の神としての性格が濃厚に認められる。[47]神自身が魚を呼び寄せた水域とは往々にして良好な漁場であり、そこでは神人漁民だけが、供祭・神事の名目において漁撈を行うことができた。竹生島神領として菅浦絵図に描かれた上記の水域では、菅浦の住民たちが竹生島の女神すなわち弁才天に捧げる供御の漁場として、湖上特権確保を意図したことが想定される。

ここにおいて、この漁場への入漁料が「杓の銭」と呼ばれたことの意味も明瞭に浮かび上がってこよう。「杓」と

図14　「長命寺参詣曼荼羅」にみる勧進杓（P. V. フグラー氏所蔵）

は「柄杓」であるが、それは中世の勧進・喜捨を乞うときに用いられる道具であった[48]。たとえば清水寺・長命寺など中世の社寺参詣曼荼羅には、柄杓によって参詣者たちから寄進の銭を受け取っている社僧・神人たちの姿が多く描かれている（図14）。すなわち「杓の銭」の原義は神仏に捧げられる金銭であり、尾上の受け取る「杓の銭」とは、本来は竹生島の女神、すなわち漁の神としての弁才天に捧げられる銭であったと推定される。弁才天が魚を寄りつかせた湖面は、中世には竹生島神人たる菅浦住民の漁場であった。実際の漁場行使者となった堅田から支払われる「運上」とは、神領漁場へ立ち入る代価、神仏へ捧げる「上分」[49]として、「杓の銭」の名で呼ばれたのではないだろうか。近世末期まで続いた堅田からの「杓の銭」の慣行は、十四世紀の菅浦絵図にも描かれた神領としての菅浦の湖面領有に由来するものだったと結論づけたい。

おわりに

本章では十八世紀の地誌書に記された尾上村と堅田の「杓の銭」慣行に注目し、その由来が中世の菅浦および竹生島の漁場支配にたどれる可能性を提起した。近世の断片的な史料および口碑から、中世の堅田と菅浦をめぐる漁場利用の実態を取り出すことを試みた。冒頭の『近江輿地志略』や「湖水賦」において尾上が綸旨を有すると伝えられていたのは、「高倉院御宇」の成立と主張した[50]菅浦の供御人としての権威を引き継いだとする謂であろう。

菅浦は尾上との「かへ地かへ海手形」（『史料』）において、領海の四至を記す「本証文」を手元に残し置き、尾上に対しては、もし「此かへうミのりやうはニ付テ、脇ゟ何角さまたけ入申候ハヽ、菅浦村之本証文を出シ、申わけ仕候而らち明ケ可申候」としている。第一節で述べたように、貞享四年、尾上と堅田の間に「運上」をめぐる相論が起こったさいには、尾上側の証拠として、菅浦の保管する「本証文」（応永四年契約状）が「かへ地かへ海」証文とともに提出されたと考えられる。田中がすでに指摘しているように[51]、「菅浦文書」のうちに応永の契約状の写しが二通あり、その一通（七九七号）の文末に「おの江・堅田出入ニ付、此通おのへ与遣申候跡書」とあるのは、このおりのことではないかと推測される。

「杓の銭」慣行が幕末まで続いていたことを考慮すれば、当水域の漁場としての重要性は近世を通じて継続していたものと推定されるが、一方、十九世紀には、竹生島の「方八町之内」は殺生禁断の地とされ、禁漁区となっている様相を見ることができる[52]。ただし、堅田の釣猟師が風待ちのために島に寄港する場合のあったことも知られ[53]、堅田が島付近の漁場において、変わらずに延縄漁を行っていたことも明らかである。

この竹生島の周囲八町の殺生禁断がいつの時代まで遡るか、それを示す史料は残っていない。しかしこのことは、竹生島への信仰をめぐる時代的な変遷を反映するものではないかと考える。竹生島は神仏習合の島であるが、黒田日出男がすでに指摘するように、中世の菅浦絵図では宝厳寺（神宮寺）よりも弁才天社（都久夫須麻社）の方に表現の中心が置かれていた[54]。前述の竹生島縁起や謡曲「竹生島」においても、漁人の信仰を集める弁才天の姿が濃厚である。しかしやがて西国札所として宝厳寺の観音信仰へと比重が移っていくにつれて、「観音の眼前」での殺生が忌まれるようになった可能性が推定される。神人以外は禁漁とされた神祇供祭の漁場から、観音霊場の殺生禁断へという空間認識の変容プロセスをうかがうことができよう。

註

（1）寒川辰清『近江輿地志略』（本章では刊本として宇野健一『新註 近江輿地志略全』〈弘文堂書店、一九七六年〉を用いた）。

（2）堅田の詳細については、林屋辰三郎・飛鳥井雅道・森谷尅久編『新修 大津市史 2中世』（一九七九年）および同『新修 大津市史 3近世前期』（一九八〇年）に解説がある。

（3）森川許六ほか編『風俗文選』（有朋堂書店、一九二二年）。

（4）前掲註(3)。

（5）伊賀敏郎『滋賀縣漁業史 上（概説）』（滋賀県漁業協同組合連合会、一九五四年）。

（6）鍛代敏雄によれば、十六世紀の堅田は尾上からも「上乗」職に伴う課役銭として一貫三〇〇文を徴収していたという。同「戦国時代の関所についての一試論――近江国沖島の湖上関をめぐって」（『日本歴史』五〇七、一九九〇年。のちに同著『中世後期の寺社と経済』〈思文閣出版、一九九九年〉に所収）。

（7）尾上の「太田家文書」にはEと同文の無年紀の書状があるが、その年を「卯」としているので、やはりBと同じく貞享四年のものと推定される。

（8）滋賀県内務部『滋賀県漁具の説明と漁業手続』（滋賀県内務部、一九三四年）。

（9）沖島共有文書「鳥猟場境之覚書」宝永五年（一七〇八）九月。

（10）ただし琵琶湖の水鳥の猟場は魚漁とは別の秩序として領域が設定されているため、魚の漁場範囲と完全に合致しているわけではないことにも注意が必要である。水鳥猟場の設定の論理については、東幸代「江戸時代における琵琶湖の鳥猟について――猟場支配の観点から」（西川幸治・村井康彦編『環琵琶湖地域論』思文閣出版、二〇〇三年）を参照されたい。

（11）以下、菅浦文書の引用は、滋賀大学経済学部史料館編『菅浦文書　上』（滋賀大学日本経済文化研究所、一九六〇年）、同『菅浦文書　下』（一九六七年）の文書番号による。なお、この書状については、後述の応永四年の契約状との関わりで、田中克行が分析を加えている（田中克行『中世の惣村と文書』〈山川出版社、一九九八年〉五三～六六頁）。以下の菅浦文書の翻刻は田中の校訂に従った。

（12）前掲註（11）田中著書。

（13）東幸代はこの文書の年紀表記に矛盾のあることを指摘しており（慶長への改元は文禄五年十月に下る点）、その真正性には疑問が提起されている。東幸代「近世の菅浦」（長浜市文化的景観保存活用委員会編『菅浦の集落景観保存調査報告書』長浜市教育委員会、二〇一四年）。

（14）前節で触れたように、貞享四年の「運上」をめぐる相論では尾上側の主張が全面的に認められており、この相論に際して菅浦とも連携の上、関係文書が提出された可能性が高い。前章の史料Bでも、堅田からの手形として、今後もし「運上」を怠った場合には「尾上村の証文□割之内へハ参申間敷候」とあり、このときすでに尾上の漁場支配を示す「証文」が存在していたことがわかる。なお、「証文」についての詳細は以下に述べる。

（15）「内務部第六課地理掛書類編冊」（滋賀県立図書館所蔵）。また近世の尾上村は鉢伏山の東側斜面にあたる小字「出合山」にも村持山を有していたとの記述が、高月町史編纂委員会編『高月町の地名』（高月町教育委員会、二〇〇二年）四七一頁にみえる。なお鉢伏山と尾上村の持山については、後述の付記を参照のこと。向山については、古関大樹「葛籠尾半島の争論と絵図」（高月町編『高月町史景観・文化財編分冊一』二〇〇六年）一七〇～一七三頁に詳しい。

（16）尾上共有文書「替地替うみ証文案」慶帳（ママ）元年申二月一日。

（17）たとえば、網野善彦『日本中世の非農業民と天皇』（岩波書店、一九八四年）にみえる菅浦供御人像など。

(18)赤松俊秀「戦国時代の菅浦――供御人と惣続論」(『京都大学文学部研究紀要』五、一九五九年)一八三～二三七頁。
(19)太田浩司「中世菅浦における村落領域構成――景観復原を通して」(『史林』七〇―四、一九八七年)一一四～一四九頁。
(20)水野章二は、中世後期の村落の新たな柴確保の動きについて、「山林資源にアクセスするには、山へ入る道作りが前提だった」ことを指摘している(同「中世の里山空間」〈勝山清次先生退職記念事業会『勝山清次先生退職記念献呈論文集』京都大学大学院文学研究科日本史研究室、二〇一三年〉四〇一～四二〇頁)。「おのゑ村之山八ふせ平をみちニ仕」という菅浦の動きも、山畑を主眼とはするが、これに合致するものであろう。
(21)前掲註(13)東論文。
(22)この山稼ぎへのシフトに伴う菅浦の背後山地の環境変化については、別稿にて詳述している。佐野静代「水辺の生活と中近世の景観」(長浜市文化的景観保存活用委員会編『菅浦の集落景観保存調査報告書』長浜市教育委員会、二〇一四年、本書Ⅱ第三章に所収)。
(23)前掲註(11)田中著書。
(24)地元での聞き取りに際しては、菅浦区長(当時)の島田均氏にお世話になった。
(25)長谷川博美「阿曽津千軒と有漏神社考(前)」(『民俗文化』五八四、二〇一二年)六七三八～四〇頁。
(26)なお、地元の伝承では、堅田の延縄漁民達が当地付近の阿曽津の竹を伐って船棹に用いていたという(高月町教育委員会編『高月町のむかし話』〈一九八〇年〉所収の「阿曽津婆」伝承による)。
(27)文中の「ほうちやう」が方張を指す可能性については、すでに伊賀(前掲註(5))と田中(前掲註(11))の指摘がある。
(28)菅浦文書三九七、三九八号。
(29)菅浦文書三九二～三九六号に記されるこの相論は無年号であるが、前掲註(11)田中著書ではこれを他の文書群との関係から応永五、六年ごろと推定している。
(30)菅浦文書三九五号。
(31)菅浦文書三九三号。
(32)前掲註(8)。
(33)佐野静代「琵琶湖の自然環境からみた中世堅田の漁撈活動」(『史林』九六―五、二〇一三年)三六～六九頁(本書Ⅱ第一章として所収)。

(34) 滋賀県教育委員会編『琵琶湖総合開発地域民俗文化財特別調査報告書二　びわ湖の専業漁撈』(一九八〇年)一四八頁。

(35) 釣猟師組(小番城)共有文書「水産会へ上申ノ一年間ノ漁獲高」明治十五年九月(喜多村俊夫『江州堅田漁業史料』〈アチックミューゼアム、一九四二年〉での文書番号一六九)。

(36) 黒田日出男「竹生嶋神領菅浦の堺相論―「近江国菅浦与大浦下庄堺絵図」―」(同『中世荘園絵図の解釈学』東京大学出版会、二〇〇〇年)に研究史の整理がある。

(37) 前掲註(11)田中著書、三五頁。

(38) 瀬田勝哉「菅浦絵図考」(『武蔵大学人文学会雑誌』七―二、一九七六年)一～三九頁。

(39) 前掲註(36)。

(40) 前掲註(36)。

(41) 下坂守「古絵図と古文書―堺相論絵図を中心に」(京都国立博物館編『古絵図の世界』一九八四年)、小山靖憲「菅浦絵図のコスモロジー」(同『中世村落と荘園絵図』東京大学出版会、一九八七年)。

(42) 「諸寺縁起集」所載「竹生島縁起」の解題(鈴木学術財団『大日本佛教全書』第九三巻解題三、一九七三年)による。

(43) その論証については、前掲註(38)瀬田論文に詳しい。

(44) 前掲註(38)。たとえば「檀那院衆徒等申状」(菅浦文書六二七号)では「弁才天女垂迹之勝地」である竹生島の霊威と、その領地で「不断常灯所進地」である菅浦の位置づけが説かれている。

(45) 「諸寺縁起集」所載「竹生島縁起」(鈴木学術財団『大日本佛教全書』第八三巻寺誌部一、一九七三年)。

(46) 苅米一志「日本中世における殺生観と狩猟・漁撈の世界」(『史潮』四〇、一九九六年)六～三〇頁。

(47) 謡曲「竹生島」でも浦の漁師に身を変えた龍神と天女(弁才天)が登場しており、漁民の信仰を集めていたことがうかがえる。

(48) 保立道久「腰袋と『桃太郎』」(同著『物語の中世―神話・説話・民話の歴史学』講談社、二〇一三年)。

(49) 網野善彦によれば、「上分」とは神仏に捧げる最初の収穫=初穂・初物であり、また通行料たる関料もその場を領する神仏への初穂貢献・手向けであった。網野善彦「初穂・出挙・関料」(同著『増補　無縁・公界・楽』〈平凡社、一九九六年〉に所収、初出は一九八四年)。

(50)「菅浦供御人等申状案」建武二年正月（菅浦文書二八六号）。
(51) 前掲註(11)田中著書。
(52) 竹生島文書五、「堅田釣猟師惣代一札」天保二年九月（伊賀敏郎『滋賀縣漁業史　上（資料）』〈滋賀県漁業協同組合連合会、一九五四年〉での史料番号による）。
(53) 前掲註(52)による。
(54) 前掲註(36)。

〔付記〕最近、橋本道範氏が応永四年契約状を近世の偽作とし、その作成が「かへ地かへ海手形」と同時期まで下るとする見解を出している（「中世菅浦の漁業権――応永四年「堅田証状」の再検討」『滋賀大学経済学部附属史料館研究紀要』四九、二〇一六年）。応永四年契約状が正文ではなく写しであったとしても、その内容まで近世の創作と判断してよいかは今後の検討を待たねばならないが、氏が「かへ地かへ海手形」その

図15　向山と菅浦周辺の地形図（明治26年測図正式２万分の１地形図に一部加筆）

ものについても疑義を示し、菅浦―尾上間の漁場と山との交換自体を疑問視している点について私見を記しておきたい。氏の論証の前提には、「鉢伏山は中世すでに菅浦領であった」とする理解がみられるが、そこには以下の点で問題がある。氏が鉢伏山を中世からの菅浦領とする根拠は、①菅浦絵図（図13）に「鉢伏山」が描き込まれており、「この絵図の表現から、菅浦は「鉢伏山」が菅浦領であることを主張していると考えてよい」、②中世の鉢伏山には、日指・諸河へと至る菅浦の「惣道」が通っていたこと、③「中世に尾上が鉢伏山を領有していた根拠は見当たらない」、の三点である。まず①に対しては、水野章二氏が明確に示しているように、菅浦絵図に描かれているのは「山田峯や鉢伏山を通る稜線までの大浦湾側の世界だけ」であって、尾根より東側の葛籠尾崎東部（向山）の描写はないことから、「中世においても葛籠尾崎東部は菅浦に含まれなかった可能性が高い」のである（水野章二『里山の成立』吉川弘文館、二〇一五年）。②については、これまで全く知られていなかったが、菅浦には「鉢伏山」が二ヵ所存在していたことを考慮すべきである。図15に示したように、菅浦には集落より北方の「太郎の鉢伏山」（標高四六〇メートル）と、集落の東側に位置する「鉢伏山」（標高三五六メートル）との二つの鉢伏山があった（菅浦区作成『菅浦区小字名明細』および筆者の聞き取りによる）。位置関係からわかる通り、中世菅浦の「惣道」が通っていたのは北の「太郎の鉢伏山」であり、菅浦絵図に描かれているのもこちらである。一方、尾上の山であった「八ふせ平」とは、以下の理由により集落東側の「鉢伏山」であったと考えられる。③について、安永七年の絵図によれば向山に尾上村の領山があることは述べたが、その位置は集落東側の鉢伏山の南方に当たる。なお近代の尾上は向山に村持山六〇町を所有し、その中の小字「堂山」には氏神小江神社（式内比定社）の所有地があった（滋賀県教育委員会編『琵琶湖総合開発地域民俗文化財特別調査報告書一　びわ湖の専業漁撈』一九八〇年）。尾上村の山畑はすべて向山に所在していたが、小江神社の「神田山畠高三石六斗」については、元和六年、それまで年寄七人が支配してきたものを以後年貢を納入するとの指上状が存在する（尾上共有文書）。よって尾上による向山の領有は、元和以前に遡る可能性が高いと考えられる。

第三章　惣村菅浦の集落景観と自然環境

はじめに

菅浦は日本の中世惣村を代表する存在であり、これまで数多くの研究が積み重ねられてきた。その分析対象となってきたのはいうまでもなく「菅浦文書」であり、一〇〇〇点を超えるこの文書は現在なお分析の途上にあって、毎年のように新たな研究成果が発表されている。このように活発な文献史研究の趨勢にあって、地表景観を分析する歴史地理学からはどのような貢献ができるのか、現地からのアプローチを示したのが本章である。

菅浦では国指定「重要文化的景観」への選定をめざして、二〇一一年より三年間にわたって長浜市文化的景観保存活用委員会による「菅浦の湖岸集落景観」調査が行われた。(1) 筆者もその一員として集落内をくまなく歩き、昭和前期までの暮らしぶりを詳細に聞かせていただく機会を得た。そのなかで強く感じたことは、琵琶湖と山に囲まれたこの村落の自然条件には様々な特徴があり、それを把握した上で「菅浦文書」を読み直すと、これまで知られていなかった生業や生活の実態が浮かび上がってくることであった。とくに湧水・河川といった水源については、背後の山地の環境を含めて自然条件の規制を強く受けるため、近代的な上水道が設置されるまでの集落景観のうちには、中世からの生活基盤が引き継がれてきたことが推測されたのである。

そこで本章では、まずは聞き取り調査によって戦前の菅浦の水辺空間や水源の利用を明らかにし、その上で文書史料との照合から中世につながる水辺の生活実態を取り出すことを試みたい。今回の調査では昭和前期に撮影された古写真を数多くご提供いただき、貴重な資料として掲載することができたが、(2)そこには現在では見ることのできない水辺の諸生業と、それらが作り出した景観が深く刻印されている。これらの景観から自然と関わる菅浦の生業史を読み解き、自然条件に規定された現地の生活実態を解明したい。このことは、中世村落菅浦の空間構造の読み解きを深化させ、水辺の村落像を再構築する一助となるはずである。

一 「ハマ」と水面

1 「ハマ」の景観

菅浦の集落は、琵琶湖沿いの浜堤上に立地する「浜出」と呼ばれる家並みと、それより内陸側の山麓高台に位置する「北出」とに大別される。「浜出」の家々では湖岸側に強固な石垣を築き、琵琶湖からの風波を遮っていた。この石垣は屋敷地内だけでなく、「浜通り」と呼ばれる道を隔てた湖側にも築かれており、二重の防波堤となっている(図16)。

昭和五十年代前半まで、この湖岸の石垣の先には幅数メートルの小規模な礫浜が存在していた。「ハマ」と呼ばれたこの狭小な空間が、菅浦の日常生活のなかで果たしてきた重要な役割に注目したい。図17は、かつてのハマの風景を写したものであるが、ここで注意すべきは、ハマに立てられた多くの杭状の木材である。昭和前期のハマを写した写真には、このように杭が林立する景観が多く認められる。この景観は後述するように、中世・近世を通じて続いてきた菅

図16　1970年代の「浜出」の石垣（滋賀県立琵琶湖博物館所蔵）

図17　ハマの風景（菅浦自治会提供）

浦を特徴づける景観であった。

聞き取りによれば、これらの杭は本来稲干し用のハサ杭として立てられたものであり、多くは腐食に強い栗材で

図18　ハサ竹による稲干し（菅浦自治会提供）

図19　ハマのハサ杭と物干し場（菅浦自治会提供）

あったという。長さ五メートルの杭の根元を一メートル埋めて、一間間隔に立て、これに真竹の竿を横に何本も渡して稲架としていた。菅浦の水田は集落から遠く離れた「ヒサシデ・モロコ」（日指・諸河）にあり、舟で通っていたが、そこは湾内で風当たりが悪かった。そこで収穫後の稲は日当たりのよい集落前まで舟で運び、ハマにハサ杭を立てて二週間ほど干した。このハサ場のことをイナ場とも呼ぶ。ハサ場ではハサ竹は八～一二段に高く組まれ、狭い面積でも一時に大量の稲が干せるようになっていた（図18）。しかし上の段になると手が届かないため、二人で組んで一人が下から投げる役になり、もう一人がはしごで掛けていたという。

ハサに渡す真竹は風雨に弱いため、稲干しが終わると取り外して保管される。しかし水に強い栗丸太だけはそのまま残しておき（これを万年杭と呼ぶ）、細竹を渡して年中洗濯物干し場として使われた。琵琶湖で濯いだ衣類をその場で干せて、風通しよく乾くので大変重宝されたという。菅浦のハマには至る所にこのハサ杭の物干し場があり、図19でも栗丸太の杭の間に細竹が渡され、洗濯物がなびく様子が写っている。
琵琶湖岸の他地域では浜での稲干しは珍しく、あっても収穫時だけの一時的なもので、年間にわたって四メートルもの長大なハサ杭が林立するハマの光景はきわめて特異といえる。おそらく山が湖に迫る狭隘な菅浦では平地が少なく、人家の密集する集落内部では空閑地が確保しがたかったことによるのであろうか。

この菅浦の水辺景観を特徴付ける栗丸太と真竹のハサ杭は、戦前までの菅浦にとって他村へ出荷する重要な商品であったことにも注意したい。集落の裏山やモロコ・ヒサシデの田の上の山には栗の木と竹藪が多く、竹は根を植えて殖やすことも行われていた(3)。集落には竹の仲買人が二〜三人いて、丸子船に積んで竹の少ない東浅井・坂田・犬上郡の農村へ売りにいき、高い収益を上げていたという。沈降地形で山が湖に迫っている菅浦の自然条件は、竹木の切り出しと舟への積み込み作業には有利に働いたのである。

このように竹木を山から離れた湖岸の村々へ運漕する商売は、中世の菅浦にも存在していたことが「菅浦文書」からうかがえる(4)。永仁五年（一二九七）に菅浦の供御人江六男が、所持する竹を路頭で地頭方に奪取される事件が起こっている（七三五号）。また建武元年（一三三四）には菅浦供御人藤二郎が売買のために向かった平方浦で、材木を積んだ船一艘を押し取られている（二八六号）。竹や木を湖岸の村々へ出荷する形態は、このころまで遡る可能性が高い。

注目すべきは「菅浦文書」「菅浦家文書」に、林に加えて「竹原」の売券が多数存在していることである（三四一号、家七二・八二・一一二・一一九号）。たとえば大永六年（一五二六）には、祇樹庵の先祖相伝の「私領」である「竹原」が、銭八〇〇文にて惣中に売り渡されている（三四一号）。この「竹原」の位置は「あんしつ上」であり、集落の裏山であったことがわかる。「竹原」が田・畠・林と並んで土地売買の対象となっていることは、中世においても竹が商品として高い価値を持っていたことを示している。

2 ハマの地先権と「棹立」

ハマの景観に話を戻したい。菅浦のハサ場に関して注目されるのは、その所有関係である。集落中央部のハマに個人単位でハサ場を囲い込み、毎日物干し場として利用できたのは、「浜出」の家々だけであったことに注目したい。各家は屋敷地先の石垣を自己の負担によって維持する代わりに、その延長上にあるハマ空間を占用的に使うことができた。すなわち、そこには「地先権」[5]が成り立っていたことになる。これら「浜出」の家々同士でも、ハサ場の左右の境界は厳重に守られたという。

このような「地先権」確立の背景には、ハマ空間の有用性の高さを考慮する必要がある。ハマはハサ場としての利用以外にも、漁具を手入れする場（図20）、屋根葺き材のヨシを切りそろえる作業場となり（図21）、あるいは山から切り出された燃料である割木と柴を積み上げて、出荷まで貯蔵する「ニュウバ」（図17の右端）にもなる空間であった。平地の少ない菅浦では、ハマ空間はきわめて貴重な日常の作業スペースだったのであり、多様な用途が折り重なる重層的空間だったのである。

一般に菅浦集落では、山側の「北出」の屋敷地に比べて湖に面した「浜出」の地価が高く、石垣を補修・維持できるような財力のある家でないと住めないとされている。また「北出」の家で財力を蓄えるものが現れると、「浜出」のうち経済的に困窮した家との間で「家移り」が行われたという[6]。たしかに、明治期の土地台帳でも、浜沿いの宅地が一等級なのに対して、西門外と東西舟入付近が二等級、内陸部が三等級との格付けがなされており、またこのような空間構成は近世後期における各家の石高分布とも明瞭に対応していることが指摘されている[7]。「浜出」の屋敷の有

図20　ハマでの漁網干し（滋賀県立琵琶湖博物館所蔵）

図21　ハマでのヨシの調整（菅浦自治会提供）

利さについて、聞き取りでは舟の接岸や湖で飲み水を汲むのに便利だったからと説明されることが多いが、そこには上述のような作業スペースとしてのハマ空間の価値が投影されていることは間違いない。そしてこのハマ空間の占用の意識は、すでに中世には成立していたことを「菅浦文書」および「菅浦家文書」から確かめることができる。

すでに指摘されているように、「菅浦文書」の暦応四年（一三四一）「今西ニ藤屋敷売券」（三五四号）には、牓示として「ミなミハうミをかきる」とあり、この一点のみではあるが十四世紀にも屋敷に地先のハマ空間が付随して売買されている事例をみることができる。[8] この傾向は中世末期には一層明確であり、「菅浦家文書」では大永八年（一五二八）から天正期の土地売券に、「はまをかきり」「下者海」「海ヲ限」などとみられる（家四一・五八・九四・九五・一〇六号）。

さらに注目されるのは、天正期以降にはこのような牓示が「棹立」という表記で表されていることである。天正期のものとみられる「菅浦家文書」一三二号には「西ハさおたちを限」とある。また後の寛保三年（一七四三）に菅浦村百姓らと膳所藩代官嶋津新次郎との争論に際して提出された天正・慶長年間以降の「田畑屋鋪売券状」二六通には、「際限書ニ海者竿立限」と記されていたという。[9]

「棹立」とは棹の届く水深までの水域を指す用語であり、琵琶湖岸ではすでに十一世紀半ばにはその用例がみられるという。[10] 菅浦ではこの語が現れるのは天正期以降であるが、「棹立」の示す範囲は近世には六尺竿の立つ深さとされており、平面距離としては石垣際からおよそ二間～二間半の範囲内であったことがわかっている。[11] すなわち約三・五～四・五メートルほどで、ほぼ上述のハマ空間の幅に相当する。石垣までが陸地として確立されていたのに対して、それより先のハマ空間は琵琶湖の満水期には波に洗われる遷移帯であり、水域にもなりうる「棹立」の空間と意識されていたのではないだろうか。

以上のように、「浜出」の家々の「地先権」とは、中近世の「棹立」の権利を受け継ぐものと推定される。しかし同時に、この「地先権」は屋敷地と同質の「所有権」とはいえなかったことにも注意が必要である。慶長期の菅浦の屋敷形態について分析した伊藤裕久は、慶長検地の屋敷面積に地先の浜地が含まれていなかったことを指摘している。[12]

琵琶湖の水位変動によって季節的に水面となりうる「棹立」は、用益面では屋敷地の延長・その付属物と見なされつつも、検地時における反別や所有者の観点からは陸地とは区別された空間だったことになる。

3　門外のハサ場と「惣浜」

一方、ハマに面しておらず、「地先権」を有していない「北出」の人々は、どこで稲干しをしていたのであろうか。昭和五十年ごろには奥出の田の近くなどでもハサ干しするようになっていたというが、聞き取りによれば本来「北出」の人々が利用していたのは、「浜出」の家々の「地先権」の及ばない、集落のはずれに当たる東西の門付近のハマであった。

まず西門付近について述べると、門から西方に続くハマは南向きで日当たりもよく、神社の前の「宮さんの浜」およびさらに西の通称「小浦出」「大浦」から「クロドン」に至るまでの広い範囲に、ハサ杭がずっと並ぶイナ場があったという（図22）。この一帯のイナ場の存在については近世の文書にも記されており、十八世紀前半には「右論所（日指方面、筆者注）へ行候浜通り道筋之内道法七・八町程之間者村中他人之畑前へ参、銘々前々ゟ致来候丁場ニ而、常中杭を立稲垣を結ひ永代麦と稲とを干シ候」という状況であった[13]。このイナ場の存在は、中世から続くものとみられることに注目したい。後述のように「菅浦家文書」大永三年（一五二三）（家三七号）には、「小浦　坂尾」に「いなば」（稲場）があったことが記されている。さらに永正六年（一五〇九）には「大浦」にも「稲庭」があったことを示す記事が存在しており（家一二三号）、戦前と同様に「小浦出」「大浦」の一帯にハサ干しの空間が広がっていたことが推定される。

一方、東門からその南側にも、もう一つのイナ場が存在していた。ハマの幅が広い集落中央部のハサ場とは異なり、幅が狭かったこれら東西のイナ場では、ヨコガケといって琵琶湖と並行になるようにハサ杭を立てた。東のハサ場についても、そのヨコガケの風景が写真に残っている（図23）。

以上の事例から、「浜出」の各家の「地先権」が強く及ぶ集落中心部のハマに対して、東西の門付近から外に広がるハマについては、「北出」住人も利用できた共有的空間の意味合いが強いことがわかる。ここで想起されるのは、すでに伊藤が指摘するように、近世の菅浦の東西に、村の管理する「惣浜」と呼ばれるハマ空間が存在していた事実である[14]。菅浦の惣が中世以来「東村」と「西村」の二つから構成されていたことはよく知られているが、「菅浦文書」の享和元年（一八〇二）「古来有来通富」（近世・宗教三）には、「一川浜ふなて西ハ西村支配東村しはひ」、「一祝ひの竹　東浜弐本但し東中老約立事　一右同断　西浜弐本西中老役立事」とあり、「東村」と「西村」がそれぞれ管理していた村のハマがあったことがわかる。さらに「菅浦文書」の天保七年（一八三六）「永代売渡シ中浜地ノ事」（近世・土地八三）には、「件之浜者菅浦両村支配地之所」、「西ハ惣浜列石限」の表記があり、近世の菅浦文書に散見される「惣川」（東西の舟入）、「惣道」、「惣山」と並んで、「惣浜」が存在したことが明らかである。この惣有の浜の位置については、「西村」の場合は神社前付近にあったと推定されている[15]。

図22　西門より西方のイナ場（菅浦自治会提供）

「北出」の住人たちがハサ場に利用した共有的なハマ空間とは、こういった近世の「惣浜」を引き継ぐも

図23　東門付近のイナ場（滋賀県立琵琶湖博物館所蔵）

のであったと考えられる。ただし、西のイナ場については、「惣浜」であった神社前の浜を超えてさらに西方に広がっており、そのうち通称「小浦出」と「大浦」の山側には、中世以来個人の畑地が存在していたことが「菅浦文書」および「菅浦家文書」から確認される。これらの畑地先のハマには、土地所有者の「地先権」が及んでいたらしいことにも注意したい。「菅浦家文書」の大永三年（一五二三）「孫大夫いなば売券案」（家三七号）では、「小浦　坂尾」にあった孫大夫の「いなば（稲場）」が「私領」と書かれ、料足三二〇文で売却されている。さらに「菅浦家文書」には、永正六年（一五〇九）にも借用した料足の質物として、嶋津家の「大浦之山幷稲庭是両所」があげられている（家一二三号）。前項で述べた屋敷地地先のハマの論理と同じく、陸地側からの「地先権」が設けられたハマの姿をみることができよう。

なお、神社前付近の西の「惣浜」自体についても、近世後期の天保七年（一八三六）には個人に売却された記録が残っていることから（「菅浦文書」近世・土地八三、「永代売渡シ申浜地ノ事」）、村によって管理されるハマ空間が徐々に狭小化していった様相がうかがえる。

4　水面利用と四足門の境界性

集落中央部のハマが、「地先権」が及び、個人の占用性が高い空間であったのに対して、その前方に広がる湖水面自体は私有色が薄く、利用の共同性がきわめて高い空間だったことに注目したい。ハマに面していない「北出」の家々も毎日自由にこの水面を使っていたが、その具体的な用途は舟の係留と水汲み・洗い物であった。以下、聞き取りによって昭和三十年代までの湖面利用の詳細を復原してみたい。

図24　「ウマ」での洗い物（菅浦自治会提供）

菅浦では五軒に一軒ほどの割合で、ヒラダあるいはダンベと呼ばれる通耕用の舟を持っていた。各家の舟はハマに打ち込まれた松材の杭にトモヅナでつながれ、夜になると東西の舟入に引き入れられた。家ごとに杭は決まっていたが、他人の「地先権」のあるハマの先に舟を係留しても、全く問題なかったという。

また湖面には、ウマと呼ばれる一枚板の栈橋状の洗い場が設けられていた（図24）。写真の右端に見るごとく、数メートル間隔で多数のウマが湖中に突き出しており、いずれも毎日、山側の「北出」の家々までを含めた数軒で共同利用されていた。昭和三十六年に山水を水源とする簡易水道が登場するまで、人々は毎日このウマで水を汲み、顔を洗い、一日の生活用水にしていたのである。

昭和三十年代まで、菅浦の多くの家々が琵琶湖の水を直接の飲み水としていた。毎朝五時ごろにウマまで下りて桶に水を汲み、これを天秤棒で担って家まで運んだ。水は台所のツボに貯めたが、このツボは五荷で一杯となり、これが家族の一日分の飲み水だったという。同様に風呂の水汲みもウマで行われた。大量の水を要するため、屋敷に井戸のある家でもそれだけでは足りず、琵琶湖まで汲みに出たものだという。

またウマは食器などの洗い場としても重宝されていた。飲み水の清澄を保つために、洗い物は時間をずらして行う決まりであったという。とくに洗濯物には気を遣い、水を汲む場所からは離してウマとウマとの間で洗ったり、ゴム靴をはいて少し沖合ですすいだりしていたことが多く語られる。ここで注目されるのは、オシメなど不浄のものを洗う場所についてである。オシメは家のたらいで粗洗いした後、仕上げの濯ぎのみ琵琶湖で行っていたが、そういった不浄のものを洗う場所は村のはずれと決められていた。それは具体的には、西門と東門の外のハマであったのである。「西村」の主婦たちは西門の神社横のハマへ、また「東村」の主婦たちは東門の外のハマまでオシメ洗いに出かけたという。

菅浦では村落の空間構成として、西門と東門によって居住領域が限られ、門を境にして集落の内と外とが厳然と画されていることが知られている。たとえば、葬送儀礼の野辺送りでは西門でワラジを脱ぐことから、四足門が浄・不浄の精神的境界であったことが指摘されてきた[16]。日常の水利用の側面においても、門内の清浄さと門外の不浄のものという対比が、明確に意識されていることを指摘できよう。

二　湧水・水系と「東村」「西村」

菅浦の人々が生活用水としていたのは、琵琶湖だけではなかった。集落にはほかにも水に関わる風景が多くあることに注目したい。それは湧水や家々の間を流れる水路、そして谷水である。

山が迫る菅浦ではその麓に多数の湧水が見られたが、一般に湧水を意味する「イド」の語について、菅浦では二つの意味があることに注意したい。A湧水地点の石組み井戸そのものを指す場合（図25）と、B集落内の水路に面して設けられた石段やマス状の洗い場を指す場合（図26）である。Aが湧水として飲用にもなるのに対して、Bはもっぱら洗い物に用いられており、水路を家の中に取り込んだものや、写真のように石段の上にツケモノ小屋を建て、雨の日でも庇内で作業できるようにしたものもみられる。かつて集落には今日より多数の「イド」が存在していたが、家の改築時に多くが姿を消し、とくにBの庇付きの石段については現在では一ヵ所を残すのみとなっている。

さらに、菅浦集落にはもう一つの生活用水の水源がある。それは山の谷水である。東部の山麓では、谷水から直接取水したり、あるいは山麓に掘られた横穴から水を竹樋で引いたりして、飲み水にしていた家々が存在したという。

図25　湧水地点の「イド」

図26　水路の「イド」

このように、現在では顧みられることの少ない上水道設置以前の取水形態には、菅浦の集落形成に関わる中世以来の自然条件が反映されている可能性がある。そこで本章では、聞き取りによって昭和三十年代における菅浦集落内の湧水地点および水路、さらに谷水を利用する家々の分布について復原した。その結果を示したものが図27である。

本図からは興味深い結果が浮かび上がった。それは、集落の東西で利用水源の系統が異なることである。集落西部では小出川によって形成された扇状地の扇端部に多数の湧出地点があり（後述）、そこからの水を集めた水路が家々の間をぬって西の舟入に流下する。この水路沿いには多数のＡＢ両方の「イド」が設けられている。一方、集落の東部には阿弥陀寺川とその南の谷川の影響下にある湧水が散見されるとともに、谷水自体も水源として利用されている。これらの湧水と阿弥陀寺川の余流は、前田川と呼ばれる水路に流れ込み、最終的には東の舟入に流入する。この前田川沿いには家屋内に囲い込まれた庇付きのＢ型「イド」が集中している。

重要なことは、これら東西二つの水系が、それぞれ「東村」と「西村」の主要部分と一致することである。「東村」と「西村」の境界は近世以来、長福寺本堂から西の舟入の端を見通した線とされてきたが[17]、これに従えば「東村」は阿弥陀寺川水系湧水・谷水→前田川→東の舟入の範囲に、「西村」は小出川扇状地末端湧水→水路→西の舟入の範囲に相当している。このように「東村」と「西村」という中世惣村の基底をなす二つの社会単位が、利用水源の系統と対応をみせることに注意しておきたい。

なお、「東村」のうち東の舟入以南の琵琶湖沿い列村部では湧水は見当たらず、飲み水も含めてすべての生活用水を琵琶湖に頼っていたことに留意したい。そのため、台風などで琵琶湖が濁ったときや、ハマが荒れて水が汲めない場合には、東の舟入よりも北に出かけて、主軸道路の端の湧水や洗い場を使わせてもらったという[18]。この状況は西の門より外側の列村部でも同じであり、明治以降に「打ち込み」式の井戸が掘削されるまで、これら両地域では琵琶湖

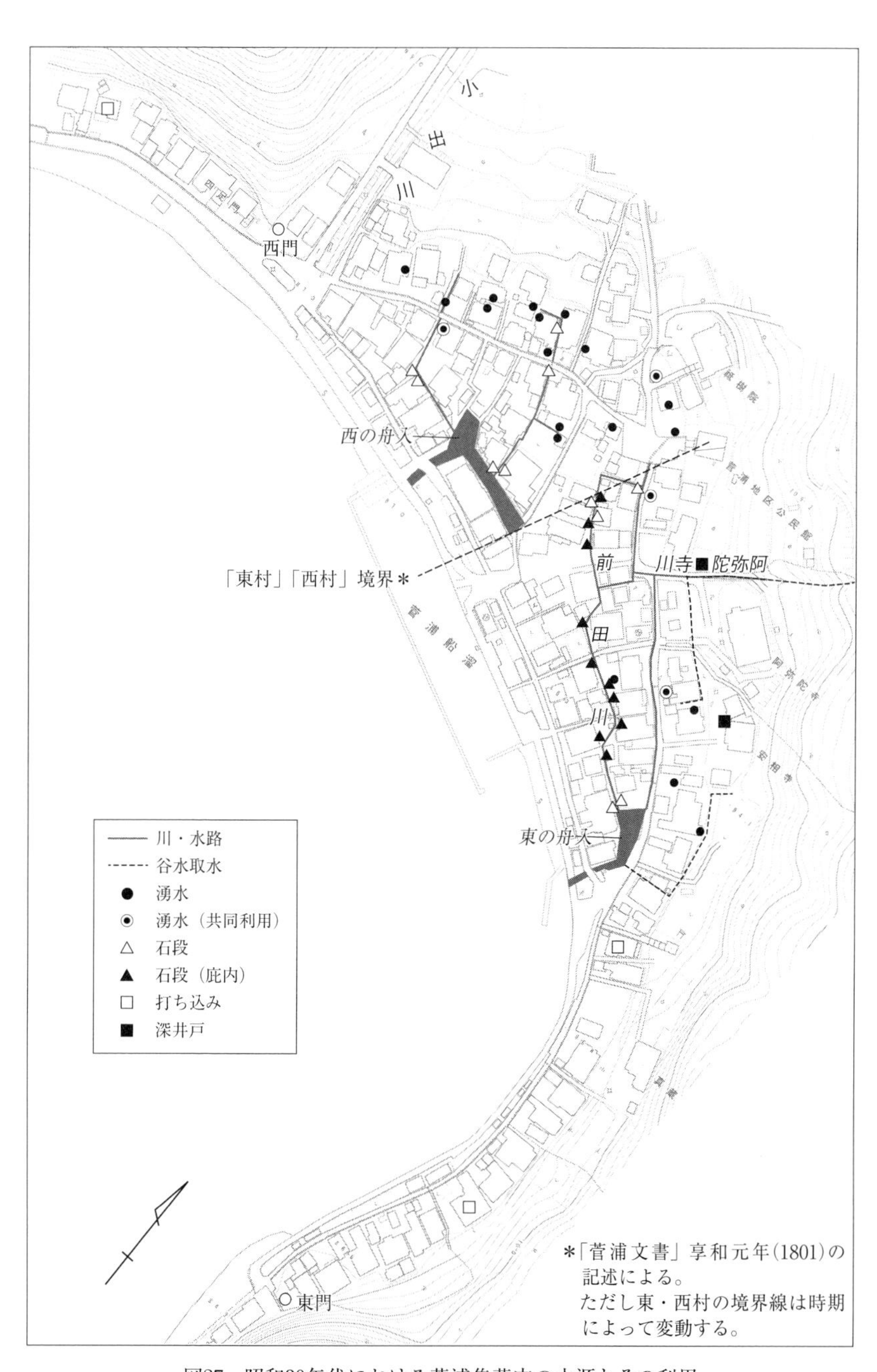

図27　昭和30年代における菅浦集落内の水源とその利用

の水のみに頼っていたのである。

さて、以上のような菅浦集落の東西における用水系統は、菅浦の集落形成の歴史的経緯を考える上で重要な手がかりを与える。前述の集落西部扇状地の湧水線に注目した伊藤は、それを根拠の一つとして、「西村」の集落形成が「東村」に先行した可能性を提起している[19]。しかしながら図27にみるように、伊藤の調査時にはすでに廃絶していたものの、「東村」の領域にもかつては湧水の「イド」が複数存在していたことが今回の調査で明らかになった。よって古て湧水の存在を集落形成の必要条件とするならば、「東村」でもその条件を満たしていたことになる。したがって古くまで遡る菅浦集落の核心部分とは、これら東西の湧水地点を含み込んだ西門付近から東の舟入近くまでの三角形状の地域ということになるのではないか。中世の菅浦惣を構成していた「西村」と「東村」とは、それぞれ異なる水源系統に依拠した地縁共同体であり、この三角形状の地域の中で双分的に成立したものと考えられる。

このことは、換言すれば、現状の「東村」のうち東の舟入以南の列村部については、後に開発された地区であることを意味する[20]。この浜沿いの屋敷地が、乙名層の有力家の居住地区として十六世紀に整備されたことについては、「年貢納帳」の分析に基づく伊藤の指摘にもある[21]。生活用水の視点から見ても、先述のように東の舟入以北の湧水に依存する側面の見られることは、この地域の開発がそれより遅れることの傍証になるように思われる。

三　河川と山地荒廃

1　小出川と中世の「前田」

菅浦の水に関わる景観として、最後に取り上げるべきは、先述の扇状地を作り上げた小出川の存在である。集落の西部、「西村」における湧水地点はすべて標高八八メートルの等高線の直下に分布しており（図28）、小出川扇状地の扇端部湧水であることが明らかである。この小出川はかつて集落の中央部を流れており、中世以来の菅浦の歴史に大きく関わってきたことに注目したい。

図28にみるように、現在の小出川は須賀神社参道の横を流れているが、これは昭和二十七年の河道付け替え後の新流路である。それまでの小出川は、図の点線のルートを流れており、明治初期の地籍図[22]はじめ近世後期のものとみられる阿弥陀寺所蔵の絵図にもこの流路が描かれている。小出川の水源は村落北部山中の「大峰の谷」と「峠道の谷」の川であり（図28の左上方に続く）、それらが須賀神社の本殿横で合流して小出川となる。現小出川河道と旧小出川河道の間にある扇形の斜面は、住民から「カワラ」と呼ばれる石ころだらけの畑地となっており、扇央部であることは明白である。つまり、図28でいえば扇状地のちょうど扇頂部に須賀神社が立地しており、それは背後山地の水源のみならず、扇端部の湧水をも掌るまさに要の地点といえる。従来の研究では、須賀神社の鎮座地について「門外」であることが指摘されてきたが[23]、それは決して集落の「はずれ」ではなく、むしろ水支配の面では中心に当たる地点であったことに注意したい。

聞き取りによれば、付け替え前の小出川は、上流の「カワラ」の中ほどまでは表流水がみられたものの、それ以降の下流では全くの枯れ川であったとされる。そのため平時には、集落内の河道はそのまま道路としても利用されていたという。しかし、大雨時には一時に大量の出水があったため、集落内では越流を防ぐために河道の両岸に高く石垣が積み上げられていた。出水時には石垣の切れ目に当たる部分に板をはめて、集落への溢流を防いでいたという。現在も小出川の旧河道沿いには石垣が続く様子が残る（図29）。

この小出川旧河道のルートは、中世の菅浦集落の空間構成を考える上で欠かせない視点を与える。それは集落内に

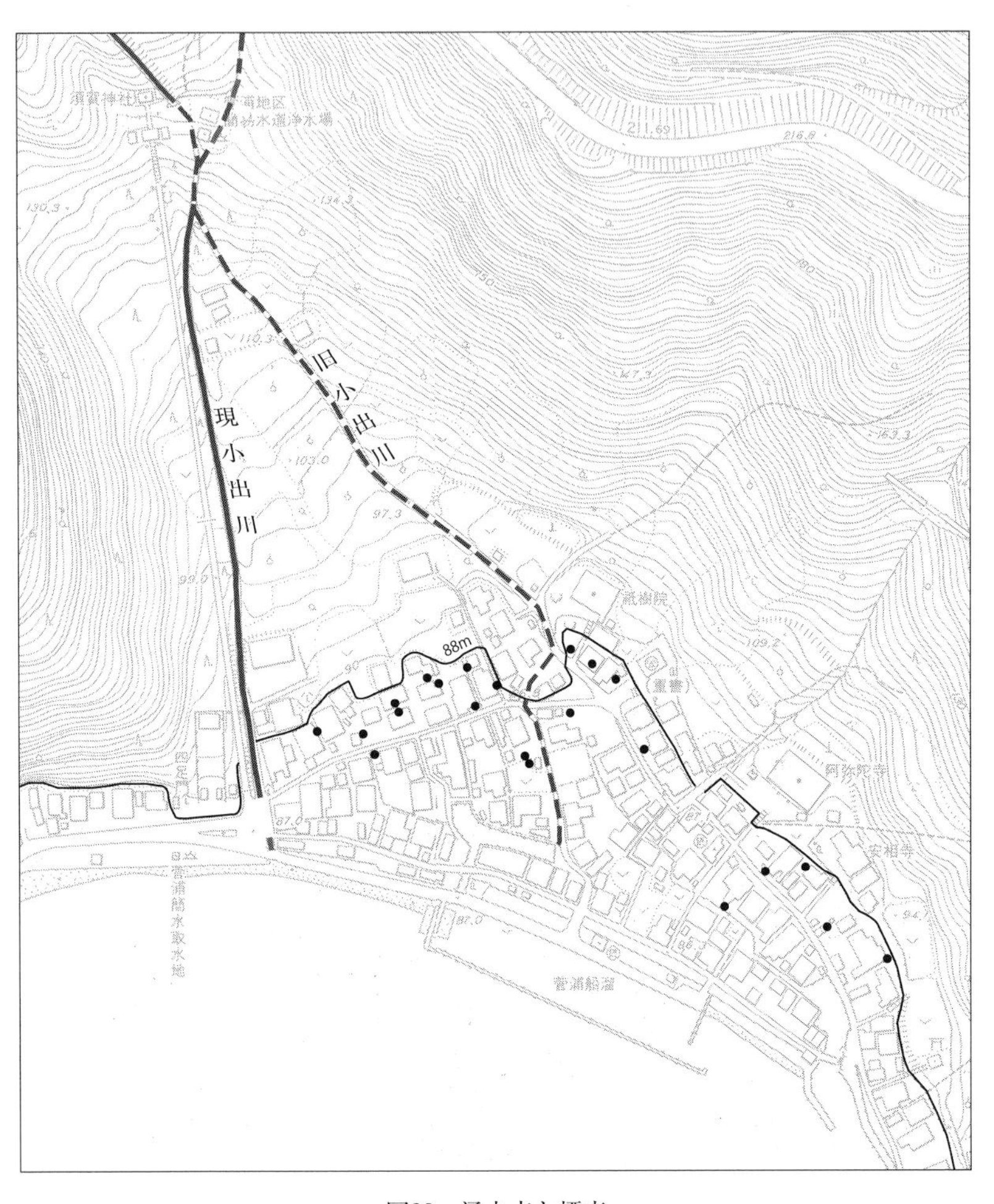

図28　湧水点と標高

存在していた水田、惣有田として著名な「前田」との関わりである。先行研究では、十四世紀後半の菅浦集落内に「前田」と呼ばれる四反半もの水田が存在し、惣有の田地として菅浦惣の存立に重要な役割を果たしていたことが明らかになっている[24]。この「前田」の詳細な位置について、伊藤は十七世紀の史料の分析から、小出川旧河道の両岸にまたがる範囲に復原している[25]。すなわち、「前田」の立地は小出川と深い関わりを示しているのであり、この問題について次項で詳しく分析してみたい。

2 小出川と山地の環境変化

地元では、旧来の小出川と前田川に挟まれた一帯を「前田」の通称地名で呼んでおり[26]、それは伊藤による近世初期の耕地「前田」の復原位置とも一致している。しかしながら現在の小出川旧河道一帯は宅地の続く微高地となっており、水掛かりの点からはむしろ水田には適さない土地にみえる。果たして中世段階において、この一帯に菅浦惣の存立基盤となるような四反半もの水田が本当に存在しえたのであろうか。

その手がかりを与えるのは、地元に残る二つの口碑である。一つは、「前田の一帯は昔、沼地であった[27]」という伝承であり、もう一つは「大昔は東の舟入と西の舟入はつながっていて、前田川を舟で通って西の舟入へ行けたと伝わる[28]」というものである。一九六一年撮影の空

図29　小出川旧河道沿いの石垣の現状

中写真判読によっても、西の舟入と東の舟入との間に水路状の低地が見出せることから、ここに浜堤背後の湿地を想定することが可能ではないかと考える。このような土地条件を推定した場合、中世の水田はこの後背湿地を中心に立地しており、それに続く小出川下流および前田川付近にかけて分布していたことになる。このような「前田」の位置は、「前田」の水田が「西村」と「東村」の間隙として空間的に両者の境界帯をなしていたという従来の見解[29]にも合致する。

しかしここで考えねばならないことは、十五世紀には惣有田であった「前田」がその後慶長期にはすべて畑地となっており、さらに近世に入ると宅地化されて、「西村」と「東村」が間隙なく一村化した集落形態を呈するようになった事実[30]である。中世の「前田」は鎮守「両社」の宮田を含む惣有田であり、惣の維持に不可欠な費用を捻出する地として重要な役割を果たしていたことが判明している[31]。菅浦で水田が稀少であったことは、日指・諸河をめぐる血みどろの闘争をみても明らかであるが、惣村菅浦にとって重要な「前田」の田地はなぜすべて畑地化されてしまったのだろうか。その理由は、人口増による宅地需要という事由だけでは説明できないはずである。したがって、宅地化はむしろ畑地化された後の帰結であり、そもそも水田から畑地への土地利用の転換を余儀なくされるような土地条件の変化を想定すべきではないだろうか。それは、小出川による土砂運搬・堆積に伴う耕地の地盤高上昇ではなかったかと筆者は推測する。

慶長七年（一六〇二）の検地帳では、すでに「前田」はすべて畑地となっていることに注目したい[32]。その前の時代すなわち十六世紀に、小出川の水源たる背後山地では土地利用をめぐる大きな変化が起こっていた。それは油料原料となるアブラギリの導入に伴う山畑の開発である。

アブラギリの実からは、灯火用や油紙などの塗料用の油が採れる。菅浦がアブラギリ栽培に着手した年代は不明であるが、近年似鳥雄一によって、その本格化を天文末年から永禄初年ごろとする見解が出されている[33]。そもそも十六世紀初頭にはまだそれに携わる者は少数であったのに対し、戦国時代のうちに生産量が著しく増加したことについては、すでに赤松俊秀によって詳しく分析されている[34]。元亀二年（一五七一）には、六〇石もの「油実」が浅井氏によって市価より安く買い取られており、菅浦はその代価として米四〇石を受け取っている[35]。当時の「油実」は本来、米と等価で取引されていたことは重要であり、田地に乏しい菅浦がアブラギリの導入によって、大量の米を確保できるようになったことの意義が評価されている。近世の菅浦の年貢をみても、寛永七年には合計二一九石九斗のうち一五五石が油実で納められており[36]、菅浦におけるアブラギリの重要性がうかがわれる。

このアブラギリは平地の畑ではなく、急斜面の山腹の畑で栽培されていたことが重視される。その畑が山中深くまで分布していた様子は、近世絵図（「浅井郡延勝寺村・菅浦山論立会絵図」安永七年[37]）によっても知られる。とくに明治初期の地籍図（「西浅井郡菅浦村地籍全図[38]」）によれば、山腹の蜜柑などの「畑」からさらに谷筋の上流に、「等外畑」という区画が多数分布しており、これがアブラギリの畑であったという[39]。「等外畑」の分布は、小出川の水源たる「大峰の谷」と「峠道の谷」の両谷川の上流部まで続いている。

十六世紀の間に起こったアブラギリの急速な普及は、山地を切り開いて栽培面積を増加させ、山畑造成を加速させたはずである。このように急激な山畑の開発は、山々の荒廃につながり、平野部への土砂の流出量を増大させたのではないだろうか。詳しい検証をさらに積み上げねばならないが、十六世紀から小出川による土砂運搬が進み、小出川自体の河床が高まるとともに、河道付近の耕地も埋積されていった可能性が推測されよう。人々の記憶に残る近代の小出川は、平時には表流水が伏流してしまう完全な「水無川」であったが、図28にみるように小出川旧流路の地盤高が周囲より高くなっている点は注目される。「前田」の水田はこのような土砂堆積により地盤高が上昇した結果、畑地化を余儀なくされたのではないか。つまり、「前田」の消失原因とは、急激なアブラギリ栽培の拡大に伴う山地の荒廃と、そこからの土砂流出であった可能性を提起したい。

菅浦惣にとって水田は貴重であったが、しかし中世末期から油実の対価として米が入手できるようになり、また日指・諸河でも畑地の水田化による田地拡張が進みつつあった(40)。これらの動きが、「前田」の水田減少を補っていたと考えられる。このように、かつて「西村」と「東村」の間隙に存在した「前田」が姿を消した背景には、住民の生業活動の変化に伴う山地と小出川の環境変化があったと推定される。

註

(1)　その成果は、長浜市文化財保護センター編『菅浦の湖岸集落景観保存活用計画報告書』（滋賀県長浜市教育委員会、二〇一四年）として公刊されている。本章はその中の筆者担当分を改稿したものである。なお、「菅浦の湖岸集落景観」は平成二十六年十月六日、国の重要文化的景観に指定された。

(2)　菅浦自治会および住民の皆様より、家族写真も含めて菅浦で撮影された多くの写真のご提供をいただいた。本書への再録をご許可下さったことに心より御礼申し上げたい。

(3)　滋賀県教育委員会編『琵琶湖総合開発地域民俗文化財特別調査報告書一　びわ湖の漁撈生活』（一九七九年）六二六頁。

(4)　以下、菅浦文書の引用は、滋賀大学経済学部史料館編『菅浦文書　上』（滋賀大学日本経済文化研究所、一九六〇年）、同『菅浦文書　下』（滋賀大学日本経済文化研究所、一九六七年）の文書番号、および滋賀大学経済学部史料館編『菅浦文書目録（近世の部）』（一九六六年）の文書番号による。また菅浦家文書の引用は、「菅浦家文書（一）」「菅浦家文書（二）」（『滋賀大学経済学部附属史料館研究紀要』一四・一五、一九八一・八二年）での文書番号による。

(5)　聞き取り調査時にはこれを「地先権」の語で説明する住民が多かったので、そのままとしておく。

(6)　前掲註(3)六六〇頁。

(7)　東京大学稲垣研究室『中世都市・集落における居住形態に関する研究』（住宅建築研究所、一九八七年）。なお、この調査の内容は伊藤裕久「近江国菅浦における中世集落の形態に関する復原的考察　上・下」(『建築史学』一二・一五、一九八九・九〇年)にまとめられ、のちに同著『中世集落の空間構造』(生活史研究所、一九九二年)に収録されている。

(8)　前掲註(7)。

(9)　「菅浦文書」近世・村政一、寛保三年十一月「浅井郡菅浦村代官嶋津新次郎与同村百姓共争論、松井惣助・中山仁内為検分遂糺明令裁許条」。

(10)　保立道久「中世前期の漁業と庄園制」(『歴史評論』三七六、一九八一年)一五〜四三頁では、「薗城寺縁起」に記載された「東限海棹立」を琵琶湖岸での早い例としている。

(11)　原田敏丸『近世村落の経済と社会』(山川出版社、一九八三年)四二〜四四頁。その根拠は前掲註(9)の相論関係書類の分析である。

(12)　前掲註(7)。

(13)　「菅浦家文書」一四〇号。この史料については、青柳周一「菅浦村の寛保三年争論関係史料」(『滋賀大学経済学部史料館研究紀要』四六、二〇一三年)八三〜九六頁の翻刻に従った。

(14)　前掲註(7)。

(15)　前掲註(7)。

(16)　前掲註(3)六八六頁。

(17)　「菅浦文書」近世・宗教三「古来有来通富」享和元年(一八〇一)に、「両村境本堂より西川口江見通し」とある。

(18)　なお、その場合、前田川沿いのような家屋内に囲い込まれた「イド」は使用することはできなかったが、主軸道路に面した「イド」はオープンなものと位置づけられており、住民すべてが自由に利用できたという(図27の二重丸の湧水)。

(19)　伊藤裕久「中世末における待ち場の空間形成とその住居形態について」(中世都市研究会編『中世都市研究　一　都市空間』新人物往来社、一九九四年)一一九〜一四九頁。

(20)　「西村」についても、西門の外の屋敷地は慶長期にはまだ成立しておらず、その成立は近世中期まで下ることが判明している(前掲註(7))。

(21)　前掲註(7)。

(22)江北図書館所蔵「近江国浅井郡菅浦村地券取調総絵図」(明治六年の作成と推定される)。
(23)太田浩司「中世菅浦における村落領域構成」(『史林』七〇―四、一九八七年)一一四～一四九頁および前掲註(7)。なお前掲註(7)伊藤論文で、伊藤はこれを「門外の地形上の要所」と正確に述べている。
(24)代表的な研究として、井上聡「中世菅浦の前田」(『遥かなる中世』一四、一九九五年)一四～二四頁など。
(25)前掲註(7)。
(26)前掲註(23)太田論文での島田繁太郎氏談による。
(27)前掲註(26)に同じ。
(28)前掲註(3)六二三頁および現地での聞き取りによる。
(29)前掲註(7)および前掲註(23)太田論文。
(30)前掲註(7)。
(31)前掲註(24)。
(32)「菅浦文書」近世・土地一―二「江州浅井郡内菅浦村御検地帳」慶長七年。
(33)似鳥雄一「戦国期惣村の生産・商業・財政――菅浦と浅井氏・竹生島の関係をめぐって」(『日本史研究』六三一、二〇一五年)一～二六頁。
(34)赤松俊秀「戦国時代の菅浦」(『京都大学文学部研究紀要』五、一九五九年)一八三～二三七頁。
(35)「菅浦文書」九四〇号「菅浦木実料上納覚書」(元亀二年)。
(36)「菅浦文書」近世・租税六「浅井郡菅浦午之御年貢御納帳」寛永七年。この点については前掲註(33)による指摘がある。
(37)滋賀県立図書館所蔵。
(38)菅浦自治会所蔵。
(39)前掲註(23)太田論文。
(40)太田浩司「田畠と惣――中世近江国菅浦における開発をめぐって」(『明治大学大学院紀要』二四―四、一九八七年)三〇九～三二二頁。

補論1　近代以降の菅浦の漁業とその景観

はじめに

菅浦は中世以来の蔵人所・内蔵寮供御人として、コイなどの漁獲物を貢上する「漁人」の活躍で知られる。しかし近世・近代初頭には油桐栽培や薪・割木採取などの山稼ぎに生業の中心をシフトさせていたようで、漁撈活動は必ずしも盛んとはいえず、たとえば明治七年段階では、「魚猟稼人」は沖曳網三、小糸網二、打網一の合計六戸にとどまっている[1]。

その後、大正末期より琵琶湖から全国への放流用アユ種苗の出荷が始まり、昭和に入ると県下ではアユを対象とする漁業がさかんになっていく。菅浦でもとくに昭和四十一年に大浦と結ぶ道路が拡幅され、自動車輸送による販路拡大が可能になったことから、アユを中心とする漁業が昭和四十年代以降に隆盛を迎えたことが知られている。この当時の菅浦の漁法については、すでに昭和五十四年刊の『琵琶湖総合開発地域民俗文化財特別調査報告書』に詳細な報告がある[2]。そこで各漁法の詳細なモノグラフについてはこれに譲り、本章では主に『琵琶湖総合開発地域民俗文化財特別調査報告書』からは抜け落ちている明治・大正・昭和前期の菅浦の漁業の様相を明らかにしてみたい。とくに漁撈活動が作り出す文化的景観の側面に注目し、伝統的な漁場の位置やエリ漁などの漁撈風景について、時代ごとの変化を解明していきたい。

一　忘れられた明治期の漁場

戦前までの滋賀県の漁政では「漁籍」という制度があり、ヤナ・エリなど旧漁業法下での定置漁業（現在のエリは共同漁業）や地引網など特別漁業については、事前に定められた場所・範囲でしか操業が許可されなかった。滋賀県公報で告示されるその漁場範囲が「漁籍」であり、小字名によって示されるのが通例であった。エリとヤナについては明治三十五年六月に初めて漁籍の告示がなされたが、菅浦に関してはいずれの漁籍もみられず、この段階では菅浦にはエリ漁は存在していなかったことが判明する。

一方、漁業法の改正に伴う明治四十五年一月の県公報での告示には、エリ・ヤナの定置漁業に加えて初めて特別漁業の漁籍も掲載されることとなった。菅浦についてはやはり定置漁業の漁籍は存在しないが、しかし特別漁業として「大地曳網」と「鮎地曳網」の漁籍がみられることが注目される。「大地曳網之部」には、菅浦の小字「奥出　第二六番」「奥出　第二七番」、さらに「道出　第二八番」という漁籍番号の記載がある。また「鮎地曳網之部」には、菅浦の小字「奥出　第百十番ノ四」が記されている。通常、琵琶湖の「大地曳網」はコイ・フナなどの比較的大きな魚種を狙うものであり、また「鮎地曳網」はコアユを捕獲するものであった。

「奥出」「道出」ともに小字としては広大であり（図30参照）、このうちどの地点に漁場が設けられたのかは今となっては明らかでない。筆者は今回聞き取り調査を試みたが、これらの地曳網漁場について記憶する漁業者は皆無であった。ただし、小字「奥出」内の「赤崎」（図30）の地先で、「昔（時期は不明）、他村の人が地曳網をやっているのを一度だけ見かけたことがある」との証言があり、このあたりは浅場になっているのでコイやフナが獲れたのではないかとのことだった。したがってこの地点に、第二六番か二七番のいずれかの漁場を想定できるかもしれない。

しかし菅浦の近世文書には、江戸期にこの地で地曳網が行われていたとの記録は全くみられず、同様に十七世紀の堅田の漁業史料中にみられる琵琶湖岸の「大網引場」一〇五ヵ所のうちにも、菅浦の地先は記載されていない(3)。現在七十歳以上の人々にも菅浦の漁業者自身が地曳網に従事したという記憶が全く伝わっていないことから、おそらく地曳網は明治中期にこの地にいったん導入されたものの、根付くことなく廃れてしまったと推測される。菅浦付近は沈降性の深い湖岸であり、遠浅の湖岸を適地とする地曳網には不向きであった。菅浦の漁場としてのメリットは、むしろその深さを生かした沖曳き漁や延縄漁などに発揮されてきたのである。

二 「網浦」と村のコモンズ

『琵琶湖総合開発地域民俗文化財特別調査報告書』ではほとんど触れられていない菅浦のもう一つの漁撈形態として、「網浦」の慣習があげられる。網浦とは産卵期のニゴロブナを対象とするモンドリ漁で、その仕掛け場所二ヵ所の権利を区が有しており、村内の入札によって行

図30　菅浦の小字地名と漁場の位置

使者を決める制度である。

漁場は小字「道出」内の「イケノクチ」と「シバデノサキ」の二ヵ所であり（図30）、いずれも菅浦地先の湖岸としては珍しくヨシの生えた浅場で、このヨシ原めざして産卵接岸してくる多数のフナを捕獲できる好漁場であった。毎年二月二十八日に入札を行い、落札者が一年間の行使権を得たという[4]。聞き取りでは同一人がこの二ヵ所ともの行使権を落札するのが通例であったとされる。モンドリには竹製・網製どちらもみられたが、三月からすでに舟一杯にフナが取れ、五・六月ごろまで漁獲が続いたという。

入札金は区の財政に繰り入れられた。大正五年の「歳入出万明細帳」（区有文書）によれば、「網浦金七分ハ経常費ニ繰入レル事　参分ハ参拾人配当ノ事」とある。入札金の七割は村落財政に還元されているが、残る三割分を配当された「参拾人」とは、近世後期の上層階級で、庄屋・肝煎・組頭をつとめる家柄の「三拾人御役人衆中[5]」を引き継ぐものと考えられる。

また昭和三十六年の「歳入出万明細帳」（区有文書）には、「網浦　網浦ノ収入ハ三役ニ於テ処分スルコト」とある。この場合の三役とは、区長・区長代理者・長老衆を指しており、長老衆については後述する。網浦の制度は、湖岸の道路拡幅に伴ってヨシ原が埋め立てられるまで続いたといい、おそらく昭和三十年代末ごろまで存在したと推定される。聞き取りによれば、最後の年の落札金額は、二ヵ所あわせて一万円程度であったというが、前掲の昭和三十六年「歳入出万明細帳」によれば、この年の区の歳入総額は三三万九四六三円（うち各戸からの区費徴収額は一八万八七四七円）であり、区にとって決して少なくない収入であったことがわかる。

昭和三十年代には入札は区長の家で行われていたが、そこには「長老衆」が立ち会う定めであったことに注目したい。中京大学の民俗調査報告では、「長老が網浦の入札を行なう」と明記され[6]、入札を取り仕切る主体が長老衆にあったことがわかる。菅浦の長老衆は今日では四名で、住民すべてから任命されるが、明治・大正期には「二十人衆」とも呼ばれ、本役を納める家々のみから任命されていた。(7) 原田敏丸によれば、この長老衆は近世にみられる「忠老役」二〇人を引き継ぐもので、地方支配機構としての代官・庄屋等とは異なり、本源的には室町期の「乙名」二〇人に遡り、中世惣村の自治機構を受け継ぐものであったという。(8) 今日の長老衆の機能は宗教的分野や年中行事に限定されてはいるが、しかし土地境界など争論調停に関しては、長老衆の裁定は区長に優先するといわれることにも注意したい。

近世までの「忠老役」が村の資源の取り締まり、とくに山法度の作成・施行に深く関わっていた事実が指摘されているが、(9) この山林と並ぶ資源として、湖岸の漁業資源もおそらく近世において意識されていたであろう可能性を提起したい。網浦慣行が近代以前に遡ることを示す史料は伝存していないが、しかし近代の網浦において入札金とその村への還元に長老衆が深く関わっている事実は、おそらくこういった近世以来の村惣代による資源管理の伝統を示すものではないだろうか。

網浦慣行に関するもう一つの特徴は、その漁業権が戦後の新漁業法施行にあっても漁協や個人へと移行されず、村落の手に保たれ続けたことである。琵琶湖岸においては昭和二十四年以降のいわゆる「漁業改革」により、かつての「村エリ」など村落全体で共有されていた漁業権が漁業者のみからなる漁業組合へと移され、村落住民全体を用益するものではなくなってしまった経緯がある。(10) しかし菅浦では、網浦のモンドリ漁は村有のままで運営されており、いわば村のコモンズという形そのままに保たれていた。モンドリ漁がエリのように免許を要する大規模漁ではなかったことにもよるであろうが、結果として行使者のみならず村落に収益が還元される村の共有財産は、昭和三十年代末まで守られていたことになる。

なお、聞き取りによれば菅浦のフナのモンドリ漁場は他にも二ヵ所あり、「ヒサシ」「モロカワ」の地先にもわずかにヨシ原があって産卵期のフナが捕獲できたという。ただし、この二ヵ所は入札などなく、だれもが自由にモンドリを仕掛けることができたオープンな漁場だった（他村からの網漁出漁さえみられた）。つまり、タイトなコモンズとして厳重に管理された「イケノクチ」「シバデノサキ」に対して、相対的に資源価値の低い「ヒサシ」「モロカワ」は、住民に開放されたルースなコモンズだったことになろう。

三　戦前のエリと戦後のエリ

戦前と戦後、より正確には新漁業法の施行以前と以後とで大きく姿を変えた琵琶湖の漁業として、エリ漁があげられる。前述のように、明治三十五年段階では菅浦にエリの漁籍は告示されておらず、エリ漁はまだ行われていなかったことが明らかである。その後大正期および昭和五年の漁籍告示においても菅浦にエリはみられない。なお、昭和十五年の滋賀県公報に「魞・網魞ノ部」として「大字菅浦　字勘後　第八百四十二番」とあるが、菅浦には「勘後」という小字はなく、隣村大浦の小字であるため、これは昭和五年の滋賀県公報に記載の「大字大浦　字勘後　第八百四十二番」の誤植である可能性が高い。よって菅浦の区域には、戦前にはエリは立てられていなかったことになる。

ただし、聞き取りによれば戦前にも一ヵ所だけエリがあったともいわれ、それは「インナイのエリ」であったという。「インナイ」とは大浦との境界をなす岬の付近で、ここに西向きに伸びたエリが存在していたとのことであった（前掲図30）。『琵琶湖総合開発地域民俗文化財特別調査報告書』には、菅浦の北川新兵衛氏が戦前塩津のウロ（浦）に魞を作っていたが（塩津のエリの権利を請けていたものと推定される）、戦後奥出のウロの赤崎の魞場の権利をまかされて、一〇年ほど行使していたとの記述がある。おそらく戦中か戦後の早い時期にこの「インナイのエリ」が菅浦村域内での最初のエリとして立てられたのではないか。聞き取りによれば、このエリは細目（主としてアユを狙う）の竹簀エリであったという。

この後、菅浦ではエリが相次いで構築されることになる。「ヒサシデ」「ジャガ」「バッタニ」にエリが新たに設置されていった。これらの位置については、各時期の空中写真から知ることができる（図31・32）。対岸の大浦の湖岸にも「サンミのエリ」があり、このように湾内にはいくつものエリが並ぶ琵琶湖らしい風景がみられるようになった。

昭和三十年代の記憶として、「ヒサシデ」のエリはフナを狙う荒目の竹簀エリであったという。このエリや先述の

図31　インナイのエリ（国土地理院，1974年，MCB748X-C2A-3）

図32　ジャガ・バッタニ・サンミの網エリ（国土地理院，1995年，KK952X-C1-9）

「インナイ」のエリのように、琵琶湖岸のエリは元来竹でつくられるものであった。しかし昭和四十年代後半から五十年代に琵琶湖漁業がアユ種苗中心へと完全にシフトしたのに従って、エリの大部分もコアユ漁に適した網エリに置き換えられるようになっていく。網エリは竹簀エリに比べて、より深く風波のある水域でも立てることができる。そこで、沈降性の深い湖岸で本来はエリ立てには向かなかったこの菅浦にも、網エリ設置の機運が高まっていったのであろう。これらのエリは、新漁業法に基づいて漁協から漁業者に行使権がゆだねられる、村のコモンズとは異なる漁業であった。

このように、われわれの目には前近代から変わらないように見えるエリの風景も、琵琶湖漁業の質的転換あるいは制度的変化に適応して、創意工夫の結果生み出された景観であったことに留意せねばならない。生業活動の時代ごとの変化に伴って、文化的景観もまたデリケートにその姿を変えてきた経緯が、菅浦のエリ漁の景観に凝縮されている。

四　菅浦の漁業の現在

菅浦の漁業が最も盛んであったと記憶されているのは、昭和四十年代から五十年代初めごろのことである。オイサデやエリによって捕獲された放流用のアユ種苗は、当時は一キロあたり三万円を超す高値で取引され、文字通り「笑いの止まらんほど儲かった」という。水深のある菅浦沖合の漁場では沖曳き網漁も盛んで、大量に漁獲されたイサザやエビがよく売れた。そこで菅浦では漁の稼ぎで家々が建て替えられるようになり、当時ちょっとした建築ラッシュを迎えたという。つまり漁業の盛行が集落の景観を塗り替えたのであり、このように漁撈活動が当地の景観を大きく変えるほどの影響力を持った時期があることに注意したい。

この時期、漁業者に信仰されていた金比羅社の祭祀も盛んであったことが記憶されている。金比羅社は菅浦集落の東部、東の舟入の入口近くの山側に鎮座している。当時は漁業者と丸子船の運送業者二五名によって金比羅講が構成されており、毎年十月十日を講会として祭祀を行っていた。毎年琴平まで二名が代参するほど盛大な講であったという。今日では講の関係者も一〇人ほどとなり、代参は行われず御札を郵送で受け取るだけとなっている。

菅浦の漁業に関わる景観を一変させた最大の画期は、昭和五十年代半ばに本格化した国の「琵琶湖総合開発」であった。港湾が整備されて集落前面に巨大な舟溜まりが出現し、舟の係留は格段に便利になった。しかしその反面、国の一大プロジェクトとして県下一円で行われた湖岸埋立てや護岸工事は、ヨシ帯など魚類の産卵の場を消失させ、琵琶湖の生態系を大きく変えることとなった。今日、ブラックバスなど外来種の影響もあって、琵琶湖での漁獲量は減少の一途をたどっている。また、盛期の琵琶湖漁業を支えていた琵琶湖産アユ種苗の出荷も、平成以降は冷水病の発生や他産地からの攻勢によって、全国でのシェアを大きく落としている。

昭和五十三年には三九名（専業一五名、兼業二四名）を数えた菅浦の漁業者も、現在では一〇名ほどに減っている。最盛期には一二組あった菅浦のオイサデも、今日ではついに一組となり、三〇艘を数えた沖曳き網用漁船も二艘を残すのみとなっている。菅浦の漁業に関わる景観は、今日また大きな曲がり角にさしかかろうとしている。菅浦の文化的景観を形成した営力の一つとして漁撈活動を正しく評価し、その歴史と技術を分析・記録することが急務である。

註

（1）滋賀県教育委員会編『琵琶湖総合開発地域民俗文化財特別調査報告書一　びわ湖の漁撈生活』（一九七九年）での記述による。

（2）前掲註（1）。

（3）西之切神田神社文書「江州諸浦東西大網引場上中下覚」延宝五年十一月（喜多村俊夫『江州堅田漁業史料』〈アチックミューゼ

アム、一九四二年〉による文書番号二三九号)。

(4) 中京大学郷土研究会『中京文化』六(湖北菅浦調査報告特集号、一九六九年)。

(5) 菅浦文書、文政六年(一八二三)「一札之事」。

(6) 前掲註(4)。

(7) 前掲註(1)。

(8) 原田敏丸『近世村落の経済と社会』(山川出版社、一九八三年)。

(9) 前掲註(8)。

(10) 佐野静代「内水面「総有」漁業の近世と近現代——琵琶湖の「村エリ」をめぐって」(鳥越皓之編『環境の日本史5　自然利用と破壊』吉川弘文館、二〇一三年、本書III第二章)。

Ⅲ　漁撈技術と資源管理

第一章　近世・近代史料による琵琶湖のエリ発達史の再検討

はじめに

1　研究の目的と方法

エリとは、湖沼河川の浅い水域に設けられる定置性の陥穽漁法である。竹簀を立てめぐらせて迷路状の装置を作り、最奥部に誘導された魚を捕獲する。原始的なエリ型漁法は日本各地で散見されるものの、全長一キロにも及ぶ大型かつ精巧なエリは琵琶湖にしかみられないものである。したがってエリは琵琶湖の漁撈文化の象徴として、長く湖岸のランドマークとされてきた。またエリで捕獲されるフナの多くは、米とともに乳酸発酵させてナレズシに加工されることから、エリは「水田稲作+淡水漁撈」というモンスーンアジアの文化基層につながる民俗と見なされてきた(1)。

琵琶湖の漁撈民俗のうちエリに着目し、その歴史的研究に先鞭をつけたのは一九五一年の内田秀雄の論文であった(2)。続く一九五四年の伊賀敏郎によるエリ史料の博捜の後(3)、エリそのものの研究は長く途絶えていたが、一九七〇年代に入って国の「琵琶湖総合開発」が始まると、県下広範囲で漁撈民俗調査が実施され、伝統漁法の衰退と相前後するように各地のエリの民俗誌が集積されるようになった(4)。やがて一九八九年には安室知によりエリ技術の詳細な検討が行われ、エリ漁に関する研究レベルは一気に引き上げられることとなった(5)。以来、安室の成果を基に、地理学の立場から農民とエリの生業史を論じるものや[6]、文献史学から中世のエリ漁と魚類消費について論じるもの[7]、あるいは考古学からの技術論的研究が続いている[8]。

このように琵琶湖のエリ研究についてはすでに一定の蓄積がある。しかしながら、これまでの研究手法には、一つの限界があるように感じられる。それはエリの技術について、聞き取りのみから復原・検証が行われてきたことである。つまり、その技術がいつごろまで遡りうるものか、聞き取り調査では遡及不可能な近代以前のエリの実像について、とくに絵図を中心とする歴史資料との照合が十分に行われてこなかったことである。

たとえば、エリは三～五世紀に稲作技術とともに高句麗から渡来したものとする倉田亨の見解は[9]、今日のエリと中国遼寧省のエリ型装置「迷封」との類似を根拠としているが、エリの形状が古代にもそのまま遡るとする論拠は明確ではない。また中世におけるエリ漁の技術革新を想定する橋本道範の研究も[10]、エリの技術論自体は安室の近現代のエリ研究に基づいており、これらの技術が中世段階にすでに存在したのかどうかは確かめられていない。

長い歴史を有するエリは、琵琶湖の「伝統漁法」として不変に続いてきたイメージがある。しかしその前近代の実像は、歴史資料に即した検証を通じてしか浮かび上がってこないはずである。そこで本章では、エリの発達史について近代以前に遡る史料分析を行い、その発展の長期的なプロセスを解明する。とくに、これまで未検討であった近世のエリの図像や近代期の水産行政史料を分析することから、エリの発達史に関する従来の説に再検討を加えたい。

さらに、本章のもう一つの目的は、エリがなぜほかならぬ琵琶湖において発達を遂げたのか、その要因を地域の環境条件から分析することである。エリが琵琶湖でのみ高度に進化した理由は、従来の研究では十分説明されているとはいえない。また、琵琶湖のなかでもエリの分布には大きな偏りのあることは重要であり、とくに南部の野洲郡に位置する木浜村は、「エリの親郷」と呼ばれ、エリ漁の中心地となってきた事実がある。エリがなぜこの村において顕著な発達を遂げたのか、その解明のためには、当地の社会・経済的条件に加えて、気候・地形条件、さらに捕獲対象となる魚類の生態行動など、自然環境の分析が不可欠であろう。そこで本章では、エリの展開を促した様々な要因について、このような環境条件の側面から検討したい。

以上のように、エリの発達過程について史料的に分析し、エリが琵琶湖でのみ進化した地域的要因を解明することが、本章の目的である。

2　エリ漁の概要と捕獲原理

捕獲対象魚種と漁期

まずはエリ漁の概要とその捕獲原理について整理しておきたい。現在、琵琶湖のエリの大部分は網で構築される「網エリ」となっているが、中世以来昭和三十年代に至るまで[11]、竹杭と竹簀で作られるのが基本であった[12]。竹簀の簀目の大きさによって「荒目エリ」と「細目エリ」とに区分されており、前者はフナ・コイを、後者はアユなどを捕獲対象としていたが、このうちエリの主眼があくまでもフナやコイにあったことは、「細目エリ」を「雑魚エリ」と蔑称していたことからも明らかである[13]。すでに寛元二年（一二四四）の和歌にも、「ふなのぼる　はまべのえりのあさからず　人のしわざのなさけなのよや[14]」とあり、古来フナがエリの重要捕獲対象であったことが知られる。

エリがフナの生態行動に対応した漁法であったことは、すでに先行研究が多く指摘するところである。エリ漁の最盛期は三月から六月であったが、これはフナの産卵期に相当している。琵琶湖のフナはこの時期、産卵場所となる湖岸のヨシ帯に大群をなして押し寄せるが、エリはこれらを捕獲するために発達した待受型の漁法といえる。十世紀の曾根好忠にも「二月始め」の歌として、「ささみづに簀がき晒干せり　春ごとに　えりさす民のしわざならしも」の一首がある。[15] このようにエリの漁期は、古代から春~初夏の産卵期にあったことが明らかである。

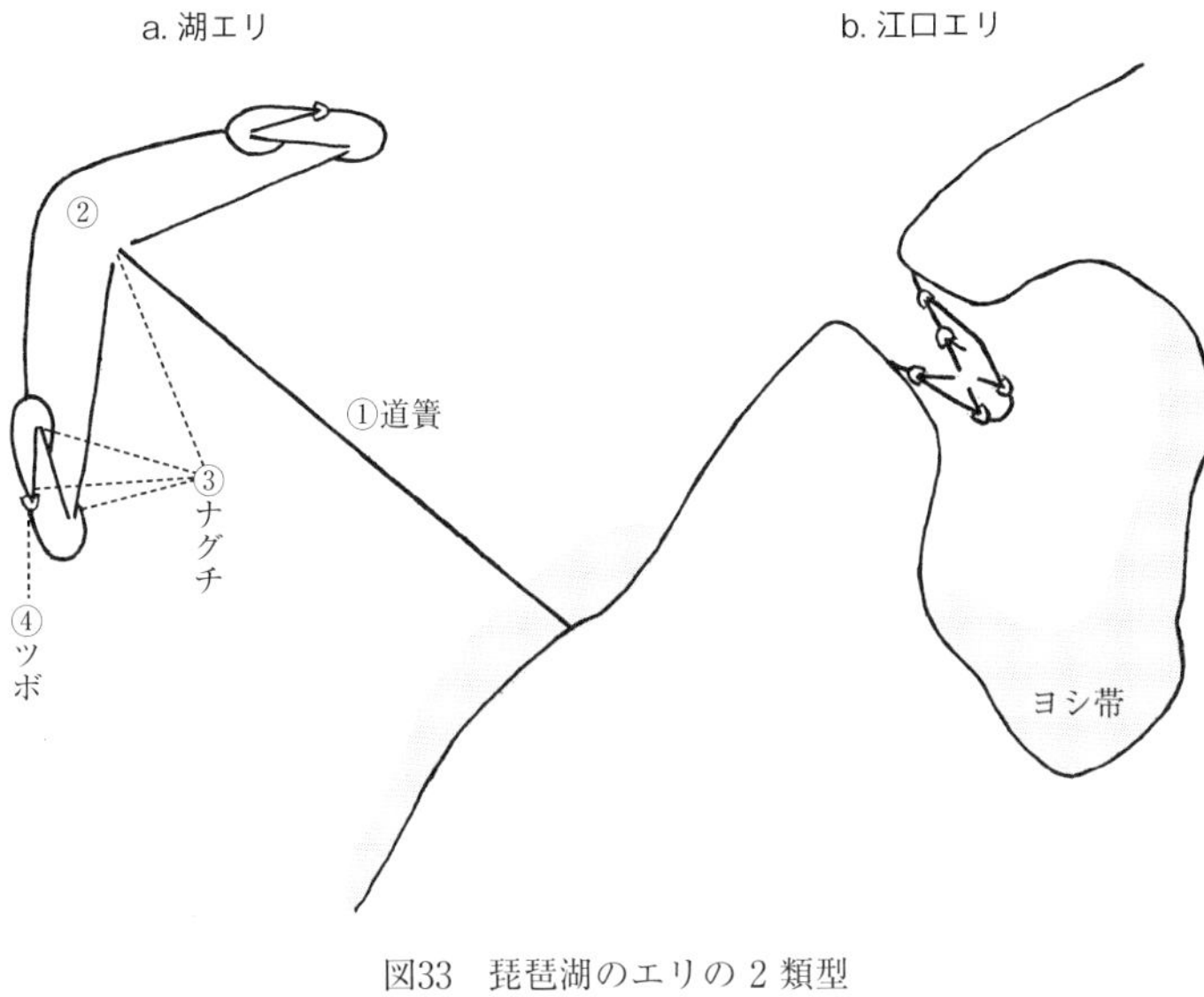

図33　琵琶湖のエリの２類型

捕獲原理

琵琶湖のエリは、その構造からみると二種に大別される。一つは湖の沖に張り出した「湖（うみ）エリ」であり（図33ａ）、もう一つは河口部や内湖（琵琶湖岸の潟湖地形）の入口水路に設けられる「江口エリ」である[16]（図33ｂ）。いずれも産卵のために接岸するフナを漁獲対象とするが、このうち琵琶湖独自の大規模漁法として注目されてきたのは湖エリであった。湖エリが江口エリと大きく異なる点は、岸から「道簀」（図33ａの①）を沖に伸ばし、より深い場所での漁獲を志向することである。この湖中での漁は、ヨシ帯近くの江口エリと比べ、フナを抱卵状態のままで捕らえられる点でメリットがある。すでに産卵を済ませたフナは、味覚的に劣るものとされていたからである[17]。

この湖エリの漁捕原理と基本構造について図33ａで確認しておきたい。図に示すように湖中に張り出した「道簀」は、障害物にぶつかるとそれに平行して泳ぐ魚の習性を利用して、魚をまずは「傘」状の部分（②）まで誘導する。「傘」の内には竹簀で何重かの仕切りが設けられており、その中にいったん入ると逆戻りできない構造となっている。このモドリを備えた各仕切りの入口のことを「ナグチ」(3)と呼ぶ。ナグチは通常幾重にも設置されており、魚は徐々に奥の区画まで誘導されていき、やがて「ツボ」(4)と呼ばれる最奥の捕魚部に溜まったところを、タモ網によって捕獲される。

図34　「ハネコミ」型のエリ模式図

湖エリには大型のものも多く、その沖出し距離は最大一キロにも及んでいる[18]。しかし水深が増していくほど、湖底の地形や水の流れ(シオと呼ばれる)の影響を受けて、エリの構築は困難となる。つまり、沖出し距離の長い大型になるほど、エリの建造には高い技術が要求され、その設置場所も限られることになる。

エリの適地と原初型

エリは竹杭と竹簀で構築されるため、そもそも竹杭の届く深さの水域までしか建てることができない。またたとえ浅くとも風波の激しい湖岸では、竹簀が破損しやすく、さらに底が砂地で竹杭が刺さりにくいため、構築は困難である。エリ漁に適しているのは浅く穏やかな泥底質の水域であり、ちょうどフナの産卵場所であるヨシ帯が形成されるような場所である。

伊賀敏郎は、エリの起源はヨシ地において発生したものと主張している[19]。安室も、原初的なエリはヨシ地の中に設けられたツボ部分だけの単純なもの(「ハネコミ」と呼ばれる型)であったと推定する[20](図34)。近年、琵琶湖岸の赤野井遺跡から古墳時代に遡るヨシ中のエリツボ遺構が検出されたことは[21]、これらの推測の妥当性を裏付けていよう。なお、近世まではエリの建材にヨシも併用したとの記録もあり[22]、その背丈は竹より短いことから、原初的なエリの設置はヨシ帯付近の浅い水域に限られていたと考えられる。やがてエリは産卵前の抱卵フナを確実に得るために、ヨシ帯よりも先の湖面まで伸張し、構造も様々に複雑化を遂げていったものと推定される。すなわち、エリの発達順序としては、ツボ部分のみの単純な江口エリが先行し、それが湖エリへと発展していくプロセスが想定される。

本章では、このように湖中に向かって伸長し、高度に複雑化されていくエリの発達過程について史料的に跡づけることが大きなテーマとなる。

一 図像史料にみる近世のエリ

1 近世前期のエリ絵図

次に本節では、エリの存在が確認される年代について史料面から考えてみたい。エリの文献上の初見は、平安時代中期、十世紀半ばに遡る。内田秀雄は、前掲の曾根好忠の「春ごとに　えりさす民のしわざならしも」の歌から、琵琶湖のエリが一〇〇〇年以上の歴史を持つことを指摘している[23]。

その後、仁治二年（一二四一）には、琵琶湖の東岸、蒲生郡奥嶋庄において下司と百姓との間で新儀の「江利（エリ）」をめぐる紛争が起こっており[24]、このころすでにエリが湖岸の村々で不可欠な生業となっていたことが知られる。同地の大嶋・奥津嶋神社文書には、十三〜十四世紀の多くのエリ紛争関係文書が残されている。

以上のように文献では平安・鎌倉期におけるエリの存在が確認されるのであるが、その一方で図像史料としてはいつの時代まで遡ることが可能であろうか。そこで、従来知られている琵琶湖岸の絵図のうち、エリの形状が描き込まれている絵図の上限年代について確認した[25]。管見の限りでは、中世に遡るものは見当たらず、古いものでも近世初期にとどまることがわかった。このうち最古とみられるものは十七世紀初頭〜中期の神崎郡福堂村の絵図であり[26]、これに次ぐのは元禄の年紀を持つ高島郡の永田村付近の絵図[27]と、蒲生郡下豊浦村の絵図[28]、野洲郡安治村[29]と須原村の絵図[30]、さらに同郡野田村のものである[31]。

このなかで本章では、元禄十年（一六九七）に作成された「安治須原堤論所絵図[32]」を取り上げたい（図35）。本図には、ヨシ帯の江口エリとともに、琵琶湖へ伸びる湖エリが描かれていることが特徴である。湖エリの図像については、十七世紀に遡るものは他地域では見つからなかったため、近世前期の湖エリを描く唯一の事例として注目される。また湖エリ・江口エリともにその描写は非常に写実的であり、エリの内部構造まで知ることができる点できわめて貴重な史料といえる。

まず江口エリについて概観したい。本図に描かれた多数の江口エリは、内部構造が前述のハネコミ型よりも一段階進化しており、ツボが左右に増えて二つとなっている。ヨシ帯の水路に設置されている点は変わっていない。

次に湖エリについてであるが、図には須原村地先から伸びるこのエリについて「須原村釼魞」との名称の注記がある。「釼魞」はこの相論時、隣の堤村によって一六〇間ほど切り取られたとあることから[33]、元禄十年段階で少なくとも一六〇間以上の沖出し距離を持っていたことが明らかである。加えて、同時期の堅田西之切神田神社文書中にもこのエリに関わる記述があり、「吉川浦より北仁保川浦迄之内に、須原村魞古来より由緒有之沖中え指申より外一切無御座候[34]」とみえる。このように「釼魞」は元禄段階においてすでに「古来よりのもの」と伝えられていることから、近世以前より存在していた可能性がある[35]。

この「釼魞」は、われわれが見知っている今日の湖エリとは形状が大きく異なる点で注意が必要である。「釼魞」の「道簀」は岸から一直線ではなく、途中で屈曲する形となっている。また複雑な漁捕装置を備えた「傘」部分も見

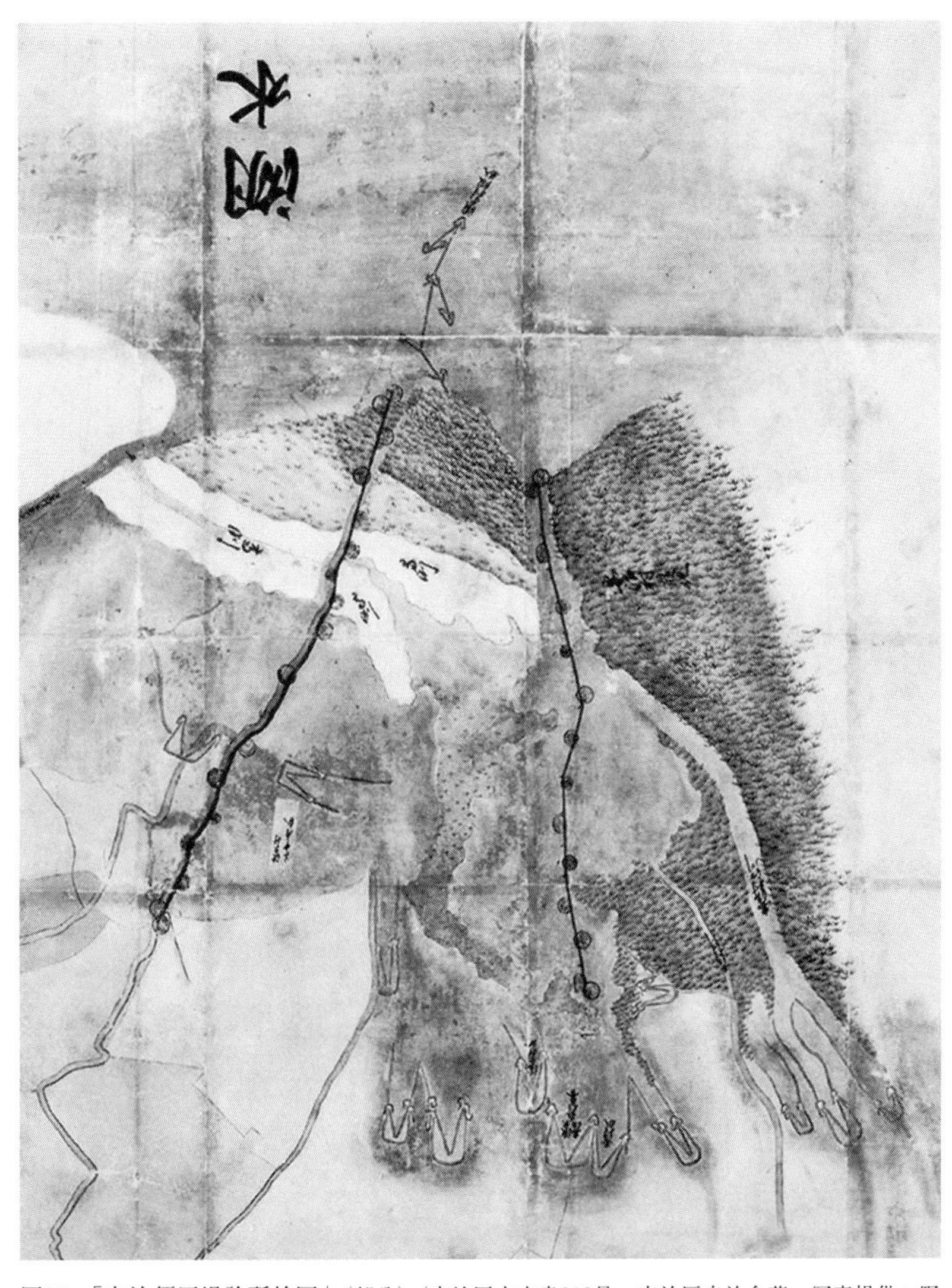

図35　「安治須原堤論所絵図」（部分）（安治区有文書918号。安治区自治会蔵，写真提供：野洲市教育委員会。掲載の向きは上が北）

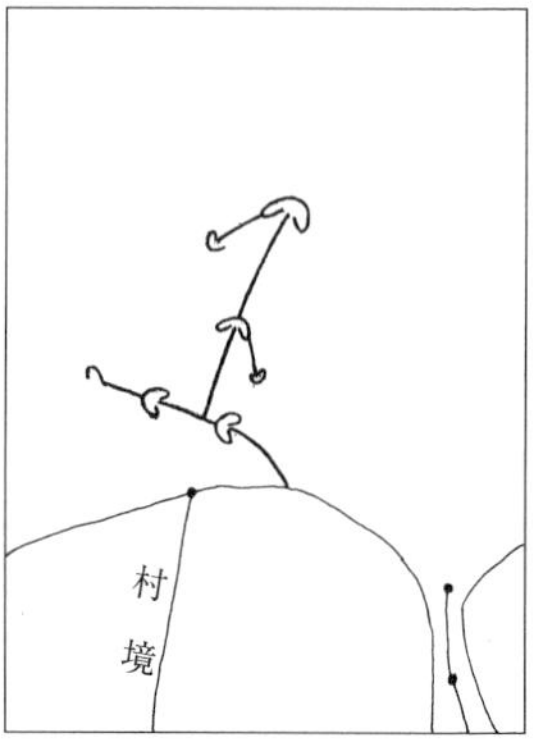

当たらず、ただ一つずつのツボ部分のみを連結する構造となっている。

　このような「釵魞」の様相については、描写が簡略化されている可能性もあるため、同時期に須原村側で作成された絵図も参照することにしたい。元禄十年の安治・須原の境相論に際して、須原村では二枚の絵図が作成されており、うち一枚は図35と同様であるが、もう一枚は湖岸部分のみを大きく描いている（図36[36]）。この図にみえる「釵魞」は、図35の形状とほぼ等しいが、ただし漁捕部分に関しては図35より

図36　「須原堤安治境絵図」（須原区有文書882号）にみえる釵魞（部分トレース）

若干大きく描かれた箇所もあり、ツボは一つとは限らない可能性もある。しかしいずれにしても、今日のナグチを重ねた複雑な漁捕装置とは異なり、「傘」部分はかなり小さいものとして描かれている。

　岸から一直線の「道簀」もなく、大型の「傘」も持たないこのような湖エリの形状は、じつは「釵魞」だけに特異なものではなく、かつては琵琶湖岸に広くみられたものであった可能性がある。天保期の堅田西之切の文書中には、対岸の木浜村にあった琵琶湖有数の大型エリ「茶杓魞」の旧状について、「茶杓魞と申儀は茶杓成にて先一坪にて本坪は決て無御座候」（傍線は筆者）と記されている[37]。茶杓のようであったという形状は、現在の一直線の「道簀」のエリよりも図35の屈曲した「釵魞」の姿に近い。また「坪」とは漁捕部の「ツボ」に通じ、「先の方が一つのツボのみで「本坪」はなかった」という表現[38]は、複雑な漁捕装置としての大型の「傘」を欠く「釵魞」の形状に一致していよう。したがって江戸初期の湖エリは、今日とは大きく異なるものであり、その形状は十八世紀以降に大きく変化している可能性が提起される。

　「釵魞」に関しては上記以外にも近世後期の絵図が数点伝存しており、さらに明治期の絵図も存在することから、

およそ三〇〇年間の姿がたどれる貴重な事例となっている。「魞」の元禄期以降の形状の変化をたどってみよう。天明二年（一七八二）の絵図[39]では、描写が簡略化されているため漁捕部の構造は不明であるが、「道簀」が屈曲している点は元禄期と同じである。その五〇年後の天保三年（一八三二）の絵図（図37）では[40]、「魞」は岸から一直線の「道簀」を備えた三段エリとなっており、元禄十年段階では隣村へ西に一九間はみ出していたとされる屈曲部は、分割されて別のエリとして脇に描かれている（「横魞」と呼ばれる）。この時点での沖出し距離は、「魞」が一二五間、「横魞」が四三間であった[41]。この段階では「魞」にはまだツボ部分のみの捕魚部が二ヵ所連結されているが、続く天保十五年の図[42]ではなくなっており、今日の湖エリとほぼ等しい姿となっている。明治十七年の記録では、「魞」は全長一八〇間の三段エリとして、「横魞」も六〇間で同じ場所に引き継がれている[43]。

以上のように、われわれの見慣れた「岸から垂直に伸びる道簀」と「大型の傘」を備えた湖エリとは、十八世紀以降、十九世紀前半までに普及した比較的新しい形状である可能性が出てくる。その変化の時期と要因について、以下に詳しく検討したい。

2　湖エリの形状の変化

新型の湖エリの普及時期に関して手がかりとなるのは、同じ野洲郡の杉江村に残されたエリ相論関係絵図である（図38）[44]。本図は寛政十年（一七九八）の年紀を持つが、図中に無数に描かれたエリの形状に注目したい。図では、湖上に張り出した湖エリとしては、一直線状の「道簀」と大型の「傘」を備えた今日の湖エリに近いもの

図37　「須原堤境絵図」（須原区有文書887号）にみえる魞（部分トレース）

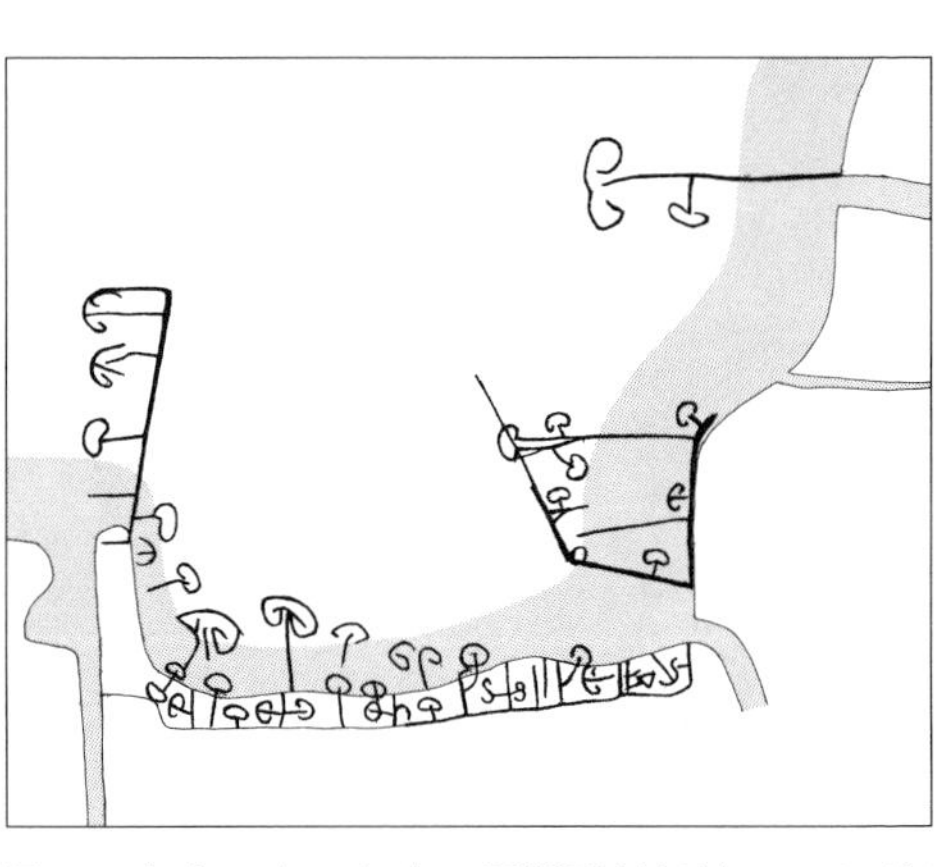

図38　寛政10（1798）年の野洲郡杉江村のエリ（杉江自治会共有文書「為取替証文之事写」付図を部分トレース）

（図中右上端）と、図35の「釼魞」と同様にツボ部分のみを連結したもの（図中右から二番目のエリ）、あるいは屈曲型の「道簀」を持つ古いタイプのもの（図中右から三番目のエリ）が並んで描かれている。つまり、この絵図の描かれた段階では新旧双方のタイプの湖エリが併存しており、両者の転換期にさしかかっていたと推測されるのである。よって当地域に今日のような「岸から一直線となる道簀」＋「大型の傘」タイプの湖エリが普及したのは、この十八世紀終わりごろのことであった可能性が高い。

この時期にエリの形状が大きく転換した要因について、史料から明らかにすることは困難であるが、可能性として考えられるのは、江戸中期に海域から移入された定置網の技術、すなわち「網エリ」成立の影響ではないかという点である。琵琶湖では竹や葭簀のエリが古代からみられるのに対して、網で作られる「網エリ」の出現は近世に入ってからのことであり(45)、その成立時期は享保年間と伝承されている(46)。一方、広島・岡山沿岸、大阪湾では、岸から垂直に伸びる垣網と、「傘」状の囲網からなる小規模な定置網（「ます網」または「つぼ網」と呼ばれる）が、中世末・近世初頭より確認されている(47)。琵琶湖の初期の「網エリ」はこれらとほぼ等しい構造であることから(48)、筆者は瀬戸内海・大阪湾方面からの技術導入の可能性を想定する。「網エリ」は岸から一直線に伸びる垣網を備えているが、これが竹簀のエリにも取り入れられ、一直線の「道簀」となった可能性が考えられるのではないか。

以上のように、江戸時代の前期と後期とでは湖エリの形状は大きく変化しており、今日に近い形状の湖エリの普及は、十八世紀後半に下る可能性が提起される。このような本章での考察結果は、エリ発達史に関する従来の見解とは大きく異なるものである。

たとえば橋本道範は、岸から垂直に伸びる「道簀」と大型の「傘」を備えた湖エリの出現は中世に遡り、十三世紀ごろにその成立の画期があったとしている[49]。京の市場での魚介類取引の成立など、商品としての魚の需要が、漁獲効率の高い複雑なエリへの発展を促したとする見解である。橋本の説は、十三世紀の湖岸村落でエリの相論が激化しており、この時期にエリをめぐる社会・経済状況に新たな変化が推測されることを論拠の一つとしている。しかしながら、この十三世紀の変動がすなわち新型の湖エリの出現を意味するとの判断には、さらなる根拠が必要のように思われる。当該期のエリ相論の激化は、荘園と中世村落の変容に関わるものだった可能性もあり、技術革新以外の可能性についても検討が求められよう[50]。

ただし、湖エリという湖中へ張り出すタイプのエリがすでに中世から存在していたと考えることには、筆者も賛意を示したい。「釼魞」が元禄段階で「古来よりの由緒を持つ」とされているように[51]、屈曲型の原初的な湖エリは、少数とはいえ近世以前から存在していた可能性が高い。さらに、エリの沖への伸長をめぐって、江戸期にはそれぞれの沖出し間数が「先規」通りに定められており、それを越えての延伸（「過間」と呼ばれる）が新儀のエリ建てとともに、原則的に認められていなかったことに注意したい[52]。このような規制の存在は、その前提として規制以前にすでに一定の伸長がなされていたことを示している。こういった規制が史料的に確かめられる初見は元禄十一年であるが[53]、そこでは慶長十六年に下された裁許が根拠とされており、近世初頭に遡る「先規」であったことがうかがわれる[54]。

以上のように、湖中へ延伸した湖エリは、近世以前から存在していた可能性が高いが、その形状は近世前期まではツボ部分のみを連結した原初的な構造にとどまっていたとみられる。その後十八世紀後半になると、今日に近い「岸から一直線の道簀」＋「大型の傘」を備えた湖エリが普及するようになり、琵琶湖岸のエリの風景は一変したと考えられる。古代以来の伝統漁法であるエリも、時代ごとにその姿を変化させていたことになる。

二　漁捕装置からみたエリの分類とその発達過程

1　ナグチの数とエリの諸形態

前節では、今日の形状に近いタイプの湖エリの普及は、十八世紀後半の新しい動向と考えられることを示した。近世前期までの湖エリとそれ以降のものとを隔てる違いは、直線状の「道簀」の設置に加えて、大型の「傘」部分の存在である。本節では、この「傘」すなわち漁捕装置の内部構造に焦点を合わせて、その進化のプロセスを明らかにしたい。

湖エリの「傘」の内部構造については、現在のエリをみても単純なものから複雑なものまで様々な技術段階が認められる。これらの分類についてはすでに安室の研究があり、「エリの親郷」と呼ばれた野洲郡木浜村での聞き取り調査から、エリの内部構造の複雑度を以下のような三類型にまとめている[55]。これは「傘」内部の仕切りの数、すなわちナグチの設置数に基づく分類であり（図39）、ナグチが二つかあるいは三つでツボまで達するものを「ズットイキ」と呼び、それよりナグチを一つ多くしたものを「ウチマタゲ」、さらにもう一つナグチを増やした複雑型を「テンピン」と呼んでいる。この分類は、そのままエリの発展段階に対応しており、つまりエリは、「ズットイキ」→「ウチマタゲ」→「テンピン」の順に発展したと考えられている。なかでも「テンピン」のエリはその構築に高い技術と費用を要するため、最も高度な段階に位置づけられるという。

安室の考察は、木浜村に居住しつつ県下各地のエリ建てを行っていた「エリ師」たちの記憶に基づくものであり、大正・昭和前期のエリ技術を示す貴重な成果といえる。しかしながら、この聞き取りに先立つ明治時代においては、さらに高度かつ多様な形態のエリが存在していたことが史料から確かめられるのである。

滋賀県では、明治十七～十九年の三ヵ年にかけて県下のエリの形状や漁獲量に関する一斉調査が行われており、その記録が『水産委員取調魞漁経費収益金其他取調帳編冊』として県庁行政文書の中に残されている[56]。この史料の存在はこれまでほとんど知られておらず、漁業史研究に用いられることも全くなかった。当記録には一部の欠落はあるものの県下の大部分のエリに関する個別データが記載されており、近代期の琵琶湖のエリについて詳細に知ることができる。以下、この史料に基づいて分析を行いたい。

取調帳のエリの形式欄には、上記の「ズットイキ」「ウチマタゲ」「テンピン」に加えて、「カンス」と「カエシ」

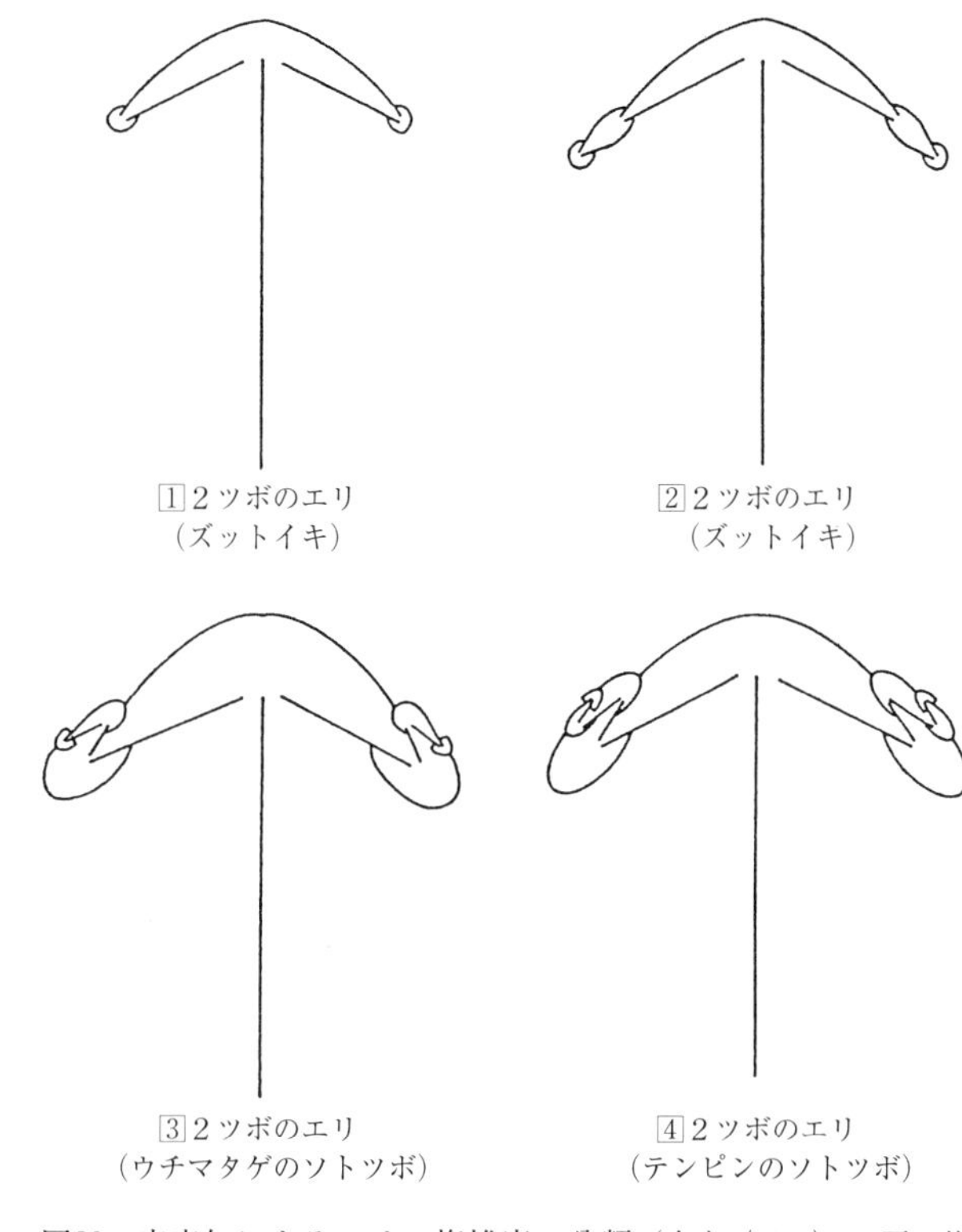

図39　安室知によるエリの複雑度の分類（安室〈1989〉 8 頁，第4図（1）より部分転載）

という名称が散見される。これらの具体的な形状については、やや年代は下るものの明治四十三年刊行の『琵琶湖漁具圖説』[57]に「カエシ」の図解があり、また「カンス」については明治三十五年の漁業免許申請書類に付された各エリの「漁場図」[58]との照合によって確認が可能である。これらによれば、「カンス」とは「ウチマタゲ」より仕切りが一つ少ないもので、すなわちナグチが三つの形態を意味している。また「カエシ」とは前出の高度な「テンピン」よりもさらにナグチを一つ増やし、合計六つのナグチを備えるものである。これら二種のエリも上記三種の発展段階に位置づけて整理することができ、したがって湖エリの内部構造の複雑度としては、「ズットイキ」→「カンス」→「ウチマタゲ」→「テンピン」→「カエシ」という五段階が想定されることとなる（後掲図41の最下段参照）。このように明治期には、大正・昭和期よりもさらに多様なエリの形態が存在していたことが明らかである。

2　ツボの数による分類

湖エリの漁獲効率の向上には、「傘」内部の仕切り＝ナグチの数を増加させることに加えて、もう一つの発展の方向性がある。それは、一つのエリに設けられる「ツボ」すなわち捕魚部を増やす方向である。ナグチの数の増加、すなわち迷入装置の複雑化が漁獲の確実性を高めるのに対して、ツボの増設は漁獲の集約度を上げることを目的としている。

安室もすでにこのツボの数に注目した湖エリの形態分類を行っている。それによれば、最も早期には左右に一つずつ計二つのツボを備える形であったのが、やがて左右二つずつの計四個となり、その後さらに合計八個へと発展していったという。とくにこの八ツボという形式は主に「テンピン」に用いられており、「琵琶湖でみられる最も複雑な形のエリ」と評価されている[59]。

しかしこのツボの数についても、明治初期段階ではさらに多数であったことが確かめられる。明治五年（一八七二）編纂の『滋賀県管下近江国六郡物産図説一　湖水漁具絵図』(60)には、一六個のツボを備えた巨大なエリの姿が描かれている。このエリの内部構造は最も複雑な「カエシ」の形態となっており、捕魚部の増設と迷入装置の複雑化が組み合わされることによって、精巧で大型のエリが作り出されている。この一六ツボのエリについては、ほかに明治十七年刊行の『水産博覧會第一区第二類出品審査報告』(61)にも記載があり、また明治二十三年の編纂とみられる『近江水産図譜』(62)（図40）にも図解があることから、明治前期の琵琶湖岸に存在したことは確実である。しかしながら明治三十五年の各エリの「漁場図」中には見当たらず、また大正期以降の漁業免許申請書類にもみられないため、実質的には明治中期に廃れた形式であったと考えられる(63)。

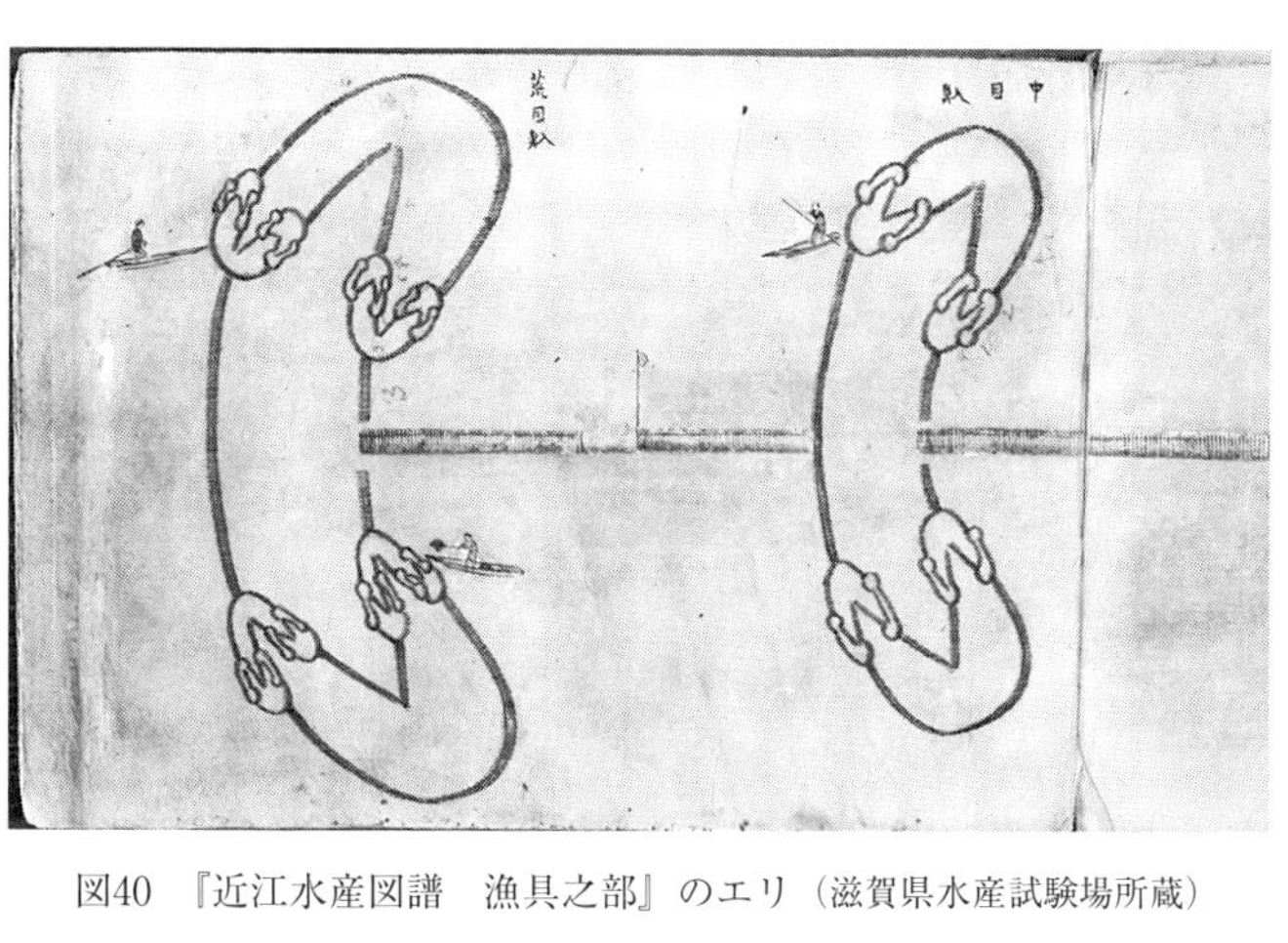

図40　『近江水産図譜　漁具之部』のエリ（滋賀県水産試験場所蔵）

　したがって、このエリが最も発達を遂げた明治前期を基準として湖エリの諸形態を整理し、その発達過程について考えてみたい。「迷入装置の複雑度（＝ナグチの数）」と「捕魚部の数（＝ツボの数）」の二つを基軸とすれば、図41のような発展段階が復原されることとなる。迷入装置の複雑化には五段階、漁捕部の増設については四段階のプロセスが考えられる。この両者は連動しており、各々の数が多いほど内部構造は複雑となり、漁獲の確実性および効率性が向上することになる。なお、ここに

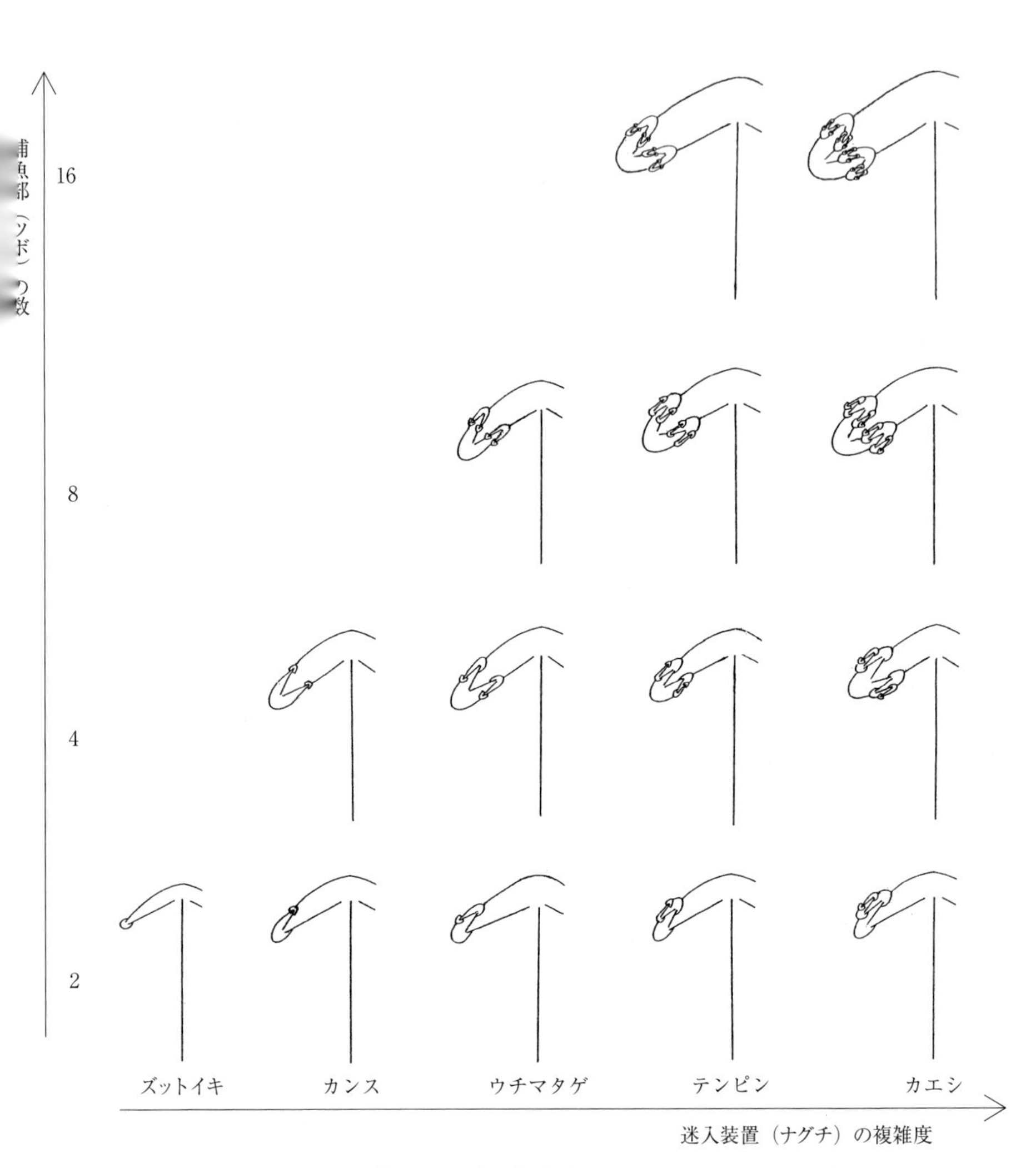

図41　湖エリの諸形態とその発展段階（エリ左半分の構造のみを示す）

示した類型以外にもツボの位置〈沖合側〈ソトツボ〉・岸側〈ナグチツボ〉のどちらに置くか〉、段数などの組み合わせによって様々な形状の構築が可能であり、実際のエリには多くのバリエーションがみられた[64]。

最初に出現した「岸から垂直に伸びる道簀」を備えた湖エリは、本図左端にある二ツボの「ズッ卜イキ」の形態であったと考えられる。これは「傘」部分のみを見れば、図35の元禄期の江口エリの構造と同じであり、江口エリに「道簀」を設け、ヨシ帯より沖合への伸長を図ったのが原初型であったと推定される。その後、「傘」内部の漁捕装置の複雑化・精密化に伴って、「傘」自体の大型化が進んでいったものと推定される。図41の最上段右端がエリの技術発達の最終ステージであるが、この「カエシ」の一六ツボのエリこそ、琵琶湖のエリのいわば「極相」であり、明治初期の琵琶湖最大のエリ「木浜大魞[65]」に用いられた形式であった。以上のように、湖エリの技術発達は、明治初頭まではすでに最終段階に到達していたことがわかる。

三　エリの発達の地域的要因

1　明治前期におけるエリ形態の分布

前節では湖エリの様々な形態とその発展系列について明らかにしたが、これらの構築技術は、いつごろどの地域で開発されたものだったのであろうか。本節では、多様なエリの構築技術が考案されるに至った地域的要因と、その年代について考えてみたい。

注目すべきことは、湖エリの各形態の分布には顕著な地域差がみられることである。このエリ分布の地域性から検討を始めることにしたい。前述の明治十七〜十九年の『水産委員取調魞漁経費収益金其他取調帳編冊』には、ほぼす

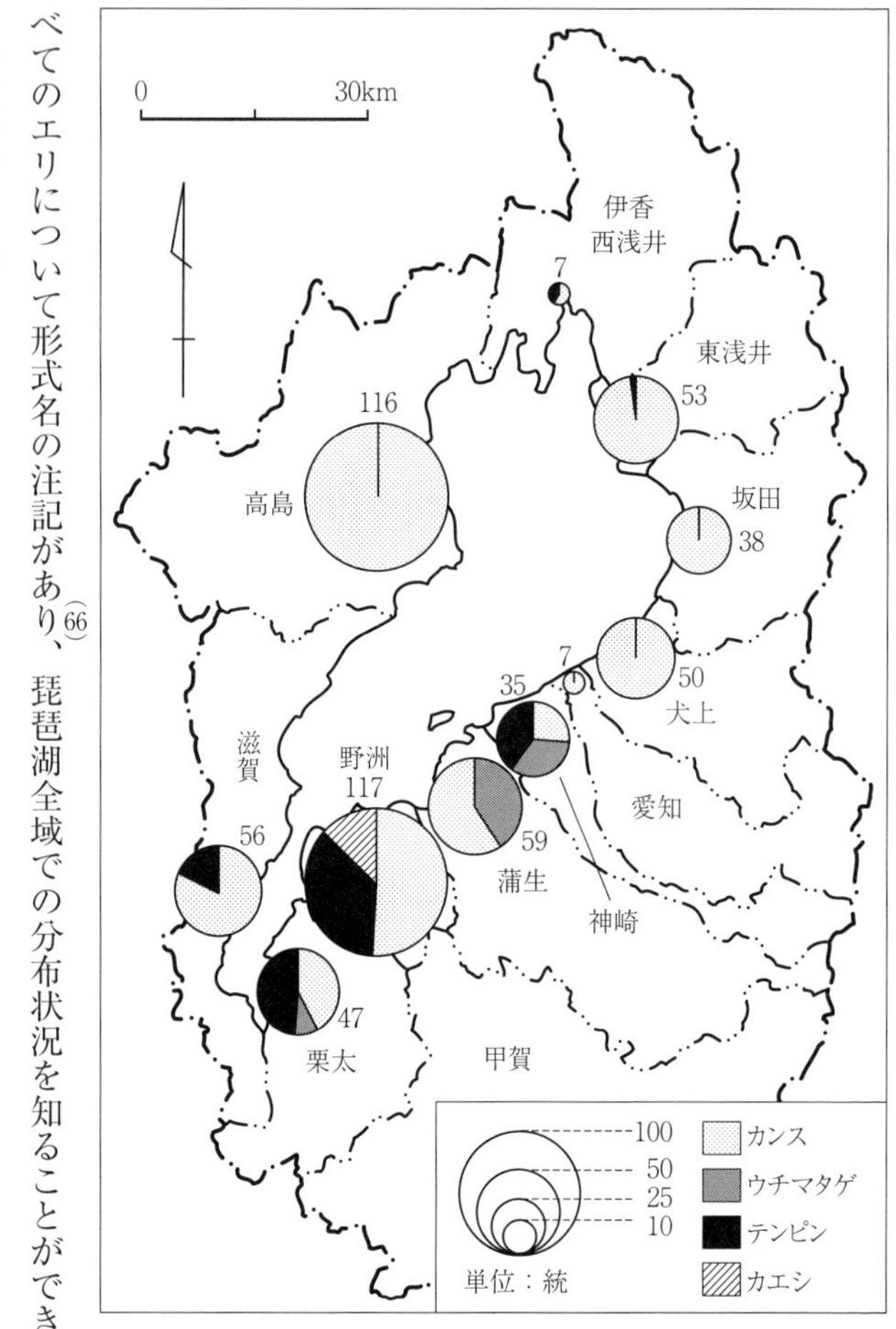

図42　明治17年におけるエリの郡別分布とその形態内訳

べてのエリについて形式名の注記があり、(66)琵琶湖全域での分布状況を知ることができる。これを郡単位にまとめたものが図42である。

この調査時点では最も単純な「ズットイキ」はすでに一例もなく、すべてのエリが「カンス」以上の形態となっている。本図から読み取れるエリの分布上の特徴は、まず県下全体の傾向として北部では「カンス」が圧倒的であるのに対して、南部では「カンス」から「カエシ」に至るまでのバラエティが示されていることである。「カンス」は県下の全域に広く存在していることからも基本型のエリであったといえるが、琵琶湖の北部ではそれ以上への展開は進まなかったものと推測される。

次に、南部と北部の中間に位置する蒲生郡・神崎郡に、「カンス」の次段階である「ウチマタゲ」の形式が集中的に分布することに注目したい。取調帳の記載によれば、これらのエリが立地するのは琵琶湖本体ではなく、いずれもその内陸側に連なる「大中之湖」や「津田内湖」等の内湖（琵琶湖岸に形成された潟湖地形）である。「大中之湖」は琵琶湖岸最大の内湖であり、一五・四平方キロの面積を有するが、水深は最深部でも二・七メートルにすぎない浅い水域であった。琵琶湖の風波から遮られた穏やかな内湖沿岸にはヨシ群落が発達しており、県下有数のフナの産卵地となっていた。

このように穏やかな内湖水域はエリの構築に適しており、「大中之湖」や「津田内湖」の沿岸とは、第一節1項でみた奥嶋庄など中世以来のエリ関係文書を伝える地域でもあった。湖エリの技術発展の道程において、波浪が高く水深のある琵琶湖本体への適応の前段階として、浅い内湖での伸長・複雑化の過程があったと推測される。「大中之湖」一帯では、「カンス」から「ウチマタゲ」「テンピン」へ至る形式が順を追って見られることから、ナグチの増設による「迷入装置の複雑化」技術は、この地で生み出された可能性のあることを提起しておきたい。当地が琵琶湖のエリの発祥地であるとする口碑が近世以来伝わっていることも[67]、内湖ならではの環境条件によってエリの発達が促された過程を反映するものかと思われる。

一方、「テンピン」のエリについては、この「大中之湖」一帯に加えて、琵琶湖の南部、とくに「南湖」と呼ばれる琵琶湖最狭部以南の水域にも濃厚な分布を見せていることに注意したい。平均水深が四四メートルある「北湖」とは違って、「南湖」では水深五メートルまでの浅い水域が大部分を占めており、またそこに広がる緩傾斜の湖底は、急深の「北湖」

表３　明治17年における琵琶湖の300間以上のエリ

順位	規模	所在字名	村　　名	形　式
1	700間	西牧野	野洲郡木浜村	カエシ
2	550間	新堀	滋賀郡錦村	テンピン
3	462間	切戸	野洲郡木浜村	カエシ
4	440間	茶柄杓	野洲郡木浜村	カエシ
5	430間	淵出	野洲郡木浜村	カエシ
6	340間	江口	野洲郡今浜村	カエシ
7	300間	呼次	滋賀郡松本村	テンピン
7	300間	町浦	滋賀郡比叡辻村	テンピン
7	300間	東	野洲郡菖蒲村	カエシ
7	300間	北ヶ崎	蒲生郡白王村	テンピン

に比べてエリ建てには有利である。風波の激しい「北湖」に対して、「南湖」自体がいわば一つの内湖的空間ととらえられるかもしれない。

この「南湖」には、「カンス」はあるものの次段階の「ウチマタゲ」がほとんどみられず、一段階飛ばした高度な「テンピン」が多数用いられていることが特徴的である。この事実は、「テンピン」が「南湖」で自然発生したものではなく、他所から移入された可能性を示唆してはいないだろうか。

また「南湖」のエリのもう一つの特徴は、きわめて大型のものが多いことである。同じ『水産委員取調鮲漁経費収益金其他取調帳編冊』のデータを用いて、明治十七年の琵琶湖全域のエリのうち三〇〇間以上の沖出し距離を持つものを表3に示した。大部分が「南湖」に分布しており、その要因としては前述のようにエリが伸長しうる穏やかな浅水域の存在が大きい。ただし、大型エリの分布は「南湖」のうちでもとくに野洲郡に顕著であり、なかでも木浜村には第一位および第三位から第五位までの大型エリ四つが集中している。

これら野洲郡の大型エリ群は、いずれも「カエシ」の形態となっていることにも注目したい。前掲図42にみる通り、エリの完成段階にあたる「カエシ」の形態は、県下でも野洲郡のみに存在する技術である。琵琶湖のエリの最終的な技術革新は、野洲郡において達成され、なかでも木浜村がその中心となっていたことが明らかである。

2　木浜村の地形と生態学的条件

エリ建てに適した環境条件を持つ「南湖」の中で、とくに野洲郡の木浜村においてエリが最も顕著な発達を遂げたのはいかなる理由によるものであろうか。本項では、木浜村が「エリの親郷」となりえた地域的要因について考えてみたい。

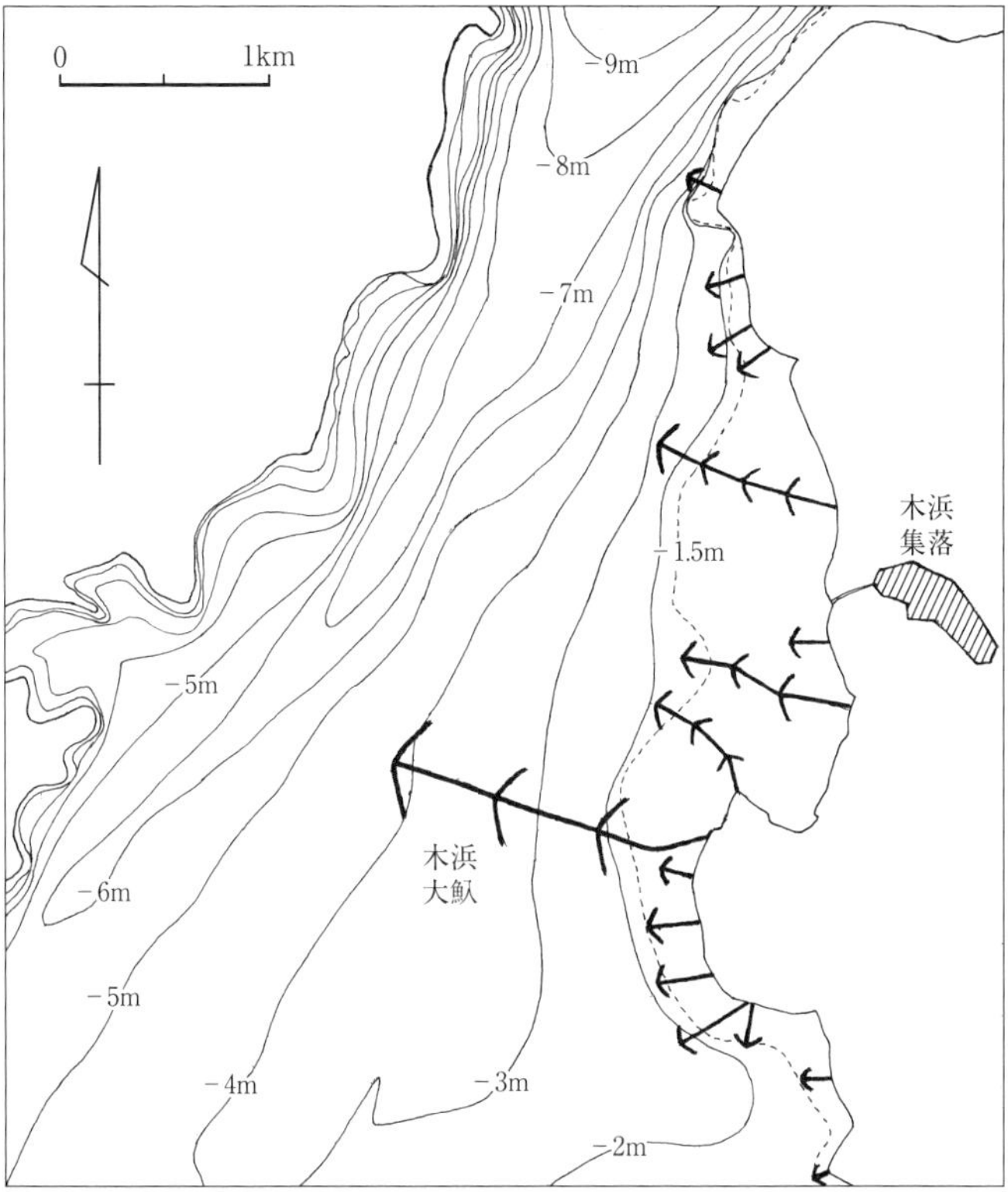

図43　明治後期における木浜周辺の主要なエリ（明治35年の各エリの「漁場図」を基に復原。湖岸線と等深線は昭和31年測量「湖沼図」に基づく）

当地を取り巻く自然条件のうち、まず考慮せねばならないのは湖底地形である。木浜村付近一帯の水深と、筆者が復原した明治後期の主なエリの位置[68]を図43に示す。木浜村は、野洲川デルタによって作り出された琵琶湖最狭部のすぐ南に位置している。そもそも「南湖」には前述のように五メートル以浅の水域が広がっているが、なかでも木浜村の前面には図にみるようにマイナス一・五メートルまでの浅い水域が六〇〇メートル以上の幅をもって展開している。この水域はまた、野洲川デルタによって「北湖」からの波浪が遮られるために穏やかな泥底質となっており、竹杭を湖底に刺して構築するエリ漁にはきわめて適した条件といえる。図43にみるように、多くのエリはこのマイナス一・五メートルの水域を主に利用しており、木浜には湖エリの伸長や複雑化に適した湖底条件が備わっていたことがわかる。

これらの地形条件に加えて、さらに重視されるのは、木浜村を取り巻く生態学的条件、すなわち捕獲対象となるフナの生態である。琵琶湖のフナは他地域とは種類が違うため、その生態と行動が大きく異なっていることに注意したい。古代湖である琵琶湖には、西日本に広く分布するギンブナに加えて、ニゴロブナ・ゲンゴロウブナという琵琶湖水系の固有種が二種生息している。体長の小さいギンブナが雑魚扱いされるのに比べて、高い価値を認められてきたのはもっぱら固有種の方であった[69]。ギンブナが周年湖岸の近くに生息するのに対して、ニゴロブナとゲンゴロウブナは琵琶湖の沖帯で生活している[70]。沖帯の深水域での漁獲技術は大正期に入るまで未発達だったため[71]、これら固有種を沖帯で捕獲することは困難であった。しかし、両種ともに産卵期だけは「寄り魚」となって湖岸のヨシ帯に近づいてくる。したがって、近世までの琵琶湖のフナ漁の多くは、産卵期の三〜六月に行われるものであったことが重要となる。

本章では、このうちとくにフナズシの原料にされてきたニゴロブナの生態に注目したい。ニゴロブナの多くは周年、水深二〇〜四〇メートルの底層、すなわち琵琶湖最狭部以北の「北湖」に生息している[72]。しかしこのフナは、春期になると多くが「南湖」に向かって産卵回遊することに特徴があり、「南湖」のヨシ帯・水草帯がニゴロブナの産卵場所として大きなウェイトを占めていたことが指摘されている[73]。したがって春期には、「北湖」から多数のニゴロブナが琵琶湖最狭部を通過することになるが、木浜はまさにその最狭部、「南湖」への入口部分を押さえる位置に当たっている。琵琶湖対岸の西岸側は急深となっているため、エリ建てが可能なのは緩傾斜の木浜村前面に限られる。したがって木浜は、

「南湖」へ回遊するニゴロブナの魚道を遮断する形でエリを設けていたことになる。フナが豊富に供給される条件下にあったからこそ、エリ技術は極限まで高められていったのではないだろうか。

以上のように、木浜村がエリの先進地となりえた要因には、エリ建てに適した湖底の地形条件に加えて、ニゴロブナの「南湖」への産卵回遊という生態条件が大きかったことを指摘しておきたい。

3　エリの技術革新の年代

前項のような地形条件と生態学的条件を兼ね備えた木浜村において、エリの技術革新が進んだ具体的な年代について考えてみたい。木浜村は県下各地への「エリ師」を輩出していたことでも知られるが、「エリ師」の出現がいつごろまで遡りうるのかという点も、エリの発展過程を考える上で重要な問題といえる。

木浜村自体には江戸期に遡る村方文書類は残されていない。[74] しかし本章では、他村との間に起こった相論、とくに堅田との漁業紛争のさいに堅田側に残された史料や、さらには近代の水産行政文書を用いて分析を試みたい。

十八世紀におけるエリ師の活躍

木浜村の名前が、他村のエリと関わって文書に出てくる最初の例は、寛延三年（一七五〇）、膳所城付近の西之庄浦でのことである。城下町の道具屋重兵衛が西之庄浦での新規エリ建てを企図し、木浜村の清七を雇ったが、堅田猟師からの抗議によって差し止めになったという事例である。[75] 堅田側からの訴状は寛保四年（一七四四）のものが確認されることから、[76] 木浜のエリ師の活動はすでに十八世紀半ばには始まっていたと推定される。これと同じころ、「大中之湖」に面した神崎郡の乙女浜村でも、木浜のエリ師の名がみられる。[77] 宝暦二年（一七五二）二月、木浜村の孫兵衛は乙女浜村役人中に対して、二ヵ所のエリを毎年米八俵で請けることを約定している。[78]これら十八世紀半ばとは、第一節で触れた「岸から一直線に伸びる道簀」＋「大型の傘」を備えた湖エリが普及し始めた初期に相当する。木浜には、明和四年（一七六七）段階で四石以上の役米を定められたエリが二ヵ所（西まきの魞・東まきの魞）あり、[79]他村のエリ役米と比べても相当大規模なエリであったことがうかがわれる。この木浜の十八世紀後半のエリは、おそらく新型の「直線状の道簀」を持つエリだったと推測され、この新たな技術が木浜エリ師の「南湖」南部や「大中之湖」への進出を可能にした可能性がある。とくに、「大中之湖」とはまた、「ウチマタゲ」から「テンピン」へ至る複雑な迷入装置が考案されたとみられる地域でもあり、このようなエリの先進地たる両地域の交流が、「直線状の道簀」に加えて、「傘の大型化（＝内部構造の複雑化）」を支える技術基盤を作り上げていった可能性が推測される。

一六ツボへの技術改良

エリの技術革新のさらなる画期と考えられるのは、文政期すなわち一八一八～二九年である。堅田に残る木浜のエリとの相論関係文書は、元禄十二年（一六九九）に堅田西之切が木浜のエリの中に小糸網を入れた事件を初見とするが、[80]その後一〇〇年以上記録はなく、文政五年（一八二二）・八年（一八二五）になって新たな紛争が現れる。[81]文政五年の相論では木浜村甚五郎が滋賀郡苗鹿村の浦辺にエリを刺し、また同八年には木浜村平右衛門が栗太郡下物村の魞場を借り請けたさい、いずれも従来よりも沖出していることを堅田に咎められている。すなわちこの時期、木浜村エリ師が手がけた他村のエリが、これまでよりも大規模になっていることがうかがわれる。

この文政期のエリに関して、近世文書がほとんどみられない中で一つの考察材料となるのは、明治十六年の第一回水産博覧会に出品された滋賀県の漁業記録である。[82]そこでは一六ツボという漁捕部の最高技術について、文政年間に開発されたもので、従前の四あるいは八ツボからの増設が図られたとの記述がある。文政年間といえば明治十六年から遡ること五、六十年前にあたるが、この技術改良の時期は先の木浜と堅田との争論勃発の年代に合致している。

重要なことは、この一六個のツボは、構造的には「テンピン」以上のエリにしか設置できないという事実である。前掲図41のように復原されるエリの発達過程からは、ツボの一六個への増設はまず「テンピン」のエリで行われ、その後「カエシ」のエリへ適用されたことが推定される。したがってこの記録に従えば、文政期以前にすでに「テンピン」という迷入装置自体は存在しており、その漁捕部の増設技術がこの時期に完成したことになる。「大中之湖」で考案されたとみられる「テンピン」のエリは、「南湖」に舞台を移してツボ増設という新たな工夫を加えられることで、より高次の段階へと発展を遂げたのである。

天保期の環境変化とエリ技術

続くエリ技術の革新期として、本章ではさらに天保期を重視したい。結論からいえば、この天保期が「カエシ」という琵琶湖のエリの最高段階に到達した時期ではなかったかと推定される。

天保五年（一八三四）から弘化三年（一八四六）にかけて、木浜村自身のエリをめぐって堅田との相論が勃発している。天保五年、堅田西之切は木浜村地先の西牧野魞・切戸魞が従来の間数を越えて六、七百間に及び、また茶杓魞も八、九百間も打ち出しているとして、その新規張り出し分の停止を求めている。[83] 弘化三年（一八四六）の西之切の主張によれば、木浜の「過間」は「去々辰年」すなわち天保三年（一八三二）より激化したとされることに注意しておきたい。[84] 木浜村はこれらは新規の伸長ではなく以前からの間数であると主張しているが、いずれにしても、双方の主張から明らかなことは、すでに天保五年段階で七〇〇間のエリ二つと六〇〇間のエリ一つを含む一五〇〇間以上の大型エリが八統、木浜村の地先に存在していたという事実である。

　このエリの沖出し規模は、明治初頭の木浜の状況と比べても遜色のないものであり、木浜のエリ技術は当時においてすでに極相に達していたと考えられる。この相論の始まった時期が、天保三年から五年であることは重要な意味を持つ。この時期、琵琶湖には大きな環境変化が起こっていたからである。それはすなわち、天保二年と四年の二度にわたって琵琶湖唯一の流出部である瀬田川の河床が浚渫・掘削され、放流量を増すことによって琵琶湖の水位低下が図られたことである。(85) この工事により琵琶湖水位は急速に低下し、平均で約五〇チセンの低下がみられたという。(86) 水位とその変動幅が安定した「南湖」では、エリ建てが容易になり、さらに複雑な漁捕装置の構築が可能になる。したがって本章では、この天保期にもたらされた琵琶湖の水位低下という人為的な環境改変が、エリ技術の最終段階である「カエシ」の出現を促した可能性を提起したい。

　高度で経費のかかる「カエシ」のエリは、木浜一帯の地形条件とフナの供給量に適応した技術であり、野洲郡以外ではそもそも収支が折り合わないものであった。十八世紀後半以来の各地でのエリ師の活躍とあわせて、自村でのこの超絶した「カエシ」の確立により、木浜村は琵琶湖における「エリの親郷」としての地位を揺るぎないものにしたと考えられる。

おわりに

　本章では、近世・近代史料の分析から琵琶湖のエリの発達史に関する従来の説を再検討し、さらにエリが琵琶湖でのみ高度な発達を遂げた要因について、地形・生態学的条件から解明することを試みた。

原初のエリは、ヨシ帯の中に立てられる単純な仕組みのものであったが、中世には湖中へ張り出す湖エリタイプがすでに存在していたと推測される。また近世絵図や文書の分析の結果、十七世紀までの湖エリはツボ部分のみを連結した屈曲型の構造であったのに対して、十八世紀後半には今日に近い「岸から一直線に伸びる道簀」＋「大型の傘」を備えた形態へと転換がはかられていることがわかった。琵琶湖のエリは、江戸後期に大きく姿を変えていることが明らかである。さらに「傘」内部の漁捕装置の発達については、「迷入装置（ナグチ）の複雑化」と「捕魚部（ツボ）の増設」という二つの方向性があり、その発展段階としてはそれぞれ五段階、四段階があること、そして天保期には「カエシ」のエリという大型エリの技術段階に到達していたことがわかった。

エリが琵琶湖のうちとくに「南湖」において発達した要因としては、湖底の地形条件に加えて、漁獲対象となる魚種、すなわち琵琶湖水系の固有種の生態行動があげられる。ニゴロブナの南湖への産卵回遊は、野洲郡木浜村の「エリの親郷」としての位置づけに大きく関わっている。また、天保期における「カエシ」の技術の成立には、琵琶湖の水位低下という人為的な環境変化が関わっていた可能性が推測された。

従来の研究では、エリの発達はフナズシの消費需要と関係づけて論じられてきた[87]。すなわち、エリで一時に大量捕獲される産卵期のフナは、ナレズシに加工されることで長期保存・流通が可能となる。一大消費地たる京を背後に控えた琵琶湖沿岸では、ナレズシへの加工はフナを自給用だけでなく商品として流通させるのに有効であり、古代からのナレズシの技術[88]があったからこそ、琵琶湖のエリは大型化・複雑化の道をたどり始めたと考えられている。ただし近年、春田直紀がフナズシの需要がエリの沖合への延伸を引き起こしたのは、近世以降の新しい時期だとする見解を出している[89]。この春田の説は、本章でのエリ技術の発達時期の問題にも深く関わるので、最後に付言しておきたい。

春田の見解は、日比野光敏のフナズシ論、すなわち原初の近江のフナズシは卵のない冬期のフナを用いており、産卵期のフナを材料とする今日の製法は、嗜好食品化によって元禄期以降に新しく生み出されたものとする説に拠っている。[90]春田は、この近世に新たに生じた抱卵魚への嗜好が、エリの沖合への延伸・大型化を引き起こしたと推定している。しかしながら上記の日比野の説には、前近代の漁撈技術では沖帯の深水域に生息する冬期のニゴロブナ・ゲンゴロウブナの漁獲は困難であったという視点が抜け落ちている。[91]入手しにくい冬のフナをあえてナレズシに漬けることが原初の姿であったとは考えにくい。なお、近世にはエリの沖合への延伸が禁じられていたことは、上述した通りである。

原始的漁法で琵琶湖のフナを捕獲できるのは、産卵のため「寄り魚」化する春～初夏に限られている。湖岸ではすでに十世紀に「春ごとにえりさす民[92]」の姿がみられ、それは「フナのぼる浜辺のえり[93]」であった。十五世紀の大浦下庄では、「ゑり」で取れた魚を「すし」にして京へ運んでいるが[94]、この「すし」とは、「春ごとに」エリで捕獲された魚＝フナと考えるのが自然であろう。したがって中世のフナズシも、春から初夏のフナを素材としていたのであり、産卵期のフナの使用を元禄期以降の新しい製法とすることはできない。[95]

原初的なナレズシは産卵後のフナも原料に含んでいたが、やがて抱卵状態のものがより好まれるようになったことは間違いない。ただしそれは近世に突如起こった新しい嗜好ではなく、古代からの春のフナ漁の連続性の上に位置づけられる欲求であろう。抱卵状態のフナを少しでも早く沖取りしようとするエリの延伸は、第一節の須原村「釼魞」が元禄段階ですでに一六〇間以上の沖出し距離を持っていたように、元禄以前から始まっていたのである。

近世を通じて湖エリの沖出し距離は「先規」通りに制限されていたが[96]、しかし間数以外、つまりエリ内部の形状・構造については規制がみられなかったことを重視したい。[97]迷入装置の複雑化や捕魚部の増設には何ら制限はなかったのであり、よって沖出し距離が限定された分、エリの改良努力は漁捕装置の精密化に向けられていったことになる。

したがって江戸期の嗜好と消費の拡大は、エリの延伸ではなく漁獲効率の向上を促し、漁捕装置の技術改良に結実したと考えるべきであろう。本章で論じてきたエリの内部構造の複雑化は、このような技術革新の実態を示すものである。なお筆者は、この十八世紀後半のエリの技術革新の背景には、近世の京で起こったフナズシ以外の新しいフナの嗜好・消費動向が関係していると推測する。それは、フナの蓄養と生食である。この点については、本書Ⅳの第二章にて検証することとしたい。

本章では、エリの技術史的側面に重きを置いたため、その所有や利用権、経営に関わる点については論じることができなかった。エリは中世以来、村の共有財産とされている事例が多く、その用益権は村落共同体の成立と変容に深く関わっている[98]。とくに村有エリの行使方法について、「入札」という形態が現れてくるのが近世後期であることに注意すべきであり、それは本章で明らかにしたエリの精密化・技術革新の動きと連動する問題であると考える。この点について、さらなる課題としたい[99]。

註

(1) ①倉田亨「琵琶湖の水産業」(「琵琶湖」編集委員会編『琵琶湖　その自然と社会』サンブライト出版、一九八三年)一〇七〜一一五頁、②滋賀の食事文化研究会編『ふなずしの謎』(サンライズ印刷出版部、一九九五年)、③滋賀の食事文化研究会編『湖漁と近江のくらし』(サンライズ出版、二〇〇三年)など。

(2) 内田秀雄「魞(えり)の研究―琵琶湖生産地理研究―」(『人文地理』三―四、一九五一年)四二〜四九頁。

(3) 伊賀敏郎『滋賀縣漁業史　上(概説)』(滋賀県漁業協同組合連合会、一九五四年)。

(4) ①滋賀県教育委員会編『琵琶湖総合開発地域民俗文化財特別調査報告書』一〜五(一九七九〜八三年)、②滋賀民俗学会『野洲川下流域の民俗』(一九七四年)、③橋本鉄男『琵琶湖の民俗誌』(文化出版局、一九八四年)。

(5) ①安室知「エリをめぐる民俗①　琵琶湖のエリ〈前篇〉」(『横須賀市人文博物館研究報告(人文)』三四、一九八九年)一〜二四頁、②同「エリをめぐる民俗①　琵琶湖のエリ〈後篇〉」（『横須賀市人文博物館研究報告（人文）』三五、一九九〇年）三一～五七頁、③同「エリをめぐる民俗②　涸沼のスマキ」（『横須賀市人文博物館研究報告（人文）』三六、一九九一年）五一～七八頁。

（6）①野間晴雄「エリとヤナの民俗学」（滋賀大学湖沼実習施設編『びわ湖を考える』新草出版、一九九二年）五三～六七頁、②佐野静代「琵琶湖岸内湖周辺地域における伝統的環境利用システムとその崩壊」（『地理学評論』七六―一、二〇〇三年）一九～四三頁、③佐野静代「中近世における水辺の「コモンズ」と村落・荘郷・宮座――琵琶湖の「供祭エリ」と河海の「無縁性」をめぐって」（『史林』八八―六、二〇〇五年）六五～九八頁。②③はいずれも後に同著『中近世の村落と水辺の環境史――景観・生業・資源管理』（吉川弘文館、二〇〇八年）に所収。

（7）① Hashimoto, M., 'A 13th-century turning point of fishing rights and endemic fish-trap 'Eri' technology in Lake Biwa' (Kawanabe, H. ed. *Ancient Lakes: Their Cultural and Biological Diversity*, Kenobi, 1999), pp. 147-159, ②橋本道範「中世における琵琶湖漁撈の実態とその歴史的意義――湖辺エコトーンの漁撈を中心に」（『月刊　地球』二三―六、二〇〇一年）四一三～四一八頁、③春田直紀「文献史学からの環境史」（『新しい歴史学のために』二五九、二〇〇五年）九～三一頁。

（8）大沼芳幸「弥生的漁法―新旭町針江における内湖のエリ漁―」（『滋賀文化財だより』一三八、一九八九年）一～六頁、渡辺誠「琵琶湖に生きる」（渡辺誠編『湖の国の歴史を読む』新人物往来社、一九九二年）七～二八頁、森山宗保「守山市古高・経田遺跡から出土したエリ遺構」（『淡海文化財論叢』一、二〇〇六年）五六～六一頁。

（9）倉田亨「水産物」（伊藤俊太郎・井上光貞・梅棹忠夫ほか編『講座　比較文化　第五巻　日本人の技術』研究社出版、一九七七年）五一～八七頁。

（10）前掲註（7）①②。

（11）大嶋神社・奥津嶋神社文書「若宮魞竹簀寄進人数木札」応安五年（一三七二）から、奥嶋荘内の若宮社の魞に竹簀が用いられていたことが明らかである。

（12）竹簀は一九七〇年代ころより、腐蝕しにくいビニールパイプで作られるようになったが、やがて琵琶湖産アユの全国の河川への放流量が増えるにつれて、稚アユの捕獲に適した「網エリ」へと転換されていった。

（13）前掲註（5）②。

（14）『新撰和歌六帖』藤原為家の一首。

(15)『毎月集』。

(16)倉田は前掲註(1)①でこれらを「湖エリ」と「川エリ」と呼ぶが、一九〇六年刊の『明治三十八年度近江水産組合業務報告書』（滋賀県水産試験場所蔵）では「平浜エリ」と「江口及び川口エリ」とし、一九三四年刊の滋賀県内務部『滋賀県漁具の説明と漁業手続』では、「エリ」と「川口エリ」と記すなど、呼称自体は一定していない。

(17)この点については、すでに江戸期の本草書類に記述がある。小林義兄『湖魚考』（彦根市立図書館所蔵）文化三年（一八〇六）撰、藤居重啓『湖中産物図証』（滋賀県立図書館所蔵）文化十一年（一八一四）撰。

(18)沖出し距離の大きなエリは、大部分はエリを複数つなげた形となっており、たとえば三つのエリが連結されている場合、「三段のエリ」と呼ばれる。

(19)前掲註(3)三一二頁。

(20)前掲註(5)。

(21)滋賀県教育委員会・滋賀県文化財保護協会『赤野井湾遺跡　第二分冊』（一九九八年）二一七〜二六五頁。

(22)享保十九年（一七三四）編纂の『近江輿地志略』に、「毎年二月より六月に至り湖中処々に魚簄（えり）を構ふ。魚簄は竹を連ね葭を編み縦横に屈曲し、魚の入りて出る事をしらざる様に拵へたるもの也」とある。

(23)前掲註(2)。

(24)大嶋神社・奥津嶋神社文書「奥嶋庄預所法眼某下文」仁治二年（一二四一）。

(25)エリの位置だけを記しているものは除外し、その形状が描かれている絵図を対象とした。なお、近江を描いた障壁画におけるエリの図像として、サントリー美術館所蔵「近江名所図屛風」（寛文二年〈一六六二〉の地震で倒壊した膳所城天守閣が描かれていることからそれ以前の作とされる）がある。そこにはヨシ帯をコの字型に囲む竹簀状のエリが描かれているが、これらはヨシ帯の地先に設けられ、道簀も描かれていない。湖エリとするには疑問があり、葭中の江口エリに近いものと考えられる。

(26)福堂町共有文書「福堂村小物成絵図」であり、年紀はないものの作成年代は描写内容から慶長七（一六〇二）〜寛文十二年（一六七二）の間と考証されている（古関大樹「近世初期の福堂村と湿地利用」〈東近江市教育委員会市史編纂室編『能登川地区古文書調査報告書八　福堂村共有文書目録』二〇〇七年〉二〇〜二四頁）。

(27)三矢朗家文書「永田村・大溝町魞場航路絵図」元禄元年（一六八八）。

(28) 東家文書「江州蒲生郡豊浦村与須田村山論立会絵図」元禄八年（一六九五）五月。
(29) 安治区有文書九一八—絵図—三「安治須原堤論所絵図」元禄十年（一六九七）六月（以下、安治区有文書の引用については、中主町教育委員会編『近江国野洲郡安治区有文書目録』〈一九九五年〉の文書番号による）。
(30) ①須原区有文書「須原堤安治境絵図」元禄十年六月（教育委員会による整理番号「第八八三号」）、②須原区有文書「須原堤安治境絵図」元禄十年六月（教育委員会による整理番号「第八八二号」）。
(31) 野田村文書「野田村葭地略絵図」元禄十一年。
(32) 前掲註(29)。
(33) 安治区有文書四四八—争論—三五「須原村と堤村並安治村の魞場争論ニ付裁許状写」元禄十年八月十三日。
(34) 堅田西之切神田神社文書二五二「吉川村トノ魞場出入裁許状」元禄十一年九月十四日（喜多村俊夫『江州堅田漁業史料』〈アチックミューゼアム、一九四二年〉に所収。以下、堅田関係文書の引用は、同書の文書番号による）。
(35)「釵魞」が須原村の鎮守である苗田神社の所有物であったこと（須原村苗田神社文書「氏神様釵魞内魞作方ニ付差入一札」安政二年〈一八五五〉六月）も、その起源を近世以前に想定するさいの手がかりとなろう。
(36) 前掲註(30)②。
(37) 堅田西之切中島源四郎家文書四〇五「木之濱村ノ魞間数ノ縮少（ママ）ニ付キ嘆願口上書」天保五年（一八三四）五月。
(38) 伊賀敏郎もこの文面に関して、「坪」は漁捕部としてのツボであり、「先の方にツボが一つあるだけ」との解釈を示している（前掲註(3)）。
(39) 安治区有文書九二三—絵図—八「江州野洲郡安治村与須原村杭打論所地改見分絵図写」天明二年（一七八二）七月。
(40) 須原区有文書「須原堤境絵図」天保三年（一八三二）五月（教育委員会による整理番号「第八八七号」）。
(41) 須原区有文書「魞ヶ所間数其外書上帳」天保三年（一八三二）十二月（教育委員会による整理番号「第四七九号」）。
(42) 須原区有文書「須原新田絵図」天保十五年（一八四四）五月（教育委員会による整理番号「第七五九—二号」）。
(43) 滋賀県庁所蔵行政文書『水産委員取調魞漁経費収益金其他取調帳編冊　第一部　議事課』明治十九年（一八八六）。
(44) 杉江自治会共有文書「為取替証文之事写（赤野井村杉江村間の境目争論の内済証文）」（寛政十年〈一七九八〉三月）中の付図。
(45) 前掲註(3)五八〇頁。

（46）近江水産組合『琵琶湖漁具圖説』（一九一〇年）三九頁による。
（47）日本学士院・日本科学史刊行会『明治前日本漁業技術史』（日本学術振興会、一九五九年）、金田禎之『日本漁具・漁法図説』（成山堂書店、一九八九年）三九七頁。
（48）明治五年（一八七二）に滋賀県勧業課が編纂した『滋賀県管下近江国六郡物産図説一　湖水漁具絵図』（琵琶湖博物館所蔵）に、最も原初的な「網エリ」の図が見えるが、その形状・構造は前掲註（47）に掲載の「ます網」「つぼ網」の図とほぼ同様である。
（49）前掲註（7）①②。
（50）前掲註（6）③拙稿においてこの点に触れているので、あわせて参照されたい。
（51）前掲註（34）。
（52）たとえ各藩が許可した場合であっても、堅田西之切漁師が前例を楯にその停止を幕府代官に訴え、差し止めている事例が多く見出される（前掲註（34）『江州堅田漁業史料』参照）。
（53）前掲註（34）文書に同じ。
（54）堅田西之切神田神社文書二三一「堅田ノ網免許状」慶長十六年（一六一一）二月二十六日。
（55）前掲註（5）①。安室はエリの形態について、複雑度のほか、ツボの数、ツボの位置、段の数、簀の材料など多くの指標に基づいた分類を行っている。本章ではエリの発達史における本質的な要素として、ナグチの複雑度とツボの数のみを取り上げて分析する。なお、ツボの数の問題については後述。
（56）前掲註（43）。この調査は、明治十七年にいったん決定されたエリ税について不満が多く寄せられたため（当史料中の各地の調査員らの報告記録にそのような記述が散見される）、その再検討用の基礎資料として実施されたものと考えられる。
（57）前掲註（46）五九～六三頁。
（58）明治期の琵琶湖の漁業制度では、各エリの設置場所は一つの小字の範囲内に固定されており、その基点の位置と設計図を「漁場図」に記載して認可を受けねばならないという「漁籍」制度が設けられていた（前掲註（6）②参照）。
（59）前掲註（5）①。
（60）前掲註（48）。
（61）明治十六年（一八八三）三月開催の第一回水産博覧会へ各地から出品された図・模型類に対して、論評を加えたもの（藤原正人

編『明治前期産業発達史資料第九集（六）』〈明治文献資料刊行会、一九六五年〉に所収）。

(62) 第三回内国勧業博覧会への出品物とみられる。滋賀県水産試験場所蔵。

(63) 図面としてはその後の明治四十三年刊『滋賀県漁具圖説』（前掲註(46)六三頁）および昭和九年の『滋賀県漁具の説明と漁業手続』（前掲註(16)五頁）にも掲載されている。なお、倉田亨は前掲註(9)で、『滋賀県漁具圖説』とそれを基にした『日本水産捕採誌』や『明治前日本漁業技術史』のエリの図を「間違って描かれている」とするが、しかし一六ツボを擁するエリは本章で示したように明治前期までは実際に存在していたと考えてよい。

(64) 前掲註(5)の安室の研究に詳細が報告されている。

(65) この魞は「西牧野魞」とも呼ばれ、全長七〇〇間＝約一二七四メートルもの沖出し距離を持っていた（後掲の表3と図42を参照）。

(66) ただし、ツボ数の記載はない。なお、この調査には湖エリだけではなく江口エリも含まれているが、江口エリの形式はすべて「カンス」とされている。

(67) 滋賀県立図書館所蔵の『滋賀県漁業沿革誌』明治二十三年（一八九〇）刊の記述による。

(68) 明治三十五年の各エリの「漁場図」（滋賀県庁所蔵）に基づく。

(69) 前掲註(1)③、および前掲註(4)②。

(70) 三浦泰蔵「琵琶湖の魚類」（琵琶湖国定公園学術調査団『琵琶湖国定公園学術調査報告書』一九七一年）三一三～三三〇頁。

(71) 前掲註(3)。ただし琵琶湖の専業漁村として著名な堅田の小糸網（刺網）漁および延縄漁だけはこの限りでなかったことに注意が必要である（拙稿「近江国筑摩御厨における自然環境と生業活動――湖の御厨の環境史」〈『国立歴史民俗博物館研究報告』一三三、二〇〇六年〉八五～一〇八頁、のちに同著『中近世の村落と水辺の環境史』〈吉川弘文館、二〇〇八年〉に所収）。

(72) 前掲註(70)。

(73) 倉田亨・飯高勇之助・庄谷邦夫ほか「漁業班中間報告」（近畿地方建設局『びわ湖生物資源調査団中間報告（一般調査の部）』一九六六年）一〇〇三～七一一頁。

(74) 地元では明治二十九年（一八九六）の琵琶湖大洪水のさいに流失したと伝えられている。

(75) 膳所中神家文書二「魞取払出入につき申渡」明和七年四月二日（以下、この文書については、伊賀敏郎『滋賀縣漁業史　上（資料）』〈滋賀県漁業協同組合連合会、一九五四年〉での史料番号による）。

(76) 堅田西之切神田神社文書二九一「膳所西之庄浦ノ新魞禁止嘆願口上書」寛保四年正月。
(77) 乙女浜区有文書「魞場請所一札之事」宝暦二年二月。
(78) 木浜村孫兵衛による魞の請負状は、このほか宝暦四年のものがあり、あわせて二年分のみが伝わっているが、この請負が長くは続かなかったことは、のちの天明四年(一七八四)の文面に、「三十二年以前御他領木之浜村孫兵衛と申者江魞請為致候得共、魞猟無数其後指戻し又々村方ニ而魞指申候」とあることからわかる(乙女浜区有文書「加役米ニ付乙女浜村福堂村領境裁許状」天明四年八月)。
(79) 堅田西之切中島源四郎家文書四〇〇「江洲野洲郡木濱村、中野村、今濱村、幸津川村魞場覚」明和四年三月。
(80) 堅田西之切神田神社文書二五四「西之切木之濱漁猟出入裁許状」元禄十二年八月十一日。
(81) 堅田西之切神田神社文書三三二「木ノ濱村ヨリ魞指廣メニ付キ断リ一札」文政五年三月、同文書三三七「木之濱村ヨリノ魞間数ノ延長ニ関スル詫一札」文政八年三月。
(82) その内容は前掲註(61)書所収の『水産博覧會第一区第二類出品審査報告』に収録されている。
(83) 堅田西之切中島源四郎家文書四〇五「木之濱村ノ魞間数ノ縮小ニ付キ歎願口上書」天保五年五月。
(84) 堅田西之切神田神社文書三六七「西之切ト木之濱村ノ魞場出入裁許申渡」弘化三年六月十日。
(85) これらは琵琶湖沿岸一帯の治水をはかるための工事とされたが、その狙いはむしろ水位低下に伴って出現する沿岸の新たな土地の新田開発にあり、とくに天保四年の浚渫は江戸の町人大久保貞之助によって請け負われたものであった。この琵琶湖の水位低下と新田開発の様相については、本村希代「近世後期における琵琶湖の新田開発——大久保新田を事例に」(『同志社大学経済学論叢』五三—四、二〇〇二年)六九～一〇二頁に詳しい。
(86) 秋田裕樹『びわ湖湖底遺跡の謎』(創元社、一九九七年)。
(87) 前掲註(5)。安室は低湿地での稲作民による漁撈について、保存加工技術と大量漁獲技術がセット関係にあって初めて生業維持活動となりうることを指摘している(同「稲作民の淡水魚食」『信濃』四四—八、一九九二年。のちに同『水田漁撈の研究——稲作と漁撈の複合生業論』〈慶友社、二〇〇五年〉に所収)。
(88) 『延喜式』内膳司に「造醤鮒鮨鮒各十石、味塩鮒三石四斗、近江国筑摩厨所進」とある。
(89) 前掲註(7)③。

(90) 日比野光敏「近江のフナズシの「原初性」」(『国立民族学博物館研究報告』一八―一、一九九三年) 九九～一一八頁。
(91) ちなみに、大型エリであっても冬のフナを捕獲することは困難であり、冬期のフナ漁は大正期までは小糸網などによるわずかな漁獲量にとどまっていた(滋賀県水産試験場『琵琶湖水産調査報告　第三巻』一九一五年)。
(92) 前掲註(15)。
(93) 前掲註(14)。
(94) 菅浦文書「大浦下庄訴状案」寛正四年九月二日(滋賀大学史料館編纂『菅浦文書　上』〈有斐閣、一九六〇年〉での文書番号六三三)、菅浦文書「松平益親陳状」(同三一八)。
(95) 日比野や春田は、室町期の日記におけるフナズシの出現時期が、冬場に少なく夏場に多いことを冬期のフナの漬け込みを示す根拠としているが、フナズシの漬け込み期間は数ヵ月から二年までの幅があるので、食卓に上がる時期をもって漬け込み開始時期を逆算することは困難である。また文献史料でも、子持ちブナをすしに漬けている例は元禄期以前から確認できる(本書Ⅲ補論2を参照のこと)。
(96) なお「釼飢」について、「野洲郡吉川村から仁保川(日野川)までの湖上には当時『釼飢』以外に湖エリは存在していなかった」(前掲註(34)文書)とあったように、近世には湖エリ自体が決して多数ではなかったことにも注意したい。明治十七年段階ではこの水域にも多数の湖エリの存在が確認されるが(前掲註(43))、それは明治初頭に近世からのエリ建て規制が崩れ、この漁政混乱期にエリが濫立されたことによるとみられる(このエリ濫立の様相については、一九一三年刊の『滋賀縣産業要覧』〈滋賀県水産試験場所蔵〉四七五～四七七頁を参照)。以上のように近世段階と明治期とでは、湖エリの設置数にも大きな違いがあることを指摘しておきたい(詳細については本書Ⅲ第二章参照)。
(97) ただし明治期の記録ではあるが、彦根藩ではエリの簀目の大きさについては、規制が設けられていたという(滋賀県編『滋賀縣漁業沿革誌』〈一八九〇年。滋賀県立図書館所蔵〉による)。
(98) 前掲註(6)③。
(99) この問題については、次章にて論じる。
〔付記〕　本章初出後、橋本道範氏による十三世紀のエリの技術革新の再論(同著『日本中世の環境と村落』〈思文閣出版、二〇一五年〉

三六四〜四一五頁）と、それに対する木村茂光氏の批判（同「橋本道範著『日本中世の環境と村落』から環境論・生業論を考える」〈『日本史研究』六四九、二〇一六年〉六六〜七四頁）が出された。あわせて参照されたい。

第二章　内水面「総有」漁業の近世と近現代

――琵琶湖の「村エリ」をめぐって――

一　前近代的漁業慣行と内水面の資源管理

日本の漁業史研究では近年、近世の漁業政策や共同体規制を資源保全の観点から分析しようとする研究が注目を集めている。(1)彼らの成果によれば、旧藩時代の漁業規制は水産資源の管理に一定の役割を果たしており、むしろその崩壊後、明治初期に乱獲が激化したものという。このように前近代の規制や慣行を漁業発展の制限要因としてではなく、持続可能な資源管理として再検証しようとする分析視角は、一九九〇年代以降の社会学・民俗学の研究動向とも共通している。環境社会学・環境民俗学では、コモンズ論の観点から前近代の山野河海における共同体的資源管理が注目され、とくに「総有」による共同利用のシステムが高く評価されている。(2)

資源乱獲の影響は閉鎖系の内水面において顕在化しやすい。そこで従来の漁業史・環境民俗学研究ではともに河川が多く分析対象に取り上げられ、サケを中心とする水産資源の村落共有財産としての性格や、その「総有」的な資源管理慣行が明らかにされている。(3)しかしながら、もう一つの内水面としてさらに乱獲の影響が顕わになるはずの湖沼において、このような問題意識を持った研究は数少ない。湖沼の漁撈民俗に関する個別報告は多くみられるものの、それを資源管理や資源利用の持続可能性の観点から検証しようとする取り組みは、日本ではいまだ十分とはいえないのが現状である。

筆者が提起したいのは、前近代の日本では、湖沼にこそきわめて顕著な「総有」漁業が存在していたという事実である。かつて筆者は、日本最大の琵琶湖とそれに次ぐ八郎潟において、各々の最大の定置漁業であったエリと張切網が近世以来各村落の共有財産とされ、その収益が村内の全戸へ平等に還元されていたことを示した(4)。これら定置漁の多くは、湖の水産資源量を左右する重要な魚道に設置されており、漁獲量を高めて個人への分配額を上げようとすればするほど、湖の資源量の減少が引き起こされる関係にある。したがって、湖の「総有」漁業に成り立っていた漁業慣行や共同体規制の実態を検証することは、伝統的なコモンズと資源利用の持続性を考える上で大きな意義を有するはずである。

この「総有」漁業と共同体規制をめぐってもう一つの焦点となるのは、その前近代の実像および近代化に伴う変化の解明であろう。すでに菅豊が指摘するように、環境社会学者らによる「総有」論は前近代をその主な参照軸としながらも、前近代という時代状況における実態の検証が十分になされているとはいいがたい(5)。また近世から近代移行期を対象とする漁業史研究でも、史料の増える明治十年代に関しては研究が進みつつあるものの、核心となる幕末および明治一桁代の漁政研究は空白のままであるとされる(6)。

そこで本章では、史料が比較的多く残る琵琶湖の「総有」エリを対象に、近世以来の湖の「総有」漁業の実態とともに、それが近代への移行期においていかなる変容をとげたのか、資源利用の持続可能性の検証も含めて具体的に解明する。また近現代の「総有」エリについてもあわせて考察し、湖の「総有」漁業の変化を長期的視野から解明したい。

二　琵琶湖の「総有」エリ

1　「総有」エリの普遍性

本節ではまず、琵琶湖の「総有」エリの概要について示しておきたい。エリとは湖沼に竹簀等で構築された迷入陥穽装置であり、湖岸の浅瀬に産卵遡上してくるコイ・フナなどを狙う定置性の漁法である（図44）。原初的なエリは日本各地に分布しているが、全長が一キロにも及ぶ発達した形態は琵琶湖にしかみられない。この日本最大の淡水漁法である琵琶湖のエリは、独自の湖底地形や固有種の生息環境に適応して発達を遂げたものと推定される(7)。

重要なことは、聞き取りで確認される琵琶湖のエリの所有形態に、個人のものだけでなく村の所有になる「総有」が存在したことである。この村落所有のエリは、「村エリ」あるいは「地下エリ」「惣エリ」と呼ばれ、村の共有財産として用益が住民に分配されるものであった。「村エリ」の例としては琵琶湖岸のエリ漁の中心地、旧野洲郡木浜村（現守山市大字木浜）の事例が著名である。滋賀県教育委員会の調査によれば、当地に存在した琵琶湖最大の「西牧野大魞」（全長一三〇〇メートル）は、村落内部での入札によって五年間を単位とする行使者が決められ、その落札金が村落の全戸に均等に分配されていたという(8)。安室知は、このエリの技術史的側面について詳細に聞き取り調査し、明治期から昭和二十五年に至るまで、木浜住民の共有名義で漁業権簿に登記された「地下エリ」であったことを明らかにしている(9)。

本章では、このような「総有」のエリが木浜だけに特異なものではなく、明治期には県下に広くみられた存在であったことを提起しておきたい。琵琶湖のエリは明治三十五年の漁業法で定置漁業に分類され、県への免許申請が義務づけられた。県庁所蔵行政文書に残るその申請書類によれば、エリの出願者を「〇〇他一六九名」など村の戸数にほぼ一致する連名で表記する事例が四十余り確認される。[10] 筆者の聞き取りでは、同様の「村エリ」について、「免許申請の際には区長の名義で登記していた」との発言も聞かれたことから、この四十余に加えて、一名の出願になるエリの中にも実際には「総有エリ」が多く含まれていたと推定される。

図44　琵琶湖の一般的な「湖エリ」（滋賀県水産課提供）

それでは実数として、村落の「総有」エリは琵琶湖にどれほど存在していたのであろうか。県庁所蔵行政文書中には、明治前期に遡ってそれに答える史料が存在する。明治十九年、県では琵琶湖のすべてのエリに対して税額判定のための実態調査が行われ、その記録である『魞ノ部漁魚税取調事類』が残されている。[11] この中に、「税金の外に村への冥加金を納めた上で行使される」と注記されたエリが多数見られることに注目したい。これは前述の「西牧野大魞」と同様に村へ入札金や請負金を支払っていたエリと考えられ、請負方式による「村エリ」と見なすことができる。この調査によれば、県下のエリの総数六七一のうち、一六九統に村への冥加金の記載がみられることから、滋賀県のエリの二五％は請負タイプの「村エリ」であったことになる。この比率をみても、「総有」のエリが決して木浜だけの特殊形態ではなく、県下においてかなり普遍的な存在であったことが明らかであろう。[12]

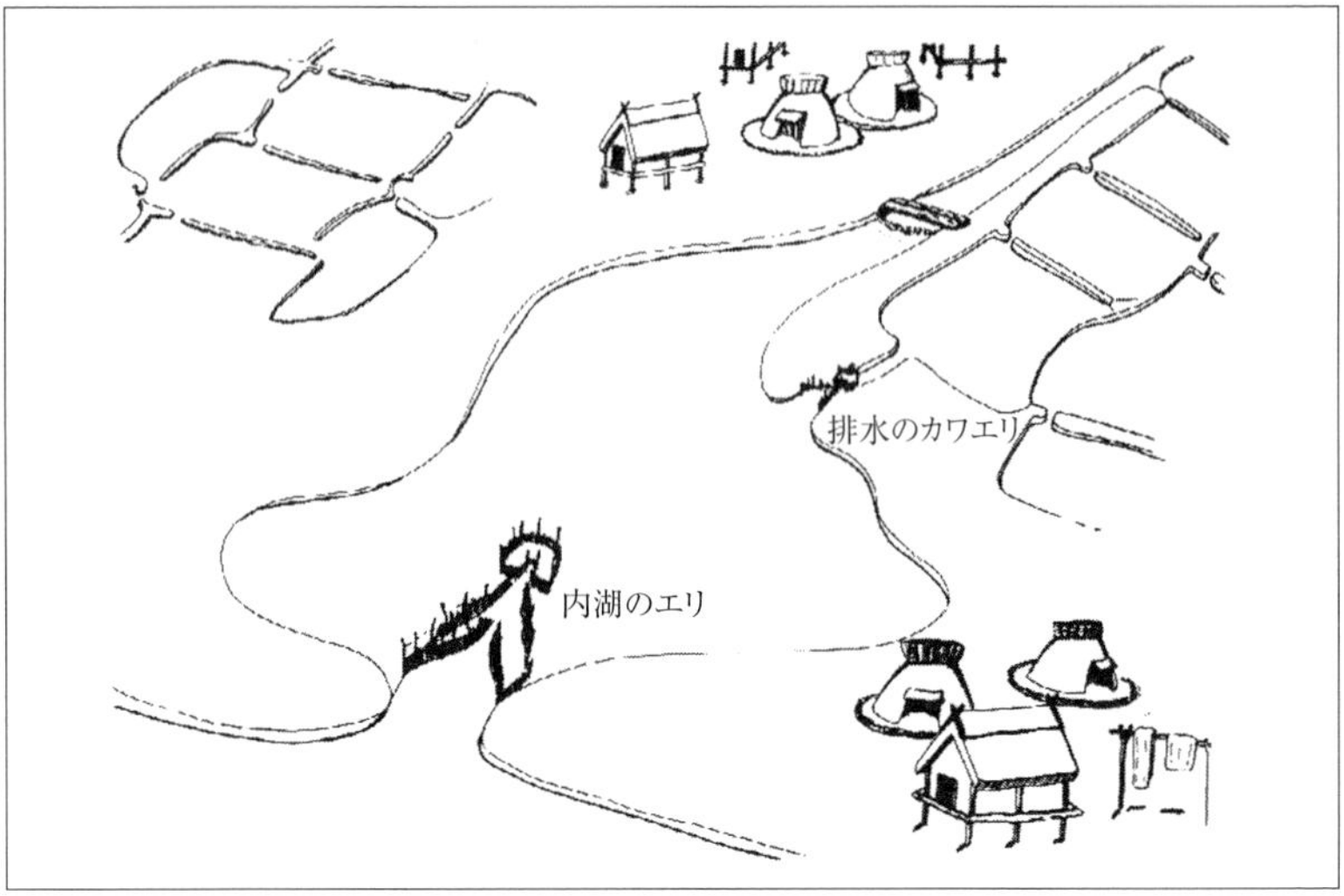

図45 「江口エリ」のイメージ（滋賀県立安土城考古博物館編『常設展示解説』〈1992年〉23頁による）

上記の『魞ノ部漁魚税取調事類』をもとに、これら「総有」のエリの村落ごとの様相をみてみたい。村落内のエリがすべて村有となっているのは二〇ヵ村にすぎず、大部分の村は一部のエリだけを村有としている。後者について調査記録の漁獲高と照合したところ、いずれも漁獲額の高いエリが村有とされていることを指摘できる。この高漁獲の「村エリ」については、次の二つのタイプがみられる点で注意が必要であろう。一つは琵琶湖の沖へ伸長した「湖エリ」であり、産卵接岸するコイ・フナを沖合において、高値の付く抱卵状態のままで捕獲しようとするエリである（前掲図44）。高度で複雑な迷入装置を備えることから、構築に多額の費用を要する大型のエリであった。二つめは、琵琶湖岸に形成された潟湖地形（地元では「内湖」と呼ばれる）において、その入口水路を扼するように設置された「江口エリ」である（図45）。これは小型でシンプルな構造であるものの、内湖へ産卵遡上するフナ・コイを一網打尽にできるため、漁獲はきわめて高額となる。

幕末から明治にかけて県下では、村財政の逼迫によって

「村エリ」の一部が個人に売却されている例もあり[13]、相対的に漁獲量の少ない「村エリ」については村落の手を離れ、個人へ帰する場合もあったようである。しかし産卵遡上魚の重要な魚道に設けられた大型の「湖エリ」や内湖喉元の「江口エリ」については、近代に至るまで村有として保持され続けたことに注目したい。地域の漁獲高全体に影響を及ぼすエリが村落の管理下に置かれ続けたという事実は、村落による共同体規制と資源管理の意識を示していると考えられる。ただし、同じ「村エリ」であっても村落共同体による操業体制は時代ごとに変化している可能性があり、いつの時代にも資源保全の意識が貫徹されていたかについては別途に検討を要する。この問題については後ほど詳しく分析することとして、まずは次項以下で、各時代の「村エリ」の実態を確かめてみたい。

2 近世の「村エリ」と神社

琵琶湖岸の村有のエリは、すでに明治以前からその存在が確かめられる。江戸時代の「村エリ」の初見については、伊賀敏郎の指摘があり[14]、滋賀郡膳所中庄村の村有エリが慶長検地のさいにはすでに存在したとされ、その後隣村へ預け置いたものを、「地下より魞をさし可申」取り戻そうとした記録がある[15]。

近世の「村エリ」の様相についてさらに明確に記すのは、近江国野洲郡の須原村の事例である。天保三年（一八三二）の「魞ヶ所間数其外書上帳」によれば、「惣村持ち魞」として「釼魞」（長さ一二五間）と「横釼」（長さ四三間）の二ヵ所があり、またほかに個人持ちのエリが二ヵ所あったという[16]。このうち「釼魞」の名についてはすでに元禄十年（一六九七）の相論にも見えることから[17]、「惣村持ち」という形態も天保期よりも遡って考えることが可能かもしれない。なお、同じ元禄十年の「安治須原堤論所絵図」からは、「釼魞」の形状は沖合へと突き出した「湖エリ」であったことが知られる[18]。

近世の「村エリ」のもう一つの事例は、須原村の隣村で、十五世紀以来の村落文書を持つことで有名な安治村において見出すことができる。この村には中世以来の歴史を有する「神事魞」という名のエリがあったが、天明元年（一七八一）の「口上書」には、このエリについて「往古より村中家別に仕御年貢、上納仕来り候」と記されている。[19]村中の家々にその貢租がかけられているが、近世の貢租は義務と権利の反対給付だったことから、「家割」という均等負担によったこのエリは、村中でその用益が平等に享受されていたことになる。[20]したがってこの十八世紀段階で「神事魞」がすでに「総有」のエリであったことは間違いない。このエリの形状は、天明二年の「江州野洲郡安治村与須原村杭打論所改見分絵図写」[21]によれば、内湖入口に設けられた「江口エリ」であった。

注目すべきことは、これら二つの「村エリ」が、それぞれの村の鎮守社の所有物とされていた点である。須原村の「釼魞」は、村社である苗田神社の財産であったことが安政二年「氏神様釼魞内魞作方ニ付差入一札」に記されている。[22]また安治村の「神事魞」も村鎮守である戸津神社の所有物であったことが、天明九年の記録に明らかである。[23]

これら二村以外にも、近世近江においてはエリが神社の所有物として記録されている事例を多く見出すことができる。[24]そもそも琵琶湖岸の中世の村々では、十三世紀以来「供祭えり」などと呼ばれた神社所有のエリの存在が確認される。[25]別稿で詳述したように、[26]村有財産を鎮守社の「神物」とすることは、それを私有・私縁の世界から切り離し、かつ「神の前の平等」原理によって用益者間の均等性を保障する意図があったのかもしれない。現実的な意味でも、エリの収益によって鎮守社の祭祀が遂行され、村域の安穏がはかられることは、村民全体の利益となろう。近代の「村エリ」でも、収益が村民に直接配分される場合だけでなく、村財政や祭祀料に編入されることで村全体の利益とする場合のあったことが明らかにされている。[27]

ただし中近世の神社のエリは、当初は成員を限った座衆によってのみ行使されていたことに留意せねばならない。

たとえば天正期の安治村では、村落全戸四二軒のうち「神事魞」の用益にあずかれたのは、惣衆たる三〇軒余のみであったと推定される[28]。しかし近世中期になると村の構成員が無高層まで拡大されるのに伴って、エリの用益範囲も天明期の「神事魞」のように住民全戸へと広がっていることが確認される[29]。宮座の構成員と資源享受範囲の拡大は連動しており、住民全体に利益が還元される近代の「総有」エリの原型は、この近世中期には確立していたことになろう。

この近世に起こった資源享受者拡大の動きは、村落の下位層にも資源へのアクセスを保障し、成員間の経済格差を埋めていったのであろうか。あるいは資源利用・用益配分の均等性は、その後も保たれ続けていったのだろうか。結論からいえば、決してそうではなかった状況が見出される。十八世紀には村落の全戸に開放されたはずの「村エリ」は、しかしその後、収益を全戸へ均等に還元するものではなくなっていく。筆者はそれを、「村エリ」の多くが特定人への貸与方式、とくに入札による請負制を導入していくことに起因するものと考える。この点について以下詳しく分析したい。

3　入札請負制と「村」エリの変容

近世中期の「村エリ」は、天明期の安治村の「神事魞」にみるように村中で均等に行使されていたが、江戸時代後期に入ると多くのエリで特定の請負人への貸与方式が見出されるようになる。管見の限りではその最も早い例として、①宝暦二年（一七五二）、神崎郡乙女浜村の村持ちのエリ二ヵ所を、野洲郡木浜村の孫兵衛が毎年八俵の運上と引き替えに請けた事例があげられる[30]。それ以外の「村エリ」の請負事例としては、②栗太郡下物村の魞場を、文政八年（一八二五）に木浜村平右衛門が借請[31]、③神崎郡三ッ谷村の「字南殿江入」について、天保二年（一八三一）に犬上郡三津屋村の宗三郎が一〇年にわたって漁請、また安政六年（一八五九）には村内の與平へ同じく一〇年間魞充としている。[32]④神崎郡福堂村には天保二年（一八三一）より一年間の魞請証文の雛形が残っており、[33]⑤野洲郡安治村では弘化三年（一八四六）、魞の三年間の引受事例がみられる。[34]⑥また野洲郡須原村では、村エリとしての神社のエリの「魞下作」が散見される（安政二年〈一八五五〉・万延元年〈一八六〇〉・元治二年〈一八六五〉・慶応四年〈一八六八〉）。[35]⑦さらに蒲生郡常楽寺村では、慶応元年（一八六五）の七年間の魞引請がみられる。[36]

以上のように、「村エリ」の貸与・請負という方式は、十八世紀後半から十九世紀前半には県下で広く一般化していたことが知られる。また最古の①、および②に登場する木浜村は、前述のように琵琶湖の中でもエリ技術の先進地であり、他村のエリも積極的に請けるなど、早期から広域での請負に乗り出していたことがわかる。

さて、この「村エリ」の貸与に際し、請負人の決定はどのようになされたのであろうか。それについてははっきり記すのは、⑦の常楽寺村の事例である。この文書では、「一運上金九両弐分三朱弐百文　右魞場所落札ニ付当丑年より向未年迄七ヶ年之間引請申候処実正也」[37]とあり、入札による決定であったことが判明する。近代の村エリの多くも入札によっていたことを考え合わせれば、近世のこの時期においても一般的に「村エリ」の請負先の決定は入札によるものだった可能性がきわめて高いといえよう。

この入札請負制の導入という事実は、エリの運営においても大きな意味を持つ。請負人は落札金よりも高額の収益を上げる必要に迫られ、それが近世後期のエリの技術開発を促したと推測されるからである。別稿で分析したように、琵琶湖のエリの技術革新は江戸後期に急速に進んだことが確かめられるが、[38]その時期が上のような入札制度の普及時期と一致していることに注目したい。

すでに先学が明らかにしているように、江戸時代を通じてエリの沖出し距離には強固な制限があり、延伸は認められていなかった。[39]そのため、漁獲高増大の努力は、漁捕装置の改良による漁獲効率の向上に向けられた。そこで「捕魚部（ツボ）の増設」と「迷入装置（ナグチ）の複雑化」という二方向での技術改良が進められ、その結果、琵琶湖のエリは「2ツボのズットイキ」という簡単な構造から、「一六ツボのカエシ」という精巧な段階にまで発展を遂げることとなったのである[40]（図46）。筆者は前稿で、このような技術革新が十八世紀後半にはすでに始まっており、文政・天保期にピークを迎えたことを指摘したが、この時代はまさに入札による「村エリ」請負制の普及時期に相当している。請負年数分の落札額は初年度に決定されたことから、それを上回った収益については落札者の収入となったはずである。よって入札制導入に伴う収益性の追求が、エリの精巧化・漁獲効率の向上を促した可能性は高い。

ただし上記のように高度で複雑なエリを構築するためには、多額の資金、すなわち用材（竹簀）と労働力の確保など、一定の資本が必要となる。「村エリ」の入札に参加しえたのは、このように多額の資金を用意できた階層だけであったことに注意したい。たとえば、入札金が高額になった事例として、前掲③の神崎郡三ッ谷村の「村エリ」では、天保二年段階で一〇年分として三〇〇両、安政六年の場合には同じく一〇年分で二七〇両もの資金を要している[41]。このような金額を村内のみでまかなえたとは考えられず、場合によっては外部からも資金導入が行われていた可能性を検討すべきであろう。それがどのような存在によるものであったのか、エリで漁獲されるフナの商品化、商業流通との関わりで今後追究されねばならない課題といえよう[42]。いずれにしても入札請負制が普及した近世後期においては、「村エリ」の行使は富裕層のみに限られており、下位層の利用機会は実質的には制限されていたと推測される。

この入札制と階層性の問題に関して考慮せねばならないのは、収益分配の均等性という点である。つまり入札方式のもとでは、たとえ落札金が村落全戸に均等に還元されても、収益の一部が特定個人へと集積されていく可能性が否定できないのである。この問題については、漁獲データの揃った近代期の事例において、のちほど具体的に検証してみたい。

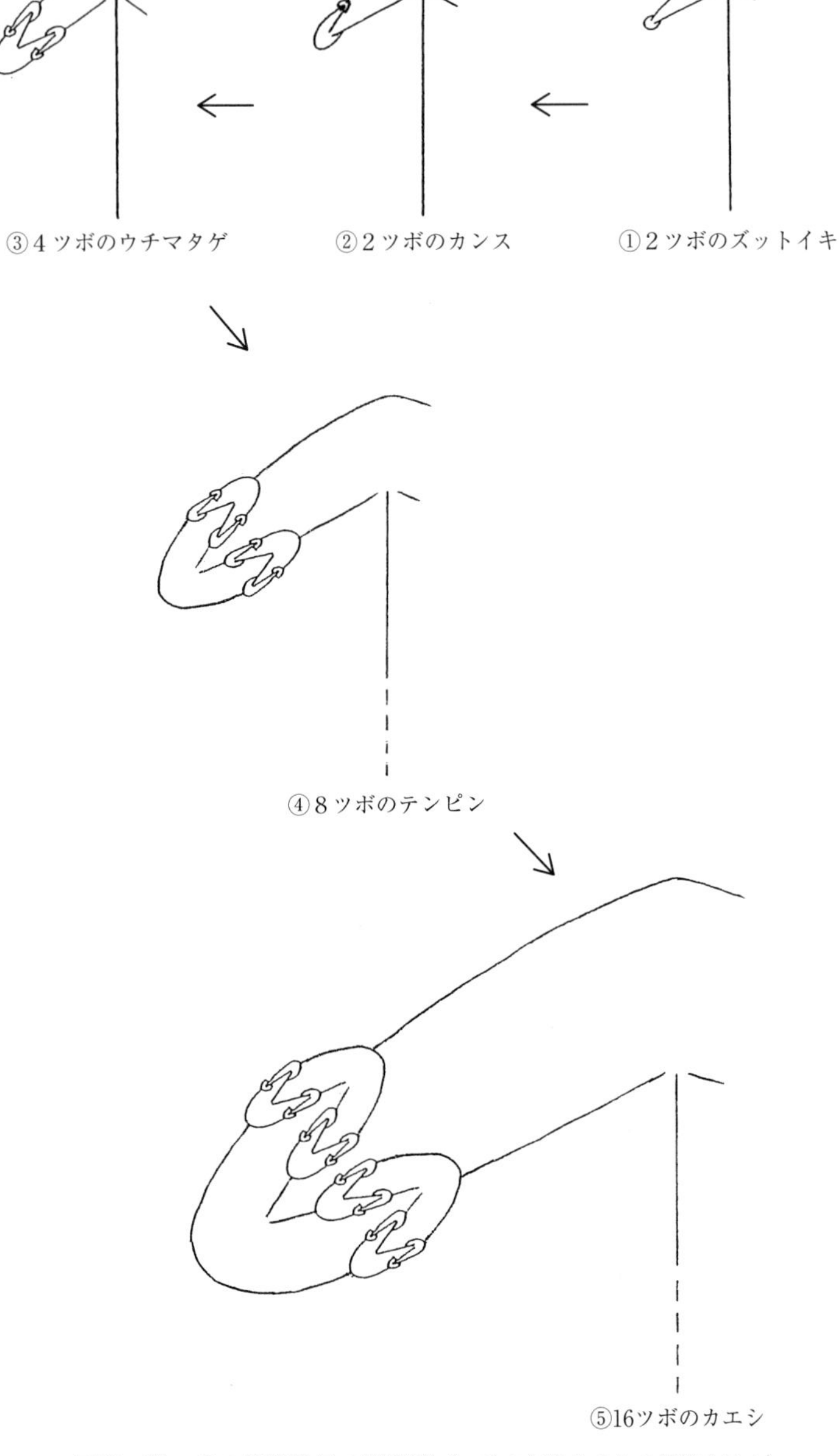

図46　湖エリの技術発展の諸段階（エリの左半分のみの構造を示す）

入札請負制の導入という「村エリ」の画期に関して、さらに議論すべきは、「総有」漁業と資源利用の持続可能性の関係であろう。入札制の導入が水産資源乱獲の契機になりうることについては、すでに河川や海域を事例とした高橋美貴[43]・盛本昌広[44]の指摘があるが、本節では湖沼の「総有」漁業における入札制と乱獲の関係について具体的に解明したい。

三　明治初頭のエリの変容と乱獲

1　エリによる資源乱獲の時期

近世以来、産卵遡上魚の魚道を押さえる重要なエリは、「村エリ」とされて共同体規制下に置かれていたことを述べた。しかし「村エリ」に入札制が導入された十八世紀後半から十九世紀前半に漁獲技術の飛躍的な向上がみられた事実は、村によって資源管理されていたエリが利潤追求の方向へ動き出したことを意味していよう。海域ではこの時期、鮑などの沿岸漁場で入札請負制導入による乱獲がすでに始まっていた可能性も示唆されているが[45]、しかし琵琶湖の場合、この時期にエリによる資源乱獲が表面化したとの記録はみられない。それは前述の通り琵琶湖のエリには近世を通じて沖出し距離と設置場所、操業期間の強固な規制があり、「先儀通り」でなければ操業が許可されない慣例が存在していたためと考えられる[46]。前節で触れた各地の「村エリ」の精巧化も、あくまでもこの規制の下で行われたものであり、その点でまだ旧慣的規制が資源保全に有効性を発揮していたといえるかもしれない。

しかしいったんこのような漁業規制がはずされたとき、エリは漁捕装置の改良のみにとどまらない酷漁・乱獲へと向かうこととなる。エリによる資源乱獲が表出し、とくに「村エリ」と資源管理との相克が問題となるのはいつごろのことであったのだろうか。本章では幕末から近代移行期の琵琶湖の漁政と、「村エリ」操業の実態についてみていきたい。

2　明治初期の滋賀県漁政

滋賀県の漁政をめぐる先行研究では、旧慣の破壊によって琵琶湖の水産資源が壊滅的な乱獲にさらされた時期を、明治維新の直後としている。たとえば伊藤康宏は、明治初年から県の漁業秩序は混乱に陥っており、その乱獲状態からの回復をめざして、明治七年、先進的な「湖川諸漁猟藻草取規則幷税則」が制定されたとしている[47]。しかしながら筆者は、乱獲が深刻化したのは維新直後だけではなく、むしろこの明治七年の規則施行が、エリに関する旧慣の破壊と乱獲を本格化させた可能性について提起したい。この問題は従来の研究史では空白となっている明治一桁代の漁政にも関わるため、以下、滋賀県庁所蔵の行政文書をもとに詳しく分析したい。

管見の限りでは、県庁行政文書中で最も早期の漁業関連布達としてあげられるのは、明治三年十二月の「近江国湖上船魞漁等取締ノ件」である[48]。これによれば「民部省土木司の出張までは従前の通り取計らうべきこと」とあり、少なくとも明治三年段階では県の漁政は旧慣保持を基本としていたことがわかる[49]。これに対し、明治七年六月に県によって初めて制定された「湖川諸漁猟藻草取規則幷税則」[50]では、エリに関してはむしろ旧慣が大きく改められていることに注意したい。そこではエリ・ヤナ・漬柴・大網・中網には「地先町村限り専らの稼場所」として地元主義が導入され、住民には一季ごとの税金上納と引き替えに「借区」が許可されることとなった（ただし他村から抗議申し立てのあった場合には広く入札とする）。注目すべきは、エリの借区願い出には旧来の設置場所に加えて新設場所も可能となったことであり、かつその申請はエリの沖出し間数と税金見込額を申告するのみであったことである。すなわち、高額な税金の上納と引き替えに、近世を通じての強固な設置場所と沖出し距離の規制が、ここに事実上廃止されたことになる。

この「湖川諸漁猟藻草取規則幷税則」は、旧来の漁場占有利用権をいったん消滅させ、借区料徴収を根底とした漁業統制をめざした点で、翌明治八年に実施される国の「海面官有・借区」制[51]と内容的に連動することは明らかである（布達の前文にも「大蔵省江伺之上」でこれを定めたとある）。先行研究では「湖川諸漁猟藻草取規則幷税則」について、「これによって明文化された統一的な琵琶湖の漁業秩序の基盤が確立された」とするが[52]、実態としてはむしろ逆に、この規則の成立以後に県下の漁業秩序には大きな動揺が起こったと推測される。たとえば、高島郡知内川のヤナについて、旧藩時代には西浜村の専有であったのが、明治七年八月にはこの規則に基づいて高額な税を支払った知内村のものと裁定されており[53]、行使者が近世とは完全に入れ替わっている事例をみることができる。

このように旧慣の否定によって県下の漁業秩序を一変させた「湖川諸漁猟藻草取規則幷税則」の下で、エリ漁にはどのような変化が生じたのか、次項以下に確かめていきたい。

3　エリの伸長と増設

明治期のエリの設置場所や間数が判明する最古の記録は、明治十七年の「魞税取調帳」である[54]。本節ではこれをもとに明治初期のエリの実態を分析し、近世の状況と比較してみたい。

江戸期の史料でエリの間数まで明記したものは少ないが、たとえば第二節で触れた須原村の「村エリ」たる「釼魞」と「横釼」については、天保三年のそれぞれの長さは一二五間と四三間であったことが記録されている[55]。一方、明治十七年の段階では、この「釼魞」と「横釼」は各々一八〇間と六〇間となっており、明らかに延伸している様相が認められる。他の事例としても、木浜村で弘化三年（一八四六）に三五〇間とするよう裁定の下った「切戸魞」と「西牧野魞」について、明治十七年にはそれぞれ四六二間と七〇〇間に大型化していることを指摘できる。なお、この二つのエリも、後述のように木浜村の「村エリ」であり、このように明治期の村有のエリにそろって伸長の傾向がみられることに留意しておきたい。[56]

また各地でエリの新設が進み、設置場所が大幅に増えた事実も判明する。前掲の須原村の「村エリ」に関して近世には、「吉川浦より北仁保川浦迄之内に、須原村魞古来より由緒有之沖中え指申より外一切無御座候」とあり、すなわちこの湖岸には、須原村の「村エリ」以外には沖へ突き出す「湖エリ」は存在していなかった。しかし明治十七年段階では、この区間には一〇〇間を超える大型のエリが六統設けられており、明治に入り設置場所が急増したことが明らかである。[57]

以上のようにエリが近世的漁業規制から抜け出し、増設と伸長を遂げたのは、明治初頭から十二年までの間のことであったと推定される。それは、明治十二年七月に「管内湖川魞漁ノ儀ハ、魚漁中実ニ酷密ヲ極ムルモノニシテ、大ニ魚苗ノ養成ヲ害シ、前途漁業ノ為メニ甚キ凶歉ヲ来スヘキ兆効有之」として、エリの間数を一季ごとに減じて廃止に至らしめようとする「魞漁逓減法」が布達されていることからわかる。乱獲の進んだ現状を受けて、四年後の明治十六年をもってエリ漁そのものを全廃するという思い切った方針が打ち出されたのである。このエリ漁による乱獲について、県の説明では、「魞簗等ノ如キ定置漁業ハ地方ノ情願ニ依リ新ニ許可ヲ与フルノ外、概設ノ分ハ其ノ構造ヲ拡大セシメ」たためとされている。やはり、明治七年の「湖川諸漁猟藻草取規則并税則」によって、旧来のエリの設置場所と沖出し距離の制限が廃止されたことが、大きな要因となっていることが判明する。[58][59]

もっとも、「魞漁逓減法」自体は明治十四年の追加規定（魚苗放流・移植蕃殖のための特別免許）によって骨抜きに[60]

され、明治十六年になってもエリ漁の完全廃止は実現しなかった。ただし明治十六年十一月に布達された「湖川魞簗取締仮規則[61]」、および十七年九月布達の「湖川漁魚採藻泥取締規則[62]」では、エリの設置場所・間数・簀目・形式について制限が設けられ、明治十二年以後に許可された場所・間数でなければ許可しない旨が明示された。つまり旧慣と同様に、設置場所と沖出し距離等の制限項目が復活されたのである。もちろん厳密にみれば、明治初頭から明治十二年までの間に新設・延伸されたエリについてはこの規制は届かなかったのであるが、しかしこれ以上のエリの濫造を許さないこれら取締規則の施行は、資源管理の条項がようやく正式に規則に盛り込まれた点で、県の漁政上一つの画期と位置づけられよう。

以上のようにみてくると、エリ漁における乱獲傾向は明治十二年ごろには相当顕著となっており、それは近世以来の「沖出し距離」「設置場所」の規制を撤廃したことの帰結であったと考えられる。これらの旧慣を事実上廃止した点で、明治七年の「湖川諸漁猟藻草取規則幷税則」が与えた影響の大きさは看過できない。

4 「総有エリ」と乱獲

さらに重要な点として、筆者はこの旧慣廃止に伴うエリ大型化の動きが、個人のエリ以上に「村エリ」において顕著であった可能性を提起したい。村で管理される「総有」のエリであっても、一定の条件下では資源の過剰採取や乱獲へ向かっていくという事実である。本項では琵琶湖の「村エリ」の代表である木浜村のエリを事例に取り上げたい。先行研究では木浜の「村エリ」には「西牧野大魞」と「切戸魞」との二つがあったことが指摘されているが[63]、明治期の記録によれば、木浜にはこれら以外にも多数の「村エリ」が存在したことが明らかである。

滋賀県庁所蔵の『水産委員取調魞漁経費収益金其他取調帳編冊[64]』には、明治十七〜十九年の県下の各エリについて

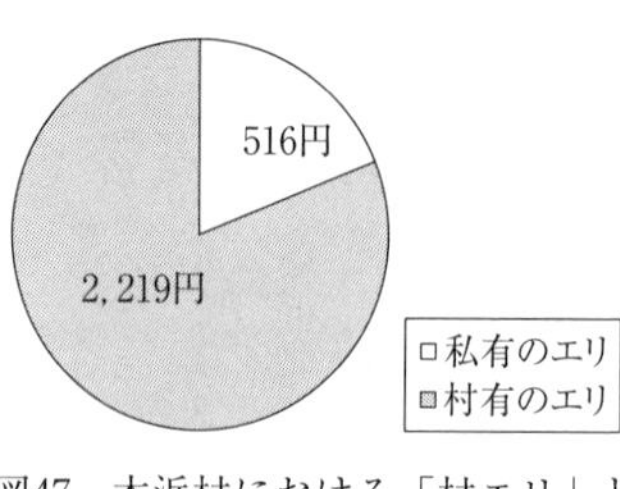

図47　木浜村における「村エリ」と私有エリの漁獲純益

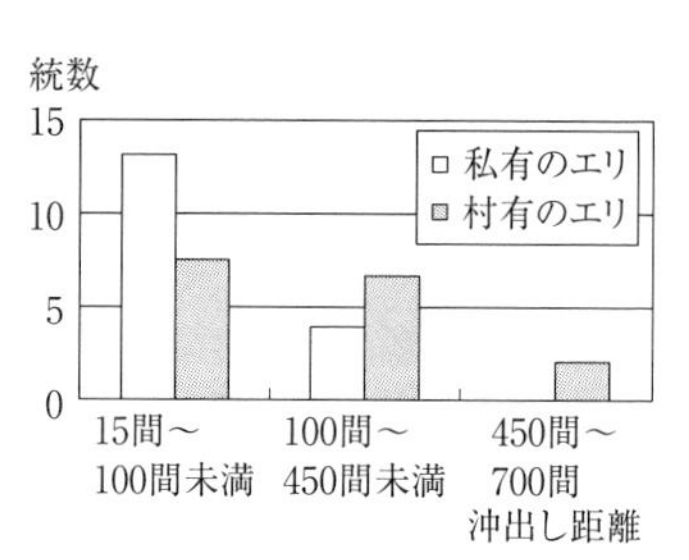

図48　木浜村エリの規模別統数

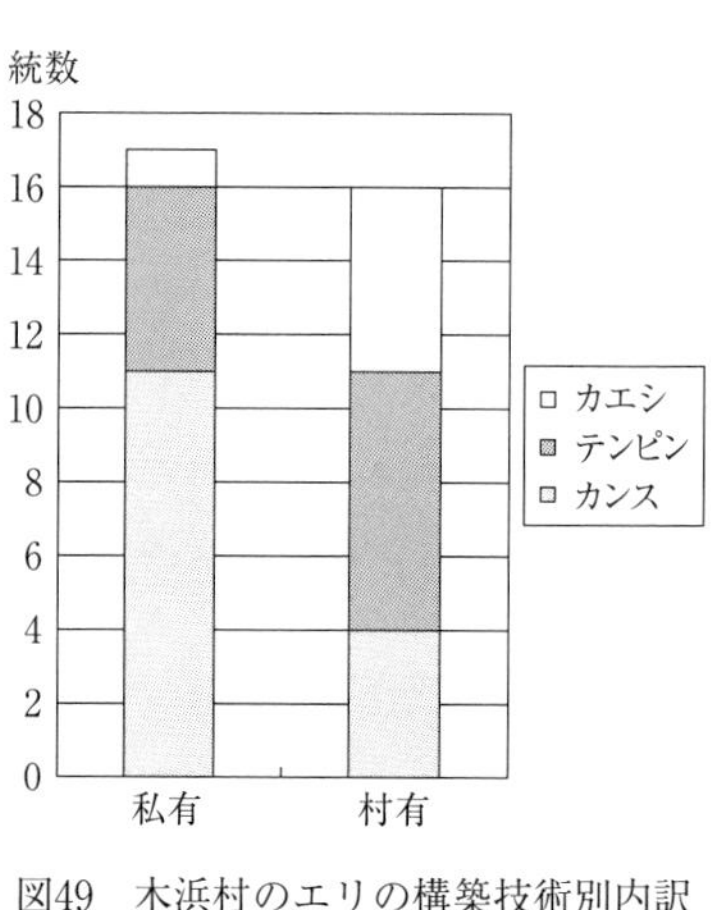

図49　木浜村のエリの構築技術別内訳

間数と構造（カンス・カエシなど）・漁獲高および経費のデータが掲載されている。これによれば、当時の木浜村にはエリは合計三五ヵ所あり、その所有形態は、明治三十五年の記録と照合すれば、村有すなわち「村エリ」が一七統で、個人私有のエリは一八統であった。統数ではほぼ互角とはいえ、その漁獲高については圧倒的な差があったことに注意したい。私有エリの漁獲純益合計は五一六円であったが、これは「村エリ」の純益合計二二一九円の四分の一以下にすぎない（図47）。

エリの間数には、一五間から最大七〇〇間まで大きな差がみられたが、このうち「村エリ」には大型のものが多いことに注目したい（図48）。私有エリ一八統のうち八割にあたる一四統は、一〇〇間に満たない小規模なエリであった。これに対し「村エリ」の方は一〇〇間以上のエリが過半数を占め、四〇〇間以上の複数の大型エリ、なかでも七〇〇間という琵琶湖最大の「西牧野大魞」を含んでいる。

「村エリ」には、「カエシ」「テンピン」といった高度で複雑な構造のエリが多いことも特徴である（図49）。このことは、個人私有のエリには簡略で構築費用の安い「カンス」が多用されていることと対照的といえよう。とくに木浜村全体で六統あった「カエシ」のエリのうち、五統までが「村エリ」となっていることは注目される（唯一の私有の「カエシ」のエリは明治初期に村から個人に売却された可能性があり、明治三十五年には単純な「カンス」の構造に変更された上、四十二年に消滅している）[65]。野洲郡全体を見渡しても、合計一六統あった「カエシ」のエリのうち、この一例以外はすべて「村エリ」となっており、一六ツボの捕魚部を備えた「カエシ」という最高水準の技術が、「村エリ」に集中的に用いられていることに注意せねばならない。

この大型の「カエシ」のエリについて、漁獲高と経費の関係をみてみよう。図50—1は木浜村のすべての「カエシ」のエリについて、沖出し距離と漁獲高・経費との関係を示したものである。この図にみるように、漁獲高と経費は沖出し距離で説明することができ、その指数近似曲線は図に示される通りとなった。ここで注目すべきは、経費と純益との関係である。規模の大型化、すなわちグラフが右側へ向かうにしたがって経費も増大するが、しかし漁獲高から経費を差し引いた純益の部分は、右に行くほど効率が急激に上昇することに注意したい。この様子を示したものが図50—2である。

つまり、経費をかければかけただけ漁獲効率はそれ以上に上昇するのであり、したがって沖出し距離の制限が廃止された結果、経費の積み増しができるエリについては大型化の方向に進んでいったことが推定される。私有のエリでは、個人による経費の捻出には限度があるため、小型にとどまったものも多かったと考えられる。しかし入札によって高額資本の導入が可能な「村エリ」については、このような大型化はより実現されやすい条件にあったと推測される。つまり、規模の制限のない条件下では、村有のエリは個人私有のエリ以上に乱獲へ向かいやすかったことになる。

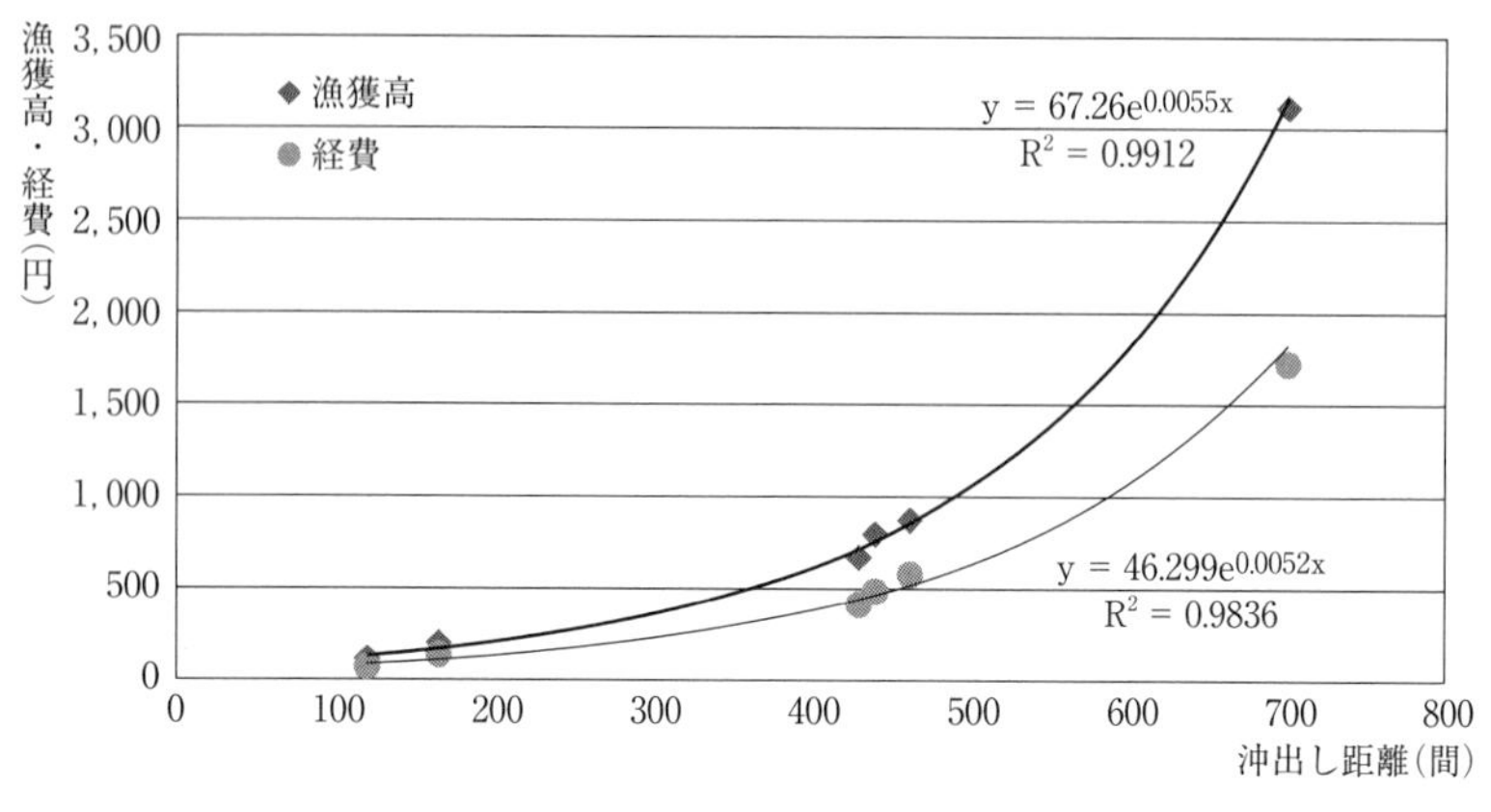

図50－1　木浜村の「カエシ」のエリの漁獲高と経費

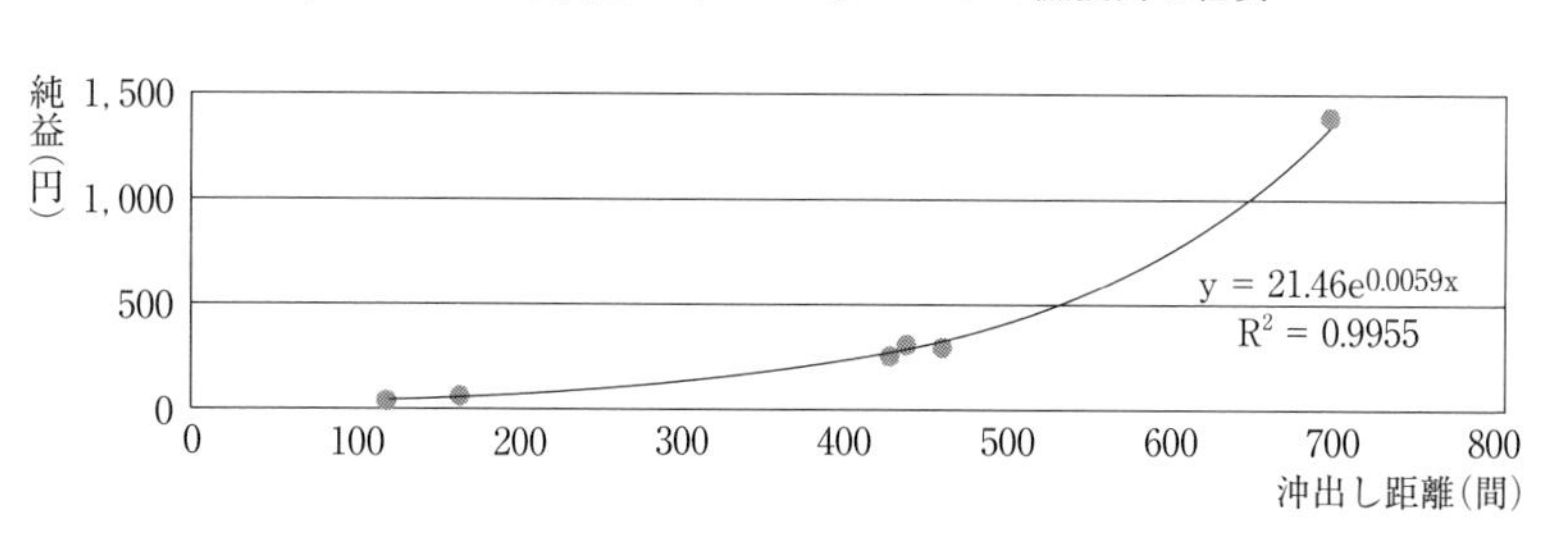

図50－2　木浜村の「カエシ」のエリの純益（漁獲高〈円〉－経費〈円〉）

以上の分析により、明治初頭から明治十二年の間に大型化を遂げたエリには、「村エリ」が多かったことが推測される。各地でのエリの増設とともに、以上のような「村エリ」の大型化の動きが、明治十二年ごろに顕著となった乱獲の一要因であったと考えられよう。なお、これ以降も水産資源の減少傾向には歯止めがかからなかったようで、明治三十五年のエリ漁業免許申請書類では、県下いずれのエリにももはや「一六ツボのカエシ」という最高水準の形態は見当たらず、木浜村の「西牧野大魞」も「テンピン」へとランクを落としている。これはすでにこの時期、経費の支出に見合うだけの漁獲が期待できない資源状況となっていたことを反映していよう。琵琶湖のエリは、明治初期には極限まで利益を追求していたにもかかわらず、中期以降はその規模・技術を縮小させていったのである。

四　「村エリ」による収益配分と村落の社会構造

1　「村エリ」と村落の階層構造

次に本節では、実際の「村エリ」の経営について分析し、「総有」エリの収益分配の実態について考察してみたい。琵琶湖最大のエリで、かつ木浜の「村エリ」でもあった「西牧野大魞」には、大正期における漁獲高と経費内訳の詳しいデータが残されている(66)。これをもとに、「村エリ」の収益と配分、そしてそれが村落の社会構造に与えた影響について考察する。

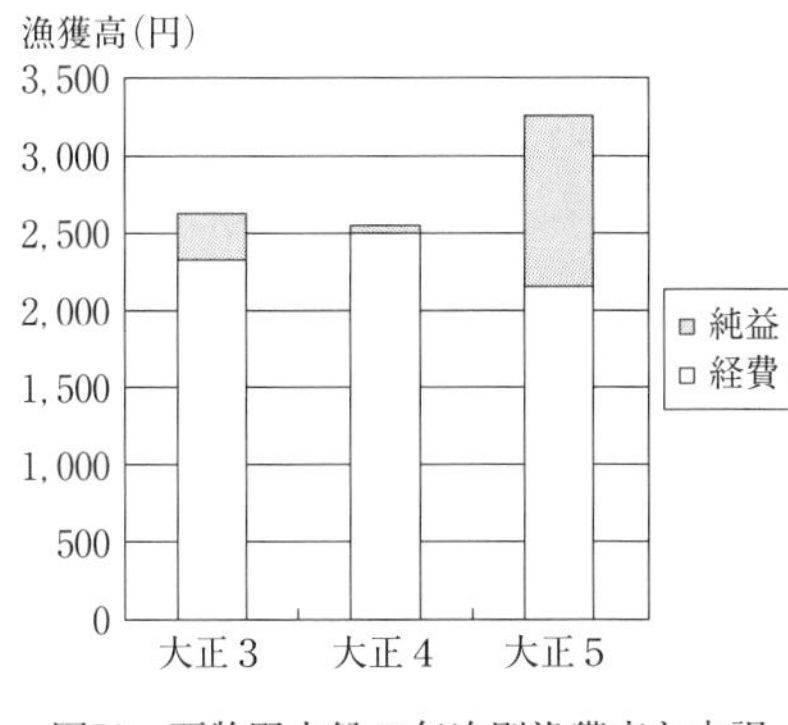

図51　西牧野大魞の年次別漁獲高と内訳

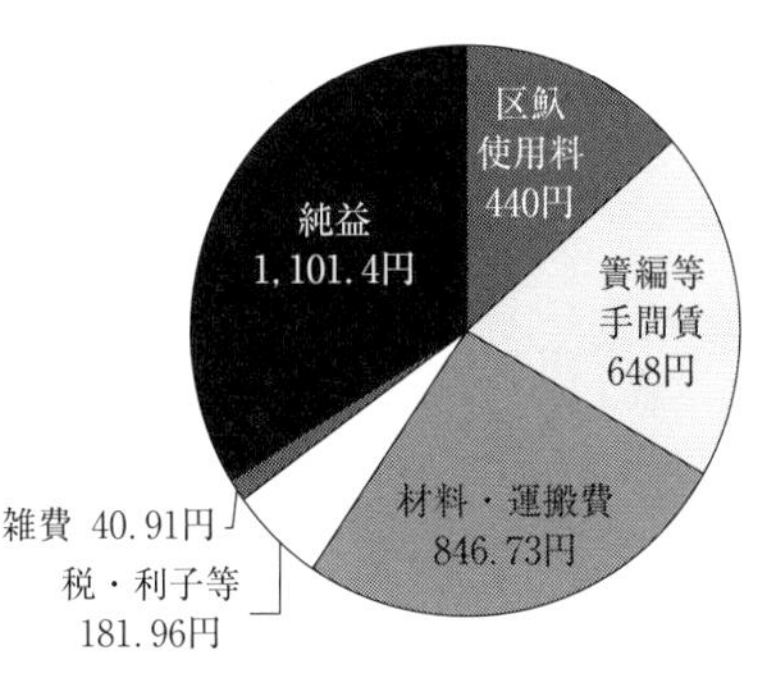

図52　大正５年の西牧野大魞の総漁獲高（3,259円）に占める諸経費と純益の割合

図51は大正三年から五年までの「西牧野大魞」の漁獲高と経費を示したものである。入札者による当エリの行使期間は五年とされていたが、エリの漁獲高は毎年台風や漁獲の豊凶によって変動の差が激しいため、経費分を上回ることができずに赤字となる年もあったという(67)。記録の残っているこの三年間に関しては比較的豊漁であり、漁獲高はいずれも二五〇〇円以上に達している。このうち最高額

を記録した大正五年分については経費の内訳まで記載されているため、それを含めて図示すると図52のようになる。

この経費のうちに「区魞使用料四四〇円」があり、これが木浜区（明治二十二年の町村制施行に伴って木浜村は木浜区となった）へ支払われた落札金である。この金額は村の全戸に均等割で現金配分された[68]。この当時の木浜村の戸数は二六〇戸であり、よって一戸あたりの配当額は一円六九銭ほどだったことになる。他の経費のうち、「簀編等手間賃六四八円」は村内から雇いあげられた女性や老人の簀編み労働に対する賃金であり、これもまた木浜村内に還元されるものといってよいかもしれない。

このように一つの「村エリ」から、毎年一〇〇〇円以上もの金額が村内へ還元されていたことになり、村の財政における「村エリ」の恩恵の大きさがうかがえる。しかしそれと同時に見落としてはならないのは、落札行使者が手にする純益金の存在である。たしかに大型の「湖エリ」の操業には竹簀の調達や人件費など多大な経費を要するが、漁獲高からそれらの経費を差し引いた純益は、この大正五年の場合一一〇一円に上っている。もちろん年による豊凶の差はあろうが、しかしこの純益金自体は決して村落へ還元されることなく、毎年落札者の手元に集積されていくことに注目したい。

もともと「村エリ」の入札への参加が一定以上の富裕層に限られたことは第二節でみた通りであるが、このような純益金の集積は村落内の階層差・経済格差を拡大し、固定化することにつながったのではないだろうか。実際、戦前の木浜では七〇町歩以上を保持する大地主から零細な小作まで階層分化が進んでおり[69]、たとえば大正十四年の記録によれば、農家一七九軒のうち自作・自小作六四軒に対し、小作は一一五軒で、小作農家率は実に六四％に及んでいた[70]。もちろん「村エリ」だけがそういった階層構造を規定する要因となったわけではないものの、しかし「総有」資源たる「村エリ」の存在が、村落内の格差を顕在化させる側面を有していたことは無視できない。入札制による大規模な

「村エリ」を擁する村とは、このように厳然とした階層構造を示す村落であったのである。

2 輪番使用制の「村エリ」

以上、木浜村では「総有エリ」の存在が逆に村落内の経済格差を押し拡げていった可能性について提起したが、ただそこでみられた「村エリ」の様相は、あくまでも入札請負制の導入以後の姿であることに注意せねばならない。すなわち、入札制が導入される以前の「村エリ」には、本来の「総有」にふさわしく村落全員に利益を還元する機能が備わっていた可能性がある。

ここで、戦前まで県下には、入札によらなかった「村エリ」も存在していたことを示したい。それは坂田郡入江村大字磯の「村エリ」である（図53―1の番号15）。このエリは、県下の内湖では第二位の面積を持っていた「入江内湖」の入口水路に設けられた「江口エリ」であった。磯では村内を一一組の地域単位に分けていたが、その組ごとに毎日交替で村エリを行使していたという[71]。この輪番制は入江内湖が干拓に向かう昭和十四年までは続いており、村民全員がエリを直接行使し、魚市場での売却益を自らのものとする文字通りの「総有」エリであった[72]。

この「村エリ」で入札制が導入されることなく、戦前まで輪番制が維持されてきた要因については、それが内湖入口に設けられた「江口エリ」であったことが大きいと考える。先述のように、「江口エリ」は内湖への産卵遡上魚を一網打尽にできる位置にあるため、簡単な構造でも大きな漁獲を上げることができる。内湖の内側に設けられた個人所有の各エリに比べて、江口の「村エリ」の漁獲が圧倒的であった様相は、図53―2に明らかである。このように内湖の水産資源量全体を左右するエリだったからこそ、その管理は特定個人にゆだねられることなく、村落自身の手に保たれ続けたのではないだろうか。

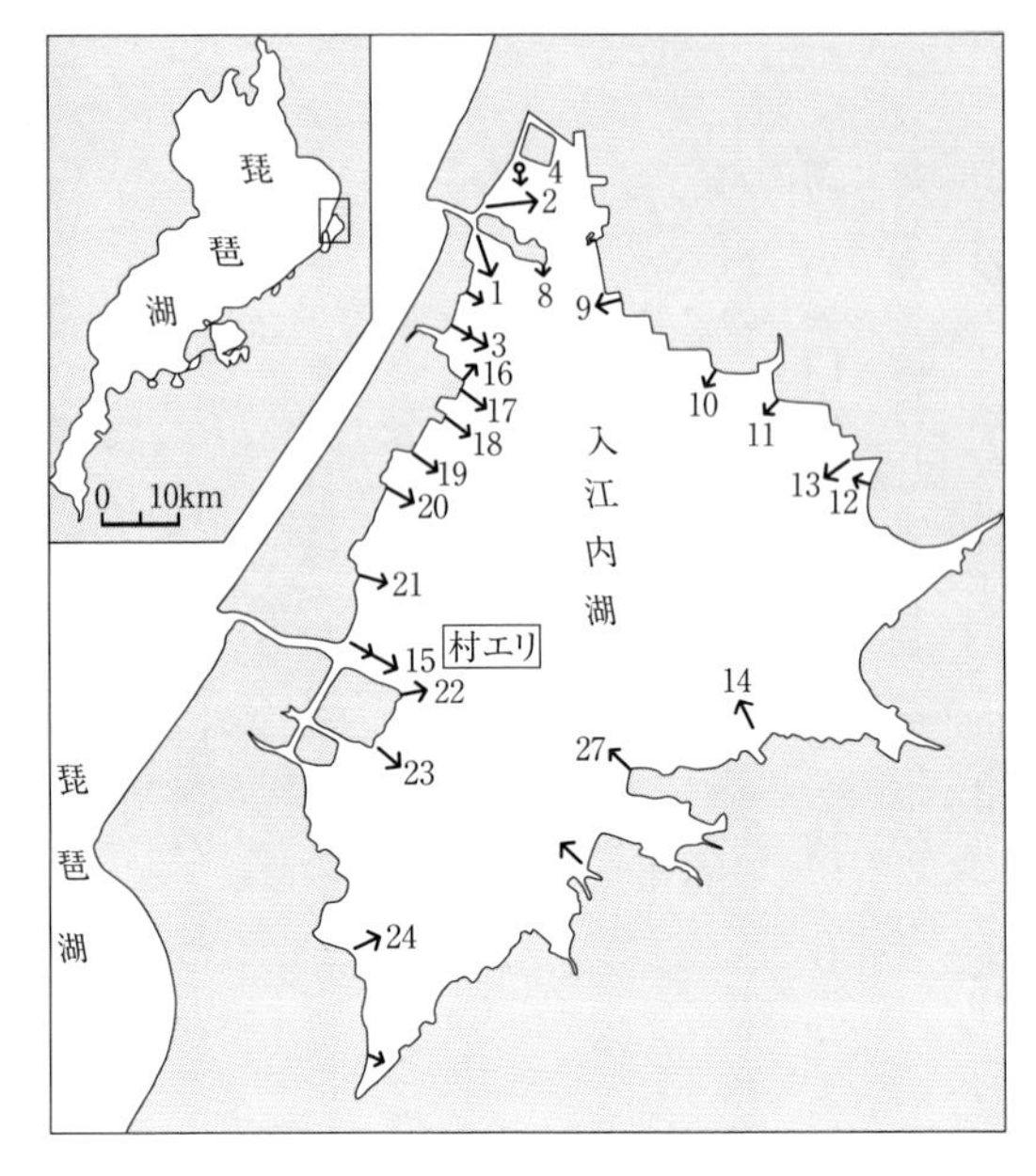

図53－１　入江内湖のエリの位置復原図（明治42年段階）

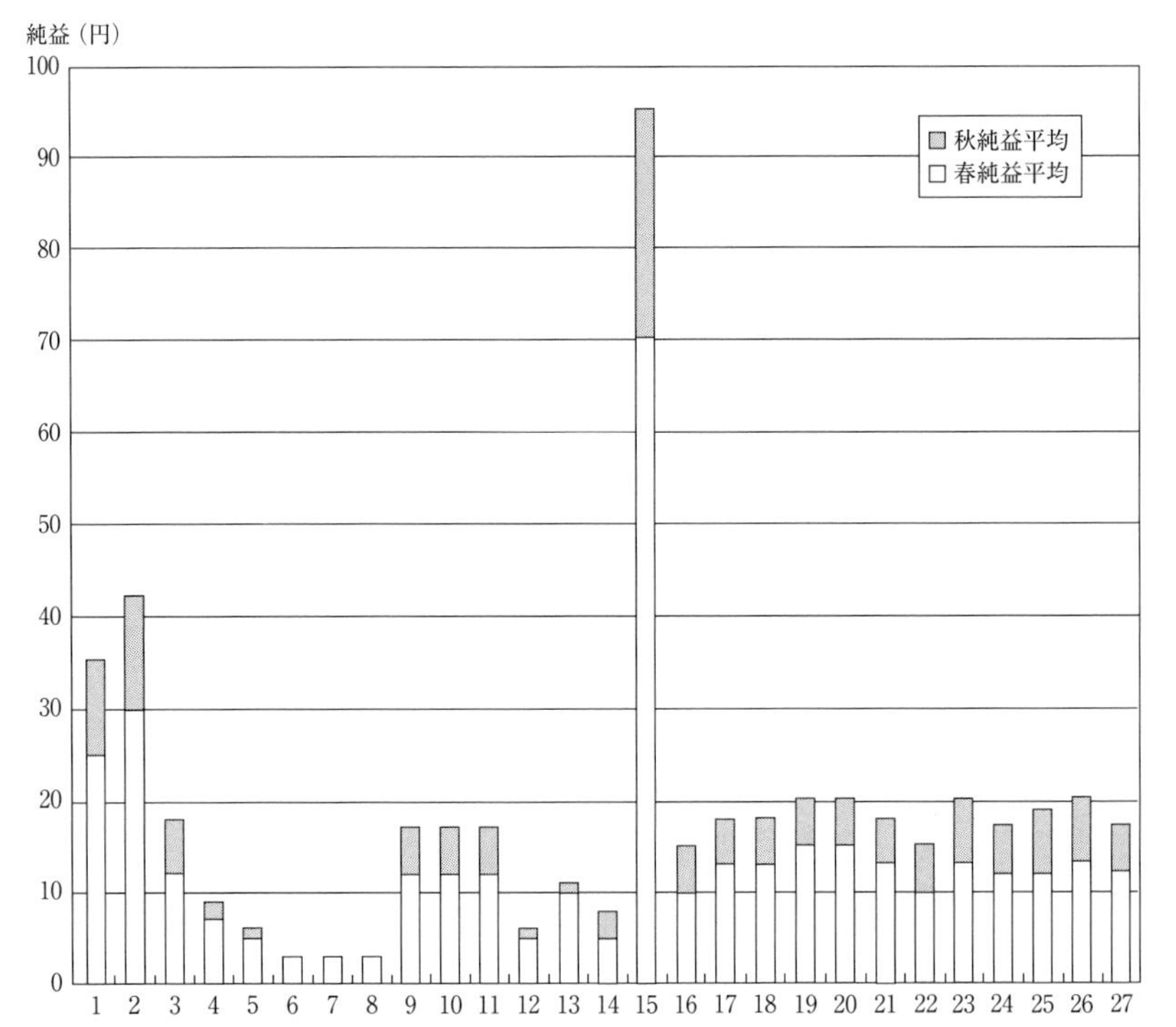

図53－２　入江内湖の各エリの年間純益額（明治17～19年の平均値）　エリの番号は図53－１に対応。ただし位置不明のものも含む。

この磯の事例も含めて県下の「江口エリ」の大部分は、最も原初的な技術段階である「カンス」のエリであった[73]。これら資本も高度な技術も必要としなかった小型のエリが、それでも大型の「湖エリ」に迫る漁獲高をあげていた事実は、県下の高漁獲のエリをランキングした表4からも明らかである。

なお、この表にみるように、「江口エリ」は「北湖」と呼ばれる琵琶湖最狭部以北に多く分布しており、それ以南の「南湖」には大型の「湖エリ」が卓越していた。「北湖」では風送距離が長いため、風波の荒い琵琶湖本体へ湖エリを設置することは困難であった。しかしその激しい風波によって湖岸に多くの内湖が形成されていたため、多数の「江口エリ」がみられたのである。おそらくこれら「江口エリ」のうちには、記録としては残ってはいないものの、近代に入っても輪番制による全員行使をとっていた「村エリ」が、磯村に限らず残存していたと推測される。

ちなみに、磯村は経済格差の比較的少ない村であり、突出した大地主もなく、三反程度の狭小な農地と漁撈との組み合わせによって生計を維持する農家が大勢を占めていた[74]。大正十四年には、農家一六〇軒のうち自作と自小作で一五二軒に上り、小作はわずか八軒にすぎなかった[75]。前述の木浜村の小作農家率が六四％であったのに対し、磯村の小作農家率は五％で、両村の社会構造の違いが明白である。

このように、同じ「村エリ」といっても、「江口エリ」と「湖エリ」とでは、「総有」のあり方に大きな相違があることがわかる。構築に相当の資本を要する「湖エリ」では、入札請負制の導入によってますます高度な技術と高額な経費が投下され、漁獲効率が追求されていく。この動きは沖出し距離制限の撤廃された明治七年以降には、明確に乱獲に結びつくものとなった。また「総有」の観点からいえば、落札金以外の収益は特定の階層に集積され、村内の経済格差が拡大していく傾向がみられた。これに対して内湖の魚道を占有する「江口エリ」では、「村エリ」は請負制ではなく村落の直接行使の下に置かれ続ける。原初的な構造のため高額な資本を必要とせず、また全収益が全村民に

表4　明治17年の滋賀県における漁獲高上位30位までのエリ（『魞税取調帳記載の税額による』）

	郡名	村名	エリ名	税額(円)	順位	種別	所有形態※
南湖	滋賀郡	錦	新堀	45.5	2	湖エリ	私有
		松本	呼次	21.45	7	湖エリ	私有
		馬場	堂ノ川崎	19.5	9	湖エリ	村有(入札)
		山上	畦ノ内	19.5	9	湖エリ	村有(入札)
		比叡辻	町浦	23.4	5	湖エリ	私有
		衣川	梨子本浜	17.94	12	湖エリ	不明
		雄琴	川崎	20.28	8	湖エリ	村有(入札)
		苗鹿	八反田	22.62	6	湖エリ	村有(入札)
	栗太郡	下物	北打出シ	11.05	29	湖エリ	私有
		下寺	丸田	13	19	湖エリ	不明
		志那	北	14.95	15	湖エリ	私有
		南山田	伯母川外湖	18.2	11	湖エリ	不明
	野洲郡	木浜	西牧野	104	1	湖エリ	村有(入札)
		〃	茶柄杓	36.4	4	湖エリ	私有
		〃	切戸	41.6	3	湖エリ	村有(入札)
		〃	淵出	16.9	13	湖エリ	村有(入札)
		〃	東牧野	13	19	湖エリ	村有(入札)
		赤野井	大魞	12.35	27	湖エリ	村有(入札)
北湖	野洲郡	野田	新川	13	19	江口エリ	村有(入札)
		野田	惣魞	13	19	江口エリ	村有(入札)
	蒲生郡	白王	長淵	13	19	江口エリ	村有(入札)
		〃	女ヶ崎	13	19	江口エリ	村有(入札)
		中庄	岡ヶ崎	14.3	17	江口エリ	村有(入札)
	愛知郡	石寺	今川	10.66	30	江口エリ	村有
	犬上郡	八坂	江面川	15.6	14	江口エリ	村有
		大藪	北川	14.95	15	江口エリ	村有
	坂田郡	磯	新川	13	19	江口エリ	村有(輪番)
	高島郡	永田	野々町	11.31	28	江口エリ	村有
		四津川	内湖梅ノ木	14.3	17	江口エリ	村有
		海津	中ノ川	13	19	江口エリ	村有

註　※明治19年『魞ノ部漁魚税取調事類』（滋賀県庁所蔵文書）による。

還元される「江口エリ」の村では、「村エリ」は全村民の生活を直接支える「総有」資源であり続けたのである。

3　昭和期における「総有」の崩壊

以上、江戸時代から明治・大正期に至るまでの「村エリ」の実態についてみてきたが、最後に「村エリ」の大正期以降の変化、とくに昭和期における変容について触れ、「総有」の最終的な崩壊のプロセスまで見通しておきたい。

近世・近代と形を変えながらも維持されてきた「村エリ」であったが、その「総有」という根幹を揺るがすこととなったのは、昭和二十四年以降の一連の漁業改革、すなわち水産業協同組合法と新漁業法の施行であったといえる。[76] 農地改革と並んで漁業の民主化をめざしたこの改革によって、皮肉なことに、村落住民全員の「総有」というきわめて民主的な「村エリ」の本質が失われることとなったのである。

戦前までのいわゆる明治漁業法の下では、エリは「定置漁業」とされ、その漁業権は個人や複数人（「村エリ」の場合には区長や全村民）に許可されていた。しかし新漁業法では、「定置漁業」は設置場所が水深二七メートル以上のものに限られるようになり、エリは一定水面を共同に利用して営む「共同漁業」へと種別が変更された。ここで重要なことは、「共同漁業」は個人には許可が与えられず、該当地区の漁業協同組合（および漁業協同組合連合会）にのみ免許されるものであったことである。さらにこの漁業共同組合について、水産業協同組合法によって組合員資格に新たな制限が設けられ、琵琶湖岸の一般農民たちが組合員と認められなくなったことに注意したい。[77]

明治漁業法では、漁業者とは「漁業を為す者と漁業権を有する者」を指し、仮に専業農家であっても、「村エリ」の用益権を持つ場合には漁業組合へ参加することができた。たとえば昭和十四年の「木浜漁業組合」の組合員数は二五二人で、木浜区の世帯数とほぼ同数となっている。[78] しかし新漁業法では、漁業者とは「漁業を営む者」と厳密に定義され、さらに水産業協同組合法によって漁協組合員は年間三〇日以上漁業に従事する者に限定されることとなった。

そこで、木浜の「村エリ」のようにエリを直接行使せずに落札金の分配を受けるのみであった多くの農民は、年間漁業従事日数に満たない者として漁協組合から排除されることとなったのである。水産業協同組合法の規定は、不在地主的漁業者の排除を意図し、むしろ漁業権の開放をめざしたものであったが、しかしこれによって琵琶湖では、村の多くの住民がエリに関わることができなくなったのである。

本来は村の住民全員に収益が還元されていた「村エリ」は、まとまった期間漁業に直接従事する「漁業者」のみのものへと姿を変え、村落全体へ現金が配当されることはなくなった。村落住民はエリの漁業権を有する「漁民」と、持たない「農民」へと分断され、ここに近世以降連綿と続いてきた「村エリ」の「総有」は崩れ去ったのである。その後、昭和三十七年の水産業協同組合法改正によって、海区である琵琶湖では漁協組合員資格は年間漁業従事日数九〇日以上へとさらに厳格化され、今日のエリは村落とのつながりを完全に絶った存在となっている。

五　「総有」エリの過去と現在

本章では琵琶湖の「総有」エリを対象に、近世以来の湖の「総有」漁業の実態を解明し、その近代移行期における変化の具体的内容について分析した。琵琶湖岸には中世以来の神社の宮座と結びついた村有のエリが普遍的に存在しており、その用益権は、近世中期には広く村落住民に開放されるようになった。しかし、近世後期に「村エリ」の操業に入札請負制が導入されると、その行使者は一定の資本を有する階層に限定され、「村エリ」は全村民に直接行使されるものではなくなっていった。落札金以外の収益は一部の富裕層に集積され、「総有」資源たる「村エリ」の存在が逆に村落内部の階層差を顕在化させる一因ともなった。

また、近世後期の入札請負制は、エリの漁獲効率の向上を促し、その技術発展をもたらすこととなった。さらに明治七年、エリの沖出し距離の規制が撤廃されると、エリは明確に乱獲へ向かっていった様相が看取された。入札制の導入が水産資源の乱獲を引き起こすことについては従来指摘があったが、本章ではこの乱獲傾向が、個人私有のエリよりも「村エリ」において顕著であった可能性を提起した。村落共同体の規制下にあった「総有」のエリが、必ずしも資源利用の持続可能性を維持し続けたわけではなく、むしろ沖出し距離の制限がない条件下では、「村エリ」の方が乱獲へと走りやすい場合のあることを強調しておきたい。

戦後、漁業の民主化を図ったはずの漁業改革は、琵琶湖では近世以来保たれてきた「村エリ」の「総有」を破壊する結果となった。これを契機としてエリは村落の手から離れ、漁協組合によって行使される一漁業となったが、この「漁民」と「農民」の分離はその後も湖岸の村に深刻な影響を与え続けている。一九七〇年代に国の琵琶湖総合開発が始まり、各漁協は水位低下や湖岸埋立に伴う漁業補償を受けることとなった。しかしその補償金を受け取れたのは組合員たる漁民たちだけであり、かつて「村エリ」の用益にあずかっていた農民たちには大きな不満が残った。「村エリ」の「総有」の消滅は、共同体としての村落にも大きな亀裂を残したのである。

註

（1）①高橋美貴『近世漁業社会史の研究』（清文堂出版、一九九五年）、②高橋美貴「一九世紀における資源保全と生業―秋田県・八郎潟の漁業を事例として―」（『日本史研究』四三七、一九九九年）一～二三頁（のちに同著『近世・近代の水産資源と生業』〈吉川弘文館、二〇一三年〉に所収）、③高橋美貴「近世における漁場請負制と漁業構造」（後藤雅知・吉田伸之編『水産の社会史』山川出版社、二〇〇二年）四一～七七頁（のちに同著『近世・近代の水産資源と生業』〈吉川弘文館、二〇一三年〉に所収）、④盛本昌広『中近世の山野河海と資源管理』（岩田書院、二〇〇九年）。

（2）①鳥越皓之「コモンズの利用権を享受する者」（『環境社会学研究』三、一九九七年）五〜一四頁、②嘉田由紀子『水辺ぐらしの環境学』（昭和堂、二〇〇一年）、③菅豊「平準化システムとしての新しい総有論の試み」（寺嶋秀明編『平等と不平等をめぐる人類学的研究』ナカニシヤ出版、二〇〇四年）二四〇〜二七三頁。
（3）前掲註（1）①、菅豊『川は誰のものか　人と環境の民俗学』（吉川弘文館、二〇〇六年）。
（4）佐野静代『中近世の村落と水辺の環境史——景観・生業・資源管理』（吉川弘文館、二〇〇八年）。
（5）前掲註（2）③。
（6）伊藤康宏「近代移行期の島根県庁漁業政策」（後藤雅知・吉田伸之編『水産の社会史』山川出版社、二〇〇二年）二一九〜二四〇頁。
（7）佐野静代「近世・近代史料による琵琶湖のエリ発達史の再検討」（『国立歴史民俗博物館研究報告』一六二、二〇一一年）一四一〜一六三頁（本書Ⅲ第一章に所収）。
（8）滋賀県教育委員会編『琵琶湖総合開発地域民俗文化財特別調査報告書三　内湖と河川の漁法』（滋賀県教育委員会、一九八一年）。
（9）安室知「エリをめぐる民俗①　琵琶湖のエリ〈前篇〉」（『横須賀市人文博物館研究報告（人文）』三四、一九八九年）一〜二四頁。
（10）県庁所蔵行政文書『漁場図綴込帳　滋賀県』の明治三十五年分に記載の出願者名と、『滋賀県公報』明治三十五年発行分の定置漁業免許告示の「漁業権者又ハ代表者」欄の記載から分析した。
（11）県庁所蔵行政文書『魞ノ部漁魚税取調事類　議事課』明治十九年（一八八六）。
（12）後述するように「村エリ」には請負・入札によらないタイプも存在するため、実際の「総有」エリの数はさらに多いはずである。
（13）たとえば神崎郡三ツ谷村では、近世には入札としていた字南殿のエリを、明治元年（一八六八）個人に売却している（彦根市南三ッ谷町自治会編『南三ッ郷土史』〈一九八七年〉における三ッ谷共有文書の考察による）。
（14）伊賀敏郎『滋賀縣漁業史　上（概説）』（滋賀県漁業協同組合連合会、一九五四年）。
（15）膳所中神家文書一、寛文十年六月（以下、この文書については、伊賀敏郎『滋賀縣漁業史　上（資料）』〈滋賀県漁業協同組合連合会、一九五四年〉での史料番号による）。
（16）須原区有文書「魞ヶ所間数其外書上帳」天保三年（一八三二）十二月（教育委員会による整理番号「第四七九号」）。
（17）安治区有文書（文書番号四四八—争論—三五）「須原村と堤村並安治村の魞場争論ニ付裁許状写」元禄十年（一六九七）八月十

三日（以下、安治区有文書の引用については、中主町教育委員会編『近江国野洲郡安治区有文書目録』〈一九九五年〉の文書番号による）。

(18) 安治区有文書九一八―絵図―三「安治須原堤論所絵図」元禄十年。

(19) 安治区有文書四六四―相論五一。

(20) 詳細については、拙稿「中近世における水辺の「コモンズ」と村落・荘郷・宮座――琵琶湖の「供祭エリ」と河海の「無縁性」をめぐって」（『史林』八八―六、二〇〇五年）六五～九八頁（のちに同著『中近世の村落と水辺の環境史』〈吉川弘文館、二〇〇八年〉に所収）を参照されたい。

(21) 安治区有文書九二三―絵図八。

(22) 須原村苗田神社文書二一〇―八、安政二年（一八五五）六月（以下、苗田神社文書の引用については、中主町教育委員会編『中主町内古文書目録（社寺編一）』〈一九八九年〉の文書番号による）。

(23) 安治区有文書六一六―宗教二二「御宮名寄帳」。

(24) たとえば、野洲郡五条村、神崎郡本庄村など。詳細については、前掲註(20)を参照されたい。

(25) 大嶋神社・奥津嶋神社文書、菅浦文書など。具体的な事例については、前掲註(20)にて検討している。

(26) 前掲註(20)。

(27) 前掲註(9)。

(28) 前掲註(20)。なお、この点については、本書補論2を参照されたい。

(29) 前掲註(20)。

(30) 乙女浜区有文書〇〇九六「魞場請所一札之事」宝暦二年二月（東近江市教育委員会市史編纂室編『能登川地区古文書調査報告書七　乙女浜区有文書目録・川南区有文書目録』〈二〇〇六年〉での史料番号による）。

(31) 堅田西之切神田神社文書（文書番号三三七）「木之濱村ヨリ魞間数ノ延長ニ関スル詫一札」文政八年三月（喜多村俊夫『江州堅田漁業史料』〈アチックミューゼアム、一九四二年〉に所収。以下、堅田関係文書の引用は、同書の文書番号による）。

(32) ①三津屋文書「魞請為取替証文事」天保二年十一月二十日（疋田千代江編『近江国犬上郡三津屋文書を読む』〈二〇〇〇年〉に所収）、②三ッ谷共有文書二一「魞充中ニ付為替手形之事」安政六年（伊賀敏郎『滋賀縣漁業史　上（資料）』〈滋賀県漁業協同組合

連合会、一九五四年〉での史料番号による）。

(33) 福堂共有文書七「指上申魞請証文之事」天保二年正月（伊賀敏郎『滋賀縣漁業史　上（資料）』〈滋賀県漁業協同組合連合会、一九五四年〉での史料番号による）。

(34) 安治区有文書三三五―魞四「差入申一札事（魞不漁而運上容赦之儀ニ付）」弘化三年十一月。

(35) 前掲註(22)、苗田神社文書二―二―一〇「氏神様釼魞内魞運上ニ付差入一札」万延元年六月、苗田神社文書二―二―四―一二「氏神様釼魞内魞運上ニ付差入申一札之事」元治二年四月、苗田神社文書二―一五―一三「釼魞中座魞改ニ付議定一札」慶応四年三月。

(36) 常楽寺共有文書一一「差入申一札之事（大江魞請所年々）」慶応元年七月（伊賀敏郎『滋賀縣漁業史　上（資料）』〈滋賀県漁業協同組合連合会、一九五四年〉での史料番号による）。

(37) 前掲註(36)。

(38) 前掲註(7)。

(39) 前掲註(14)。

(40) 前掲註(7)。

(41) 前掲註(32)。

(42) この点については、本書Ⅳ第二章にて、近世の京でのフナ類の新たな消費動向と関わって検討を加えている。

(43) 前掲註(1)①。

(44) 前掲註(1)④。

(45) 前掲註(1)④。

(46) 前掲註(14)。

(47) 伊藤康宏「漁場相論――簗の漁業史」（鳥越皓之・嘉田由紀子編『水と人の環境史　増補版』〈御茶の水書房、一九九一年〉八七～一二四頁。

(48) 『県沿革書類』「近江国湖上船魞漁等取締ノ件」明治三年十二月。

(49) なお、これに先立つ慶応四年三月十二日に、「湖水取締役所」なる役所から、浦々村役人宛てに廻された以下のような触書が、大津市役所編『大津市史　下』〈一九四二年〉四一四頁（「自安永四年至明治五年　御触書留帳」）、および喜多村俊夫『江州堅田漁業史料』（アチックミューゼアム、一九四二年）一七六頁（釣漁師組〈小番城〉共有文書一三八「明治維新ニ際シテノ釣漁師ノ嘆願」）に収録されている。そこには漁業関連として二項目があり、「今般御一新に相成」として「一、於其浦猟場乍有、是迄被差止候村々茂有之、右様村々は早々取締所え可申出事。一、魞間数近々相改候に付而は、定間より広事決而相成申間敷事」とされている。これは『江州堅田漁業史料』収録分に記載されているように、「是迄近江国御旗本御知行分此後土佐様御支配相成候て、追々御廻状御知行へ相廻」したものであったが、しかし結局「其後土州侯は御支配之儀御免に相成御家中御帰国被成」たため、実現されなかった。

(50) 県布令書第五三三号、明治七年六月十七日。

(51) 太政官布告第二三号、明治八年二月二十日。太政官布告第一九五号、明治八年十二月十九日。太政官達第二一五号、明治八年十二月十九日。

(52) 前掲註(6)。

(53) 前掲註(47)。

(54) 県布達書甲第七二号、明治十七年六月二十五日の別冊として附属するもの。

(55) 前掲註(16)。

(56) 堅田西之切神田神社文書三六七「西之切ト木之濱村ノ魞場出入裁許申渡」弘化三年六月十日。

(57) 堅田西之切神田神社文書二五二「吉川村トノ魞場出入裁許状」元禄十一年九月十四日。

(58) 県布達書甲第七五号、明治十二年七月八日。

(59) 滋賀県内務部『滋賀縣産業要覧』一九一三年。

(60) 県布達書甲第七五号、明治十四年十二月十四日。

(61) 県布達書甲第一三三号、明治十六年十一月二十二日。

(62) 県布達書甲第九七号、明治十七年九月十五日。

(63) 前掲註(9)。

(64) 県庁所蔵行政文書『水産委員取調魞漁経費収益金其他取調帳編冊　第一部　議事課』明治十九年（一八八六）。

(65) 県庁所蔵行政文書『漁場図綴込帳　滋賀県』の明治三十五年分と、『滋賀県公報』の明治三十五年以降分の定置漁業免許告示による。

(66) 滋賀県水産試験場「漁業調査報告　大正五年十一月～六年五月」(滋賀県教育委員会編『琵琶湖総合開発地域民俗文化財特別調査報告書　資料編　大正期の漁法』〈滋賀県教育委員会、一九八〇年〉に所収)。

(67) 前掲註(8)。

(68) 現金配当は三年に一度であり、二年目と三年目分は村財政へ編入されて諸経費に充てられた。前掲註(9)による。

(69) 滋賀県水産課『琵琶湖漁業実態調査報告書　第二部――野洲郡(湖東南部)の漁業、其の一、速野村の漁業』(滋賀県、一九五〇年)。

(70) 「農家ニ関スル調査(大正一二年一二月末日現在)」(滋賀県市町村沿革史編さん委員会編『滋賀県市町村沿革史　第六巻　資料(二)』〈滋賀県市町村沿革史編さん委員会、一九八八年〉)による。

(71) 滋賀県教育委員会編『琵琶湖総合開発地域民俗文化財特別調査報告書五　湖南の漁撈活動』(滋賀県教育委員会、一九八二年)。

(72) 佐野静代「琵琶湖岸内湖周辺地域における伝統的環境利用システムとその崩壊」(『地理学評論』七六―一、二〇〇三年)一九～四三頁(のちに同著『中近世の村落と水辺の環境史』〈吉川弘文館、二〇〇八年〉に所収)。

(73) 前掲註(64)。

(74) 前掲註(71)。

(75) 前掲註(70)。

(76) 以下、漁業法と水産業協同組合法の理解に関しては、平林平治・浜本幸生『水協法・漁業法の解説』(漁協経営センター出版部、一九八〇年)に従った。

(77) この点については、すでに安室による指摘がある(前掲註(9))。

(78) 木浜区所蔵の「保證責任木濱漁業協同組合設立同意書」昭和十四年(一九三九)には、木浜区居住の二五二名の署名・捺印がある。

補論2　『安治区有文書』天正十六年「魞銭集日記」「鮨上納日記」に関する一考察

はじめに

筆者はかつて、村有のエリの存在が中近世まで遡れる例として、野洲郡安治村の「神事魞」を取り上げ、「村エリ」の起源が中世の惣有財産までたどれることや、村の「コモンズ」としての、その中世の様相について提起した。[1]そこで用いた史料は、中世惣村文書として著名な安治区有文書中の「魞銭集日記」「鮨上納日記」をはじめとする天正十六年の一連の史料群であったが、この分析に対して橋本道範氏より、「史料解釈の誤解をもとに十六世紀段階のコモンズとしての「村エリ」の実態が論じられ、〝コモンズの発展史〟が描かれている」との批判が出された。[2]拙稿に対する橋本氏の批評には深謝の意を表したいが、しかし当該史料についての氏の解釈には大きな問題があるため、その見解に従うことはできないと考える。そこで本論では、この「安治区有文書」天正十六年の一連の史料群を正しく理解するために、その基礎的検討を行うことを目的としたい。

なお近年、同じ史料群中の「鮨上納日記」について、深谷幸治氏が「「すし日記」と題されつつも、内容は神事餅の負担を配分したもの」とする新しい見解を示している。[3]当史料群をどのように理解すべきか、本論では近世・近代までの諸史料との照合を行い、さらに漁獲対象魚類の生態とそれに対する民俗知識の検討を行うことによって、史料の読み解きを深化する試みを具体的に示してみたい。

一　橋本氏による批判とその論点

まずは前稿での筆者の論について振り返っておきたい。筆者は明治初期の史料から安治村に「村持ちのエリ」が存在していたことを確かめ、それが確実に近世までたどれるものとして、村社の戸津神社が十八世紀には所有していた「神事魞」を取り上げて分析した。神事魞は、安治村の北に広がる須原内湖の入口を扼する位置にあり（図54）、本書Ⅲ第一章・第二章で示した「江口エリ」タイプに当たる。この神事魞の名は天正十六年の魞に関する一連の史料群にも登場することから、「村エリ」の起源が中世の惣有財産までたどれることや、その用益が中世末期には惣の成員に限られていた様相を提示した。

筆者が用いた史料について、橋本氏の整理に従い、以下の記号で示しておく。[4]

A「魞銭集日記」閏五月八日（一〇八中—一二〇）
B「鮨上納日記」閏五月八日（一〇九中—一二一）
C「鮨残分上納日記」閏五月八日（一一〇中—一二二）
D「鮨駄賃集日記」閏五月九日（一〇四中—一二三）[5]
E「鮨上納日記」月日未詳（一一三中—一二六）

史料Aは村が集めた銭の書き付けであり、全部で二四人の名が記され、一部未進のものも含めると、一六人から三六文、八人から四〇文ずつを徴収する形であったことがわかる。筆者はこれを「村エリ」の費用を家別に徴収した台帳であると考え、(6) ここにはみえない「おとな衆」の名もB・Dでは神事魞に関わって記載されていることから、二四名＋おとな衆（六名余）の合計三十余名が「村エリ」の用益にあずかっていたことを推定した。当時の安治村の全戸数は四二軒であったが、「わき衆」などを除いた惣の成員が三〇軒余だったことが判明しており、(7) したがって惣の成員だけが「村エリ」を行使していた可能性を提起した。

これに対する橋本氏の批判は以下の三点である。氏はまずAからEを「「神事ゑり」に関する史料ではなく、安治村のエリ全体に関わる史料である」とした上で、次のように述べる。

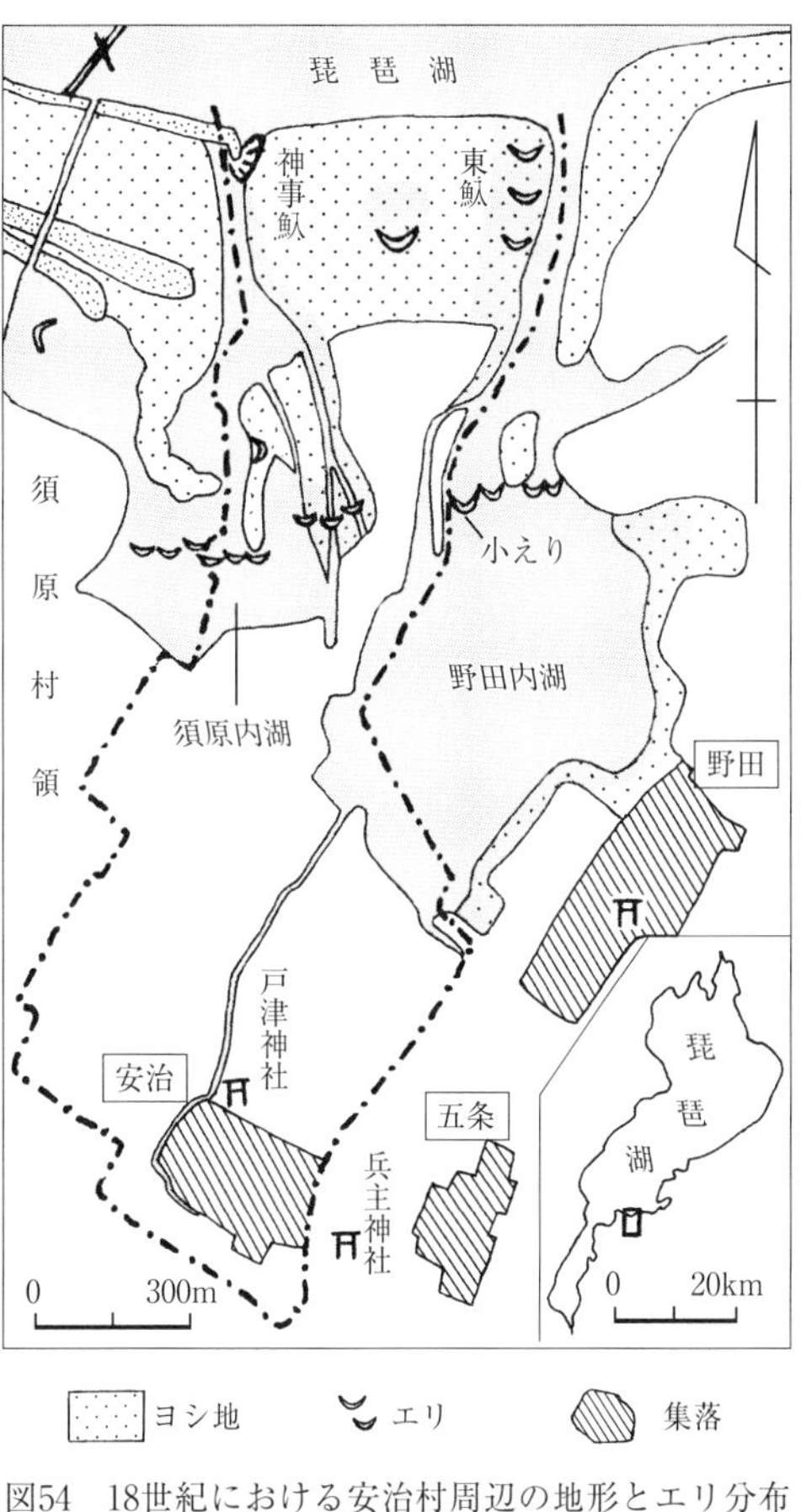

図54　18世紀における安治村周辺の地形とエリ分布
（「江洲野洲郡安治村与須原村杭打論所地改見分絵図写」天明２年〈安治区有文書〉および「野田村葭地略絵図」元禄11年〈野田村文書〉を２万分の１地形図に投影して作成）

1．Aについて、「安治に所在したエリは、「村エリ」ばかりではない。神事〓りのみならず、すべてのエリに対して年貢に相当する額が案分されて賦課されていたとみるべき」とする。

2．Bにおいて、貢上用の鮨一五八のうち、「五つ　内三つ神事〓り不出　道ゆう」「二つ　神事〓り　九郎衛門」とあることから、「「神事〓り」の権益を有していたのは、道祐と九郎衛門のみ」である。

3．Eに書き上げられた各人割り当ての貢上用の鮨の数、合計二〇〇は「エリの所有数量もしくは漁獲量の反映とみるべき」であり、このうち神事〓りからの貢納分がわずか六つにすぎないことより、「「神事〓り」が惣有財産であったとしても、それは安治村のエリの漁獲全体のわずかな部分を占めていたにすぎず、しかもおとな衆に選出される有力層の経営に依存していたのである」とする。

以上三点をもとに、橋本氏は結論として、「一六世紀段階では、佐野氏が提示した内湖の入口を塞いで大きな漁獲を誇るコモンズとしての「村エリ」、というイメージとは全く異なる状況であった」と批判するのである。この見解について、筆者なりの反論を述べていきたい。

二　安治村の「村エリ」の実態

筆者と橋本氏の間には、史料解釈の前提となる考え方に大きな相違がある。それは、安治村内に複数存在したエリのうち、村有であったエリの数をいくつとみるかという点である。橋本氏は、「村エリ」となっていたのは神事〓ただ一ヵ所のみであったと理解している。しかし安治村では、村内に存在したエリはすべてが「村エリ」であったと考えられるのである。前稿で筆者が神事〓を取り上げたのは、村有であることが史料的に中世までたどれる確実な事例だったからであるが、安治の「村エリ」はけっしてこの一ヵ所にとどまるものではなかったとみられる。その根拠を以下に示したい。

本書Ⅲ第二章において、県下では近世まで村有エリは普遍的なものであり、幕末にかけて一部のエリが売却されるなどして個人の私有に移っていく過程を提示した。安治村においても、明治初期まではすべてのエリが村の所有下にあったことを示す資料が存在する。明治初期の『魞ノ部漁魚税取調事類 議事課』[8]によれば、当時安治村に存在していた五ヵ所のエリではいずれも村に冥加金が納められており、村へ入札金を支払った上での請負であること、すなわちすべてのエリの所有権は村にあったことが確かめられる。これに遡る弘化三年（一八四六）、安治村の「東魞」（図54参照）を請けた魞主新五郎の書状でも同様にエリの権利自体は村有であったことが明らかであり[9]、このように近世においても、神事魞以外の「村エリ」が存在したことは確実である。本書Ⅲ第二章で示した通り、「すべてのエリを村が所有する形態から、一部のエリのみの村有へ」という時系列が取り出せるのであれば、近世以前の安治村のエリがすべて村有であった可能性は高いものといえよう。

このような前提の下では、上記の史料群の解釈も、橋本氏の見解とは異なってくる。氏が批判点1でA「魞銭集日記」を、「神事ゑりのみならず、すべてのエリに対して年貢に相当する額が案分されて賦課されていたとみるべき」とするのは正しいが、安治に所在したエリはすべて村有だったのであるから、Aはやはり「村エリ」に関わる史料であったことになる。よって魞銭を賦課されていた二四名は、全員が「村エリ」の用益に携わっていたと推定される[10]。なお、この二四名中に「おとな衆」の名がないことについて、筆者は役給などとして魞銭が免除されていた可能性を提起したが、橋本氏は魞銭の未進によるものと主張している。しかしAでは未進分について、「不出」として人名と不足額が記載されており、そこには氏が魞銭未進と考える「道祐」の名は書かれていないことに留意すべきであろう[11]。

いずれにしても、この二四名＋おとな衆を安治の「村エリ」の用益権者と考える筆者の見解に変わりはない。

三　「鮨上納日記」の理解

続いて橋本氏による批判点の3について先に検討してみたい。氏はEの「鮨上納日記」において、神事ゑりから貢上された鮨の数に注目する。史料Eの全文を以下に示す。(12)

かき取すし日記事

天正十六年分

□年如此候

廿　手次

十七　弥兵へ

十七　源介
合　七郎兵へ入道

四十六　太郎衛門尉

六ツ　神事ゑり

廿九　小ゑり衆

三ツ　与衛門

三ツ　伝兵へ

三ツ　源二郎

五十六　　　　うちまハり衆
以上弐百すし数此内
はちやう半分也

氏は貢上用鮨の割り当て数を、「エリの所有数量もしくは漁獲量の反映とみるべき」とした上で、貢上された鮨の合計数二〇〇のうち、おとな衆であった太郎衛門尉が四六を負担しているのに対して、神事ゐりからはわずか六つしか貢上されていないことを根拠として、「「神事ゐり」が惣有財産であったとしてもそれは安治村のエリの漁獲全体のわずかな部分を占めていたにすぎない」と主張する。この氏の解釈は正しいのか、以下に詳しく検討してみたい。

まずは氏の論の前提となっている「Eの鮨はエリに賦課されたもの」という理解について取り上げたい。この前提自体に大きな問題があると筆者は考える。それは、この鮨はエリ以外の漁撈、あるいはヨシ地そのものの用益を含めて賦課された可能性があるからである。

筆者が注目するのは史料Eの最後の筆である。ここにみえる五六もの鮨を貢上している「うちまハり衆」とは何者であろうか。この鮨はフナズシであったと推測され、五六匹のフナを一時に提供しうる点で、有力な漁撈集団であったことが想像されるが、この「うちまハり衆」の名は、Dの「鮨駄賃集日記」にも登場している。Dには、天正十六年の五月九日分として徴収された鮨駄賃の九二文のなかに、「十三文惣うちまはり衆の内、ひたせいきよくニかし申候」との書き付けがある。これを「惣が」貸したと読むのか、「惣の」うちまわり衆と読むのかによって意味が変わってくるが、しかし当時の安治村の居住者のなかに「せいきょく」という人名はみられない[13]。よってこれを安治の外部の集団と考えた場合、「うちまハり衆」の候補となる有力な漁撈集団は、堅田西之切の漁師たちである。

彼らは江戸初期、自ら「打まわりの猟師共」と名乗り、六〇年前より「御禮に伺被仕候」、さらに「昔より猟場之儀御證文頂戴仕、江州諸浦を廻り」、魚鳥の漁猟をしていることを述べている。[14] 彼らの操業する漁場が、近世に安治地先にあったことも明らかになっている。[15] 史料Bの文末の記述（後掲）およびその前年の鮨受取状の存在から、安治村には毎年一五八個の鮨の貢納が義務づけられていたことが推測されるが、[16] この天正十六年にはEにあるように別に鮨二〇〇の貢上が行われており、この臨時の賦課に際して、安治の地先を漁場とする堅田西之切にも負担が課せられた可能性を考えたい。この想定のもとでは、鮨の貢上とはエリに対してだけでなく、網漁を含む安治のすべての漁撈やヨシ地での用益に課せられたものだったと考えられる。その傍証として、Dの「鮨駄賃集日記」の閏五月九日の徴収分に、「五文　よし□き」とあることもあげておきたい。これは「よしまき」すなわちヨシ地を取り囲んで行われる「葭巻網」に課せられたものであった可能性が高い。鮨の賦課の対象が、やはりエリだけに限られなかったことを示しているのではないだろうか。このような解釈に基づけば、Eに記された鮨の割り当て数を、そのまま「エリの所有数量もしくは漁獲量の反映」とみることには、慎重にならざるをえない。

さらに重要な点は、神事趴からの鮨貢上がわずか六つにすぎなかったことをどのように考えるか、その解釈の問題であろう。そもそもエリで捕獲されたフナを鮨に加工し、領主への貢上物とすることは、以下に述べるように中世には他地域でもみられた行為であった。しかし、重要なことは、そのエリが神社の所有であった場合、神事用への充当が優先され、領主御用を免がれていたとみられる点である。フナズシが神事に用いられたことは、十三世紀の大嶋神社・奥津嶋神社文書にも「鮨切魚」として記載があり、[17] 今日も各地に残る鮨切祭りにその様相をうかがうことができるが、琵琶湖北岸に位置する十五世紀の大浦下庄においても、神事用のエリと鮨貢上との関わりをみることができる。寛正四年（一四六三）、大浦下庄七ヵ村と代官松平氏との間で起こった相論の項目中に、「魚をとるゑりの事」があげられており、庄民側は、このエリは「むかしより五所・八幡両宮の御神事に付たるゑりにて候間、名主中よりさし候て、御こくを備申候」であったのを、近来は代官が「おさへめされ候て、十貫餘の入目にてさし候を、御百姓ニ被仰付させられ候て、魚を取候へハすしにめされ候て、廿人三十人の人夫にて京都へ取御上候……」という状況であり、「八幡の御こくいまハとまり、地下のさいれいも十二年か此方、絶うせ候」と訴えている。[18]

注目されるのは、これに対する代官松平氏からの陳状であり、そこでは「まことに五所八幡両社の神物たらハその支證あるへし、御百姓證文を出帯して申さむにいたってハ、更にその旨をやふるへきにあらす……」[19]として、すなわち真に神物のエリであることが証明されれば、神事用の御供を優先する旨が明記されている。この状況は、中世荘園の仏神田などが免田とされて領主年貢分から控除されていたのと同様であり、さらに勝俣鎮夫が指摘するように、十五世紀に始まり戦国時代には一般化していた村請制の下で、これら仏神免田が全く領主の手を経由することなく、直接的に村の所有物（惣有地）とされていく様相とも連動していよう。[20]

したがって、以上のように中世の神社のエリの場合、そこで取れたフナは神事用への充当が優先され、領主への鮨貢上からは控除されるのが通例だった可能性が高い。天正十六年という時期をどのように考えるかという問題は残るが、しかし中世末期の安治の村鎮守の所有であった神事魞についても、そのフナは同様に領主への「鮨上納」を免がれており、そのために「鮨上納日記」には書き上げられなかった可能性が考えられるのではないか。したがって、B・Eに記された貢上用鮨の割り当て数が少ないことをもって、神事魞の漁獲高そのものが僅少であったと判断することは早計にすぎるように思われる。B・Eでの貢上用鮨の割り当て数をエリ漁獲量の直接的な指標と見ることには、やはり問題が残るのである。

橋本氏はまた第二の批判点として、Bでの鮨の割り当てを取り上げ、「五つ　内三つ神事ゑり不出　道ゆう」「二つ神事ゑり　九郎衛門」と記されていることから、「神事ゑり」の権益を有していたのは、この二名のみにすぎなかったとしている。確かに彼らおとな衆が神事魞の行使に関わっていたことは間違いないであろうが、しかし、この記事のみをもって、神事魞の権益が道祐と九郎衛門のみに限られていたと断定することはためらわれる。領主への貢上を免除されていた可能性のある神事魞では、その行使者を代表して、おとな衆だけが鮨を貢上した可能性も考えられるからである。

四　神事魞の位置

先述の「鮨上納日記」から神事魞の漁獲高をわずかにすぎないと判断した橋本氏は、このおとな衆だけの経営に依存していたとの想定をも根拠として、神事魞の規模は小さく、十六世紀段階では、「内湖の入口を塞いで大きな漁獲を誇るコモンズとしての「村エリ」、というイメージとは全く異なる状況であった」と結論している。氏は、天正期の神事魞を内湖入口の「江口エリ」とみる筆者の見解を批判するのであるが、しかし十八世紀に須原内湖の入口にあった神事魞は、これを遡る元禄十年（一六九七）の争論時にもすでに同じ地点にあったことが確認されている。[21]さらにそれは、延宝年中の検地のさいにも存在したとする安治村の主張も認められている。[22]延宝年中といえば、天正十六年（一五八八）より降ること一〇〇年弱である。この間に、湖岸部では土砂堆積などの地形変遷により、神事エリの位置が多少動いている可能性は考慮されねばならないが、しかしそれが抜本的な移動となるほどの大規模な地形変化だったと推定されるわけではない。

この点で参考となるのは、安治村に関わるもう一つの神社のエリである「小ゑり」の位置であろう。十五世紀を初見とする小ゑりは、安治村など一八ヵ村からなる兵主郷の郷社である兵主神社の供祭エリであったが、安治村東方の野田内湖の入口を押さえたその位置は、天正六年の「安治村条里小字図」の段階から明治初期に至るまで、約三〇〇年間変わっていないことが確かめられる。[23] エリの設置場所は魚道との関係で決まるため、魚道が大きく変わるような根本的な地形変化がない限りは、原則的にその位置の継続性は高いのである。

安治村のヨシ地には、個々に名称が付けられた小規模なエリがほかにも複数存在していたが（元禄段階の絵図[24]では六ヵ所）、天正十六年の一連の史料群でエリの名があがっているのは、小ゑりと神事魞だけである。このことは、これら二つのエリが他のエリとは異なる重要性を持っていたことを意味していよう。それは供祭のエリであったことと同時に、産卵地である内湖への入口を押さえる突出した位置を占めていたことによるのではないだろうか。内湖の江口エリが、内湖内側の他のエリとは比べものにならない漁獲量を誇っていたことは、本書Ⅲ第二章の図53―2で示した通りである。須原内湖の「魚道喉首」にあった神事魞の位置は、元禄から明治初頭までの二〇〇年の間、動いていなかったことが確認されるが、その立地が天正期まで遡る可能性は十分残されていると筆者は考える。

以上の1・2・3の検討結果から、筆者は橋本氏の提起した見解にはいずれも従うことはできないと考える。橋本氏は拙稿について、「史料解釈の誤解をもとに一六世紀段階のコモンズとしての「村エリ」の実態が論じられ」ているとして、これを「環境史研究の陥穽」と批判するのであるが、上にみてきたように、この問題は氏との「史料解釈の相違」にすぎないのではないかと思われる。

五　フナに関する民俗語彙と史料解釈

最後に、近年、同じ天正十六年「鮨上納日記」をめぐって示された深谷幸治氏の見解、すなわち「「すし日記」と題されつつも、内容は神事餅の負担を配分したもの」とする新しい解釈について考えてみたい。

史料B・C・Eについて、深谷氏は二〇〇三年の旧稿では、「神事用の鮨の負担を記したものであり、明らかに村落内部の行事に必要となる、供物か共食用の鮨（鮒鮨か）負担配分記録である」としていた。(25) しかし二〇〇八年には、これを神事餅の負担を配分したものとする見解を示している。(26) そこで本論では史料B・C・Eをいかに理解すべきか、近世史料との照合や、漁獲対象魚種の生態に関する民俗知識を導入することによって、その読み解きの深化を試みたい。

まず史料Bの全文を以下に示す。

かきとりすし日記
天正十六年門(閏)五月八日
四つ　源介
八つ　七郎兵へ
二つ　与四郎
二つ　弥十郎
二つ　大六

二つ　　　　与衛門
二つ　　　　上ふく（浄福）
五つ　　　　同人
二つ　　　　衛門二郎
三つ　もうつ一つ　与衛門
二つ　　　　四郎兵へ
二つ　　　　与五郎
二つ　　　　小三郎
五つ　内　三つ神事　道ゆう（祐）
　　　　ゑり不出
二つ　　　　彦六
二つ　　　　源二郎
二つ　　　　七蔵
（以下見返し）
廿三　　　　大郎衛門
二つ　　　　与十郎
八つ内　三ツもうつ　道ちん
二つ　もうす　小大郎

二つ　　　　与一後家
十二はちやう　九郎衛門
十ふな　　　合二郎左衛門
二つ　神事ゑり　九郎衛門
廿九内五つもうつ
　　　　　　小ゑり衆
二つ　　　　九郎左衛門
二つ　　　　宗徳
二つ此内一つもうつ　すけ三郎
十一惣加　　弥兵へ
二つ　　　　下ノ弥二郎
後五月九日ニ
　幷百五十八上申候
　其時使ハ伝兵へ・二郎兵へ
　　　　　　小大郎
　三右衛門尉殿ニ渡

この史料で問題となるのは、何ヵ所も出てくる「もうつ（もうす）」と「はちやう」の語であろう。その用法としては、「もうつ一つ」「十二はちやう」といった個数の書き上げに加えて、「廿九内五つもうつ」「二つ此内一つもうつ」など、内訳として書かれているものもみられる。「はちやう」についても、前掲の史料Eの最後の部分に、「以上弐百すし数此内　はちやう半分也」とあり、二〇〇の鮨のうち、その半分が「はちやう」であったとの内訳が記されている。

この「はちやう」「もうつ」の語については、文化三年（一八〇六）にまとめられた琵琶湖の魚類百科たる『湖魚考』に理解の手がかりがある。[27]『湖魚考』には、当時の漁獲対象であった魚類について、成長段階による呼称の区分など、様々な民俗知識が記載されており、そこにはフナに関しても詳細な記述がみられる。そのなかに「はちやう」「羽長」として、「真鮒の雄なり、子なくして真鮒より少し小さし」との説明がある。真鮒とはゲンゴロウブナに相当するものと考えられ、よって「はちやう」とは抱卵していないオスのゲンゴロウブナを指すものとみられる。『湖魚考』にはさらに、「もうず」の説明として、「似五郎の苗なり」とあり、ニゴロブナの幼魚と考えられる。

『湖魚考』以外にも近世の琵琶湖産の魚類に関する十九世紀の本草書には、「ハテフ」「モウズ」として、いずれも『湖魚考』と同様の説明がみられる。[28]したがってこれらの語は、ゲンゴロウブナのオスと、ニゴロブナの幼魚を指す民俗語彙であり、近世には県下の各地で広く用いられていた可能性が高い。とくに「はちやう」については、膳所藩主の命によって享保十九年（一七三四）に寒川辰清が編纂した『近江輿地志略』にも、源五郎鮒の別名として「はてり」の説明があることから、近世前期まで確実に遡る語であったことがうかがわれる。なお、「もうつ」については、「間人（もうと）」にも通じるのではないかと思われ、基準に満たない下位のもの、すなわち寸法の足らない幼魚の意と考えられる。

以上の検討から、天正十六年の「鮨上納日記」にみられる「はちやう」「もうつ」も、これらフナの成長段階や雌雄の別を意味する民俗語彙と理解してよいと考える。よって、史料B・C・Eの「すし日記」は、やはり餅ではなくフナズシの貢上に関わるものと結論される。

ここで重要なことは、「鮨上納日記」にフナズシの内訳として「はちやう」「もうつ」が注記されたことの意味であろう。「以上弐百すし数此内　はちやう半分也」「二つ此内一つもうつ」という注記は、残り半分の鮨は、オスのゲンゴロウブナや幼魚以外のフナで調製されたことを示している。すなわち、注記のないフナズシではメスのフナが用いられていたのであり、そちらが通例であったことになる。この時期、オスとメスとを識別するのはもちろん抱卵の有無であり、したがってこの「鮨上納日記」は、すでに天正期のフナズシには抱卵したメスが用いられていたことを示している。また、鮨の貢上の時期が閏五月であることを勘案すれば、春から初夏の抱卵魚の捕獲から漬け込み・完成までの期間が、現在と比べて非常に短いことも注目される。

現在、近江のフナズシの原初型をめぐる議論が活発化しており、抱卵したメスを用いることがいつの時代まで遡るか、あるいはフナの漬け込み期間や調製方法がいかに現代とは異なるものだったのかが大きな焦点となっている(29)。安治区有文書中の「鮨上納日記」は、そのような関心にも応えうる史料として、一層活用されるべきであろう。

註

（1）佐野静代「中近世における水辺の「コモンズ」と村落・荘郷・宮座――琵琶湖の「供祭エリ」と河海の「無縁性」をめぐって」（『史林』八八―六、二〇〇五年）八四五〜八七八頁（のち同著『中近世の村落と水辺の環境史――景観・生業・資源管理』〈吉川弘文館、二〇〇八年〉に収録）。

（2）橋本道範「「環境史」研究の可能性について――佐野静代氏の業績の検討から」（『歴史科学』一九六、二〇〇九年）四二〜五二頁。以下、橋本氏の見解については本論文からの引用である。

（3）深谷幸治「中近世移行期近江村落の役負担と階層」（『帝京史学』二三、二〇〇八年）二三〜五一頁。

（4）以下、安治区有文書の引用については、中主町教育委員会編『近江国野洲郡安治区有文書目録』（一九九五年）の文書番号による。

(5)「しん八浄玄書状」(一〇四中—一一六)の紙背。

(6)前稿では近世の状況から類推し、このように魞銭を村役と考えたが、すでに深谷が指摘しているように、安治区有文書中にはその前月付けで米一石の「魞年貢」皆済状があり(「左近右他魞年貢米請取状」天正十六年五月二十日〈一〇七中—一一九〉)、この分を翌月に村落内部で徴収したものと考えた場合には、これは権力側への納入負担、すなわち公役となる。深谷幸治『戦国織豊期の在地支配と村落』(校倉書房、二〇〇三年)。

(7)脇田修『織田政権の基礎構造』(東京大学出版会、一九七五年)。

(8)県庁所蔵行政文書『魞ノ部漁魚税取調事類　議事課』明治十九年(一八八六)。

(9)「差上申一札之事(魞不漁ニ而運上容赦之儀ニ付)」弘化三年十一月(三三五魞—四)。

(10)前稿で筆者が「魞銭集日記」を、「あえてエリの名を指定しないこのような書式は、むしろ当「魞銭」が村の「コモンズ」となっているエリすべてを対象に課されていた可能性を示している」と評したのは、この点を考慮してのことであった。

(11)魞銭一一文を未進していた「すけ三郎」は、Dの「鮨駄賃集日記」でも「不出」と書かれている。一方、橋本氏がAに名前がないことから魞銭を未進だったとする「道祐」は、Dでは割当額を拠出している。

(12)以下、これらの史料については、すべて河﨑幸一氏から翻刻の提供を受けたものである。貴重な研究成果をご提供下さった氏のご厚意に、心から御礼申し上げる。

(13)前掲註(6)深谷著書では、天正十六年およびその前後の村役負担配分に関する文書五点に現れた人名八五名分が整理されているが、その中に該当する人物はみられない。

(14)「不猟ニ付運上銀ノ減額嘆願」貞享五年二月、西之切神田神社文書(喜多村俊夫『江州堅田漁業史料』〈アチックミューゼアム、一九四二年〉に所収)。

(15)「野洲郡安治村ノ新規ニ魞ヲ企テタルニ対スル訴状」天保三年、西之切中島源四郎家文書(喜多村俊夫『江州堅田漁業史料』〈アチックミューゼアム、一九四二年〉に所収)。

(16)「吉田左内鮒鮨請取状」天正十五年七月二十七日(一〇五中—一一七)に、「合百五拾枚者　あわち村弁　残八丁」とある。また後掲の史料B文末には一五八個の鮨を安治村の使いが「三右衛門尉殿ニ渡」とある。なお「三右衛門尉」については、同年五月二十日付の「左近右他魞年貢米請取状」（二〇七中―一一九）に署名がある「三右」と同一人とみられ、この鮨がやはり領主側へと貢上されたものであることが明らかである。

(17)「神主職規文」弘安六年、大嶋神社・奥津嶋神社文書。

(18)菅浦文書六三三「大浦下庄訴状案」寛正四年九月二日（以下、菅浦文書の引用については、滋賀大学史料館編纂『菅浦文書上』〈有斐閣、一九六〇年〉の文書番号による）。

(19)菅浦文書三一八「松平益親陳状」。

(20)勝俣鎮夫「戦国時代の村落」（同『戦国時代論』岩波書店、一九九六年）。

(21)「境目杭幷魞場出入」天明三年八月（五〇一争―八六）。

(22)前掲註(21)。

(23)「安治村条里小字図」天正六年十一月十日（二〇中―二三）において、近世の「小ゑり」設置場所の安治村側に相当する湖岸の坪名に、「おゑりかた」とある。これらの論証の詳細については、前掲註(1)を参照されたい。

(24)「安治須原堤論所絵図」元禄十年六月（九一八絵―3）。

(25)前掲註(6)深谷著書。ただしこれらの鮨が、神事用ではなく領主への貢上品であったことは、前掲註(16)で明らかにした通りである。

(26)前掲註(3)。

(27)小林義兄『湖魚考』文化三年（一八〇六）撰。

(28)主なものとして、小野蘭山『重修 本草綱目啓蒙』享和三年（一八〇三）、藤居重啓『湖中産物図証』文化十一年（一八一四）、前田梅園『鴻溝録』文政七年（一八二四）など。

(29)橋本道範編『再考ふなずしの歴史』（サンライズ出版、二〇一六年）。

Ⅳ　「里湖」と都市の消費活動

第一章 近世近江国南部における「里山」と「里湖」の循環的システム

——漁業史からの環境史研究の可能性——

はじめに

近年、日本の歴史学界において、自然との関わり方の来歴を問う環境史研究の潮流が顕著となっている。[1] そのなかでも筆者が注目したいのは、漁業史研究から環境史研究の可能性を探る視点である。[2] もともと山野河海は自然と直接的に対峙する生業が営まれる場であるが、なかでも漁業は天然生物資源たる水産資源の持続性如何に依存するものとして、その歴史の復元には環境史的・資源論的な視座が不可欠となることが説かれている。[3]

このような意識に基づく環境史研究としては、高橋美貴や盛本昌広による水産資源管理・保全や漁政史の研究があげられる。[4] しかし漁業史・漁撈史の環境史研究素材としての可能性はこれにとどまらず、資源論の枠組みをも超えてさらに多様なアプローチが可能であろう。その一環としてかつて筆者が提起したのは、捕獲対象となる魚種の生態・行動への着目であった。[5] 魚介類は種によって生活場所とする自然環境（地形・底質など）が決まっており、その生態は数千年オーダーで遡及が可能である。つまり、ある種の魚介に関する漁業史料は、漁場の自然条件を示す指標としても利用できる。当該地域で捕獲される魚介の種類が以前とは変化し、それが漁撈技術の発達によるものではない場合には、漁場の環境変化を意味している可能性が浮かび上がってくる。

したがって漁業史料は地域の自然環境の変化を解明する素材ともなりうるが、こういった研究視角は、地域の生態系における人間自身の位置づけを問うことにもつながるはずである。漁業を通じての人間活動の影響は、たとえば干鰯供給にみるように漁業のみならず商品流通や農村経済に直結して、自然環境だけでなく社会環境まで大きく変えた歴史がある。すでに近世段階の漁業は農業・商業など他の生業活動と分かちがたく結びついており、漁業のみを切り離して論じることは適切ではない。新たな漁獲を希求する人々の動きを当時の経済活動全体の中に位置づけ、そういった人間の行為が地域の生態系へ及ぼした影響について分析することが不可欠であろう。

さらに重要なことは、水域に表れた環境変化は水域だけに起因するものではなく、むしろ背後の山地までを含む集水域全体の環境の変化を反映している場合が多いことである。日本の環境史研究では、山の問題は山だけで、水域の問題は水域のみで論じられることが多かったが、山地・平野・海（湖）を河川でつながる流域ととらえ、その環境変化を長期的な時間軸において問い直す視点が必要であろう[6]。

以上のような問題意識に基づき、本章では漁業史料の新たな読み解きにより、山地までを含む集水域において近世の人間活動が地域の生態系へどのような作用を及ぼしたのか、その実態を明らかにしたい。対象となるフィールドは、山地から水面までの集水域が比較的コンパクトにまとまる琵琶湖南部である。琵琶湖集水域は旧近江国にほぼ一致するが、なかでも「南湖」と呼ばれる琵琶湖最狭部以南の水域は、山地から湖面までが短い距離で完結する一つの単位空間となっている（図55）。かつ当地には多くの文献史料が残存し、中近世の漁業史研究の中心地でもあったことから、本章の研究手法に最も適したフィールドといえる。

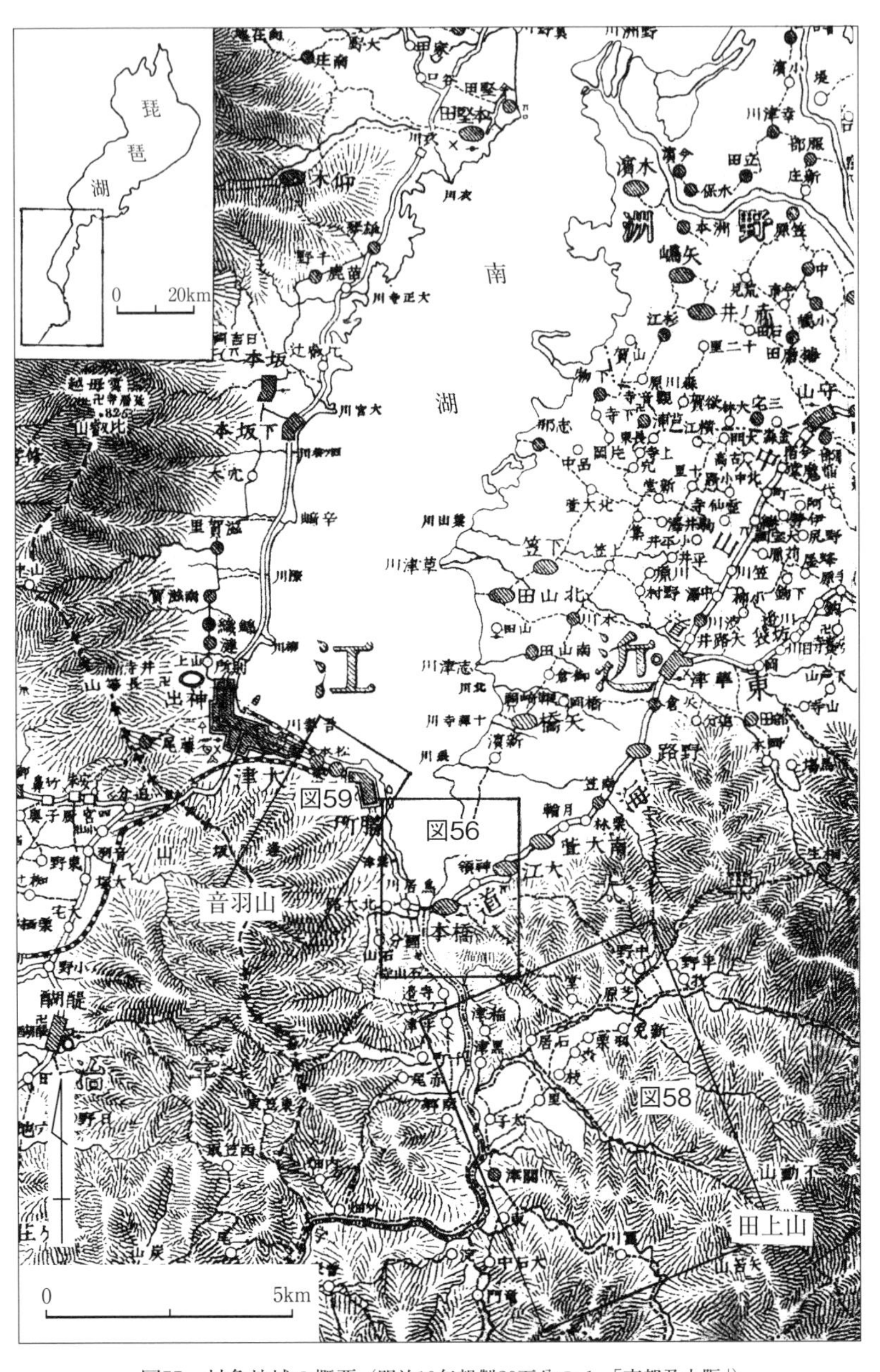

図55　対象地域の概要（明治19年輯製20万分の１「京都及大阪」）

本研究でとくに取り上げるのは、近世の蜆漁と採藻漁という二つの漁業である。関係史料はすでに各地の市町村史や『滋賀縣漁業史』[7]で紹介されたものばかりであるが、いずれも零細な自給漁業として、概説以上に取り上げられることはなかった。しかしこれらを環境史の視点から読み直せば、そこには近世の琵琶湖集水域における環境変化の動態が見えてくるのである。本章ではこれらが決して自給的な零細漁業ではなく、むしろ近世の商品経済と結びついて、地域の生態系を大きく変える役割を果たしたことを明らかにしたい。

一　蜆漁と田上山地の荒廃

1　蜆漁と貝灰

本節ではまず、近世の蜆漁について取り上げる。生物学的には、琵琶湖には二種のシジミが生息している。マシジミが全国の小川や水田の周囲に生息しているのに対して、セタシジミは琵琶湖水系のみに分布する固有種である。これら二種のうち漁獲対象となってきたのはもっぱらセタシジミであり、泥臭いと形容されるマシジミに対して、セタシジミは琵琶湖特産の美味として近世すでによく知られていた[8]。この両者の差異は生息地の違いによるものとされ、マシジミが泥地や砂泥地に多いのに対して、セタシジミは砂質や砂礫の底質に生息する特徴がある[9]。

セタシジミはその名のごとく、琵琶湖の最南部、唯一の流出河川でもある瀬田川一帯を漁場としていた[10]。セタシジミ自体は琵琶湖岸の各地に生息しているのだが、しかし近世まで瀬田川一帯が最大の漁場であった理由は、その底質・水深と当時の漁撈技術にある。幕末に船曳の「貝曳網」（水深一五メートルまで操業可能）が発明されるまで[11]、「蜆掻き」と呼ばれる人力の貝掻網では、二尋程度までの浅い水域でしか操業できなかった[12]。貝掻網の漁場は、瀬田唐橋を中心にその上流・下流それぞれ三キロほどまでの間であったが（図56）[13]、ここには東岸の瀬田丘陵（古琵琶湖層）から大量の土砂が供給され、水深三メートルまでの浅い砂礫底が広がっていたのである。現在でもこの一帯では貝掻網漁が行われているが、その姿が近世から変わらぬことは、円山応挙が明和七年（一七七〇）に描いた「琵琶湖宇治川写生図巻」[14]のなかの「蜆取」の図からわかる（図57）。

瀬田川畔に位置する縄文時代早期の石山貝塚において、出土貝類の約八割をセタシジミが占めていたように[15]、原始的な蜆漁は先史以来行われてきたと推定される。しかし、古代・中世の蜆漁については文献がなく、記録が見えるのは近世に入ってからのことである。近世に瀬田川一帯を支配したのは膳所藩であり、藩領で蜆漁を公許されていたのは栗太郡の橋本村・大江（久保江）村の二村であった[16]。『膳所藩明細帳』には、橋本村に蜆取船六〇艘があったことが記録されている[17]。蜆漁自体の記録は数少ないものの、その蜆の殻に関する記事が幾度か膳所藩の公用記録『膳所藩郡方日記』[18]に登場するので、まずはこの点について見ていきたい。

郡方日記中、蜆殻に関する最も古い記事は、宝永五年（一七〇八）四月二十一日付けの「橋元村・大江村蜆から（殻）」についてである。この二村の「蜆から」は坂田郡長浜の灰屋孫助が運上銀一五枚で引き受けてきたが、当年より大浦村の灰屋六左衛門も加わり、運上銀が合わせて二〇枚に引き上げられたというものである。セタシジミはゆでると身と殻が自然に離れるため、漁獲の多いときは生だけでなく剝き身（＝「身蜆」）にして出荷されていた。一貫匁の身蜆を得るためには二五～三〇貫の殻付き蜆が必要だったとされ[19]、大量の貝殻が出ることになるが、この貝殻が決して廃物扱いではなく、逆に運上銀の対象となっていることに注目したい。貝殻引き受けの両人が「灰屋」であったことから、これは貝灰の原料であったことが明らかである。

貝灰とは一般にはハマグリ・カキなどの貝殻を焼いてつくった灰で、石灰と同様に漆喰や顔料等の原料に用いられ

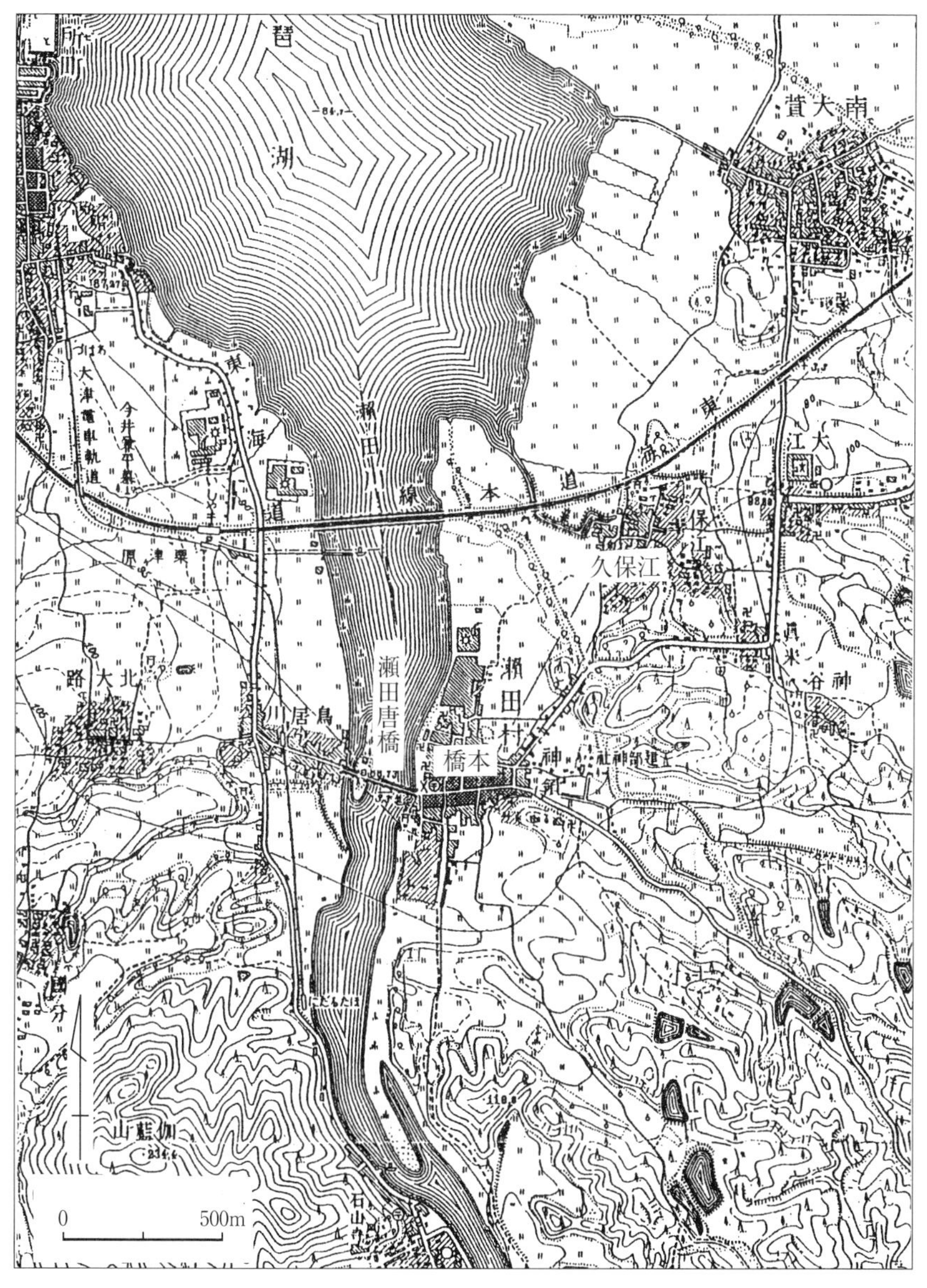

図56　セタシジミ漁場と橋本・久保江村（大正11年測図２万５千分の１「瀬田」に加筆）

図57　円山応挙「琵琶湖宇治川写生図巻」（京都国立博物館蔵）

る。[20] セタシジミも貝灰の原料となっていたことは、同時代に編纂された『近江輿地志略』の「勢多蜆」の項に、「……貝殻を去るによりてむき身或み蜆といひ、其貝ともにあるをから蜆といふ。又貝殻は之を焼いて石灰となし或は又直に京に送るもあり[21]」とあることから確かめられる。

上記史料中の坂田郡長浜の灰屋孫助とは、長浜の三津屋町に居住した有力な灰屋で、すでに元禄四年（一六九一）には伊吹山で産出される石灰を長浜湊から舟運で京へ売っていた記録がある。[22] おそらく京での石灰需要を熟知していたため、橋本村・大江村で大量に出る蜆殻に目をつけ、貝灰の製造・販売の独占をはかったものであろう。『膳所藩郡方日記』によれば、その後享保七年（一七二二）年には「勢多蜆殻運上　長浜村孫助」とあり、長浜孫助一人の請負に戻っている。ただし運上の額は、銀九〇枚（この年より新銀で五〇枚）となっており、宝永五年（一七〇八）の二〇枚と比べて増額されている。十八世紀初めの一五年ほどの間に、貝灰の生産が急速に増大したことがうかがえる。

2　貝灰肥料とその供給先

この貝灰に、京での漆喰需要に加えて、もう一つ別の用途が芽生えたことを示す史料がある。元文二年（一七三七）十二月、「橋本村蜆かき仲真（仲間）」七〇余人より膳所藩に対し、「蜆貝がら」について長浜孫助と同額の運上を納めるので、孫助の支配をやめさせ自分たち蜆かき仲間の支配とさせてほしい、との願い出があった[23]。それは一部聞き届けられ、以下のような形となった[24]。

一、蜆貝から之義御願申上候所御聞届被下、長浜孫介へ御対談之上拾六〆目入壱俵ニ付代四拾八文、尤口銭共御定被下、俵数弐千俵余毎年長浜へ売申極也、尤右弐千俵余之外ハ屎物ニ売候義勝手次第ニ御申付段々御世話忝奉存候、長浜へ遣シ候貝から中間より世話致差支無之様ニ可仕候

一、長浜孫介之外灰屋商売体の筋江貝から一切売不申様ニ御申渡シ急度相守可申候（後略）

すなわち、一六貫目入りの俵で二〇〇〇俵分の蜆殻については、一俵につき四八文で孫助に売り渡すこと、それ以外の分は「屎物ニ売り候儀、勝手次第」としてよいこととなった。ただし孫助以外の灰屋商売のものには一切売らぬようにも申し付けられている。

この文中の「屎物」という語句に注目したい。屎物とはすなわち肥料であり、貝灰に漆喰原料以外に肥料としての用途が出てきたことを意味している。海産二枚貝の貝灰に肥効のあることは、すでに元禄十年（一六九七）刊行の『農業全書』に記載されているが[25]、橋本村蜆掻き仲間の蜆殻支配の要求は、淡水産のセタシジミ貝灰にも十八世紀前半には肥料としての需要が生まれていたことを示している。さらに重要な点として、「屎物ニ売り候儀、勝手次第」という文言からは、それが自給肥料を超えて他村へと販売される商品になっていたことが判明する。この貝灰肥料はどのような村々に供給されていたのであろうか。

その手がかりとなるのは元文二年より三五年後の明和九年（一七七二）、『膳所藩郡方日記』四月十日の項である。セタシジミの貝殻は依然として長浜孫助に請け負われていたが、この日、栗太郡関津村の丑右衛門が前年十二月に出

していた蜆殻の請負願書に対して、次のように藩から許可が下った。

蜆から俵数高弐千四百俵内　千弐百俵ハ長浜灰屋孫助江
千弐百俵ハ関津村丑右衛門江
右之通双方江依願被仰付候
右之通被仰付候段丑右衛門へ申渡ス、則橋本村・大江村庄屋共呼寄、右之通両人江此度蜆から請負被仰付候間表数無滞差遣候様ニと申渡ス（後略）

すなわち、橋本村・大江村より産出される蜆殻二四〇〇俵のうち、一二〇〇俵ずつを長浜灰屋孫助と関津村丑右衛門で折半することが定められたのである。丑右衛門が請け負った分の蜆殻は後述のように貝灰肥料にされており、肥料としての需要が漆喰原料に迫る量に達していたことが判明する。

当記事中に引用されている前年の丑右衛門の願書の文面には、貝灰肥料の供給先をめぐって興味深い記述がある（傍線は筆者）。

蜆から之義是迄長浜方へ被仰付候御義ニ候得共、此度私共へ被仰付被下様奉願上候、廿ケ年已然ゟ大津馬場村辺ニ蜆から出来仕候ニ付田上筋へ御田地之肥しニ近年心見候処、弥田地ニ相応仕候、馬場村斗ニ而貝から無数年中肥しニ行届キ不申候、甚以難渋仕候ニ付近郷対談之上此度私共奉願上候、則近在村方ゟ添印仕差上申候、

（中略）

此度ニ丑右衛門奉願上候義、被仰付被下度、於私共奉願上候、依之連印奉差上候

関津村願主　丑右衛門
貝焼所馬場村　太七
関津村庄屋　宇兵衛
枝村庄屋　平　助

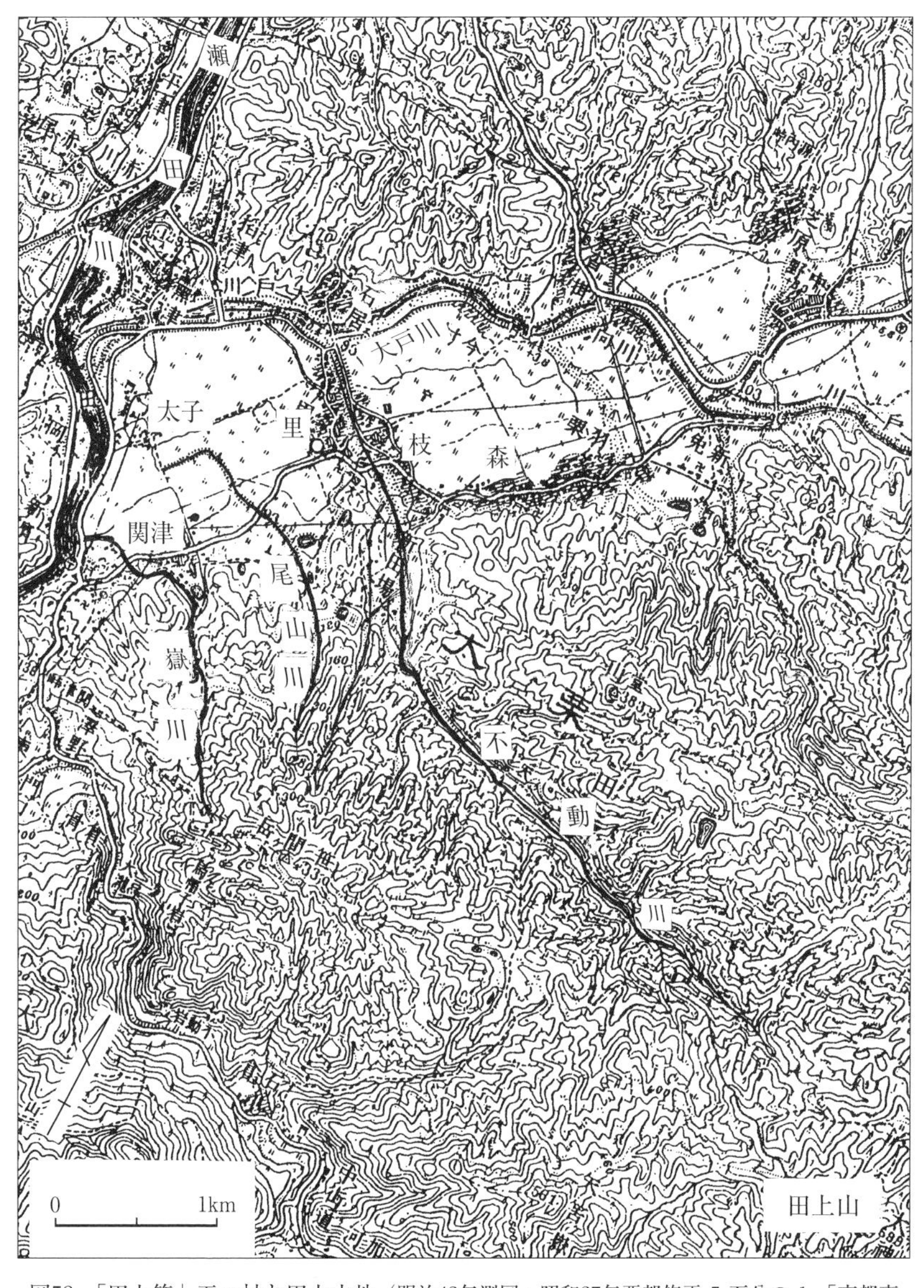

図58　「田上筋」五ヵ村と田上山地（明治42年測図・昭和27年要部修正 5 万分の 1 「京都東南部」に加筆）

太支村庄屋　善兵衛　　里村庄屋　茂兵衛
森　村　庄屋　市兵衛

すなわち、二〇年前の一七五二年ごろから滋賀郡大津の馬場村辺りでも蜆殻が出るようになり、それを「田上筋」の田地の肥料に近年試したところよく合ったが、馬場村の貝殻だけでは年中の肥料には行き届かないので、橋本・大江村の貝殻についても請け負いたく、近郷で相談の上願い出たものという。

この貝灰肥料を必要とした「田上筋」の村々とは、関津村とそれに隣接する「近郷」、すなわち枝村・太支村・里村・森村であり、栗太郡の南部、瀬田川支流大戸川沿いの五ヵ村である（図58）。湖岸の大津馬場村からも橋本・大江村からも遠く離れた位置にあるが、しかし関津村には瀬田川水運の航行下限に当たる港があり、湖産の貝灰を船で直接搬入することができる。

これらの村々は「田上筋」と呼ばれているように、栗太郡南部の田上山地の麓に位置していることに注目したい。田上山は全国でも有数の「はげ山」として著名であり、すでに近世初期には土壌の崩壊が進行していたことが判明している。[26] ここで、貝灰肥料の需要がこの村々の背後山地の荒廃と関わっていた可能性が提起されるのである。次項では、このはげ山と貝灰肥料との関係について追究してみたい。

3　田上山地の荒廃と土砂留工事

田上山地のはげ山化についてはすでに千葉徳爾の詳細な研究があり、風化花崗岩という地質の上に近世に与えられた人為的負荷、つまり近世初期の灯火用のアカマツの樹根掘りと、中期以降の多肥化農業に伴う草肥採取、すなわち林床での過剰な下刈・下掻が原因であることが明らかになっている。[27] 後者の多肥化農業とは商品作物の栽培であり、千葉は東濃の事例においてそれが具体的には木綿・菜種作など水田の多毛作化であったことを示している。[28] 田上山麓の村々でも以下のように十八世紀中ごろには商品作物の生産が始まっていたことが確認されるが、その作物とは主に菜種であったことが重要となる。

菜種は中世までのゴマ・エゴマに代わり、近世に入ってから本格的に栽培されるようになった油料作物である。菜種の栽培方法について記す最初の農書は元禄十年（一六九七）の『農業全書』であり、当時は種子の直播きが一般的であったことが知られる。[29] 当初、栽培の中心地は摂津・河内にあったが、享保年間（一七一六～三六）に移植法すなわち苗を仕立てて十一月に移植する技術が確立されると、[30] 畑作だけでなく水田での裏作も可能になったため、菜種栽培は畿内一円に広がることとなった。[31] 近江国でも十八世紀半ばには急速な普及をみたようで、明和四年（一七六七）段階では浅井郡・高嶋郡・滋賀郡・栗太郡・野洲郡で菜種が栽培され、在方絞油も行われていたことが明らかである。[32]

この時期の栗太郡の状況として、明和八年（一七七一）には在方絞り油屋五四名からなる株仲間がみられる。[33] そのなかで田上周辺に位置した油屋は、関津村とその北東にある中野村（前掲図58）との二軒であり、とくに関津村の油屋の名前は「丑右衛門」であった。同じ明和八年の史料であることから、前項の蜆殻請負の願い出人、「関津村丑右衛門」その人であろう。[34] つまりこの時期、関津村をはじめとする「田上筋」ではすでに菜種の作付けが一定の段階まで進んでおり、おそらくはその水田裏作としての進展に伴って、[35] 多肥化が求められるようになったと推測される。この新たな商品作物のための過剰な草肥採取が、田上の山々に負荷を与え、さらなる荒廃を進行させた可能性が提起されるが、この推定を裏付ける史料が存在する。それは、膳所藩による栗太郡の土砂留工事の記録である。

田上山地はじめ南山城など淀川水系上流のはげ山から流出した大量の土砂は、下流の京・大坂に洪水をもたらす一因となったため、幕府は淀川治水の一環として、貞享元年（一六八四）より畿内・近国の六藩に水源山地の土砂留工事を行わせた。[36]田上山一帯は膳所藩の管轄であったが、この膳所藩による近江の土砂留工事の実態は、滋賀県立図書館所蔵の『江州滋賀郡栗太郡土砂留御普請箇所控』によって知ることができる。明和九年（一七七二）六月の年紀を持っており、前節の関津村丑右衛門による蜆殻請負願い出と同時期のものである。この史料についてはすでに千葉徳爾が紹介しており、膳所藩の土砂留奉行による工事完了後の実地検分記録と推定されている。[37]

滋賀・栗太両郡において幕府領・他領を問わず実施された膳所藩の土砂留工事箇所三五〇地点が列記されており、その所在する村、河川の名前、小字名もしくは谷筋名、工法の種類、高さ・幅・延長、さらに「古」「子」「寅」、あるいは記載無しという四種類の施工年代に関する区分がなされている。このうち「子」「寅」については文中の記述からそれぞれ延享元年（一七四四）と延享三年（一七四六）であることが判明するので、「古」はそれ以前の古普請を指すと推定される。また無年紀の一七ヵ所については延享以降の施工ということになるが、年紀をとくに表記しない点からみて、これは明和九年に近い時期の新普請と考えられる。[38]

この明和期に施工された土砂留箇所に注目したい。栗太郡では延享三年まで多くの土砂留が実施されてきたが、明和期にはただ二つの河川の上流で土砂留工事が行われている。その場所は田上山地の西北斜面で、具体的には関津村の嶽川上流と、関津村・太子村・里村境を流れる尾山川の上流である（図58）。このうち後者の尾山川上流については、「岸崩　三ヶ所」のうち一ヵ所が「左ノ方　ごさガ谷」にあると注記されており、正しくは不動川水系となるその谷筋には、枝村・里村・森村の三村入会山が存在したことも記されている。これら田上山地の西北斜面は、近世初頭までには近隣村落の入会山となっていたことが確かめられ、[39]近世のはげ山がこのような入会山に多く出現したことはすでに千葉が指摘した通りである。[40]つまり栗太郡で明和期に土砂留工事が行われたのは、関津村・太子村・里村・枝村・森村の関係する入会の山々だったのであり、いずれも前節の関津村丑右衛門の蜆殻請負願い出に連判していた村々であったことに注目したい。

とくに尾山川の上流では、延享やそれ以前の土砂留工事の記録はない。したがって当地では、近世初期の松根掘り以上に、その後の商品作物、すなわち菜種の栽培に伴う草肥需要が激しい荒廃をもたらした可能性がある。つまり十八世紀半ばから菜種栽培が急速に進んだこの地域では、延享期以降に土砂流出が激化し、土砂留普請が行われたと推定される。

このように明和期の土砂留は、「田上筋」五ヵ村の入会山回復を主な目的として実施されたと考えられる。しかし皮肉なことに住民側にとってこの工事は、山の資源利用に打撃をもたらすものとなった可能性が高い。先学の指摘するように、土砂留工事の完了後には崩壊斜面に植えた芝などの定着をはかるため、下刈・下掻は原則的に禁止され、「鎌留」となるのが通例であった(41)。このため土砂留施工直後の山林では、森林保護を最優先してその里山的な利用はむしろ困難になったことが推定される。関津村を中心とする「田上筋」の村々でも、この明和期の土砂留工事を契機として里山での草肥採取が抑制され、肥料確保に対する危機感が募っていた可能性が高い。

このような場合に村々が取りうる対応は金肥の導入であるが、当地では干鰯よりも廉価な近隣産の肥料が注目されたのではないか。それがすなわち湖産のセタシジミ貝灰だったことになる。入会山によってつながる五ヵ村は、連携してこの新しい肥料の導入に当たったのであろう。貝灰は肥料であるのと同時にアルカリ性の土壌改良剤でもあるため、田上山麓の強酸性土壌(42)の改良に有効であった点も見逃せない。

以上のように、十八世紀中ごろからみられるセタシジミ貝灰の肥料としての導入は、田上山地の荒廃に対する土砂留政策を直接の契機としていたと推定される。明和期の田上山麓の村々からの蜆殼引受願い出には、入会山の荒廃とその利用制限に伴う草肥の不足を、湖からの資源で代替しようとする意図があったことになる。このことは同時に、従来は里山を用いて地域の生態系のなかで農業再生産を完結させていた田上山麓の村々が、瀬田川水運で連結された広域的な「湖の資源利用システム」の内に、新たに組み込まれたことをも意味していよう。

二　採藻業と商品作物

1　段丘面の新田開発と採草地の消失

山地の荒廃とそれに続く草肥確保の困難という問題は、田上山地だけにとどまるものではなかった。前掲明和八年の関津村丑右衛門の願書には、このころ、西に離れた滋賀郡の山々でも荒廃が始まっていたことを示す傍証がある。「廿ケ年已然ゟ大津馬場村辺ニ蜆から出来仕候ニ付田上筋へ御田地之肥しニ近年心見候処」（傍線は筆者による）、すなわち一七五二年ごろから滋賀郡の「大津馬場村」あたりでも蜆漁が始まり、貝殻が出るようになったことである。「大津馬場村」とは膳所城下町の西に接する幕府領の馬場村であり、伝統的なセタシジミ漁場である橋本村・大江村からは離れた位置にある（図59）。

この場所に十八世紀中ごろよりセタシジミ漁場が形成されたという事実は、そこにセタシジミの生育条件に適した環境、すなわち砂礫や砂質底の浅い水域が新たに出現したことを意味している。このことはつまり、背後山地の土壌浸食が進み、河川によって大量の砂や礫が運搬されたことを示している。したがって大津馬場村でも、十八世紀中ごろより山地の荒廃が始まったことが推定されるのである。この新たな砂礫底の蜆漁場はやがて馬場村の東隣の西庄村（膳所藩領）まで広がったようで、十九世紀の史料では蜆漁を行っていた村々として、かねてからの橋本村・久保江（大江）村・鳥居川村に加えて、馬場村と西庄村の名があげられている[43]。

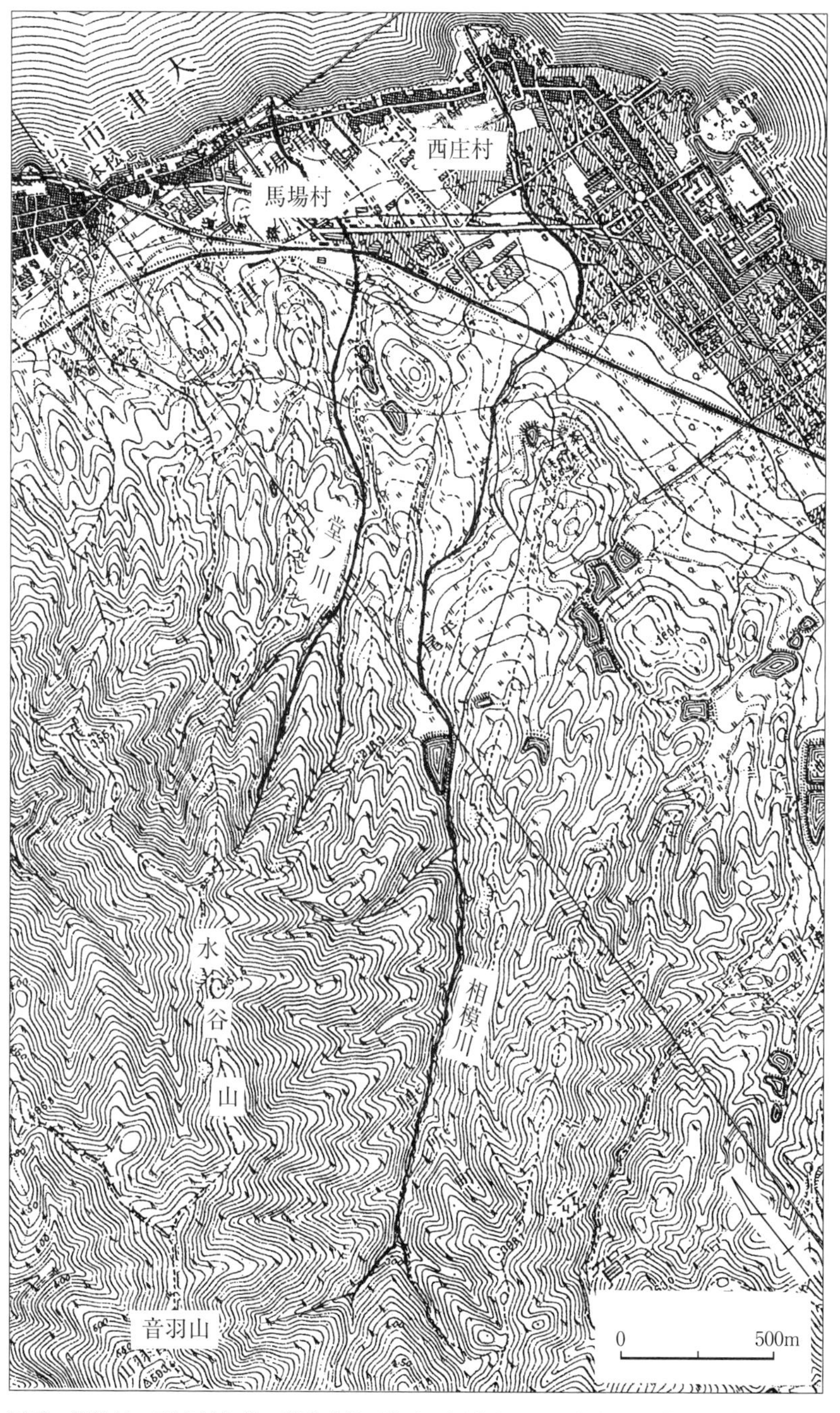

図59　馬場村・西庄村とその背後山地（大正11年測図２万５千分の１「瀬田」「草津」「京都東北部」「京都東南部」に加筆）

この馬場村と西庄村背後の山地とは、山城国と近江国の境をなす醍醐山地の音羽山であり、その滋賀県側斜面の大部分の地質はチャートとなっている。(44) この山地を水源とする河川として、馬場村では堂ノ川が、西庄村では相模川が村域を北東流し、琵琶湖に注いでいる（前掲図59）。(45) これら河川の上流域について、前掲の明和九年（一七七二）『江州滋賀郡栗太郡土砂留御普請箇所控』には工事箇所の記載がないことから、この段階ではまだ土砂の流出量は土砂留施工が必要な段階には達していなかったと推測される。(46)

しかし、この四〇年後の当地の状況として、『膳所藩郡方日記』文化八年（一八一一）十二月十四日の項には、「当所六ヶ村庄屋、京都御役所へ御呼出しニ付罷出候処、水谷山砂留所出情ニ付、六ヶ村へ鳥目廿五メ文被下置候段、届出ル」とある。「当所六ヶ村」とは西庄村をはじめとする膳所城下町に接する村々である。「水谷山」とは音羽山の山頂から北東側に連なる尾根を指す小字地名であり、(47) まさしく堂ノ川および相模川の上流域に相当する（前掲図59）。花崗岩よりも風化しにくいチャートからなる音羽山系でも、十九世紀初頭にはすでに土壌の浸食が相当に進み、京都町奉行所から賞されるほど大規模な土砂留工事が行われていたことが判明する。

それでは十八世紀中ごろより始まった馬場・西庄村の背後山地の荒廃は、何に起因するものだったのであろうか。灯火用の松根掘りがこの時期まで続いていた可能性や、あるいは商品作物生産に伴う草肥の過剰採取の可能性も考えねばならないが、しかしここでもう一つ注意したいのは、この地域における新田開発の様相である。膳所藩では享保九年（一七二四）に相模川上流の山中に溜池「御霊殿池」を設けるなどさかんに新田開発を行っているが、(48) 注目すべきはその開発のまなざしが、音羽山の東麓に分布する段丘に向けられていたことである。

馬場・西庄村から膳所城下町の背後には、標高一〇〇〜一五〇メートルの間に上位段丘が帯状に分布している。(49) この高台では耕地化が遅れ、多くは雑木林や採草地などとして利用されていたと推定される。しかし堂ノ川・相模川の前面の段丘だけは明治以前から耕地化が進んでおり、おそらくそれは享保期以降の開発によるものと推測される[50]。この段丘面の開発に伴って旧来の採草地が減少すると、草肥の採取は結果として、より上流の山地で行わざるをえなくなる。山地での過剰な下草刈りや落葉掻取りが、林地荒廃と土砂流出を引き起こすことについては前述の千葉の指摘通りであるが[51]、相模川の上流でも、水谷山の南側斜面にあった藩の材木林「御林」が、十八世紀後半には「ちがやむばら(茅・茨)」という状態であったことが記されている[52]。これは立木伐採後の林床で過度の下刈・下掻が続けられたために、植生が草原以上には回復しなかった状況を示していよう。

以上のように馬場・西庄村では、段丘面の新田開発による採草地の減少と、それに伴う上流山地での草肥の過剰採取が、十八世紀半以降、山地荒廃を進行させていったと考えられる。

2 肥料としての藻草

この音羽山系の荒廃に対して膳所藩では、十八世紀末から十九世紀初頭にかけて大規模な土砂留工事を実施するとともに、上流の谷々に杉・檜の苗を植林する方策をとった[53]。土砂留工事が住民の草肥採取を困難にすることは前節で述べたが、この植林事業もまた草肥の採取を阻害する大きな要因になったことに注意したい。

植林後の天保十五年(一八四四)の状況として、西庄村をはじめとする膳所城下付近の六ヵ村では、以前より西手の「御山雑草等」を刈り取って肥やしとしてきたものの、「近来御山松木等成木仕候上、杉檜等多分に相成、雑草刈場少相成、百姓共難渋仕候」と述べている[54]。松が茂ると草原から次の雑木林のステージへと植生が遷移し、下草が生えにくくなることは各地でよく見られた事例であった[55]。このように十九世紀前半の当地では山地の環境変化によって草肥の採取が困難となりつつあったが、そこで重要となるのは、この時期、当地では草肥以外に湖からも肥料を得ていたことである。

西庄村など六ヵ村では天保十五年、「藻取之儀御尋被遊候ニ付乍恐奉申上候」として、「御田地肥料之儀、前々より湖水辺村々支配場所之分藻草並西手御山辺之雑草等刈取候而肥之助成に仕候義に御座候」、すなわち西側山地での草肥採取に並んで、琵琶湖の藻草＝水草を田地の肥料としてきたことを述べている[56]。西庄の隣の馬場村でも、すでに十八世紀には藻草取りが行われていたことが確認でき[57]、このような琵琶湖での藻草取りは膳所地先の一帯で広く見られた光景であったことがわかる。

馬場村は天保六年ごろには自村の地先へ周囲の村々が入り込むことを拒否しており[58]、自村の藻草の確保が強く意識されていることがわかる。山地での草肥確保が困難になるとともに藻草肥料の重要性が増していた可能性もあるが、本章ではこの時期に当地の水草をめぐって、さらに広域的な争いが起こっていることに注目したい。天保十五年、西庄村ほか六ヵ村は、「……向地筋より近年夥敷藻取に参り当所請前支配磯辺迄無遠慮罷越候故、小前之者共難渋仕候」として、「向地筋」の村々との間で八月「夏分」の藻草採取をめぐって大きな相論があったことを述べている[59]。「向地筋」とは琵琶湖の対岸で、南湖の東岸に位置する矢橋村から志那村までの「湖辺村々五ヶ村」を指す（前掲図55）。これらの村々はすでに十八世紀には藻草取りを行っていたが[60]、近年は以前定められた採取期間を超えて膳所の水辺深くまで侵入するため、問題になったというのである。

筆者はこれら「向地筋」の村々が、その村域内にもともと山地を有していなかったことに注目したい。つまり、馬場村・西庄村のようにこの時期の山地での草肥不足をうけて藻取りに向かったのではなく、「湖辺村々」でさらに藻草肥料が必要となるような別の事態が起こっていた可能性があるのである。実際、「向地筋」の村々はこの六年後の嘉永三年（一八五〇）には、新たな運上と引き替えにより広い範囲での藻草取りを認められている[61]。この南湖沿岸の村々の十九世紀における藻草肥料への希求は、いかなる要因によるものだったのであろうか。次項では山から湖に視点を移し、採藻業というもう一つの漁撈活動を切り口として、この時代の琵琶湖沿岸で起こっていた新たな環境変化について考えてみたい。

3 水草施肥と裏作作物

琵琶湖岸で水草を田畑の肥料に利用することは、管見の限りでは古くは元和四年（一六一八）の坂田郡磯村の例がある。[62]また蒲生郡下豊浦村の元禄十三年（一七〇〇）の村明細帳には、藻草の売買がなされ、藻草は「田方」の肥やしとして干鰯とともに田一反につき一石入れられたことが記されている。[63]それでは、採取された水草は、どのような作物に施肥されていたのであろうか。

水草施肥の具体的な方法について詳述した史料は明治初期まで下る。明治二十年代の『近江水産図譜』「採藻」の項には、「五月中ノ採藻ハ稲田ノ肥料ニ供シ、八月以後ハ畑地ノ肥料トス、又青草ヲ混シ堆積シテ麦菜種ヲ培養シ、或ハ翌年ノ稲田肥料ニ充ツルモノアリ」[64]とある。ここでは、水草の施肥方法に時期と対象作物によって大きな違いがあることが重要となる。すなわち、A春に採取されたものは水田の基肥にされ、B八月以降に採取された水草は、①そのまま畑地に施肥される場合と、②堆肥化して麦・菜種の肥料とする場合、③さらにこれを翌年春の稲作の基肥にする場合があった。このうちBの②の麦・菜種とは、水田の裏作であったことに注意したい。以上の水草の用途は昭和前期における琵琶湖岸の民俗事例とも合致しており、そのなかで量的に最も多かったのは、Bの①②とされている。[65]水草肥料には稲作以上に、畑作や水田裏作を支える意義の大きかったことがわかる。

前項の膳所の村々と「向地筋」との相論でも八月の藻草が争点となっていることから、近世においてもこの藻草取りがBの時期の裏作あるいは畑作への施肥を主眼としていた可能性がある。そこで、近世の栗太郡湖岸での水草施肥に触れた次の史料に注目したい。「向地筋」の北に位置する下物村（前掲図55参照）の安永二年（一七七三）の村明細帳である。[66]これによれば、「田方冬作之義ハ麦・菜種、肥シハ油粕・シラコ・藻草・をろし糞大津より買受ニ参リ、肥ニ相用候、夏作ノ時稲毛肥シハ干粕・ショユー粕相用候、畑方肥シハ藻草・油粕」（傍線は筆者）とある。すなわち藻草は油粕などと併用の上で、やはり「田方冬作」すなわち冬期の裏作と、さらに夏期の畑作に用いられていたことが判明する。

ここで、裏作の作物名として近世でも麦と菜種があがっていることに注意したい。近世近江において藻草肥料が裏作作物と関係していたことを示す例として、享保十一年（一七二六）の浅井郡冨田村で藻草を「田方」の「麦こやし」として買い入れていたことが確認できる。[67]この麦の裏作が自給用として古くから確認できるのに対して、菜種は前節で触れたように近世中期以降に普及した新しい作物であったことが重要となる。結論から言えば、この菜種の水田裏作としてのさらなる普及、すなわち十九世紀初頭と推定される湖岸の半湿田への作付けの開始こそが、南湖の沿岸諸村の藻草肥料の需要増に関わっていると考えられるのである。以下、その根拠について明らかにしていきたい。

4　菜種と半湿田の二毛作

菜種の栽培は、移植法が確立された享保年間以降に水田裏作として畿内一円に広がり、栗太郡でも十八世紀後半には一定の生産が行われていたことは前述した。この栗太郡の菜種生産は、十九世紀に入るとさらなる飛躍を遂げたことが畑中誠治によって明らかにされている。畑中は栗太郡北部の村々の明細帳を分析し、幕末までの間に菜種がそれ以前の木綿や煙草に置き換わって、栗太郡の主要特産物に急成長したことを指摘している。[68]その理由については述べられていないが、筆者はこれを、十八世紀末から十九世紀初頭における菜種栽培のさらなる技術革新に起因するものと推定する。

菜種栽培の先進地たる摂河では、苗を十一月に移植する享保期の技術改良に続いて、移植時期をさらに遅くし、十二月中旬ないし下旬に移植する技術が十八世紀末から十九世紀初頭ごろに確立された(69)。これによって、従来の早稲・中稲の跡だけでなく晩稲の水田へも菜種の作付けが可能となるが、このことは近江国においては大きな意味を持つ。琵琶湖岸の村落では以下の事情から多くの水田で晩稲が選択されており、菜種の移植時期を遅らせる技術は、これら晩稲の水田での二毛作を可能とするからである。

幕末・明治初頭の村落ごとの農業生産の状況を示す『滋賀県物産誌』によれば、栗太郡・野洲郡・蒲生郡の琵琶湖沿岸村落では、晩稲が集中的に栽培されていたことが明らかである(70)。聞き取りによればこの状況は戦前まで続いており、その理由は、琵琶湖の増水期と稲の出穂時期の関係にあったという。すなわち、琵琶湖の水位は梅雨時と台風期に上昇し、湖面やクリーク近くの水田が冠水することが多い。とくに九・十月の台風シーズンは、早稲・中稲の出穂時期に相当しており、実ったばかりの稲穂が冠水する危険性が高い。ひとたび水に浸かると米の等級は落ち、ひどい場合には出芽して大きな損害を被るため、村々では出穂時期が台風期より遅くなる晩稲を戦略的に選択していたという(71)。

そもそも湖に近い低湿な田では、裏作として高燥を好む麦を栽培することは条件的に困難であった。しかし菜種は麦に比べて耐湿性が高いため、半湿田程度ならば栽培は可能である(72)。したがって晩稲跡での裏作を可能にする菜種移植技術の革新は、琵琶湖付近の半湿田においても二毛作を実現させ、湖岸の村の生産性を飛躍的に高めたと推定される。このように栗太郡における菜種の裏作は、十八世紀中ごろから始まった乾田を主とする村々に加えて、十九世紀には湖岸付近の低湿な村々へも広がっていたのである。

ただしこの二毛作を維持するためには、多肥化が不可避となる。それを支えたのは一般的には干鰯などの金肥であったが[73]、しかしこの時期、近江国南部の湖岸の水田において菜種裏作に主に用いられたのは、高騰しつつあった魚肥ではなかった。それは労力さえいとわなければ誰もが手にできる自給肥料、すなわち目前で採取される水草だったのである。

先行研究によれば、近世の菜種は麦と比較すると利益率が低い作物であり、それは諸経費の大きさ、なかでも魚肥などの購入肥料代に起因するとされる[74]。しかしこれが自給肥料でまかなわれるならば、経費は大幅に圧縮され、その利益率は麦を上回ることになる。近江国南部で藻草取りによって裏作肥料が自給されることには、このような意味があったのである。すでに先学が指摘するように、明治初頭の近江国の菜種生産高は全国三位であり[75]、なかでも栗太郡は耕地一〇〇町歩につき一〇〇〇円以上という突出した利益を上げ、先進地たる摂河の諸郡に匹敵する耕地規模と集約性を示している[76]。この栗太郡における収益率の高さの背景には、琵琶湖での藻取りがあり、それが他地をしのぐ有力産地となりえた理由の一つであった可能性を提起しておきたい。

そもそも近世において「近江国之儀は、京都入用之油融通専之国柄[77]」であり、巨大市場たる京への灯火用油の流通は、近江国内はもちろんのこと若狭・越前・伊賀など隣国で産出された菜種油もいったん大津の油問屋仲間へ集荷され、京都油仲買へと売り渡される仕組みとなっていた[78]。この大津の油問屋仲間による京への菜種油の年間取扱量は、文政十二年（一八二九）段階の三ヵ年平均として、一万九九〇〇樽に及んでいたことが知られる[79]。

しかし「江州之内滋賀郡、高嶋郡、浅井郡、野洲郡、栗太郡、右五郡村々より作出し候菜種之儀、百姓手前に而不貯置、大津絞油屋仲間共え毎年九月晦日切に売払可」との触書が明和四年から天保期まで幾度も出されているように[80]、村方在地での消費増大と他国他郡への隠売等によって、大津に油が集まりにくい状況が起こりつつあった。とくに天保四年（一八三三）以降は、伏見・大坂へ油を直送りする者の増加によって、「大津油商売人方に而取扱候油も、年々不数に相成候に付而は、自然と大津表より京都へ売渡し候油不数相成候に付、京都市中始終には油払底仕候儀に御座候」という有様であった。[81] これによって、「自然と油直段高直に而世上一統難儀に相成」[82]、すなわち京での菜種油の価格上昇が顕著となっていたことに注目したい。具体的には、「種油三斗九升入壱樽」の京都への売り渡し価格は、天保三年には一二六匁だったものが、天保十一年には最高値の二六〇匁を記録している。[83] 本節2項であげた膳所近辺六ヵ村と「向地筋」の村々との藻草相論が、この時期に合致していることに注目したい。これらの村々を藻取りへと駆り立てていたものは、おそらく高値の付く菜種の栽培とその増産のための肥料需要であろう。

この時期の南湖では、東岸に限らず西岸の滋賀郡の村々でも藻取り相論が頻発しており、たとえば別所村など寺門領六ヵ村や大津尾花川町で、文化十三年（一八一六）から天保十年（一八三九）にかけて同じく相論が起こっている。[84] これらの村々は近世前期には自村地先での藻取りに関心を示さず、遠方の堅田による刈り取りを許していたのであるが、[85] この時期からいっせいに自村による水草確保の動きをみせている。その背景にはやはり京での灯火用油の価格高騰があり、菜種の作付け拡大とその肥料の確保こそが、これらの相論の核心にあったことを推測させる。

以上のように考えれば、琵琶湖における採藻業については、少なくとも十九世紀以降は単なる自給的な零細漁業とはいえないことがわかる。この時期の藻取りの盛行は、京での菜種油需要とその価格上昇に連動しており、むしろ地域外の市場の論理に直結していたことになる。

三　考　察

以上本章で論じてきたことをまとめると、図60のようになる。近江南部では近世初頭以来の松根掘りや、その後の商品作物生産に伴う過剰な草肥採取によって山地荒廃が進み、さらにその土砂留施工によって里山の利用に制限がかけられるようになった。このような地域における草肥需要に応えるものとして、それを補完する働きを示したのが琵琶湖のセタシジミ貝灰であった。貝灰は十八世紀半ばより田上山麓の村々へと運ばれ、田地の肥料に用いられた。続く十九世紀には南湖の湖岸村落で藻草が大量に採取されるようになり、湖岸近くの半湿田で開始された菜種裏作に施肥された。菜種は京の巨大市場へ移出される商品作物であり、水草肥料を自給できた当地は金肥の高騰に悩む他産地を抑え、全国有数の菜種産地に成長しえたのである。このように近世の近江南部では、里山からの草肥供給が困難になるにつれて、琵琶湖からのセタシジミ貝灰と水草が大きな役割を果たすこととなった。

この貝灰と水草の利用は、いずれも菜種の栽培開始に伴うものであったが、このような菜種の生産量の増大自体が、近江国の農村に別の面でも大きな影響を与えたことを指摘しておきたい。絞油後の菜種粕は油粕肥料として広く行き渡り、湖岸の村々では藻草と油粕によって大部分の肥料をまかなえるようになったのである[86]。一方、十八世紀半ばか

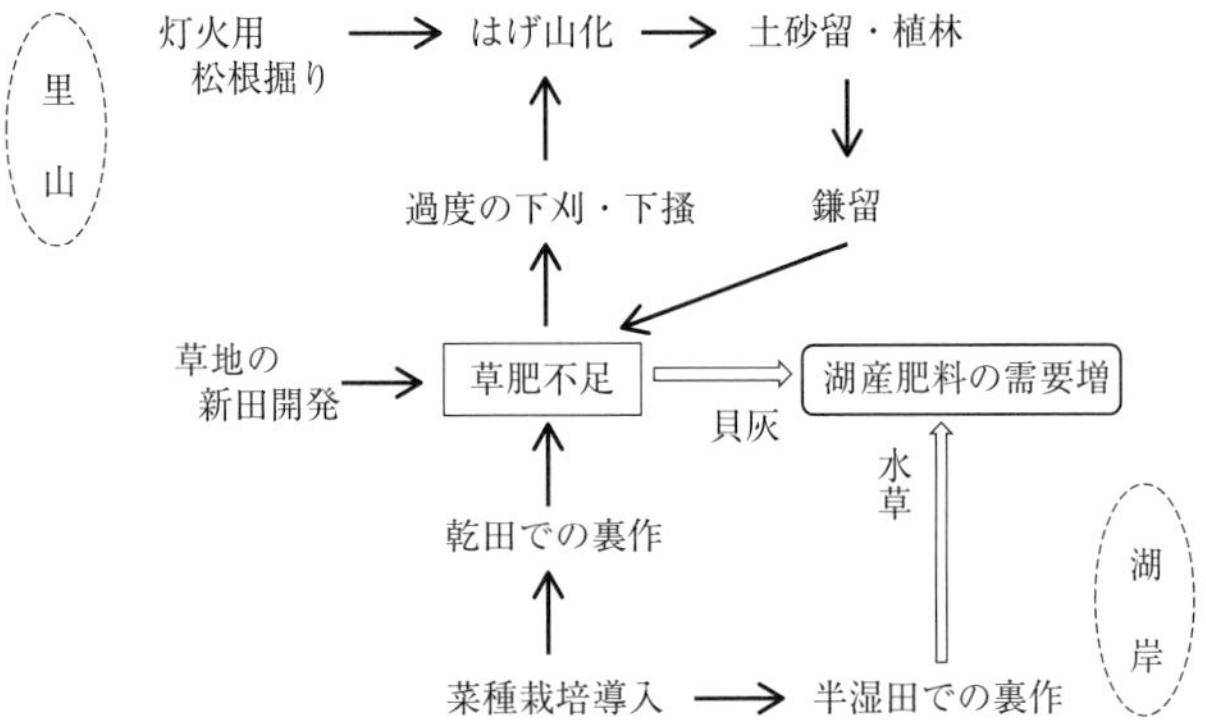

図60　近世の近江国南部における環境変化と肥料の関係

ら菜種の栽培が始まっていた山麓部の村落では、菜種の生産量増大と在地絞油の進展によって灯火用油が庶民にも普及していき、それは初期の山地荒廃の原因であった松根掘りを抑制することにもつながった[87]。菜種は多肥を要求する商品作物ではあったが、しかし貝灰・水草という湖産肥料を導入したその栽培は、一部では山地の環境保全にも結びついたのである。

本章ではさらに、これら貝灰・水草の採取が膨大な量に上っており、湖の生態系にも大きな影響を与えていたことに注目したい。たとえば橋本・大江村の蜆殻については十八世紀の採取量が具体的に記載されており、一俵につき一六貫目入りで、一年あたり二四〇〇俵が出荷されていたことが判明する[88]。これを現在の単位に換算すれば、毎年一四四トンもの蜆殻が搬出されたことになる。この数値は、身蜆の生産に伴う貝殻のみの産出量であり、殻付きのまま出荷された蜆の産出量を合わせれば、膨大な量に達していたことがわかる。重要なことは、シジミなどの二枚貝は水中に懸濁する有機物を濾過して摂取するため、水質浄化の機能を果たしており、このシジミを漁獲すること自体が水域からの有機汚濁の除去につながると指摘されていることである[89]。琵琶湖唯一の流出口である瀬田川上流においてセタシジミが大量に漁獲されていたことは、下流へ供給される水質の保持という点でも大きな意義を有していたであろう。

一方、水草やヨシも水中のリンや窒素を吸収するため、これらが毎年刈り取られることで、栄養塩は再び水中へ溶出することなく陸上へ回収されることになる[90]。水草については近世の採取量は不明ではあるが、近代における数値を参照すれば、昭和八年（一九三三）に南湖で採取された水草の湿重量は一万七七三〇トンにも上っている[91]。この水草中に含まれるリン・窒素の質量について筆者が前稿で試算した具体的数値を示すと、リンは五トン、窒素は四七トンに上る計算となる[92]。すなわち、毎年これだけ大量の栄養塩が、肥料用の藻取りによって南湖から除去されていたのである。

近年、上のような蜆漁や水草・ヨシの刈り取りなど、人間が水辺の資源を多様に利用することが同時に水辺環境の

「手入れ」にもなっていたとして、二次林たる里山と同様の「二次的自然」が水辺にも存在したことが指摘されている[93]。これらは里山に対置される「里湖」と名付けられている[94]。この「里湖」の生態系では、肥料用の藻取りによる栄養塩の除去が循環的システムの要になっているが、この行為が本格化するのは近世後期の商品作物の普及期であることに注意したい。藻取り自体はたしかに近世前期から行われていたものの、その究極的な進行が、菜種という外来の栽培植物の導入以降のことである点はきわめて重要である。つまり、「里湖」の生態系の最終的な確立には、地域外からの商品作物の移入というきわめて人為的な側面が作用していることになる。

このことは本章で検証した琵琶湖だけにとどまらず、「里湖」のもう一つの代表例とされる山陰の中海での事例にもあてはまる。近世の中海で採取された大量の藻は木綿栽培の肥料とされ、当地を後発にもかかわらず木綿生産の代表地に押し上げたことが指摘されている[95]。この木綿もまた近世後期に新たにこの地に移入された「外来種」といえよう。近世の商品作物の栽培開始が、地域に潜在していた水草の肥料的価値を掘り起こし、「里湖」の循環的システムを深化させたことはこの事例からも明らかである。したがって、これまでの研究では「長い時をかけて作り上げられてきた伝統的な地域システム」とイメージされがちであった「里湖」の生態系とは、決して在来的に自然発生したシステムとはいえないことに注意したい。近世後期の「里湖」とは、むしろ地域外の巨大市場と直結して、比較的短期間で形成された「人為的な生態系」だった可能性が高いのである。

おわりに

本章では、漁業史からの環境史研究へのアプローチを試み、近世の蜆漁と採藻業という二つの漁業に関する史料の新たな読み解きによって、山地までを含む琵琶湖南部の集水域における近世の人間活動と生態系の変化の実態を解明した。

土砂留という当時の政策が、草肥に代わるものとして湖産の貝灰肥料の導入を促し、これまで里山に頼っていた田上山麓の村々を、「里湖」の循環的システム内へ編入させる契機となった。山地の荒廃、土砂留工事や植林といった藩の里山保全政策と連動して、湖産の水産肥料の重要性が高まっていく経緯が明らかとなった。また京での菜種油の需要増大が、菜種栽培とその肥料としての藻草取りを加速させ、「里湖」の生態系を完成させていったことも判明した。

以上のように「里湖」の循環的システムとは、商品作物の栽培開始と関わって、十八世紀後半以降に確立された比較的新しい生態系であった可能性が提起される。そこには「二次的自然」における「適度な撹乱」としての伝統的生業活動を超えて、「栽培植物の移入と生産」という強い人為の介在が認められる。このような地域外からの植物種の移入と「里湖」の生態系との関係は、近年「里海」として提起されている瀬戸内海などの海域の事例[96]にもあてはまるのではないかと考える。そこではアマモやホンダワラなどの海草・海藻の肥料利用が注目されているが[97]、これらの施肥によって生産されていたのは主にサツマイモであり、これもまた近世を代表する移入作物として「里海」成立の画期が近世の一時期にあったことを想定させる。

本章では山地・平野・湖を河川でつながる流域ととらえることで、そこに展開される漁撈・農業・里山利用など近世の人間活動が、連動し合って一つの生態系を形作っていた事実を明らかにした。さらに、その生態系が変化する時期と要因についても検証した。この生態系を成り立たせる要となっていたのが肥料採取のための漁撈の営為であり、セタシジミや水草を採取することは、商品作物の栽培促進のみならず、水中の栄養塩を陸上へと回収する回路となっていたことが重視される。従来の漁業史・経済史研究では、日本近世における水産肥料として、干鰯などの魚肥の流通・消費に関する研究が数多く蓄積されてきたが、(98)そこには生態系における栄養塩の循環という大局的な視点は抜け落ちている。一方、これまで主に聞き取り調査に依拠してきた「里湖」「里海」研究では、先行する「自然との共生」イメージに比して、この循環的システムがいつの時代まで遡りうるものかという歴史的検証は十分とはいいがたい。日本の「里湖」と「里海」について、時代ごとの実態を史料から分析するとともに、近世の水産肥料の利用史を、人間も含めた生態系における栄養塩循環の視点から問い直すことは、漁業史・経済史を超えた新たな環境史への展開につながるのではないだろうか。

註

(1) 日本の環境史研究の動向については、以下の各レビューを参照されたい。高木徳郎『日本中世地域環境史の研究』(校倉書房、二〇〇八年)一一～三〇頁(初出は二〇〇二年)、佐野静代『中近世の村落と水辺の環境史——景観・生業・資源管理』(吉川弘文館、二〇〇八年)七～四五頁(初出は二〇〇六年)、高橋美貴『近世・近代の水産資源と生業』(吉川弘文館、二〇一三年)三～二四頁。また二〇一二～一三年には吉川弘文館より『環境の日本史』全五巻が刊行されている。

(2) 高橋美貴「漁業史研究からみる環境史研究への展望」(『地方史研究』三五八、二〇一二年)五八～六一頁。

(3) 前掲註(1)高橋著書、一四頁。

(4) 高橋美貴『「資源繁殖の時代」と日本の漁業』(山川出版社、二〇〇七年)、前掲註(1)高橋著書、盛本昌広『中近世の山野河海と資源管理』(岩田書院、二〇〇九年)。

(5) 佐野静代「近江国筑摩御厨における自然環境と漁撈活動」(『国立歴史民俗博物館研究報告』一三三、二〇〇六年。のちに前掲註(1)同著に収録)、佐野静代「琵琶湖の自然環境からみた中世堅田の漁撈活動」(『史林』九六—五、二〇一三年。本書Ⅱ第一章に所収)。

(6) この視点については、すでに前掲註(1)高橋著書、二四頁でも指摘されている。

（7）伊賀敏郎『滋賀縣漁業史　上（概説）』（滋賀県漁業協同組合連合会、一九五四年）。

（8）すでに延宝二年（一六七四）の俳諧集『桜川』（内藤風虎編、本章では大東急記念文庫『桜川』〈一九六〇年〉の翻刻によった）にも、「お料理にいそかはまはれせた蜆」とある。

（9）前畑政善・秋山広光「びわ湖の魚介」（滋賀県教育委員会編『琵琶湖総合開発地域民俗文化財特別調査報告書二　びわ湖の専業漁撈』滋賀県教育委員会、一九八〇年）一～三一頁。なお、この二種の違いはすでに江戸時代から認識されており、十九世紀前半の編纂になる『湖中産物図証』（滋賀県立図書館所蔵、安政元年の写）には、「黄色ナルモノハ味佳ナリ黒色ナルモノハ劣ル。其黄色ノモノハ砂中ノモノニシテ黒色ノモノハ泥中ニ生スルモノナリ」とある。

（10）前掲註（7）。

（11）滋賀県水産試験場所蔵『近江水産図譜　漁具之部』「貝曳網」の項では、「此網ハ三〇年前ノ発明ニシテ」とある（この史料は第三回内国勧業博覧会への出品物とみられ、明治二十三年の編纂と推定される）。

（12）滋賀県教育委員会編『琵琶湖総合開発地域民俗文化財特別調査報告書五　湖南の漁撈活動』（滋賀県教育委員会、一九八三年）二三五～二五四頁。

（13）前掲註（12）。

（14）京都国立博物館所蔵。

（15）大津市歴史博物館市史編さん室『図説　大津の歴史　上巻』（大津市、一九九九年）一四頁。

（16）久保江は大江村内の小字で、湖側の集落を指している。慶長期までは「久保江村」として一村に扱われることもあったが、近世の村切りでは大江村に包含されている。なお橋本・大江の二村に加えて、文化二年（一八〇五）にはその対岸の鳥居川村にも、村困窮を理由として蜆掻が許されることとなった。瀬田平松家文書（『近江栗太郡志　巻三』〈滋賀県栗太郡役所、一九二六年〉二八九頁に所載）による。

（17）『膳所藩明細帳』には、寛文九年（一六六九）～元禄十六年（一七〇三）ごろの膳所藩領の村高・反別・家数・小物成等が記載されている（滋賀県立図書館所蔵）。

（18）膳所藩郡方の記録で、その記述年代は元禄三年（一六九〇）から慶応三年（一八六七）に及ぶ。滋賀県立図書館所蔵。

（19）前掲註（7）。

(20)『精選版 日本国語大辞典』（小学館、二〇〇六年）の「貝灰」の項による。
(21) 寒川辰清『近江輿地志略』（享保十九年成立）。本章では宇野健一校註『新註 近江輿地志略 全』（弘文館書店、一九七六年）によった。
(22) 吉川三左衛門文書「灰焼衆断に付一艘幷積申船賃之事」元禄四年四月二十四日（中川泉三編『近江長濱町志 第三巻』〈臨川書店、一九八八年〉一九〇〜一九二頁に所載）。
(23) 瀬田磯田家文書「橋本村蜆かき仲間蜆取ニ付願書」元文二年（一七三七）十二月（『近江栗太郡志 巻三』〈滋賀県栗太郡役所、一九二六年〉二八五〜二八六頁に所載）。
(24) 瀬田磯田家文書「橋本村蜆かき仲間渡世ニ付請書」元文二年（一七三七）十二月十三日（『近江栗太郡志 巻三』〈滋賀県栗太郡役所、一九二六年〉二八六〜二八九頁に所載）。
(25) 山近くの湿田などに「蠣（かき）蛤（はまぐり）の類の貝がらを灰にやき糞に合はせ用ゆれば、しるし甚だつよし」とある。土屋喬雄校訂『農業全書』（岩波書店、一九三六年）七二頁による。
(26) 千葉徳爾『増補改訂 はげ山の研究』（そしえて、一九九一年）。
(27) 前掲註(26)二二六〜二五四頁。
(28) 前掲註(26)一九五頁。
(29) 前掲註(25)一三四頁。
(30)「農事調査大阪府之部」明治二十一年（『明治前期産業発達史資料 補巻一〇五』〈明治文献資料刊行会、一九七三年〉に所収）。ただし北陸ではすでに宝永年間（一七〇四〜一一）の『耕稼春秋』に、菜種の移植法がみられる。
(31) 畑中誠治「農民的商品生産の展開」（草津市史編さん委員会編『草津市史 第二巻』〈草津市役所、一九八四年〉）五九二頁。
(32) 片桐家文書「絞り油屋より書上、御尋に付乍恐口上書」（『大津市史 下』〈大津市役所、一九四一年〉二二八〜二二九頁に所載）。
(33) 山内家文書「中合之事」明和八年十二月（『近江栗太郡志 巻三』〈滋賀県栗太郡役所、一九二六年〉二六六〜二七〇頁に所載）。
(34) 在村の油屋は絞油後の油粕の供給にも携わっていたと考えられ、同じ肥料を扱う立場から貝灰肥料導入の願出人となった可能性もあろう。
(35) 幕末・明治初頭の状況を反映したデータではあるが、村ごとの農業生産高や反別等を記した明治十一年『滋賀県物産誌』（滋賀県市町村沿革史編さん委員会編『滋賀県市町村沿革史　第五巻』〈一九六二年〉に収録）によれば、関津村・枝村・太子村・里村・森村における全耕地面積に占める水田の割合は、それぞれ八八％・八九％・九八％・九〇％・九六％であり、菜種は主に水田の裏作であったと推定される。

（36）この貞享元年開始の土砂留制度とその淀川水系における担当大名については、水本邦彦「土砂留役人と農民」（同『近世の村社会と国家』東京大学出版会、一九八七年。初出は一九八一年）二二一～二七三頁に詳しい分析がある。

（37）前掲註(26)二三六～二四三頁。この史料の記された明和九年とは、水本邦彦が明らかにしているように、安永四年の土砂留事業の制度変更、すなわち京都町奉行所への各藩の土砂留監督権の移管を前にして、関係各藩や村々にその変更の周知がなされた年でもあった（水本邦彦「近世の奉行と領主――畿内・近国土砂留制度における」〈同『近世の郷村自治と行政』東京大学出版会、一九九三年。初出は一九八一年〉二二五～二六六頁）。よっておそらく膳所藩でも移管前に土砂留のさらなる徹底がはかられ、その完了のさいに作成された記録ではないかと推測する。

（38）千葉は前掲註(26)著書二三八頁において、この『江州滋賀郡栗太郡土砂留御普請箇所控』の記載内容をもとに「田上山周辺土砂留工事箇所数」の表を作成しているが、しかしこの表では「古普請」の年紀欄に一七四四～四六（延享元～三年）と記入しつつも、その延享元年と延享三年の工事箇所合計数を「新普請　一七七二（明和九年）」の欄に記入するなど、原史料との齟齬がみられる。したがって本章での分析結果には、千葉の考察とは一致しない点があることを付記しておく。

（39）「田上不動奥山論所立会改絵図」文化十三年五月（滋賀県立図書館所蔵）は、寛文十年の絵図の内容を写したものであるが、田上山北西斜面の山々の多くは一村の入会山や三村の入会山として描かれている。

（40）前掲註(26)二二九頁。

（41）前掲註(36)、および水戸政満「近世の土砂留普請論――山城国相楽郡の事例を通して」（『実学史研究』Ⅷ、一九九二年）六七～一一二頁。

（42）前掲註(26)二二六～二三三頁。

（43）大江若松神社文書（『近江栗太郡志　巻三』〈滋賀県栗太郡役所、一九二六年〉二九〇～二九三頁に所載）にみえる「五ヶ村より白川橋蜆屋仲ケ間へ相渡」一札による。『近江栗太郡志』ではこれを文政四年としているが、この史料の直前に掲載されている白川橋蜆屋仲ケ間から五ヵ村への書状によって、正しくは安政四年であることがわかる。

(44)『土地分類基本調査　京都東北部・京都東南部・水口』(京都府農林部耕地課・滋賀県企画部土地対策課、一九八四年)。
(45)なお馬場村は幕府領であるが、堂ノ川の中流から上流部については膳所藩領となっている。
(46)ただし、音羽山の北側斜面を大津市街に向かって流下する吾妻川については、このとき上流域の七ヵ所で土砂留工事が行われている。
(47)滋賀県立図書館所蔵の『近江国滋賀郡一等官山測量図』(明治九年作成、縮尺六千分の一)での記載に基づく。
(48)『膳所藩郡方日記』による。
(49)前掲註(44)。
(50)空中写真の実体視からは、御霊殿池から発する水路がこの段丘上の水田を灌漑している様相が読み取れる(米軍撮影一九四八年、R三二―一、一〇二および一〇三)。
(51)前掲註(26)一二〇頁。
(52)この谷筋の植林に励んだ膳所藩山林奉行配下の加藤九蔵を顕彰した文化五年建立の碑文(明治十五年の「山林共進会」申告書に全文が掲載され、永元愿蔵『餅九蔵伝』〈一九一二年〉に再録されている)による。
(53)この経緯については、前掲註(52)の碑文に詳しい。
(54)膳所中神家文書五、天保十五年八月(以下、この文書については、伊賀敏郎『滋賀縣漁業史　上(資料)』〈滋賀県漁業協同組合連合会、一九五四年〉での史料番号による)。
(55)前掲註(26)一一二頁、水本邦彦『草山の語る近世』(山川出版社、二〇〇三年)九四頁。
(56)膳所中神家文書四、天保十五年八月一日。
(57)尾花川共有文書一四、寛延三年四月七日(伊賀敏郎『滋賀縣漁業史　上(資料)』〈滋賀県漁業協同組合連合会、一九五四年〉での史料番号による)。
(58)前掲註(56)。
(59)前掲註(56)。
(60)前掲註(57)。
(61)膳所中神家文書六、嘉永三年九月。

(62)朝妻荒尾家文書「為御意申触書之事」元和四年（米原町史編さん室所蔵）。
(63)安土町東家文書「江州蒲生郡下豊浦村銘細帳」元禄十三年五月。その分析は原田敏丸「近世近江の農業管見」（『彦根論叢』二五五・二五六、一九八九年）一～二九頁、および同「近世の近江における農間余業」（『彦根論叢』二六二・二六三、一九八九年）二一～三五頁に詳しい。
(64)前掲註(11)『近江水産図譜』「採藻」の項。
(65)滋賀県立農事試験場『琵琶湖沿岸に於ける水藻の利用とその肥効』（一九三九年）。
(66)里内文庫「下物村目細帳」安永二年一月、前掲註(63)原田論文を参照。
(67)びわ町川崎家文書「近江国浅井郡富田村高反別指出帳」享保十一年、本章では川崎太源『冨田今昔物語　近江湖北の一農村江州浅井郡冨田村の記録』（サンライズ出版、二〇一三年）二四七頁の翻刻によった。
(68)前掲註(31)。
(69)前掲註(30)「農事調査　大阪府之部」。
(70)『滋賀県物産誌』は明治十一年段階での県下一三九五町村について、戸口・反別・物産などを統一的な書式で書き上げたものであり、明治初期のみならず江戸末期の村落単位での生活実態を反映するデータとして多く利用されている（前掲註(35)参照）。各村落の「田地」の項には、反別・地価に続いて、「播ス所ノ米穀ハ晩稲多シ」など、早稲・中稲・晩稲の区別や品種名が記載されている。
(71)近畿大学文芸学部『近江八幡市・島学区の民俗』（二〇〇二年）五～一三頁。
(72)古島敏雄「近世畿内農業発展の形態と特質」（同『古島敏雄著作集　第八巻　地主制史研究』東京大学出版会、一九八三年）五五～七六頁。佐藤常雄「油菜録　解題」（野口一雄・宇山孝人・佐藤常雄ほか『日本農書全集四五　特産一　名物紅の袖・あゐ作手引草・油菜録・五瑞編・海苔培養法・煙草諸国名産・朝鮮人参耕作記』農山漁村文化協会、一九九三年）一八〇～一九四頁。
(73)近江国では早くより魚肥の普及が進んでおり、少なくとも寛文年間（一六六一～七三）にはすでに干鰯の使用が確認されている（宮川満「太閤検地と家族構成（二）」〈『ヒストリア』九、一九五四年〉三〇頁）。なお、近江国内における魚肥の流通経路や、魚肥投下の地域差については古田が詳しく分析しており、とくに湖東地域における魚肥投下額の多さが指摘されている。古田悦造「近世近江国における魚肥転換と流通構造」（同『近世魚肥流通の地域的展開』古今書院、一九九六年。初出は一九九〇年）二四五

〜二七八頁。

(74) 新保博「菜種作における商品生産と流通の構造」(『神戸大学経済学研究年報』六、一九五九年)一七三〜二二六頁。

(75) 明治十年『全国農産表』の原本では、近江国の菜種生産高は一八万六〇一五石・九五万八四三六円で全国一位であるが、浮田典良が指摘するように、この数値には誤りがあるとみられるため(蒲生郡の一三万九六三二・二八石は一桁ずれている)、本章ではそれらの誤りをすべて修正した浮田の以下のデータを用いることとした。浮田典良「明治一〇年『全国農産表』を通じてみた農産額構成」(藤岡謙二郎先生退官記念事業会『歴史地理研究と都市研究(上)』大明堂、一九七八年)四四一〜四五一頁。

(76) 山崎隆三「江戸後期における農村経済の発展と農民層分解」(『岩波講座 日本歴史12 近世4』岩波書店、一九六三年)三三一〜三七四頁。なお、山崎の考察は明治十年『全国農産表』に基づいており、菜種の収益性の高い郡として近江国では栗太・蒲生の二郡をあげているが、前掲註(75)で説明したように蒲生郡は数値の誤りであって該当しないこととなる。よって近江国で耕地一〇〇町歩につき一〇〇〇円以上の産額を上げていたのは栗太郡のみとなる。

(77) 御触書天保集成九五「諸色直段幷諸商売等之部」六一三八、天保四巳十月(高柳眞三・石井良助編『御触書天保集成 下』〈岩波書店、一九四一年〉六七六頁による)。

(78) 大津絞油屋仲間・絞草問屋油屋株の記録である片桐家文書(『大津市史 下』〈大津市役所、一九四一年〉に所載)による。その具体的な分析については、『大津市史 上』(大津市役所、一九四二年)の五〇〇〜五〇五頁、および齊藤慶一「近世大津における油屋仲間の実態——明和期を中心として」(『近江地方史研究』四三、二〇一二年)を参照されたい。

(79) 片桐家文書「御尋に付口上書」文政十二年四月二十二日(『大津市史 下』〈大津市役所、一九四一年〉二三四頁に所載)。

(80) 中神家文書「天保四年巳八月 御公儀様御触書写帳」(『大津市史 下』〈大津市役所、一九四一年〉四〇四頁に所載)。

(81) 片桐家文書「就御尋奉差上口上書」弘化二年二月(『大津市史 下』〈大津市役所、一九四一年〉二三九〜二四〇頁に所載)。

(82) 前掲註(80)。

(83) 片桐家文書「西御役所御懸り前田忠治郎様就御尋奉差上口上書」弘化二年二月(『大津市史 下』〈大津市役所、一九四一年〉二三八頁に所載)。

(84) 堅田伊豆神社文書四六五、四六七(以下、この文書については、喜多村俊夫『江洲堅田漁業史料』〈アチックミューゼアム、一九四二年〉の文書番号による)。

（85）堅田伊豆神社文書四六三、四六四、および尾花川共有文書によるが、その分析は前掲註（7）の二五六～二五八頁に詳しい。

（86）前掲註（70）に村単位に農作物の種別ごとの肥料の記載があり、湖岸の村落の多くでは藻草と油粕を用いている様相が認められる。

（87）菜種栽培の普及が松根掘りを抑制する一つの要因となったことについては、すでに千葉による指摘がある。千葉徳爾「日本の禿山發生の一要因について」（『地理学評論』二六―三、一九五三年）一二二～一二七頁。

（88）前掲註（23）、および前出の明和九年（一七七二）『膳所藩郡方日記』四月十日の項による。

（89）山室真澄「沿岸域の環境保全と漁業」（『科学』七一―七、二〇〇一年）九二一～九二八頁、中沢公志・三森勇太ほか「淡水二枚貝を用いた水質浄化方法の検討（予報）」（『山梨大学教育人間科学部紀要』一四、二〇一二年）七～一八頁。

（90）細井由彦・城戸由能ほか「刈り取りによる栄養塩除去を目的としたヨシの成長過程に関する現地観測」（『土木学会論文集』五九四、一九九八年）四五～五五頁。

（91）滋賀県総務部統計課『昭和八年滋賀県統計全書』（一九三五年）。

（92）Sano, Shizuyo. "Traditional Use of Resources and Management of Littoral Environment at Lake Biwa." In *Environment and Society in the Japanese Islands: from Prehistory to the Present*, edited by Bruce L. Batten and Philip C. Brown, 75-95. Corvallis:Oregon State University Press, 2015.

（93）平塚純一・山室真澄・石飛裕『里湖モク採り物語』（生物研究社、二〇〇六年）、前掲註（1）『中近世の村落と水辺の環境史』。

（94）平塚純一「一九六〇年代以前の中海における肥料藻採集業の実態――里湖としての潟湖の役割」（『エコソフィア』一三、二〇〇四年）九七～一一二頁、佐野静代「「里湖」研究の意義――水辺の「二次的自然」をめぐって」（『滋賀大学環境総合研究センター研究年報』五―一、二〇〇八年）三一～三七頁。

（95）岡光夫『日本農業技術史――近世から近代へ』（ミネルヴァ書房、一九八八年）一八〇頁。

（96）「里海」のモデルを提起した代表的著作として、以下のものがあげられる。柳哲雄『里海論』（恒星社厚生閣、二〇〇六年）、柳哲雄『里海創生論』（恒星社厚生閣、二〇一〇年）、山本民次編・日本水産学会監修『「里海」としての沿岸域の新たな利用』（恒星社厚生閣、二〇一〇年）。

（97）その具体的な利用の様相は、印南敏秀『里海の生活誌――文化資源としての藻と松』（みずのわ出版、二〇一〇年）、および佐竹昭『近世瀬戸内の環境史』（吉川弘文館、二〇一二年）に詳しい。

（98）その研究史については、前掲註（73）『近世魚肥流通の地域的展開』三〜二四頁を参照されたい。

第二章　「里湖」の生態系と近世都市の消費生活
――琵琶湖と京をめぐって――

はじめに

近年の日本の環境史研究では、「二次的自然」への関心が高まっている。それは人間の生業との関わりによって作り出された「自然」であり、すなわち雑木林や草原、棚田などを含んだ「里山」に代表される景観である。かつては「里山」を持続可能な資源利用の典型と見なし、人間と自然の共生の理想像とする見方が強かったが、しかし近世における「里山」利用を検証した近年の多くの研究成果は、江戸期に大きく改造され、姿を変えた「里山」の実像を明らかにしている。[1]「人間による負荷が小さく、自然と共生可能な近世社会」という一面的なイメージを超えて、実態としての近世の人間活動と「自然」の関係を問うことが、今日の日本の環境史研究の大きなテーマとなっている。

このような「二次的自然」は、「里山」など山辺にあるものだけではない。近年では、湖沼や海洋などの水辺にも、「里湖」「里海」と呼ばれるべき人間と関わって形成された「自然」が存在したことが提唱されている。[2]しかしながらこれら「里湖」「里海」の研究は聞き取り調査を主としているため、「里山」研究に比して長期的な時間軸が不足していることは否めない。人間を含み込んだその生態系のあり方について、近世まで遡った検証はまだ十分とはいえない。[3]

そこで本章では近世史料の豊富なフィールドにおいて、近世の水辺の「二次的自然」、なかでも「里湖」の実態と、その生態系における人間の位置づけを明らかにしたい。対象地域に選んだのは、近世の村方文書や各藩関係文書の残る琵琶湖岸の村々である。長年にわたる人間活動が「里湖」の生態系に及ぼした影響と、その変化の時期・要因を解明することが本章の目的である。

本章で留意したいのは、近世の生業が水辺の「自然」へと与えた影響の実態である。後述のように近世の「里湖」においても、「里山」と同様に資源の「享受」にとどまらない人間からの積極的な働きかけがみられる。しかし、このように活発な生業活動は、果たして「自然」にとっての負荷でしかなかったのであろうか。本章では、頻繁な人間との交渉のなかで「里湖」という「自然」がいかに形成されてきたのか、その実像を問うことが焦点となる。

さらにもう一点留意しておきたいのは、近世でも「里湖」の生態系はすでに地域内部で完結するものではなかったことである。(4)「里湖」の資源のうちには都市へ運ばれ、消費されるものもあり、とくに琵琶湖に近接する大都市、京での水産物の消費動向が「里湖」の生態系に及ぼした影響について検討する必要がある。本章はこれまで全く考慮されることのなかった近世都市と「里湖」との関わりについて、消費の観点から解明することも目的としている。

一　水生植物の利用・管理

1　抽水植物の利用と植生維持

「里湖」の資源とは、食料の用途に限られるものではない。琵琶湖岸には水生植物が群生していたが、これら水辺の植物には魚類・水鳥の生息地としての重要性だけでなく、繊維素材や建材、あるいは肥料としての有用性が見出される。水産資源に比して、これら水生植物自体の資材としての価値については、これまでの研究では重視されてこなかった感がある。そこで本章ではまず、これら水生植物を利用した近世の生業活動の実態と、その営みが「里湖」の生態系において果たしていた役割について検証したい。

琵琶湖岸の水生植物景観は、マツモ・コウガイモなどの水草すなわち沈水植物帯と、ヨシ・スゲ・マコモ・ガマなどの抽水植物帯、さらにその背後に形成されるヤナギなどの水辺林に大別される。このうち、抽水植物帯においてヨシ・スゲなどを中心に構成されるヨシ群落については、刈り取りなど人間の長年の働きかけ自体が、植生の保持に大きな効果を果たしていたことが重要となる。

琵琶湖岸でのヨシの刈り取りは中世に遡って各地で確認されるが、その用途については近世の村方文書から多くを読み取ることができる。一例をあげると、琵琶湖南部に位置する栗太郡の下物村では、「葭茅ニ而屋根を葺、幷魞之簀又ハ薪ニ仕、真菰等ハ牛馬之飼料ニ仕」[5]（傍線は筆者）という状況であった。すなわちヨシは屋根葺き材、定置性の漁法である魞漁の簀の素材に、あるいは薪代わりの燃料として用いられた。屋根葺きについては、文政十一年の記録によれば、主屋一軒あたりの屋根葺きにはヨシ二〇〇〇束以上が必要とされており[6]、毎年膨大な量が刈り取られていたことがわかる。このほか、『毛吹草』近江国の項に「葭箔　窓簾ニ用之」とあるように、簾への加工もその重要な用途であった。

同じヨシ群落の構成種のうち、マコモは上にあるように牛馬の飼料に利用されていた点でも有用性が高く、このような秣としての利用は昭和初期に至るまでの民俗事例でも多々確認される。スゲについても菅笠など編み製品の素材として重視されてきたが、近世においても菅縄への加工用として膳所藩に栗太郡湖岸の村々から毎年貢納されていた記録が、『膳所藩郡方日記』にある[7]。なお、同史料によれば、膳所藩では同地から「すくも」を得ていたことも注目される。[8]スクモとは枯れたヨシなどが泥炭化したもので、燃料として用いられる。やはり『毛吹草』近江国の項に「栗本　スクモ（中略）当所ニハ薪ニ用之」とあり、古くから当地の特産となっていたことが確認できる。

このように有用なヨシ群落は、近世では「葭地」と呼ばれていたが、このヨシ地が独立した地目に分類され、賦課がなされていたことは重要である。琵琶湖岸の村落では、葭検地と呼ばれるヨシ地を対象とした検地も行われていた。[9]また水田の地先に広がるヨシ地が大名の領有権から切り離され、公儀のものとしてその小物成が幕府に貢納されている村もあった。[10]いずれの場合においても、小物成の「葭分米」や「まこも銭」とは、毎年の刈り取りによる抽水植物利用を前提としており、これらのヨシ地・マコモ地に、毎年人の手が入っていたことは間違いない。

この事実は重要な意味を持つ。ヨシ群落は自然状態ではやがて植物遺体によって埋積され、乾陸化してヤナギ林などへと遷移していく運命にある。しかし毎年の刈り取りによって植物遺体が除去されると、埋積は妨げられ、遷移に停止がかかって翌年以降もヨシ群落として維持されることになる。つまり、近世において盛んであったヨシ・マコモ・スゲなどの刈り取りは、適度な「攪乱」として植生の遷移を抑制し、ヨシ群落を維持する働きを持っていたのである。このことは、山辺の草原において、春の若い草体を秣とし、秋冬の枯れた茅を刈り取って屋根葺き材とする利用・管理の形に比肩しうるものといえよう。

2　沈水植物と底泥の肥料利用

琵琶湖では、沈水植物にも重要な価値が認められている。それは肥料としての利用である。前項で取り上げた下物村区有文書には、「湖水ゟ年々ごみを取御本田之地上ケ仕、幷藻草を取御本田之肥シニ仕」とある。「ごみ」とは琵琶湖の底泥のことであり、つまり湖底の泥を浚渫して毎年水田の客土とし、さらに水草を採取して水田の肥料に用いた

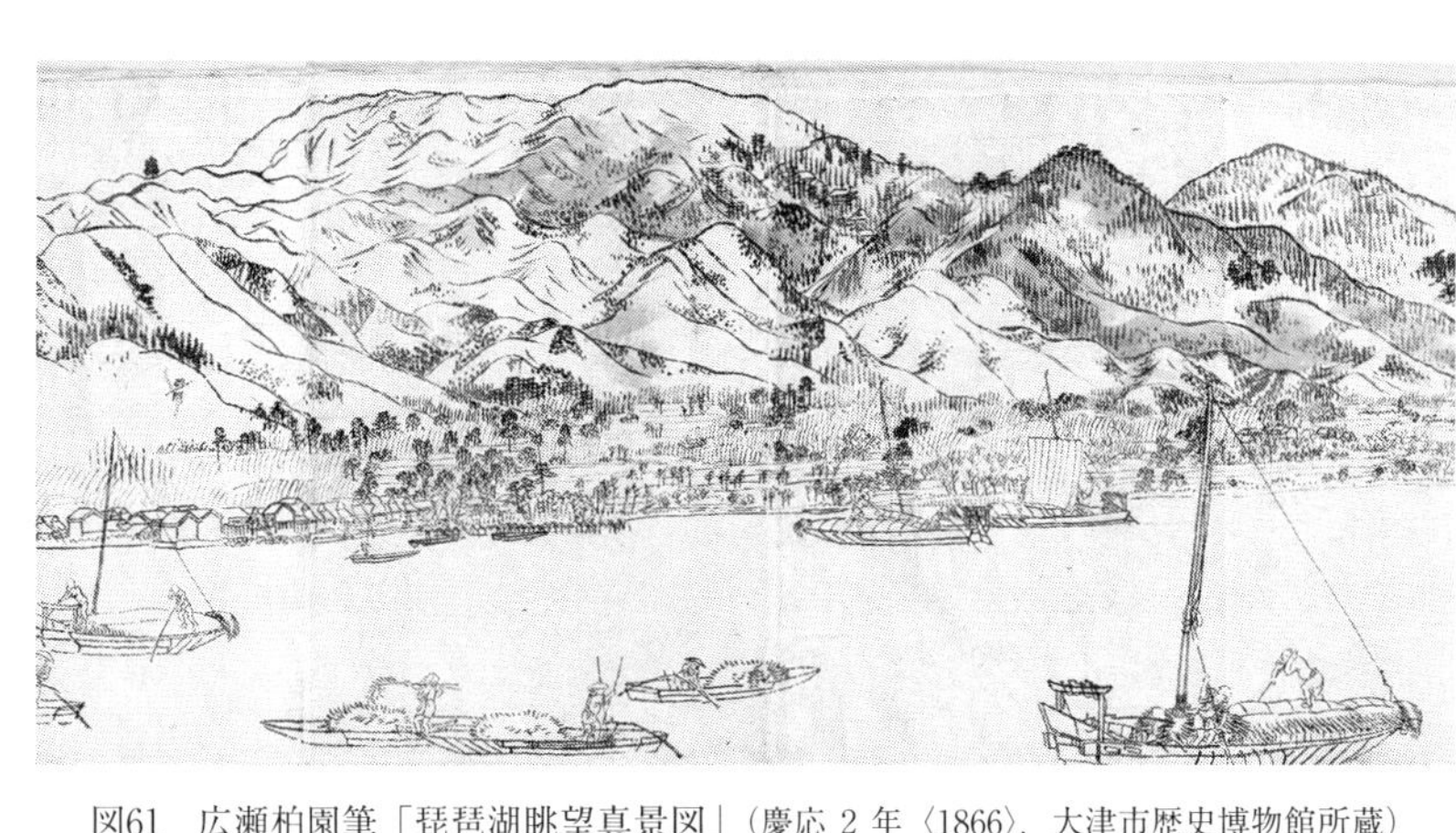

図61 広瀬柏園筆「琵琶湖眺望真景図」(慶応2年〈1866〉,大津市歴史博物館所蔵)

ことが明らかである。この底泥と水草の採取は管見の限りではすでに元和四年(一六一八)には確認されるが[11]、近世後期の琵琶湖岸では広く行われており、各地の村明細帳などにも「藻取り」の記載がみられる[12]。

また「南湖」と呼ばれる琵琶湖最狭部以南の水域を描いた慶応二年(一八六六)ごろの「琵琶湖眺望真景図」[13]には、藻取り舟が多数描かれていることに注目したい(図61)。これは、湖上からのスケッチによるものであるが、画家の眼にとまったのは、大型の輸送船である丸子船もさりながら藻取り舟の多さだったのであり、南湖では肥料用の水草採取が盛んであったことが知られる。下物村の村明細帳によれば、この時期の南湖湖岸の水田では裏作として菜種が栽培されており、水草は堆肥化されて冬の菜種の肥料として水田に入れられている[14]。

以上のような肥料用の水草・底泥採取という行為は、水辺の生態系にも大きな影響を与えていたことに注意したい。水草と底泥を浚渫することは、内湾やラグーンの埋積を防ぎ、そこが湿地へと遷移するのを妨げることにつながる。すなわち、このような肥料採りの行為は、湿性遷移を一時的に停止させ、浅い内湾をそのまま水域として保持する機能を果たしていた。前項でのヨシ刈りと同様、水草・底泥採取という人間の営みは、植生や水辺環境の維持につながっていたのである。

さらに、以上のような遷移の一時的停止に加えて、水生植物や底泥を採取する行為にはもう一つの重要な機能があったことに注目したい。それは、リン・窒素など水中の栄養塩の回収である。抽水植物や沈水植物は水中の栄養塩を吸収するが、しかし冬場に枯死すれば、リン・窒素は再び水中へ溶出することになる。これを人間が毎年採取することで、栄養塩が水中から除去され、陸上へと回収される仕組みとなっていたのである。

このような人間の営みに伴うリン・窒素の回収量が、実際にどのくらいの規模のものであったのか、筆者による概算値を提示しておきたい。水草と底泥の採取量が揃って判明する昭和八年（一九三三）のデータによれば、この年南湖で採取された水草は一万七七三〇トン（湿重量）、底泥は二万九五五六トンに上る。このなかに含まれるリンと窒素の量を概算すると、それぞれ一一トンと九三トンとなる。[15] あくまでも概算にとどまる数値ではあるが、いかに大量なリンと窒素が回収されたかを知るには十分であろう。このように肥料採りという生業の営みによって、巧まずして琵琶湖の水質浄化がなされていた事実を強調しておきたい。

3 「里湖」の確立と商品作物の導入

以上のように、近世にはすでにみられた琵琶湖の水生植物や底泥の利用は、ヨシ群落や水草帯を破壊するのではなく、むしろその植生を維持する効果を果たしており、さらに水質の保持にも大きな役割を担っていたことがわかる。琵琶湖はやはり近世においても「里湖」であり、典型的な「二次的自然」であったといえよう。

それではこのように人間の生業活動も含み込んで成り立つ「里湖」の生態系は、いつの時代に成立したものなのだろうか。古代から長い時をかけて形成されてきた、在来の生態系といえるのであろうか。結論からいえば、「里湖」の最終的な確立は意外に新しく、具体的には近世後期にその画期があったと考えられる。以下、この根拠について示してみたい。

「里湖」の生態系を成り立たせる要となっていたのは、水草・底泥の採取という生業活動であったが、この肥料取りという行為は十八世紀後半から十九世紀初頭に本格化しており、いずれも琵琶湖岸での商品作物の栽培と深く関わっていたことに注目したい。夏期に大量に採取された水草は、夏作の畑と冬期の水田裏作に施肥されたことが判明しているが[16]、このうち水田の裏作は主に菜種であったことは前述した通りである。菜種は中世までの荏胡麻に代わり、近世に入ってから普及した灯火用の商品作物である。近江国には十八世紀半ばごろから急速に普及したことが知られているが、これは当初の直播きにかわる移植技術の確立によって、水田での裏作が可能となったためである[17]。続く十八世紀末から十九世紀初頭にはさらに移植の時期を遅らす技術が開発され[18]、晩稲を中心としていた琵琶湖岸の半湿田でも裏作が可能となった[19]。そのため、とくに南湖沿岸の水田で十九世紀以降、菜種栽培が急激に広がったのである。

この菜種から産出される灯火用油は、京都で消費される商品であったことが重要である。「近江国之儀は、京都入用之油融通専之国柄」であったが[20]、十九世紀初期、村方での消費増大や他国への隠売りによって京都へ送られる灯火用油は不足がちであり、菜種油の価格上昇が顕著となっていた[21]。このような灯火油の高騰が、南湖沿岸での菜種の作付面積を一層拡大させ、その肥料としての水草採りを加速させたのである[22]。

一方、同じく水草施肥の対象とされた夏作の畑では、一般的には蔬菜が栽培されていたが、このほかの湖岸の畑作物として、近江北部ではとくに桑が多く栽培されていたことに注目したい。先述の近江南部での菜種に対し、北部での商品生産として対比されてきたのは繭であったが[23]、養蚕に欠かせない桑葉は、その商品生産を支える重要な作物であった。近江の北部において湖岸の浜堤や河口付近の砂地が多く桑畑に利用され、水草や底泥がその肥料となっていたことは、北近江出身の成田重兵衛の手になる『蚕飼絹篩大成』（文化十一年）に記されている[24]。

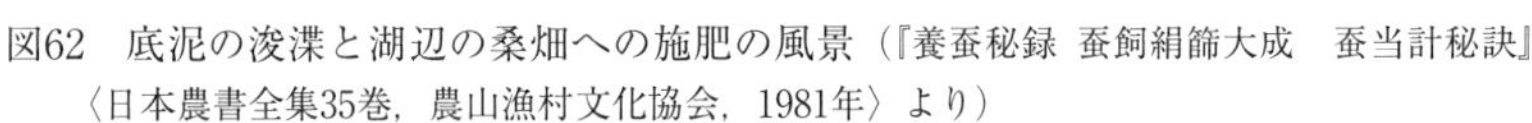

図62　底泥の浚渫と湖辺の桑畑への施肥の風景（『養蚕秘録 蚕飼絹篩大成　蚕当計秘訣』〈日本農書全集35巻，農山漁村文化協会，1981年〉より）

とくに坂田郡の長浜は、すでに寛永年中から西陣織用の登せ糸「浜糸」の産地であったが、さらに宝暦二年（一七五二）に丹後より縮緬製織の技術が導入されると、「浜縮緬」として年間一万疋以上が生産される一大産地となった[25]。これらの浜縮緬は、彦根藩の国産奨励によって京都市場にて販売され、丹後縮緬と並ぶ有力商品に成長したことはよく知られている。これ以降、長浜近郊の農村では養蚕業が一段と進展し、宝暦以降の五〇年の間に「海浜湖辺」が桑畑へと開拓され、湖水の泥土がその肥料となっていたことが、『蚕飼絹篩大成』に詳述されている（図62）。

以上のように、十八世紀後半以降の京都を市場とする商品経済の進行によって、菜種・桑の作付面積が急速に拡大し、その肥料として水草・底泥の採取が本格化したことが明らかである。この段階では、採藻業はもはや零細な自給漁業ではなく、都市での消費と結びついた商業的な生業活動といえ、このような動きが「里湖」の生態系を最終的に確立させたことが推測される。

4　近世の山地荒廃と「里湖」

さらに、以上のような近世後期の「里湖」の確立には、近世に起こった集水域の山地荒廃が作用していた可能性についても考慮する必要がある。日本各地で近世初頭から中期にかけて山地荒廃が進んだことは従来の研究で明らかにされているが[26]、琵琶湖集水域においても同様の傾向が認められる。とくに近江国南部の田上山地を中心とする風化花崗岩質の山々で、深刻な土壌崩壊とはげ山（バッドランド）化が起こったことは、千葉徳爾の研究によってよく知られている[27]。千葉は近江南部のはげ山化の要因として、近世初頭の灯火用の松根掘りと、中期以降の多肥化農業に伴う草肥の採取（林床での過剰な下刈・下掻）があったことを明らかにしている。このはげ山化の結果、近江南部の山地からの土砂流出が激しくなるが、この土砂は下流の琵琶湖の環境にも大きな変化をもたらしたことに着目したい。

その変化の一つは、河口部に三角州を発達させたことである。琵琶湖岸に形成された三角州上では、新田や新畑の開発が進み、米や商品作物の栽培が拡大することとなった。これらの新たな耕地は、琵琶湖からの水草・底泥肥料の需要をさらに増やすことにつながったと推定される。一方、山地からの土砂流出のもう一つの影響は、湖底の砂質化、すなわち砂底質の面積の拡大をもたらしたことである。砂地が拡大すると、泥底質よりも砂底質を好む琵琶湖の固有種であるセタシジミの生息地が拡がる。実際に十八世紀半ば以降、セタシジミの漁場が拡大したことが明らかになっており[28]、琵琶湖でのシジミ漁が活発化した様相を確認することができる。

このセタシジミの漁は、琵琶湖の水質と深い関わりを持っていることに注目したい。そもそもシジミ・アサリなどの二枚貝は、吸水管から吸い込んだ水中の懸濁物を摂食して出水管から吐き出すことで、高度な濾過機能を果たしている。さらにこれら有機物を体内に取り込んだ二枚貝を漁獲すること自体が、栄養塩を系外へ除去することにつながり、水質浄化に効果的であったことが近年注目されている[29]。その具体的な研究事例として、宍道湖ではヤマトシジミ年間一万四八五八トンの漁獲により、リン五・七トンと窒素六八・九トンが陸上へ回収されていたとの報告もみられる[30]。琵琶湖におけるセタシジミの漁も、このように水質浄化に大きく寄与していた可能性が推測されよう。

この近世のセタシジミ漁獲量の増加は、琵琶湖集水域の資源利用にさらなる影響を及ぼしたことにも注意したい。それは、貝殻の貝灰肥料としての活用である。セタシジミの大漁時には茹でた身だけを「身蜆」として出荷するが、そのさいに出る貝殻を焼成して貝灰となし、肥料に利用することが十八世紀前半に始まっており、それが十八世紀半ば以降には、田上山麓の村々へ売られていたことに注目したい[31]。この時期、田上山でははげ山化の進行およびそれに対する土砂留工事と山留めによって、草肥の採取が困難となっていた[32]。これを補うものとして、琵琶湖からの貝灰が導入されたのである。このように、里山の崩壊に伴って「里湖」の水産肥料の重要性が高まっていき、従来は地域の里山によって農業再生産を完結させていた村々が、より広域的な「里湖」の資源利用システムのなかに組み込まれていく様相をみることができる。

なお、この田上山麓の耕地で栽培されていたのは、十八世紀半ばに裏作として導入された菜種であった。この菜種の生産量増大と在地絞油の進展によって、灯火用油が庶民にも普及すると、初期の山地荒廃の原因であった灯火用の松根掘りはようやく抑制されることとなった[33]。前章でも検証したように、菜種は多肥を要求する商品作物ではあったが、しかしその貝灰肥料を導入した栽培が一面では山地の保全につながったことも、看過できない論点といえよう。

二　都市での水産物消費と「里湖」

1　水鳥猟と湖岸水田

前節では近世における「里湖」の資源利用について、水生植物・底泥の肥料利用を中心として、都市での消費と結びついた「里湖」の生態系の形成過程を明らかにした。本節では、植物に続いて水辺の動物資源の利用について分析したい。従来、湖沼での漁撈や水鳥猟は、農民によるタンパク質自給を主目的とするもので、農業との複合生業として理解されることが多かった[34]。しかし本節ではこれらを広く都市への流通・消費の観点から問い直し、その近世における実態を取り出してみたい。具体的には水鳥とコイ科魚類の漁猟を取り上げ、その商業的な展開が近世の「里湖」に与えた影響を検証する。

冬期に渡ってくるガンカモ類は琵琶湖の重要な狩猟対象種であったが、とくにマガモ属は水草やイネの落ち穂などを食餌とするため、湖岸の水生植物帯や背後の水田が採餌地として重要な機能を持っていた。琵琶湖岸では古代から水鳥猟が行われてきたが、近世においては湖上の広域で特権的に鴨猟を行っていた堅田漁民の流しモチ猟がよく知られている[35]。しかし、堅田以外の農村でも水鳥猟はしばしば行われており、琵琶湖における近世の水鳥猟を理解するためには、これら一般農村での事例についても分析することが不可欠である。

たとえば高嶋郡西浜村では、すでに近世初期において琵琶湖の西北岸一帯での水鳥猟が行われていたが、その猟法は、冬期に「鳥だまりのゐかや」に集まった水鳥を、「時分を計ひ追出し」、「湖水浜辺」に仕掛けた「ながしもちニ而取」るものであった[36]。この「ゐかや」については、「水所田地をゐかやと名付、鳥だまりニ仕[37]」、「村々水所御田地に居渡り中鳥毎夜追立捕中候」[38]と説明されている。「水所田地」とは水付きの田地であり、冬期にも湛水したままの湿田を指している。水面採餌型で潜水できないマガモ属にとって、湖辺の水田が重要な餌場となっていたことがわかる。

このような「ゑかや」は西浜村に特異なものではなく、琵琶湖岸に広くみられたものであったことに注意したい。十九世紀の琵琶湖南部の膳所西ノ庄村から栗太郡下笠村にかけての一帯では、藻取りのさいに「村々えかや磯藻之分は際限不分明に候共互に可致遠慮」とあり[39]、これら湖岸の村々に「えかや」が存在していたことが判明する。このうちの西ノ庄村・木下村・中ノ庄村・別保村・北大路村・橋本村・矢橋村には「鳥運上」が課せられていることから[40]、やはり鴨猟に関わる「鳥だまり」であったと推定される。琵琶湖での水鳥猟は、このように餌場としての水田とのセットの上で成り立っていたことは重要である。

この水田と水鳥との関係をめぐっては、田中丘隅による注目すべき指摘がある。彼は『民間省要』において、「泥田にして常に水湛へ、冬に至れば水鳥多付て其糞を落し、年々に土肥て外の糞しを入る、に不及、稲能出来実る」として、水鳥の糞による肥効を指摘している。琵琶湖岸の冬期湛水田「ゑかや」も、「鳥だまり」として鴨猟に活用されるとともに、その糞自体が水田を益する存在であったことが推定され、水辺の農と猟との補完関係を示していよう。なお現代でも水鳥保護のために、冬期湛水田「ふゆみずたんぼ」の復権が提唱されており、その利点として水鳥の採餌による雑草抑制があげられていることも付記しておきたい[41]。

重要なことは、このような村々で捕獲された水鳥が、自給用だけでなく商品としても広く流通していたことである。近世、琵琶湖南部で得られた鳥類は大津魚仲買中間によって売買されており[42]、これらの水鳥が大津市中だけでなく、京都へ運ばれていたことに注目したい。京で消費されたマガモの産地について、享保十五年（一七三〇）の『料理網目調味抄』では、京・大坂周辺を上げるとともに、近江鳥がこれに次ぐと述べている。この京での水鳥消費に関する十八世紀後半の状況として、大津魚仲買は「真鴨」以外の「諸鳥類」については、京の魚市場を仕切っていた京三店魚問屋の手を経ずに京の「町方」へ直売することを認められている[43]。価値の高かったマガモについては京三店魚問屋の支配下にあるものの、それ以外の琵琶湖の多様な水鳥、おそらくコガモやハジロなどについては、大津魚仲買が直接、京への流通を担っていたことがわかる。このように魚類だけでなく鳥類販売における大津魚仲買の役割と、十八世紀後半の京における水鳥需要の高さを知ることができよう。

2 エリの技術発展とフナの消費

続いて本項では、コイ科魚類を中心とする琵琶湖の漁撈について、近世におけるその商業的な展開が「里湖」の生態系に与えた影響を考えてみたい。琵琶湖において古代から主要な捕獲対象となってきたのはフナに代表されるコイ科魚類である。フナやコイは、春から初夏の繁殖期には大群をなして湖岸に近づき、沈水植物やヨシの根元に産卵する。この産卵遡上群を狙ってヨシ帯に仕掛けられたのが、琵琶湖独自の漁法とされる「魞（エリ）」であった。

エリは魚の通路に竹簀を立て巡らせて構築された迷入陥穽装置であり、ツボと呼ばれる最奥の陥穽部に魚を誘導して捕獲する。エリの歴史は古く、古墳時代の遺構も発掘されているが、農民によるタンパク質の自給を目的として生み出された漁法とされている[44]。またエリの操業には江戸期を通じて厳しい規制があり、新儀のエリ建てや沖への延伸は認められていなかったため[45]、エリは乱獲抑制を意識した待受型漁法の典型とされてきた[46]。

たしかに前稿でも検証したように[47]、近世初期までのエリは一つずつのツボ部分のみを連結しただけの構造にすぎず、複雑な漁捕装置を伴わない原初的なものであった。しかし、十八世紀後半にはすでに精巧で複雑な構造のエリが出現しており、漁捕装置の精密化と漁獲効率の向上がはかられている。この十八世紀後半には始まっていたエリの技術革新は、その後文政から天保期にピークを迎えたと推定される。

一方、この十八世紀後半とは、エリの経営形態にも大きな変化が起こった時期であった。それは特定人への貸与方式、すなわち入札による請負制が導入されたことである。[48] 近世の琵琶湖のエリには、個人私有のものだけでなく村の共有のエリが多く存在したが、十八世紀後半から十九世紀前半にかけて、多くの村エリで特定の請負人への貸与方式が見出されるようになる。[49] 請負人の決定は入札によっており、請負人は落札価格よりも高額の収益を上げる必要に迫られたと考えられる。この入札制の導入に伴う収益性の追求が、エリの精巧化・漁獲効率の向上を一層促し、また逆に高額な資本を投入できることが、エリの技術改良の原動力になったと推測される。

以上のように、漁撈技術・経営形態のいずれについても、琵琶湖のエリには十八世紀後半に大きな変革が起こっているが、これはいかなる理由によるものであろうか。近世のエリの技術革新が魚類の消費拡大と関わっている可能性については前稿でも提起したが、[50] 従来の研究では、エリの発展はフナのナレズシの需要と関係づけて理解されてきた。[51] たとえば春田直紀は、近世の子持ちフナのナレズシへの嗜好が、エリの技術発展を引き起こしたとしている。[52] しかし本章では、近世の京都で、ナレズシとは異なる新たなフナの食文化が芽生えていたことに注目したい。それは、フナの生食料理の普及である。

フナを生で食すること自体は、すでに『今昔物語集』に貴族の宴会の場面として「鮒の子膾」があることから、[53] 平安末期には存在していたことが知られる。この高級な料理が、近世に入ると、『毛吹草』に「二月　ふななます　あふみふな共」、また寛文六年（一六六六）刊の『古今夷曲集』に「さざ波やしがからし酢でくふ時はたれが口にもあふみ鮒哉」とあり、同時期の俳諧集にも多く「近江鮒の膾」が詠まれていることから、京で広く好まれるようになっていたことがわかる。すでに指摘のあるように[54]、洛中洛外図での魚屋の描写についても、店棚に魚を直置きしていた中世末期の図像に対し、十七世紀段階では店先に生け簀を置いて生魚販売する様相が認められる（図63）。このように近世に入って、京では生魚への嗜好が強まっていたことが推測されるが、それに拍車をかけ、広く庶民まで普及するきっかけをつくったのは、十八世紀に盛行した「生洲」と呼ばれる新たな料理屋であった。これによってフナの生食料理が京の町で爆発的に流行することになるのだが、この京での新たな消費動向が琵琶湖のフナの需要を引き起こし、エリの漁撈技術に変化をもたらした可能性について、以下に検証してみたい。

3　京の「生洲」と活魚輸送

近世の京都案内類によれば、十八世紀の京都では「生洲」と呼ばれる新たな形態の料理屋が盛行していたことが確かめられる。生洲とは文字通り生け簀を設けて生魚を提供する店のことである。すでに寛文期には高瀬川の取り入れ口付近に、その水を用いた「生洲の魚や町」「生洲の魚のたな」が成立していたが[55]、この魚を売る店が発展して、魚をその場で食べさせる料理屋となったのが「生洲」だと考えられる。とくに正徳二年（一七一二）に先斗町

図63　「洛中洛外図屛風」左隻第二扇　魚屋店先の生け簀の描写（林原美術館蔵）

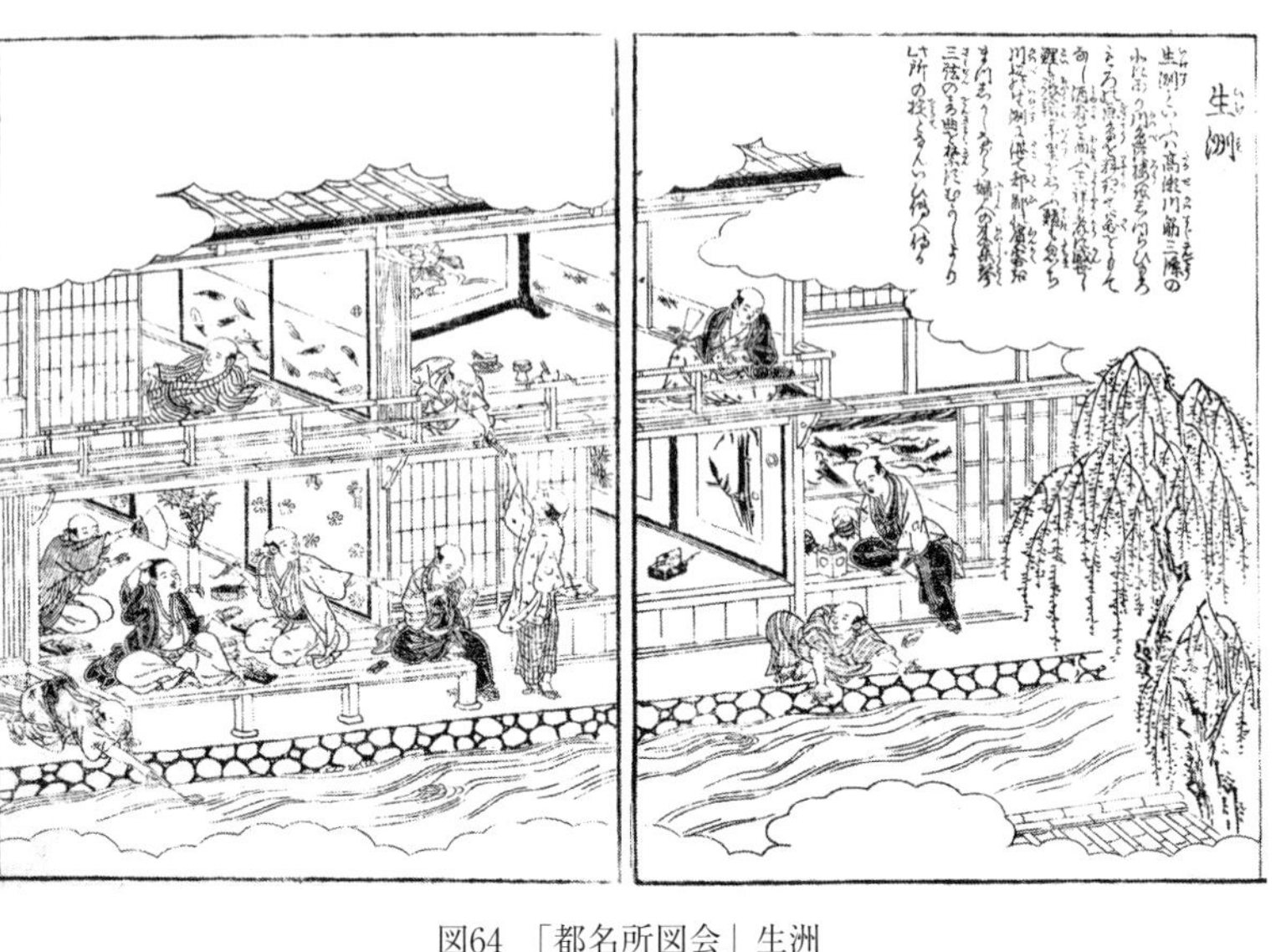

図64 「都名所図会」生洲

に生洲株が許可されて以降は、二条から四条にかけての鴨川・高瀬川沿いに生洲を称する多くの料理茶屋が立ち並ぶようになった(56)。その様子は安永九年（一七八〇）刊の『都名所図会』にも描かれており（図64）、図中の建物一階右下の部屋奥に、魚の泳ぐ生け簀がみえる。

生洲は決して高級料理屋ではなく、庶民にも親しまれた存在であったことは、滝沢馬琴の『羇旅漫録』に、「京にて客ありて振舞をするには、丸山、生洲、或は祇園二軒茶屋、南禅寺の酒店などに、一人に価何匁と定め、家内せましと称して、その酒店え伴ひ行。是別段に客をもてなすの儀にあらず。家にて調理すれば、万事に費あり、その上やゝもすれば器物をうち破るの愁ひあり。故にかくのごとくす」とあることからもわかる。また本居宣長の在京中の日記にも「二条川岸ナル生洲茶屋」「ほんと町生洲」などでの飲食記事が出ており(57)、町人が気軽に利用していたことが知られる。

この生洲で提供された料理については、『守貞謾稿』中に詳細な記述がある。「京坂鰻蒲ヤキ一種ノミヲ売店無ク、……諸肴ト並売ル、而モ普通ノ料理屋トハ別ニテ、鯉ノミソシル、鮒ノ刺身等河魚ヲ専トシ、又海魚モ交ヘ用フ。然モ掛行灯ニハ必ズ万川魚ト記セリ。俗ニ是ヲ号テ生洲ト云」（傍線は筆者）とあり、つまり生洲では鰻・鯉・鮒など川魚が中心であったことがわかる。とくにフナに関しては「刺身」、すなわち生け簀の魚を生食していたことに注意したい。

この活魚がどこから京都へ供給されていたのか、それを示す当時の記事がある。『羇旅漫録』には、「生洲は高瀬川をまへにあてたれば、夏はすゞし。……こゝにて鰻鱧、あらひ鯉名物といふ。魚類は若狭より来る塩小鯛塩あはび。近江よりもてくる鯉鮒。大坂より来る魚類。なつは多く腐敗す」（傍線は筆者）と記されている。したがって生け簀に畜養されたコイ・フナは、近江から輸送されていたことになる。

これを証する史料として、享和四年（一八〇四）の『俳諧藻塩草』の一句に注目したい。そこでは「京都江戸自慢くらへ　上ノ句東都　下ノ句皇都」として、「日本に江戸前鰻類はなし」の上の句に対し、「沢山に喰源五郎鮒」の句が付けられている。[58]「源五郎鮒」とは琵琶湖水系の固有種のフナであるが、同じく固有種のニゴロブナが「すしぶな」と呼ばれてフナズシに利用されるのに対し、肉厚のゲンゴロウブナは「なますぶな」と呼ばれて主に刺身・膾で食される違いがある。[59] 注目すべきは、この句が京都の名物として詠まれていることである。つまり、琵琶湖産のゲンゴロウブナは京へと輸送され、膾・刺身などにされていた可能性が高い。

琵琶湖で漁獲されたフナを生きたまま輸送することは、当時の技術で可能だったのだろうか。その輸送の様子を描いたと推定される図が存在する。それは寛政九年（一七九七）刊の『東海道名所図会』の「走井」である（図65）。走井とは京と近江の国境、逢坂の関近くの湧水である。『東海道名所図会』は現地での見聞に基づいた写実的な描写が特徴とされるが、画面左下の二人は担いできた四ツ桶を下ろし、走井にて換水を行っている。この水を張った四ツ桶の中にはタイのような魚が描かれているが、この形状はゲンゴロウブナに近く、また真水を使っていることから、琵琵琶湖で水揚げされたフナを京へ運ぶ途中と推定される。ここに描かれた四ツ桶も、近代における琵琶湖の活けフナ輸送のさいに用いられたものと全く同じ形状である。(60) このように十八世紀には、近代と同様に琵琶湖のフナは生きたまま京へ輸送されていたとみてよい。(61)

この輸送と畜養のためには、フナの漁獲のさいに魚体に傷をつけないことが求められる。近代化以前の琵琶湖のフナの漁法としては、総漁獲量のうちエリによるものが六二％、小糸網が一〇％、地引網が四％、その他筌・根摺網・葭巻網などの雑漁が二四％であった。(62) このうち、刺し網である小糸網では捕獲時にクビワと呼ばれる糸痕が付き、鱗が剥離して傷となるために運搬中の死魚が多かったという。(63) これに対し、迷入陥穽装置であるエリでは、魚体の損傷は最小限におさえられる。したがって、活魚用のフナの需要が高まるにつれて、エリの重要性も高くなっていったことが推測される。

図65　「東海道名所図会」走井（部分）

以上のように、京での生洲料理屋の普及と琵琶湖のエリの発展が関わる可能性について、次項ではさらに近江側の史料から検討してみたい。

4 「魬魚売買」と大津魚問屋

十八世紀後半の琵琶湖岸では、「魬魚売買」と「商売用之魬」をめぐって相論が起こっていたことに注目したい。明和六年（一七六九）一月、堅田西ノ切の漁師たちは、膳所中ノ庄の魚屋籐兵衛を相手取り、新魬差し止めを求めて京都町奉行所へ訴え出た。それは去る明和四年に籐兵衛が膳所城下の西ノ庄浦に新魬を建て、従来から城下の定杭内にある「献上魬」での漁獲と合わせ、双方を「大津問屋にて夥数売払」っていたためであった[64]。この新魬について籐兵衛は、領主から献上用に申し付けられたものであり、堅田が主張するような「運上等差出し家業に仕候魬」ではないと答えており、それを裏付けるべく膳所藩留守居役が「前々より城下定杭内に而魬申付候得共、近来は不猟故、中々献上鮒調兼」ねていること、そしてこの新魬について「献上之鮒並要用の鮒入用に付申付候魬に相違無」と証言している[65]。その結果、四月に下された奉行所の裁定は、藩領内の領主献上魬のことゆえ差し止めずとしたが、ただし堅田側にも配慮して、①「献上用なからも新魬所々に出来候而者堅田猟師共者勿論是迄之仕来りも猥に相成候間、向後新規之運上魬並商売用之魬堅く致間敷候」、②「（今回の献上用の）右之魬に而取候鮒之内、屑魚或は貰候抔と名付、聊に而も売買いたし候段後日に相聞候は丶、急度咎可申付候」（いずれも傍線は筆者）としている[66]。しかしその後も堅田側は、籐兵衛が定杭内の献上魬で取れた魚を「自由に売買仕候義、全く商売用之魬にて紛敷奉存候」として、同年五月に再度訴え出ている[67]。

上記の膳所藩留守居役の言葉にあるように、ここでの「魬魚」とはフナであったことを確認したい[68]。新魬の建てられた西ノ庄浦一帯は近世すでにゲンゴロウブナの名産地であり、かつて膳所藩は領内のこの地に寛延三年から二度にわたって運上魬を設置させようとしたが、しかしいずれも先儀を盾に取った堅田猟師の反対にあって差し止められていた。[69] そこで今回は運上魞ではなく献上魞とすることで、ようやく設置に成功したわけである。したがって献上魞といってもその内実は運上魞とほとんど変わらず、むしろ献上余魚の売買にこそ主眼があったものと推定される。上記裁許状の②で、「屑魚」として売買することを固く戒めていることは、逆にその可能性が大いにあったことを示していよう。つまり運上魞・献上魞のいずれであっても、当時のエリでは「魞魚」が売買されることが多かったことになる。裁許状①の「商売用之魞」とは、このような実態を指していると考えられる。

五月の堅田側の追訴状には、この「魞魚」売買の具体的な方法が記されている。「大津問屋仁兵衛方にて魞魚于今専売買仕候に付、右仁兵衛方え相尋申候処、右魞魚之儀は御定杭内光正寺浜魞魚にて則籐兵衛相主九右衛門より被相頼申に付、家業之儀に候間無相違魞魚売買仕候様申候（後略）」（傍線は筆者）[70] とある。「大津問屋仁兵衛」とは、大津最大の魚問屋であった納屋仁兵衛のことである。[71] 大津問屋との間で「魞魚売買」がもっぱらなされていること、すなわちエリで捕られたフナは、大津魚問屋と取引されていたことがわかる。

これらの魞を行使した籐兵衛は膳所城下の魚屋であったが、あえて大津の魚問屋へとフナを出荷していることには大きな意味がある。この時期の大津魚問屋は、以下にみるように大津市中のみならず京都までを活魚の供給圏としていたからである。この点について、次項で検証したい。

5 「商売用之魞」と京のフナ需要

元禄期に編纂された『淡海録』によれば、大津魚問屋は一三軒あり、坂本町・新町・橋本町・柳町に分布していた。これら四町は大津市中の船入であった大橋堀を取り巻くように位置しており、商品となる魚類が湖上から船で運ばれていたことがわかる。柳町・橋本町を中心に魚仲買も多数居住しており、その数は『淡海録』では四三軒であったものが、約七〇年後の明和九年には一二五軒に増加している(72)。この大津魚仲買の活動について、次のような京都側の史料がある。

乍恐済状

一　大津魚仲買者諸川魚其外諸生塩鳥類持登り町方江直売仕候付三店仲買差障ニ相成候付直売之義御差留被成下候様奉願候処大津仲買年寄惣代被召出右之趣被仰渡御尋被成下候処是迄前々ゟ仕来り之義付御当地江直売相止メ候義難仕旨御答申上候付猶又被召出双方対談仕見可申旨被仰渡候処（中略）海魚之生魚生貝類白魚かまほこニ至迄大津表ゟ持登り直売相止メ并諸鳥之内真鴨之義ハ毛鳥もち鳥にふ限右同様ニ町方江直売相止メ諸塩肴并諸鳥類湖水魚類其外等之義も是迄仕来り之通大津ゟ御当地町方江直売仕候而も三店仲買差障候義無之旨相対仕双方下ニ而出入相済以来互ニ申分無御座候付(73)（後略）

これは、安永四年（一七七五）五月に京都の三店魚仲買仲間と大津魚仲買仲間との間で取り交わされた済状であるが、生の海産魚介類と真鴨を除いた「諸塩肴并諸鳥類湖水魚類其外等」は、京の三店魚問屋・魚仲買を経ずに、大津魚仲買が京の町方へ直売できたことを示している。これに先立つ十八世紀前半、大津魚仲買仲間は大橋堀の堀中に共同で「長五六尺幅三尺位之箱生洲」を設けており(74)、彼らが扱っていた「湖水魚類」には活魚も含まれていたことが明らかである。そのなかには十八世紀の京で流行していた生洲用の活けフナがあったことは間違いない。つまり、前述した『東海道名所図会』の走井に描かれた四ツ桶を換水する二人の男は、まさしくこの大津魚仲買であったと考えられるのである。

十八世紀後半の琵琶湖岸に出現していた「商売用之魞」とは、このように京への活魚出荷を意識したものであり、生け簀での畜養に耐えうるフナを確保するものであったと推定される。ここで注目されるのは、京の生洲料理屋自らが出資して地方の湖にエリを建てさせた事例のあることである。時代は下り、かつウナギを主目的とするものではあるが、天保十二年（一八四一）、京都三条の生洲経営者山形屋安右衛門が資金を提供し、三方五湖にエリを作らせた記録がある。(75) このエリの設置には琵琶湖岸の坂田郡磯村の漁師を雇っているが、磯村は多数のエリを擁し、かつ大津魚問屋・魚仲買の集積地である「大津生洲町」と取引のあった村である。(76) 京の生洲料理屋が、大津魚問屋や魚仲買を通じて、琵琶湖のエリ漁師自身ともつながりを持ったことを示している。

このように、京の生洲料理の普及が活けフナの消費を拡大し、その需要が資金投入も含めて琵琶湖のエリ漁を活性化させた可能性が考えられる。すなわち十八世紀後半の琵琶湖のエリに起こっていた技術革新、漁捕装置の改良と入札制の導入とは、京でのフナの消費拡大に起因するものだったといえよう。十八世紀後半のエリ漁はもはや自給的な零細漁業ではなく、むしろ京でのフナ需要と直結した商業的・投機的な経営実態を持っていたのである。ここにも近世後期の都市の消費活動と結びついた「里湖」の資源利用のあり方を見ることができよう。

まとめにかえて

ここで、本章で述べてきたことをまとめておきたい。「里湖」の生態系の確立については十八世紀後半に画期があり、それは京での消費活動と結びついた動きであった可能性が高いことを示した。近世後期の近江では、南部の菜種と北部の繭が特産物となっていたが、これらはそれぞれ灯火用油と浜縮緬として製品化され、いずれも十八世紀末から十九世紀には京で消費される有力商品に成長していた。この菜種の栽培、および養蚕に不可欠な桑の栽培が、いずれも水草・底泥という「里湖」からの肥料に支えられていたことは重要である。一般に、近世の商品作物栽培においては干鰯への依存度が高くなるが、干鰯の高騰に伴って多くの地域ではその経営が圧迫されていくのに対し、近江の湖岸では湖産肥料を自給できる優位性があったのである。このことはとくに菜種栽培において顕著であり、すでに前稿で指摘したように近江国の菜種の生産高は明治十年の『全国農産表』では全国第三位を占め、とくに琵琶湖南部の栗太郡は耕地一〇〇町歩につき一〇〇〇円以上という摂河地域に匹敵する耕地規模と集約性を示している[77]。

いずれにしても、「里湖」としての琵琶湖の生態系は、京における灯火用油、衣料品、そして生食用フナの需要、すなわち近世後期の都市での衣・食・住にまたがる旺盛な消費活動と結びついて確立されたものと推定される。近世後期の爛熟した都市の消費文化が、かつては零細的・自給的な生業であった採藻業やエリ漁といった琵琶湖漁業の質を、商業的・投機的なものに変えてしまったのである。

富栄養化に悩む現代と比べれば、近代化以前の琵琶湖は貧栄養状態であったといわれる。このように琵琶湖の水質が保たれていたのは、決して人間による負荷が小さかったためではない。むしろ近世後期には人間活動が増大しており、逆にそのことで水中からの栄養塩の回収が進んだ側面のあることは重要であろう。ヨシ刈りや水草・底泥採取に伴う栄養塩の陸上への回収のみならず、セタシジミに関して触れたように、漁撈活動そのものによるリン・窒素の回収機能についても十分に考慮する必要がある。湖中の栄養塩類は、食物連鎖を通じて魚介類の体内に蓄積されるため、その漁獲は栄養塩類の湖外への除去につながるからである。琵琶湖漁業の衰退しつつある現在においても、在来種の漁獲によって、毎年リン六・三トン、窒素二七トンが湖外へ回収されているとの試算がある[78]。精巧かつ大規模なエリによって、首都・京での消費をまかなう大量のフナを捕獲していた近世後期においても、これらの漁撈活動を「人間の生業によるトータルな栄養塩除去量」の観点から再検証することが必要であろう。

しかしエリの技術発展は、乱獲の問題と表裏の関係にあることも事実である。近世にはエリの新設と延伸が厳しく制限されていたために、魚類資源の枯渇を免れていたと推測されるが、この規制がいったん解除された明治初頭には、入札型の村有エリこそが乱獲に向かっていったことは、別稿で明らかにした通りである。[79]

なお、一見、自然と共生的・調和的にみえる近世の「里湖」の生態系が、その成立の前提に近世前期の過剰な森林利用による山地荒廃を抱えていたことは重視されるべきであろう。第一節第4項で論じたように、近世前期の山地荒廃と土砂流出が、下流域に三角州の発達と底質の砂質化をもたらしたことは、琵琶湖以外にも、とくに花崗岩質の山地を背後に持つ沿海域で広く認められる現象である。この三角州上に開発された新畑では、砂質土壌に強い木綿が移入されて商品作物となり、その肥料にやはり砂底質を好んだ地先の海草や貝類が用いられた様相は、備中国浅口郡の高梁川河口部や、[80]尾張国海西郡大宝新田などで確認できる。[81]これら沿海域におけるアマモ肥料などの循環的利用形態は、現在いわゆる「里海」モデルとして再評価されているものであるが、[82]しかしこれら「里海」の生態系成立の前提に、背後山地の荒廃という環境問題が存在したことについては、従来の研究では全く見落とされている。[83]近世後期の「里海」の生態系は、人間による幾多の自然への負荷の後で、かろうじて成り立った均衡状態であったともいえるのである。この意味で、「里湖」「里海」の生態系は決して不変・固定的なものではなかったことにも注意したい。

以上のように、本章で明らかにした近世後期の「里湖」の生態系確立のプロセスは、琵琶湖での個別事例にとどまらず、「里海」の形成過程の研究にも援用できる可能性を持っている。今後の水辺の「二次的自然」形成史に関する研究において、このような普遍化への方途を探っていきたい。

註

(1) 代表的なものとして、水本邦彦『草山の語る近世』(山川出版社、二〇〇三年)、佐竹昭『近世瀬戸内の環境史』(吉川弘文館、二〇一二年）など。なお中世の里山に関する成果として、水野章二『里山の成立――中世の環境と資源』（吉川弘文館、二〇一五年）がある。

（2）平塚純一「一九六〇年代以前の中海における肥料藻採集業の実態――里湖としての潟湖の役割」（『エコソフィア』一三、二〇〇四年）九七～一一二頁、柳哲雄『里海論』（恒星社厚生閣、二〇〇六年）、佐野静代「「里湖」研究の意義――水辺の「二次的自然」をめぐって」（『滋賀大学環境総合研究センター研究年報』五―一、二〇〇八年）三一～三七頁など。

（3）佐野静代『中近世の村落と水辺の環境史――景観・生業・資源管理』（吉川弘文館、二〇〇八年）では中近世に遡り、このような長期的な検証を一部試みている。

（4）その詳細については、佐野静代「近世近江国南部における「里山」と「里湖」の循環的システム――漁業史からの環境史研究の可能性」（『史林』九八―四、二〇一五年、三〇～六二頁。本書Ⅳ第一章に所収）にて検証している。

（5）里内文庫「乍恐奉願上候口上書」天保六年（一八三五）、滋賀大学経済学部附属史料館蔵。本章では本村希代「近世後期における琵琶湖の新田開発――大久保新田を事例に」（『経済學論叢』五三―四、二〇〇二年）の翻刻によった。

（6）藤居家文書「文政十一年家作諸入用帳」。

（7）『膳所藩郡方日記』文化四年七月十日条。

（8）『膳所藩郡方日記』文化九年五月二十一日条。

（9）たとえば高島郡の針江村では、慶長十六年（一六一一）に葭地検地が実施された事例がみられる（東幸代「近世の琵琶湖岸村落と幕藩領主――高島郡針江村の水辺の土地支配」〈水野章二編『琵琶湖と人の環境史』岩田書院、二〇一一年〉一七五～一九五頁）。

（10）その具体的な事例は、藤田恒春「小物成の成立」（中主町教育委員会編『近江国野洲郡安治区有文書目録』一九九五年）一六一～一七二頁に詳しい。なお、本書Ｉ第二章も参照のこと。

（11）朝妻荒尾家文書「為御意中触書之事」元和四年。

（12）村明細帳における藻草肥料の記述については、原田敏丸「近世近江の農業管見」（『彦根論叢』二五五・二五六、一九八九年）一～二九頁、および同「近世の近江における農間余業」（『彦根論叢』二六二・二六三、一九八九年）二一～三五頁に詳しい。

（13）大津市歴史博物館所蔵。

（14）里内文庫「下物村目細帳」安永二年一月。

(15) Sano, Shizuyo. "Traditional Use of Resources and Management of Littoral Environment at Lake Biwa." In *Environment and Society in the Japanese Islands: from Prehistory to the Present,* edited by Bruce L. Batten and Philip C. Brown, 75–95. Corvallis: Oregon State University Press, 2015.

(16) 前掲註(14)。

(17) 畑中誠治「農民的商品生産の展開」(草津市史編さん委員会編『草津市史 第二巻』草津市役所、一九八四年)五九二頁。

(18) 「農事調査大阪府之部」明治二十一年(『明治前期産業発達史資料 補巻一〇五』〈明治文献資料刊行会、一九七三年〉に所収)。

(19) 当時、琵琶湖岸の水田では台風時の冠水を恐れて出穂時をずらすために、晩稲が戦略的に選択されていた。詳しい考証については、前掲註(4)論文を参照されたい。

(20) 御触書天保集成九五「諸色直段幷諸商売等之部」六一三八、天保四年十月。

(21) 中神家文書「天保四年巳八月 御公儀様御触書写帳」(『大津市史 下』〈大津市役所、一九四一年〉四〇四頁に所載)。

(22) その詳細については、前掲註(4)論文にて検証した。

(23) 矢守一彦「明治初期の近江における農産物の商品化」(『人文地理』七―六、一九五六年)四八~四九頁。

(24) 粕淵宏昭・荒木幹雄・徳永光俊・松村敏・井上善治郎校注・執筆『日本農書全集三五 養蚕秘録・蚕飼絹篩大成・蚕当計秘訣』(農山漁村文化協会、一九八一年)。

(25) 矢守一彦「浜縮緬機業の流通構造について」(同『幕藩社会の地域構造』大明堂、一九七〇年)二八七~三一六頁。

(26) 斎藤修『環境の経済史――森林・市場・国家』(岩波書店、二〇一四年)など。

(27) 千葉徳爾『増補改訂 はげ山の研究』(そしえて、一九九一年)。

(28) 『膳所藩郡方日記』明和九年四月十日条。

(29) 山室真澄「沿岸域の環境保全と漁業」(『科学』七一―七、二〇〇一年)九二一~九二八頁。

(30) 中村幹雄『日本のシジミ漁業』(たたら書房、二〇〇〇年)。

(31) 前掲註(28)。

(32) その詳細については、前掲註(4)論文にて検証した。

(33) 菜種栽培の普及が松根掘りを抑制する一要因となったことについては、すでに千葉の指摘がある。千葉徳爾「日本の禿山発生の一要因について」(『地理学評論』二六―三、一九五三年)一二二～一二七頁。

(34) 安室知『水田漁撈の研究――稲作と漁撈の複合生業論』(慶友社、二〇〇五年)など。

(35) 詳しくは、滋賀県教育委員会編『琵琶湖総合開発地域民俗文化財特別調査報告書二 びわ湖の専業漁撈』(滋賀県教育委員会、一九八〇年)を参照されたい。

(36) 西浜共有文書、鳥3・6(以下、この文書については、伊賀敏郎『滋賀縣漁業史 上(資料)』〈滋賀県漁業協同組合連合会、一九五四年〉での史料番号による)。

(37) 西浜共有文書、鳥16。

(38) 西浜共有文書、鳥18。

(39) 膳所中神家文書6(以下、この文書については、伊賀敏郎『滋賀縣漁業史 上(資料)』〈滋賀県漁業協同組合連合会、一九五四年〉での史料番号による)。

(40) 『膳所藩明細帳』(寛文九年〈一六六九〉～元禄十六年〈一七〇三〉ごろの膳所藩領の村高・反別・家数・小物成等が記載されており、滋賀県立図書館所蔵)。および西之切神田神社文書三三三(以下、この文書については、喜多村俊夫『江州堅田漁業史料』〈アチック・ミューゼアム、一九四二年〉での史料番号による)。

(41) たとえば、環境省の以下の説明に詳しい。http://www.biodic.go.jp/biodiversity/shiraberu/policy/pes/satotisatoyama/satotisatoyama01.html

(42) 祭魚洞文庫旧蔵水産史料「大津魚中買仲間古組新組百弐拾五軒名前帳」明和九年五月。

(43) 万亀楼所蔵文書「乍恐済状」安永四年五月。

(44) 安室知「エリをめぐる民俗① 琵琶湖のエリ〈後篇〉」(『横須賀市人文博物館研究報告(人文)』三五、一九九〇年)三一～五七頁。

(45) この慣行の成立については、伊賀敏郎『滋賀縣漁業史 上(概説)』(滋賀県漁業協同組合連合会、一九五四年)にて詳しく分析されている。

(46) 倉田亨「琵琶湖の水産業」(『琵琶湖』編集委員会『琵琶湖――その自然と社会』サンブライト出版、一九八三年)一〇七～一一五頁。

(47) 佐野静代「近世・近代史料による琵琶湖のエリ発達史の再検討」(『国立歴史民俗博物館研究報告』一六二、二〇一一年)一四一～一六三頁(本書Ⅲ第一章に所収)。以下、エリの技術段階に関しては、この論文での検討に基づく。

(48) 佐野静代「内水面「総有」漁業の近世と近現代――琵琶湖の「村エリ」をめぐって」(鳥越皓之編『環境の日本史5　自然利用と破壊――近現代と民俗』〈吉川弘文館、二〇一三年〉一〇二～一二八頁。本書Ⅲ第二章に所収)。

(49) 前掲註(48)。

(50) 前掲註(47)。

(51) 前掲註(44)。

(52) 春田直紀「文献史学からの環境史」(『新しい歴史学のために』二五九、二〇〇四年)九～三一頁。

(53) 『今昔物語集』巻第一五「義孝の少将、往生せる語」第四二に、「母が肉村に子を敢えたらむ」として、「鮒の子膾」が出てくるが、これはフナの卵をまぶしたフナの膾であり、現在でも滋賀県ではよく食される。なお、琵琶湖のフナの生食としては、刺身・洗い・膾が一般的である(滋賀の食事文化研究会編『湖魚と近江のくらし』サンライズ出版、二〇〇三年)。

(54) 西山剛「今町供御人の特質と図像――初期洛中洛外図の魚棚描写をめぐって」(高橋一樹編『歴史研究の最前線8　史料の新しい可能性をさぐる』総研大日本歴史研究専攻・国立歴史民俗博物館、二〇〇七年)七六～八二頁、斉藤研一「中世絵画に見る動物の捕獲・加工・消費」(小野正敏・五味文彦・萩原三雄編『考古学と中世史研究6　動物と中世――獲る・使う・食らう』高志書院、二〇〇九年)二一五～二四八頁。

(55) 寛文五年(一六六五)刊行の『京雀』巻第七「樵木町通」の記述による。

(56) 「京都先斗町遊郭記録」(『新撰京都叢書』第九巻〈一九八六年〉に所収の明治期の写し)による。

(57) 宝暦六年(一七五六)十一月、享和元年(一八〇一)四月七日、二十五日、五月二十三日の条。

(58) 冨田康之「方間舎楓京『俳諧藻塩草』翻刻(五)」(『北海道大学文学部紀要』四四―三、一九九六年)九九～一三五頁。

(59) この二種の別称と用途の違いについては、享保十九年成立の寒川辰清『近江輿地志略』にすでに記述がある。

(60) 滋賀県水産試験場『琵琶湖水産調査報告　第三巻』(一九一五年)の「活魚運搬」の項に所載の「四ツ桶」の解説図による。

(61) なお、走井とフナの取り合わせについては、貞享四年(一六八七)刊の尚白(大津市柴屋町の医師で近江蕉門の長老)の句集『孤松』に、「走井に生行く鮒の枊かな」があり、フナの生魚の輸送自体はすでに近世前期からみられたことがうかがえる。

(62) 前掲註(60)。
(63) 前掲註(60)。
(64) 堅田西之切神田神社文書三〇七。
(65) 膳所中神家文書二。
(66) 前掲註(65)。
(67) 堅田西之切神田神社文書三〇八。
(68) 『近江輿地志略』にも「鮒　琵琶湖の産する所也、湖中処々に之を捕れども大津松本浦より膳所が崎の辺に捕る所を上品とす。其形状風味他産とは甚勝れり。其中大に形常の鮒とはかはれる者あり之を膾鮒と称し、源五郎鮒といふ」とある。
(69) 前掲註(65)。
(70) 前掲註(67)。
(71) 納屋仁兵衛の事績については、大津市教育会編『大津市志　中巻』(淳風房、一九一一年)に詳しい。明治初頭に至るまで、大津橋本町に屋敷を構えていたことが知られる。
(72) 前掲註(42)。
(73) 前掲註(43)。
(74) 大津町方取扱見合書物「大津町空地浜地冥加銀一件」(『大津市史　下』〈大津市役所、一九四一年〉に所載)による。なお享保年中の作成の「井伊家大津屋敷幷堀町屋彩色絵図」(彦根城博物館所蔵)には、大橋堀に沿って「池州町」の記載があることから、生け簀の設置はこれ以前の時代のことと考えられる。
(75) 師岡祐行編注・師岡笑子訳『川渡甚太夫一代記』(平凡社、一九九五年)。
(76) 片山源五郎家文書四五七(『新修　彦根市史　第七巻　資料編近世二』〈二〇〇四年〉での史料番号)によれば、「礒村鰍舟之儀ハ美濃路ゟ出候魚鳥引請、定賃を以舟積上津可致候、尤登之節ハ古格之通大津生洲町着舟致シ」とある。なお生洲町とは大津橋本町の一部であり、大橋堀に設置された先述の生け簀に由来する呼称である。
(77) 山崎隆三「江戸後期における農村経済の発展と農民層分解」(『岩波講座　日本歴史12　近世4』岩波書店、一九六三年)三三一〜三七四頁に基づく。なお、この点に関する詳しい分析は前掲註(4)論文を参照されたい。

(78)　滋賀県『琵琶湖と暮らし二〇一五――指標でみる過去と現在』(二〇一五年)。
(79)　前掲註(48)。
(80)　原田和男「江戸時代の倉敷圏における物質循環Ⅰ――肥料と農産物について」(『くらしき作陽大学・作陽短期大学研究紀要』三八―一、二〇〇五年)一二三～一五二頁。
(81)　岡光夫「輪中農法を解明する『農稼録』」(同『近世農業の展開――幕藩権力と農民』ミネルヴァ書房、一九九一年)一九五～二三九頁。
(82)　その利用の詳細は、印南敏秀『里海の生活誌――文化資源としての藻と松』(みずのわ出版、二〇一〇年)に詳しい。
(83)　木綿という商品作物が、他地域から移入された外来植物であったことも、「里海」の生態系成立における人為性の強さを示していよう。

あとがき

「里山」や「里海」を冠する新書が書店に並び、これらが自然再生と地域振興の切り札としてメディアで語られる今日、その言説がどこまで厳密な歴史的検証を経たものであるのか、危惧を覚えることがある。筆者もまた「里湖」という「二次的自然」を研究する者として、この「里湖」の形成の要因とプロセスを、可能な限り長期的な時間軸のなかで検証してみたい、と思ったのが本書刊行の動機であった。

一見、自給的で、在来型の自然利用サイクルにみえた「里湖」であったが、それは近世都市の消費活動と直結し、「外来種」たる商品作物の導入を契機として完成された生態系であった。菜種や木綿といった栽培植物の移入は、肥料源としての里山の環境を変化させただけでなく、結果的にその下流に広がる「里湖」や「里海」の生態系にも大きな変容をもたらしたのである。日本の「二次的自然」は決して固定的なものではなく、経済構造の変化に伴って大きく姿を変えてきたのであり、今後の「二次的自然」の保全にあたっては、この点を踏まえての目標像の再検討が不可欠となろう。

さて、前著の刊行から八年が過ぎ、この間に筆者を取り巻く環境も大きく変化した。二〇一〇年から同志社大学文学部文化史学科に転任となり、一四名の教員からなる歴史学の学科に地理学の人間が一人立ち交じることとなった。いまだに冷や汗の連続であるが、あたたかく受け入れて下さった先生方に深く感謝したい。大規模授業と校務に追われつつも、西洋史・東洋史まで含む文化史の世界に直接触れることのできる本学科は、筆者にとっては多くを学べる得がたい環境である。また女性が少ない職場ゆえに、かえって学科・学部を越えて女性教員の交流があることも大きな支えとなった。とくに入江さやか氏・田中智子氏には、友人としていつも励ましてもらった。

本書の諸編は、このような日々の中で書き継いだものである。各論文の旧題および初出は以下の通りで、いずれも収録にあたって補筆・修正をほどこしている。

序章　「日本の環境史研究の課題と本書の視座」　新稿

Ⅰ　水辺の資源とコモンズ

第一章　「古代・中世におけるヨシ群落の利用と管理――「無縁」の水辺と生業をめぐって」（秋道智彌・小松和彦・中村康夫編『人と水Ⅰ　水と環境』勉誠出版、二〇一〇年）を改稿

第二章　「中近世の「水辺」のコモンズ――琵琶湖・淀川のヨシ帯をめぐって」（秋道智彌編『日本のコモンズ思想』岩波書店、二〇一四年）を改稿

Ⅱ　中世村落の生業と景観

第一章　「琵琶湖の自然環境からみた中世堅田の漁撈活動」（『史林』九六―五、二〇一三年）

第二章　「琵琶湖の「杓の銭」と中近世の堅田・菅浦」（『文化学年報』六三、二〇一四年）

第三章　「水辺の生活と中近世の景観」（長浜市文化財保護センター編『菅浦の湖岸集落景観保存活用計画報告書』長浜市教育委員会、二〇一四年）を改稿

補論１　「近代以降の菅浦の漁業とその景観」（長浜市文化財保護センター編『菅浦の湖岸集落景観保存活用計画報告書』長浜市教育委員会、二〇一四年）

Ⅲ　漁撈技術と資源管理

第一章　「近世・近代史料による琵琶湖のエリ発達史の再検討」（『国立歴史民俗博物館研究報告』一六二、二〇一一年）

第二章　「内水面「総有」漁業の近世と近現代――琵琶湖の「村エリ」をめぐって」（鳥越皓之編『環境の日本史5　自然利用と破壊』吉川弘文館、二〇一三年）

補論2　「『安治区有文書』天正十六年「舩銭集日記」「鮨上納日記」に関する一考察」　新稿

Ⅲ　「里湖」と都市の消費活動

第一章　「近世近江国南部における「里山」と「里湖」の循環的システム――漁業史からの環境史研究の可能性」（『史林』九八―四、二〇一五年）

第二章　「「里湖」の生態系と近世都市の水産物消費――琵琶湖と京をめぐって」（渡辺尚志編『生産・流通・消費の近世史』勉誠出版、二〇一六年）を改稿

本書に収録した論文の多くは、人間文化研究機構・国立歴史民俗博物館・長浜市文化財保護センターなどでの共同研究や、学際的な出版企画への参加によって成ったものである。このような機会をいただき、分野を越えて多くの刺激とご批判を下さった先生方に心から御礼申し上げる。また、日本の環境史研究の海外への発信について、背中を押して下さったフィリップ・ブラウン先生、ブルース・バートン先生、ヨアヒム・ラートカウ先生にも厚く御礼申し上げたい。

前任の滋賀大学時代からのフィールドである琵琶湖岸の村々では、聞き取り調査などで多くの皆様のお世話になった。とくに菅浦の共同調査では、水路の源をたどって庭先に入り込んだり、家族写真を含む貴重な古写真をご提供いただいたりと、歴代の区長様をはじめ住民の皆様からひとかたならぬご配慮を賜った。菅浦の民宿で鴨鍋に舌鼓を打

ちつつ、猪・鹿の獣害について伺い、区長さんが仕留めた鹿肉をご馳走になった「猪・鹿・鳥」の宴は、忘れられない思い出となった。

安治区有文書をはじめとする貴重な史料の閲覧や掲載に際しては、地元の自治会長様・滋賀大学経済学部附属史料館・安土城考古博物館・大津市歴史博物館・滋賀県水産課をはじめとする関係各位に多大なご配慮をいただいた。とくに野洲市歴史民俗博物館の齊藤慶一氏には大変お世話になり、心から御礼申し上げたい。地元の皆様からお教えいただいたことを本書で十分伝えられたのか心許ないが、今後もぜひご教示・ご叱正をいただければ幸いである。また図版の掲載や、初出原稿の本書への再録にあたってご許可をいただいた関係各位に厚く御礼申し上げる。

本書収録の論文の一部は、科学研究費補助金基盤研究（C）（課題番号二一五二〇七九一）による成果である。同志社大学大学院生の川嶋美貴子氏・冨田由布子氏には、本書の作成に際して様々なご協力をいただいた。編集でお世話になった吉川弘文館の石津輝真氏・並木隆氏、前著に引き続き製作実務をご担当いただいた歴史の森の関昌弘氏に厚く御礼申し上げる。また、いつも身近で支えてくれる家族に感謝したい。

平成二十九年二月三日

佐野静代

索　　引

あ　行

か　行

さ　行

た　行

な　行

は　行

ま　行

や　行

ら　行

著者略歴

一九六八年　京都市に生まれる

一九九一年　大阪大学文学部日本学科卒業

一九九五年　奈良女子大学大学院人間文化研究科比較文化学専攻博士課程中途退学

現在　同志社大学文学部教授、博士（文学・京都大学）

〔主要著書・論文〕

『中近世の村落と水辺の環境史―景観・生業・資源管理―』（吉川弘文館、二〇〇八年）

「琵琶湖岸村落の「文化的景観」の全体構造―滋賀県高島市針江地区の「里湖」と「里川」―」（水野章二編『琵琶湖と人の環境史』岩田書院、二〇一一年）

中近世の生業と里湖の環境史

二〇一七年（平成二十九）四月十日　第一刷発行

著者　佐野（さの）静代（しずよ）

発行者　吉川道郎

発行所　株式会社　吉川弘文館

郵便番号一一三―〇〇三三

東京都文京区本郷七丁目二番八号

電話〇三―三八一三―九一五一（代）

振替口座〇〇一〇〇―五―二四四番

http://www.yoshikawa-k.co.jp/

印刷＝藤原印刷株式会社

製本＝株式会社 ブックアート

装幀＝山崎　登

ISBN978-4-642-02936-0

佐野静代著

中近世の村落と水辺の環境史

景観・生業・資源管理

一三〇〇〇円

日本の水辺は干拓や埋立ての危機にさらされている。中世以来の水辺の環境に焦点をあて、漁撈・水利開発などの生業史と、村落が資源の利用・管理に果たしてきた役割について「コモンズ」の視点から検証。水辺の「文化的景観」の長期的変動を読み解き、「里湖」としての地域システムから今後の水辺再生を考える、新たな環境史の試み。

A5判・三六四頁

（表示価格は税別）

吉川弘文館